Basketball-Handbuch

D1665704

Günter Hagedorn
Dieter Niedlich
Gerhard Schmidt

Basketball-Handbuch

mit 81 Abbildungen

VERLAG BARTELS & WERNITZ KG
Berlin · München · Frankfurt am Main

Schriftenreihe des Bundesausschusses zur Förderung
des Leistungssports
Trainerbibliothek · Band 10

ISBN 3 87039-965-1
1. Auflage 1974
© Verlag Bartels & Wernitz KG, 1 Berlin 65
Bestellnummer 965
Gesamtherstellung: Bartels & Wernitz, Druckerei-GmbH & Co. KG
1 Berlin 65, Reinickendorfer Str. 113
Printed in Germany

INHALTSVERZEICHNIS

1 VORBEMERKUNGEN
von Günter HAGEDORN

1.1 Vorgeschichte und Entstehung

Der hier vorgelegte Band hat eine längere Vorgeschichte. Bereits im
Jahre 1967 legte HAGEDORN dem Westdeutschen Basketball Verband (WBV)
einen Entwurf vor mit dem Arbeitstitel "Der Basketball-Lehrer.
Richtlinien sowie didaktische und methodische Hilfen zur Ausbildung
und Prüfung von Übungsleitern und Trainern im Neigungsfach Basketball". Da dieser Entwurf unbeachtet blieb, erweiterte und vertiefte
der Autor die didaktischen und methodischen Teile und publizierte im
Jahre 1968 ein Fachlehrbuch unter dem Titel "Das Basketball-Spiel.
Ein Beitrag zur Didaktik und Methodik der Sportspiele".
Im Jahre 1968 erschien dann das "Basketball-Handbuch", herausgegeben
von H. SCHMENKEL (WBV). Dieses Handbuch soll, so sagt es das Vorwort,
u.a. auch "eine Hilfe für den Basketball-Lehrer" sein, indem es Ma-
terial liefert für die Pflege und Förderung des Basketball-Spieles.
Es zeigte sich aber, daß gerade dieses Ziel nicht erreicht wurde;
das Handbuch blieb eine wertvolle Loseblatt-Sammlung für die Spielorganisation auf Vereins-, Verbands- und Bundesebene, der pädagogische Teil konnte das Informationsniveau der übrigen Teile nicht erreichen. Eine wesentliche Ursache dafür war das Lehrwesen selbst,
das noch keine verbindlichen Richtlinien zur Ausbildung der Trainer
und auch keine Hilfen zur pädagogischen Gestaltung von Training und
Spiel anbot.
In den Jahren 1969 und 1970 wurden erste Versuche dieser Art im Bereich des Deutschen Basketball-Bundes (DBB) unternommen. Ein Auto-
renteam sollte besonders die didaktischen und methodischen Inhalte
für die Lehrer- und Trainerausbildung erarbeiten, der DBB wollte
durch seinen Lehrwart die Ausbildungsordnung erstellen.
Die Autoren Y. BILEK, G. HAGEDORN, W. HEINKER, M. KRIZ, H. NEUMANN
und K. SIEBENHAAR lieferten bereits 1969 ihre Beiträge zu einem
Handbuch (Arbeitstitel "Ausbildung zum Basketball-C-Trainer"). Dieses Handbuch wurde aber nie gedruckt, weil ihm ein verbindlicher Bezugsrahmen fehlte und die Beiträge - trotz vielfacher Überarbei-
tung - allzu heterogen blieben. Dennoch war dieser erste Versuch,
ein 'Trainerhandbuch' auf Bundesebene zu erstellen, wertvoll, zeigte
er doch die Notwendigkeit, den Autoren einen Gesamtrahmen sowie for-
male und thematische Leitlinien verbindlich vorzugeben.

Aufgrund der oben skizzierten Erfahrungen und der Arbeiten im Bereich des Programmierten Lernens entwarf dann HAGEDORN im Jahre 1972 das Konzept zu dem hier vorgelegten Band. Er schlug die Gründung eines Redaktionsstabes vor, der im August 1972 das gesamte Konzept mit dem DBB diskutierte und verabschiedete.

1.2 A u t o r e n   u n d   B e i t r ä g e

Ursprünglich sollten alle maßgeblichen Sportpraktiker (Trainer) sowie Fachtheoretiker im Bereich des DBB für eine Mitarbeit gewonnen werden, um das Informationsangebot breit zu fächern; leider sagten eine Reihe der vorgesehenen Autoren - zum Teil recht kurzfristig - ab. Hier mußten andere Autoren einspringen. Die gewünschte Zusammenarbeit in größerem Rahmen wurde somit nur eingeschränkt, nicht aber in Frage gestellt; immerhin sind noch 15 Autoren am HANDBUCH mitbeteiligt.

Leider konnten nicht alle eingereichten Beiträge berücksichtigt werden. In einigen Fällen, in denen die für die Beiträge verbindliche Form nicht gewählt wurde und eine Bearbeitung zu aufwendig erschien, mußte Ersatz geschaffen werden. Schließlich mußte der Redaktionsstab einige Beiträge inhaltlich redigieren und/oder strukturieren. Wegen der vom Deutschen Basketball-Bund angestrebten Verbindlichkeit der hier angebotenen Terminologie, Methoden und Inhalte des Spiels für die Aus- und Weiterbildung von Studierenden, Lehrern und Trainern wurde ein intensiver Dialog mit verschiedenen Autoren und dem DBB notwendig. Bei einigen Beiträgen werden auch aus diesem Grunde mehrere Autoren genannt. Der Redaktionsstab bemühte sich aber, grundsätzlich die Individualität der einzelnen Beiträge zu wahren.

Der Redaktionsstab dankt allen Autoren von Beiträgen für das HANDBUCH, unabhängig davon, ob sie berücksichtigt werden konnten oder nicht, für die oft mühselige Arbeit, sich in ein neues, verbindlich vorgeschriebenes Modell einfügen zu müssen. Der Redaktionsstab verbindet mit dem Dank zugleich die Bitte an alle Leser um sachkritische Prüfung des HANDBUCHES und seiner Beiträge und um Anregungen zur Verbesserung, sei es in Form einer Vertiefung oder einer Erweiterung bzw. Kürzung.

1.3 Weitere Mitarbeiter und Hilfen

Der Redaktionsstab dankt ferner allen weiteren Mitarbeitern, mit deren Hilfe das HANDBUCH erstellt werden konnte.

Frl. Heidi JACOBI fertigte die Abbildungen an, Frl. Marlies DORMANN brachte das HANDBUCH in die nun vorliegende Form. Bei der Abfassung der Ausbildungs- und Prüfungsordnung waren die Anregungen von Herrn Toni KARTAK, von Herrn Hans SCHÖTTLER, des DBB-Vorstandes sowie des Leistungsausschusses eine wesentliche Hilfe.

Dem DBB und der Geschäftsstelle dankt der Redaktionsstab für die vorzügliche Zusammenarbeit und für die finanzielle Unterstützung bei der Vorbereitung und der Erstellung des HANDBUCHES. Der Druck wurde möglich durch einen Druckkostenzuschuß des Bundesausschuß für Leistungssport (DSB), in dessen 'Trainerbibliothek' das HANDBUCH erscheint.

1.4 Ziele des Bandes

Der hier vorgelegte Band verfolgt bestimmte Ziele. Eines wurde oben unter 1.2 bereits erwähnt: die Zusammenarbeit von Sportpraktikern und Fachtheoretikern. Diese Zusammenarbeit stellt einen langwierigen Lernprozeß dar, der mit diesem Band vielleicht nur eröffnet wird. Die Zusammenarbeit mit Schiedsrichtern und den verschiedenen Formen des Managements sollte darüber freilich nicht vergessen werden. Ferner gilt es, die Terminologie im Bereich des Basketballspiels zu vereinheitlichen. Dazu gehört auch die Eindeutschung mancher dem Fachmann vertrauter, dem Neuling aber unvertrauter amerikanischer Begriffe.

Das HANDBUCH soll zugleich den Lernprozeß für Studierende, Lehrer und Trainer erleichtern; deshalb wurde ein programmähnlicher Aufbau der Beiträge gewählt, durch den die Vorbereitungszeit verkürzt, die Lerninhalte verdichtet und die Lernkontrolle erleichtert werden könnten.

Das HANDBUCH soll auch den Lehrenden dazu anregen, sich mit Hilfe der grundlagenwissenschaftlichen und fachwissenschaftlichen Literatur weiterzubilden und zu vertiefen. Dadurch könnte sein Blick freiwerden für die Vielfalt der Möglichkeiten und Probleme, die das Sportspiel Basketball in sich birgt.

An dieser Stelle muß auch gesagt werden, was nicht Ziel des HANDBUCHES ist. Es kann keine Fachmethodik sein und konkurriert in diesem

Sinne nicht mit der Fachliteratur. Als Zusammenfassung der vielleicht wichtigsten Wissensbereiche und -inhalte erhebt es keinen Anspruch auf Vollständigkeit; die Angaben zur Literatur und Terminologie werden vielmehr wie die gewählten Themenbereiche aus einer oft
großen Fülle ausgewählt. Ähnliches gilt auch für die Fragen der
Lernkontrolle; oftmals werden dem Leser in den einzelnen Abschnitten
der Beiträge mehrere wichtige Informationen zugleich angeboten, aber
aus Platzgründen kann nur eine vom Autor in eine Frage gekleidet und
in die Lernkontrolle einbezogen werden. Hier ergibt sich für den Leser die Möglichkeit zu selbständiger und kritischer Ergänzung.
Manche Beiträge scheinen auf den ersten Blick am Alltag des Studi-
ums, des Unterrichts oder Trainings vorbeizuzielen. Das HANDBUCH
kann aber weder Ersatz schaffen für eine verfehlte bzw. rückständige
Studienordnung oder Bildungs-/Vereinspolitik, noch kann es fehlende
materielle und ideelle Voraussetzungen ersetzen, die für den Lehr-
Lernprozeß notwendig sind. Das HANDBUCH kann für diesen ebenso fes-
selnden wie schwierigen Prozeß keine Rezepte, sondern nur Informationen und Verhaltensregeln anbieten.

1.5 Ziele des Basketballspiels

Letztlich will das HANDBUCH daran mitwirken, das Basketballspiel zu
verbreiten. Es muß deshalb mit den Zielvorstellungen des Spieles
selbst übereinstimmen. Leider wurde darüber noch recht wenig nachge-
dacht. Man verlangt, daß Mini-Basketball in der Grundschule (Primarstufe) und daß das Sportspiel Basketball als Neigungs- und Lei-
stungsfach in der Mittel- und Oberstufe (Sekundarstufe I und II)
eingeführt werden. Aber warum?
Einige Gründe werden immer wieder genannt und mit Recht angezwei-
felt:
- Basketball ist das in der Welt verbreitetste Sportspiel -
  (Volleyball ist auch sehr populär, und warum sollen wir die anderen nachahmen?)
- Basketball kostet nicht viel, man kann es mit einfachen Bällen
  auf einfache Körbe spielen -
  (Andere Spiele brauchen nicht einmal eine glatte, feste Spielflä-
  che; und das Regelwerk ist für Anfänger geradezu labyrinthisch!)
- Basketball ist das fairste Spiel -

(Es ist nur so fair, wie die Trainer es lehren, die Schiedsrichter es pfeifen und die Spieler es spielen!)
Warum also Basketball?
Basketball hat mit den übrigen Sportspielen, den Mannschafts- wie
den Paarspielen, gemeinsam eine Handlungsgrundstruktur: Angriffs-
und Verteidigungsverhalten sind ausgerichtet auf ein Zielhandeln,
der Angriff sucht es zu verwirklichen, die Verteidigung zu verhindern.
Diese Grundidee des Sportspiels wird im Basketball durch 3 Bestimmungen verändert:
1. das kleine Spielfeld,
2. der kleine, übersprunghohe Korb mit Zielbrett,
3. die Foulregel.
Dadurch werden das Angreifer- und Verteidigerverhalten in bestimmba-
ren Grenzen festgelegt; die einzelnen Ausführungsregeln z.B. zum
Ballvortrag oder zum Korbwurf bzw. für die Verteidigung halten dennoch je nach Entwicklungsstand des Spiels einen Handlungs- und Entscheidungsspielraum offen. Die 3 Bestimmungsgrößen führen im Basketball zu einem schnellen Wechsel der Situationen. Dadurch wird unter
normalen Bedingungen das Zusammenspiel von neuro-muskulären, wahr-
nehmungsmäßigen und geistigen Prozessen verbessert. Diese Verbesserung beruht auf einem basketballtypischen Zusammenspiel der Mannschaften. Die Sozialprozesse des 'engen Raumes' dürften - bedingt
auch durch die Foulregel - einerseits sehr intensiv, andererseits
eher kontrolliert als aggressiv sein. In der Vielfalt von Entwick-
lungs- und Handlungsmöglichkeiten, in der Steuerung von Aggressionen
und in der Sozialisation der Spielenden könnten die eigentlichen
Bildungs- und Erziehungswerte des Basketballs liegen.
Hier liegen zugleich auch seine Grenzen. Basketball (besonders
in der BRD) bietet nicht allen eine gleiche Chance zu Spielerlebnis
und Sozialisation. Das Spiel scheint die schichtbedingten Unterschiede in der Einstellung noch nicht auszugleichen; so fanden bisher Spieler der Unterschicht, die stärker individuell und erfolgs-
orientiert sind, schwerer in die Gruppe (Mannschaft) als Spieler der
Mittelschicht (vgl. HAMMERICH 1971).
Basketball betont auch die z.T. schichtbedingten unterschiedlichen
Lernvoraussetzungen (Sprache, Denken) durch seine fremde Terminologie, die Komplexität des Regelwerkes und das ausländische Leitbild;

es baut Sprach-, Denk- und Identifikationsbarrieren auf und verhindert gerade die Chancengleichheit bei Kindern unterschiedlicher Her-
kunft.
Die Folgerung aus den Überlegungen könnte sein:
'Ja' zum Basketball in Schule, Verein, Betrieb und Freizeit, wenn
durch entsprechende Differenzierung die unterschiedlichen Einstel-
lungen und Lernvoraussetzungen ausgeglichen und dadurch für alle die
gleichen intensiven Erlebnis- und Sozialisationsprozesse möglich
werden (vgl. dazu HURRELMANN 1971). Die theoretischen, didaktischen,
methodischen und organisatorischen Beiträge dieses HANDBUCHES sollten auch im Zusammenhang mit diesen sozialpsychologischen Problemen
gesehen werden.

1.6 Modell des Bandes und Erläuterungen

Das HANDBUCH gliedert sich in sechs Kapitel:

(1) Zielsetzung (Vorbemerkungen),
(2) Lernziel Basketball,
(3) Lehren im Sportspiel Basketball,
(4) Lernen im Sportspiel Basketball,
(5) Ausbilden (Ausbildungs- und Prüfungsordnung),
(6) Hilfen (Terminologie, Bibliographie).

Abbildung 1 gibt diese Gliederung im Modell an.
Die Kapitel sind unterschiedlich gewichtet entsprechend ihrer Bedeutung für die Ziele des HANDBUCHS. Die Reihenfolge wurde aus sachlo-
gischen und lernpsychologischen Gründen gewählt. Dient Kapitel 1 zur
Orientierung über Ziele und Aufbau des HANDBUCHS, so bietet Kapitel
2 neben dem Überblick über das gesamte Bezugsfeld und die Handlungsstruktur einen Einblick auch in Teilbereiche des Sportspiels Basketball. Die Kenntnis des Gesamtfeldes Basketball bildet die Voraussetzung für die Lehr- und Lernprozesse (Kapitel 3 und 4). Sie bestimmen
die eigentliche Berufspraxis des Lehrers und Trainers, die als ein
Wechselprozeß von Vermittlung und Aneignung gekennzeichnet werden
kann. Die Ausbildung von Lehrern, Trainern und Übungsleitern (Kapitel 5) gründet in der Kenntnis des Stoffgebietes sowie der Vermitt-
lungs- und Aneignungsprozesse. Letztlich ist die Einsicht in die Zusammenhänge zwischen Lernstoff und beruflicher Praxis die beste

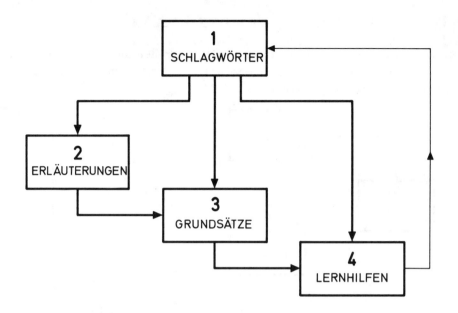

MODELL DER EINZELNEN BEITRÄGE

Abbildung 1

Lernmotivation. Die Ausbildungs- und Prüfungsordnung gibt dafür den
organisatorischen Rahmen ab. Die Hilfen von Kapitel 6 sollen einerseits Verständnis- und Verständigungshilfen (Terminologie) sein, sie
sollen andererseits die im HANDBUCH angebotenen Informationen begründen bzw. erweitern helfen (Literatur).
Es sei noch auf einige Besonderheiten innerhalb der Kapitel hingewiesen. Kapitel 2 folgt zwar der von HAGEDORN (1968) vorgeschlagenen
Gliederung, stellt aber unter 2.7 (Taktik) die VERTEIDIGUNG vor den
ANGRIFF. Das hat einen einfachen Grund. Bei einer systematischen
Darstellung des Spielaufbaus, wie sie das HANDBUCH versucht, fällt
es leichter, zunächst die Maßnahmen der Verteidigung darzustellen,
um dann deren systematische Bekämpfung zu beschreiben; das trifft im
übrigen auch für das Spiel zu.

1.7 Modell der Einzelbeiträge und Erläuterungen

Für Beiträge, deren Informationen unmittelbar der Aus- und Weiterbildung dienen, wurde eine programmähnliche Form entworfen, die in Abbildung 2 dargestellt wird.

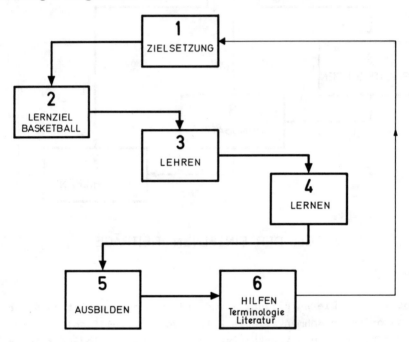

Abbildung 2: Modell zur Gliederung der Einzelbeiträge

Die Ähnlichkeit mit Programmen beruht auf
(1) einer systematischen Analyse des Lehrgegenstandes durch den Autor,
(2) der Auswahl von wissenschaftlich bzw. fachlich gesicherten Informationen,
(3) der Aufbereitung dieser Informationen in einer für das Lehren und Lernen möglichst günstigen Form,
(4) der Kontrolle des Lernerfolges durch den Lernenden selbst.

Die Beiträge sind einem Programm u.a. deshalb nur ähnlich, weil diese vier Arbeitsgänge im Rahmen des HANDBUCHS nicht konsequent durchgeführt werden können.

Die programmähnlichen Beiträge gliedern sich in vier Teile:
(1) Schlagwörter (SCHLAGWÖRTER),
(2) Erläuterungen (ERLÄUTERUNGEN),
(3) Grundsätze (MERKE!),
(4) Lernhilfen (PRÜFE DEIN WISSEN! und So ist es richtig!).
Die Schlagwörter stellen die Informationskerne dar; sie geben zugleich in Kurzform die Gliederung des Beitrages an.
Die Erläuterungen sollen möglichst kurz die Schlagwörter und deren Zusammenhänge erklären. Die Informationskerne werden dabei hervorgehoben, damit dem Leser die Arbeit des Strukturierens erleichtert wird.

Bei Teil 3, Grundsätze sollten dem Leser die zu erlernenden Inhalte und Zusammenhänge so dargeboten werden, daß Einsichten in Gesetzmäßigkeiten gewonnen und die darin gründenden Verhaltensweisen auf ähnliche Situationen übertragen werden können.
Der Teil Lernhilfen benutzt verschiedene Verfahren, den Lernerfolg zu kontrollieren. Die Vielfalt der Methoden soll der Ermüdung der Lernenden vorbeugen, indem sie zu immer neuer Anpassung herausgefordert werden.
Benutzt werden das Multiple-choice-Verfahren, bei dem aus mehreren Antworten die allein richtige Antwort auszuwählen ist, das Richtig-Falsch-Verfahren, bei dem nur zu entscheiden ist, ob die angebotene Antwort richtig (R) oder falsch (F) ist, das Wortlücken-Verfahren, bei dem Wortlücken in einem Antworttext auszufüllen sind (ein Punkt bezeichnet dabei einen fehlenden Buchstaben), das Rangfolge-Verfahren, bei dem verschiedene Antwortmöglichkeiten hinsichtlich eines Gesichtspunktes gewichtet und in eine Reihenfolge gebracht werden müssen, schließlich das zeichnerische Verfahren der Bildlücke; hier muß die unvollständige Abbildung eines bestimmten Vorganges vervollständigt werden. Je nach Art des Verfahrens bzw. aus drucktechnischen Gründen wird die richtige Lösung unmittelbar im Anschluß an die Frage geboten oder später an eigens bezeichneter Stelle eingerückt.

Im vorliegenden HANDBUCH fehlen einige ursprünglich geplante Beiträge, so z.B. der Beitrag 'Sportverletzungen im Basketball' und das Kapitel 'Rechtsfragen', weil sie nicht mehr rechtzeitig fertigge-

stellt werden konnten. Der Leser möge sich in solchen Fällen an die
einschlägige Fachliteratur halten.
Bei mehreren aufeinanderfolgenden Beiträgen des gleichen Autors wird
einige Male die Literatur im Anschluß an den letzten Beitrag zusammengestellt. Sonst wird grundsätzlich nach jedem Beitrag die Literatur geboten, so daß die einzelnen Beiträge auch getrennt für sich
erarbeitet werden können.

L I T E R A T U R

HAGEDORN, G.:   Das Basketball-Spiel. Köln: Barz & Beienburg,
                       1968.

HAMMERICH, K.:   Bemerkungen zu Thesen über eine Sozialisa-
                       tionsfunktion von Spiel und Sport. In: Sozio-
                       logie des Sports. Basel: Birkhäuser, 1971,
                       S. 127-137.

HURRELMANN, K.:   Unterrichtsorganisation und schulische Sozia-
                       lisation. Weinheim, Berlin, Basel: Beltz, 1971.

SCHMENKEL, H. (Hg.):   Basketball-Handbuch. Iserlohn: Westdeutscher
                       Basketball Verband, 1968 ff.

2 LERNZIEL BASKETBALL

Das Basketballspiel stellt eine von vielen Möglichkeiten dar, sportliche Wettkämpfe in der Gruppe (Mannschaft) zu betreiben. Die Mann-
schaftssportarten sind in vielem vergleichbar. So kann man nur dann
ein Sportspiel durchführen, wenn bestimmte physische (organische und
muskuläre) Voraussetzungen geschaffen und bereits bestimmte Grundfertigkeiten (Laufen, Springen, Werfen) gesichert sind. Hinzu kommen
aber noch bestimmte Einflußgrößen wie die Familie und das allgemeine
soziale Milieu, durch die die Bereitschaft und die Fähigkeit zum Bewegungsspiel sowie zum sportlichen Spiel in der Gruppe geweckt und
gefördert werden. Sinnvollerweise läßt sich erst auf der Grundlage
dieser Zusammenhänge das besondere LERNZIEL BASKETBALL beschreiben.

2.1 Entwicklung des Spielverhaltens
von Günter HAGEDORN

SCHLAGWÖRTER
(1) Zusammenhang der physischen, psychisch-geistigen und sozialen
Entwicklung (Entwicklungsstufen)
(2) 6 Stufen der Entwicklung
einfache Motorik (1); kompliziertere Körpermotorik (2); erste Zusammenarbeit (Kooperation) (3); Regelhaftigkeit (4); taktisches Denken
(5); strategisches Denken (6)

ERLÄUTERUNGEN
(1) Das im mannschaftlichen Sportspiel herauszubildende Spielverhalten gründet in Reife- und Lernprozessen. Es macht die Entwicklung
bestimmter physischer Grundlagen sowie bestimmter psychisch-geisti-
ger und sozialer Fähigkeiten und Fertigkeiten der Spieler notwendig.
Die Entwicklung dieser Grundlagen erfolgt zwar nicht kontinuierlich
und nicht immer zur gleichen Zeit, dennoch bleiben sie aufeinanderbe-
zogen und voneinander abhängig. Das zeigen die Entwicklungsstufen,
die von der Kindheit bis ins Erwachsenenalter durchlaufen werden
(PIAGET 1969). So wächst nach CRATTY (1967) mit dem Alter die Neigung, in einer Gruppe zu spielen. Unterstützt wird diese Entwicklung
durch gesellschaftliche Erwartungen, durch einen ausgebildeten Wortschatz und durch körperliche Fähigkeiten.

(2) Es lassen sich <u>sechs Stufen</u> in der Entwicklung des Spielverhaltens unterscheiden. Sie müssen in der sensumotorischen und sozialen Entwicklung von allen Spielerinnen und Spielern durchlaufen werden, andernfalls wird das Spielverhalten nur unvollkommen oder einseitig ausgebildet.

S t u f e 1 : Ebene <u>einfacher Motorik</u>

Dazu zählen die 'unwillkürliche' Körpermotorik, die auf den angeborenen Reflexen, Trieben und Affekten aufbaut, die Ziel- und die Stützmotorik als Grundlage der Koordination und die Psychomotorik mit Gestik und Mimik (SCHILDGE 1973). Der Säugling bildet Gewohnheiten aus, indem er Wahrnehmung und Bewegung, Sehen und Greifen verbindet. Die wichtigste Hilfe ist dabei die Bezugsperson (Mutter). Die gewählten Spiele bis zum 3. Lebensjahr sind wesentlich <u>Funktionsspiele</u>, mit deren Hilfe Körperfunktionen geübt und verbessert werden.

Spielverhalten: der Ball wird ertastet.

S t u f e 2 : Ebene <u>komplizierterer Körpermotorik</u>

Voraussetzung ist die Ausbildung der 'willkürlichen' Motorik, mit deren Hilfe das Kind lernt, über seinen Körper zu verfügen, sich im Raum zu bewegen (kriechen), sich aufzurichten und zu gehen (laufen). Es ist noch fast ausschließlich mit sich selbst beschäftigt. Deshalb ergreift es egoistisch und herrschsüchtig Besitz von den Dingen. Diese Stufe wird bereits stärker vom familiären Gesamtmilieu bestimmt, von den Sprech-, Bewegungs- und Verhaltensweisen mehrerer Personen, von der Stellung innerhalb der Geschwisterreihe. 3- bis 5-jährige bilden allenfalls Kleinstgruppen von zwei, höchstens drei Mitgliedern. Es dominiert nun das <u>Rollenspiel</u> (z.B. werden die 'Rollen' von Vater und Mutter bis in die Wortwahl, Gestik und Mimik durchgespielt, freilich ohne das Risiko des Versagens).

Spielverhalten: der Ball wird ergriffen, aber nicht abgegeben.

S t u f e 3 : Ebene erster <u>Zusammenarbeit</u> (Kooperation)

Kinder zwischen 5-8 Jahren haben in der Regel ihre Körpermotorik voll ausgebildet, d.h. sie haben die kindhaften, unökonomischen Bewegungen (z.B. Watscheln) abgelegt und durch koordinierte ersetzt. Ihre Aufmerksamkeit richtet sich vom eigenen Ich auf die Umwelt und andere Personen. Sie besitzen bereits einen sicheren Wortschatz. Intellektuell vermögen sie Mittel und Zweck zu verbinden und auf andere Situationen zu übertragen. Es wird das gemeinsame Spiel in spontanen Spielgruppen (bis zu etwa fünf Mitglieder) möglich. Dabei bilden sich situativ geprägte Handlungsmuster aus, Führungsrollen werden bereits zugewiesen. Das soziale Bezugsfeld ist interfamiliär (Nachbarschaft, Siedlung) und gesellschaftlich geprägt (Vorschule, Grundschule). Es herrschen 'Spannend-Spiele' als Gruppenspiele vor. Spielverhalten: der Ball wird auf Ziele gespielt.

S t u f e 4 : Ebene der Regelhaftigkeit

Kinder zwischen 8 bis 12 Jahren können bereits besondere Fertigkeiten erlernen und sportliche Leistungen vollbringen (vgl. Eislauf, Schwimmen), aber wohl erst ab etwa 10 Jahren spielen Kinder nach festen Regeln. Dabei werden die Regeln bereits in ein System gebracht, so daß echte Wettbewerbe (Wettspiele) entstehen. Voraussetzung dafür ist die Entwicklung sowohl des (symbolischen und vorbegrifflichen) Denkens als auch der Fähigkeit, Normen zu respektieren (auch über die Möglichkeit der eigenen Niederlage hinaus). Diese oft spontan organisierten Regelspiele widerlegen die Auffassung HILMERs (1969), Spiel und Sport seien zu trennen; die Regelspiele dürfen aber andererseits auch nicht wie bei SCHILDGE (1973) mit den Sportspielen und ihrem Leistungsdruck gleichgesetzt werden. Die Neigung zu geregelten und organisierten Wettspielen geht vermutlich sowohl auf einen Reifungsprozeß (Abstraktionsfähigkeit und Anerkennung von Normen) als auch auf gesellschaftliche Einflüsse (Motivation zu sozial anerkannten Leistungen) zurück.

Spielverhalten: der Ball wird in geregelter Weise zwischen Mit- und Gegenspieler gespielt.

S t u f e 5 : Ebene des taktischen Denkens

Jugendliche sind in zunehmendem Maße befähigt, systematisch zu spielen, d.h. eigene mit fremden Handlungsplänen zu vergleichen und abzustimmen bzw. Pläne von Gegenspielern nach Plan zu durchkreuzen. Sie übernehmen neben den Regelnormen auch Gruppennormen; sie sind befähigt, bestimmte Sozial- und Spielrollen innerhalb der Mannschaft einzunehmen. Wesentliche Voraussetzungen dafür sind neben der Spielerfahrung die intellektuelle (abstrakt-begriffliches Denken, Sprache), die psychische (Motivation, Frustrationstoleranz) und die soziale Entwicklung (Sozialisation). Vorherrschend ist das organisierte Sportspiel.

Spielverhalten: die Wege des Balles werden geplant.

S t u f e 6 : Ebene des strategischen Denkens

Generell setzt diese höchste Stufe des Spielverhaltens eine Spielerpersönlichkeit voraus, die auch moralische und (schul-/vereins-,
kommunal- sowie allgemein-) politische Wertungen vornehmen kann.
Dieses Denken in größeren Zusammenhängen ist in der Regel erst durch
eine weitere intellektuelle Entwicklung und aufgrund einer weiteren
Spiel- und Lebenserfahrung möglich, deshalb weniger an ein bestimmtes Alter gebunden. Hier wird das organisierte Sportspiel in größerem Rahmen möglich.

Spielverhalten: die geplanten und vollzogenen Wege des Balles werden
          systematisch reflektiert.

MERKE!

(1) Die Entwicklung der physischen Grundlagen sowie der psychisch-
geistigen und sozialen Fähigkeiten und Fertigkeiten ist voneinander
abhängig.

(2) Es lassen sich 6 Entwicklungsstufen des Spielverhaltens unterscheiden:

Stufe 1: Ebene einfacher Motorik (Funktionsspiel)

Stufe 2: Ebene komplizierterer Körpermotorik (Rollenspiel)

Stufe 3: Ebene erster Zusammenarbeit (Gruppenspiel)

Stufe 4: Ebene der Regelhaftigkeit (Regelspiel)

Stufe 5: Ebene des taktischen Denkens (Sportspiel)

Stufe 6: Ebene des strategischen Denkens (Sportspiel)

PRÜFE DEIN WISSEN!

Entscheide, ob die folgenden Aussagen richtig (R) oder falsch (F)
sind:

1. R   F   Die Entwicklung der physischen, der geistigen und der
            sozialen Fertigkeiten und Fähigkeiten hängt zusammen.

2. R   F   Das taktische Verhalten im Sportspiel baut konsequent
            auf früheren Entwicklungsstufen auf.

1. R 2. R

So ist es richtig!

23

Literatur

CHOMSKY, N.:   Syntactic structures. The Hague: Mouton, 1957.
(Neuer: Aspekte der Syntax-Theorie. Frankfurt/
Main: Suhrkamp, 1970).

CRATTY, B.J.:   Social dimensions of physical activity. Englewood Cliffs: Prentice-Hall, 1967.

HAGEDORN, G., W. VOLPERT u. G. SCHMIDT:
Wissenschaftliche Trainingsplanung. (Training
u. Beanspruchung, Bd. 2). Frankfurt/Main:
Limpert, 1972 (bes. S. 15-18).

HILMER, J.:   Grundzüge e. pädagogischen Theorie der Bewe-
gungsspiele. Hannover, Berlin, Dortmund:
Schroedel, 1969.

MILLER, G., E. GALANTER u. K.H. PRIBRAM:
Plans and the structure of behavior. London:
Holt, Rinehart u. Winston, 1960 (bes. S. 5-39).

PIAGET, J.:   Das Erwachen der Intelligenz. Stuttgart, 1969.

SCHILDGE, E.:   Anthropologische Grundlagen. In: Psychologie i.
Training u. Wettkampf. (Trainerbibliothek Bd. 5,
hrsg. v. DSB). Berlin: Bartels & Wernitz, 1973,
S. 22-46.

STEINBACH, M.:   Psychologische Vorbereitung des Wettkampfs. In:
Psychologie i. Training und Wettkampf. (Trai-
nerbibliothek Bd. 5, hrsg. v. DSB). Berlin:
Bartels & Wernitz, 1973 (bes. S. 119).

VOLPERT, W.:   Sensumotorisches Lernen. (Training u. Beanspruchung, Bd. 1). Frankfurt/Main: Limpert, 1971
(bes. S. 20, 22-24, 28-46).

2.2 Handlungsstruktur der Sportspiele
von Günter HAGEDORN

Schlagwörter
(1) Handlungspläne, hierarchischer Aufbau, Komplexität
(2) Gliederung in 3 Bereiche:
Grundlagen   = Kraft, Ausdauer, Koordination, Bewegungsfähigkeit,

Anpassungsfähigkeit, Motivation, Partner- und Gruppenverhalten

Fertigkeiten = Grundfertigkeiten, Teilfertigkeiten, Bewegungsverbindungen

Können = Taktik als Vortaktik, Taktik, Spieltaktik, Strategie als Schul/Vereins- und Staatsstrategie

ERLÄUTERUNGEN

(1) Die Entwicklungsstufen des Spielverhaltens sind abhängig von altersbedingten Reifungs- und milieubedingten Lernprozessen. Auf jeder dieser Stufen werden neue Möglichkeiten des Spielhandelns erschlossen. Die Grundlage dafür bilden die früheren Stufen, die in jeder neuen Stufe 'enthalten' sein müssen. So bleibt der Bereich der 'unwillkürlichen' Motorik (und der mit ihr gekoppelten Reflexe, Triebe und Affekte) natürlich erhalten, er wird aber ergänzt durch die Willkürmotorik, mit deren Hilfe immer höhere (abstraktere) Handlungspläne verwirklicht werden können (VOLPERT 1971). Dieser hierarchische Aufbau von Handlungsplänen wurde zuerst an der Sprache nachgewiesen (CHOMSKY 1957), dann auf das motorische Handeln (Nageln mit Hilfe eines Hammers) übertragen (MILLER, GALANTER u. PRIBRAM 1960). Das Hauptproblem, das sich gerade im Sportspiel stellt, ist die Frage, wie die verschiedenen Entscheidungsebenen zusammenwirken, wie also der Einzelne zu einem sinnvollen Handlungsplan kommt, und wie die unterschiedlichen Handlungspläne der Einzelspieler aufeinander abzustimmen sind, damit die gegnerischen Handlungspläne durchkreuzt werden können (vgl. dazu 2.3 bis 2.9). Generell gilt, daß schwierigere (komplexere) Situationen auch komplexeres Denken und Handeln erfordern. Der hierarchische Aufbau von Handlungsebenen kennzeichnet somit zugleich den ansteigenden Grad der Komplexität von Handlungsplänen.

(2) Bei den Sportspielen lassen sich 3 Bereiche unterscheiden, die aufeinander aufbauen (vgl. HAGEDORN, VOLPERT u. SCHMIDT 1972): den Bereich der allgemeinen Grundlagen, den Bereich der Fertigkeiten (Technik) und den Bereich des Könnens (Taktik/Strategie). Abbildung 3 gibt diese Handlungsstruktur der Sportspiele im Modell an. Diese Bereiche umfassen ihrerseits verschiedene Handlungsebenen. Zu den allgemeinen GRUNDLAGEN zählen z.B. die muskuläre und organische Kraft, die Schnellkraft und die Ausdauer, die Koordination von Grundbewegungen, die Bewegungsfähigkeit und Anpassungsfähigkeit (Fle-

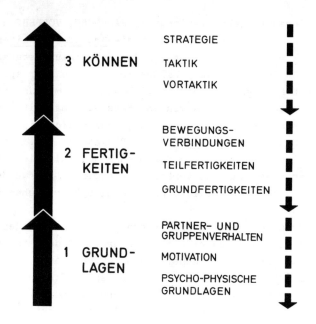

Abbildung 3: Modell zur Handlungsstruktur der Sportspiele

xibilität), also sowohl körperliche (somatische) Bereiche als auch
psychische Einflußgrößen, denn beide wirken unmittelbar zusammen
(vgl. STEINBACH 1973). Voraussetzung zum Erwerb dieser allgemeinen
Belastbarkeit und Bewegungsfähigkeit ist ein von 'innen' und 'außen'
gelenkter Antrieb zum Bewegungshandeln, die Motivation. Sie ist
weitgehend dem Bewußtsein der Handelnden entzogen und wird wie die
anderen Grundlagen 'unwillkürlich' eingesetzt. Mit ihrer Hilfe werden die für die individuellen und mannschaftlichen Handlungen notwendigen Energien frei. Zu den allgemeinen Grundlagen des Sportspiels zählt ferner ein Partner- und Gruppenverhalten, wie es sich
in den Entwicklungsstufen 2, 3 und 4 bereits ausprägt. Es stellt die
sozialpsychologische Seite der Anpassungs- und Lernprozesse dar und
wirkt teils 'unwillkürlich' (als Motivation), teils 'willkürlich'
(als gezieltes Verhalten).
Damit ergibt sich der Übergang zum Bereich der FERTIGKEITEN, die alle zunächst 'willkürlich' erlernt, dann durch langes Üben und 'Überlernen' stereotypisiert, also 'unwillkürlich' gesteuert werden. Sie
lassen sich aber immer wieder ins Bewußtsein zurückrufen und 'will-

kürlich' regulieren (zur Regulation vgl. HAGEDORN, VOLPERT u.
SCHMIDT 1972). Zu diesem Bereich zählen die Grundfertigkeiten (Laufen, Springen, Werfen), die bereits in den Entwicklungsstufen 1 und
2 angelegt, in Stufe 3 dann ausgebildet werden, die sportspielspezi-
fischen Teilfertigkeiten (im Basketball Bewegungen mit und ohne
Ball, also Werfen, Dribbeln, Fangen und Passen, Fußarbeit), die den
Stufen 3 und besonders 4 zuzuordnen sind, schließlich die sport-
spieltypischen Bewegungsverbindungen (im Basketball z.B.: Ballannahme im Lauf - Dribbeln - Stoppen - Springen - Werfen), die mit den
Teilfertigkeiten anwendbar und veränderbar bleiben. Sie werden deshalb zunächst bewußt (willkürlich) gesteuert, später stehen sie
'automatisch' zur Verfügung.
Einen höheren Grad des Bewußtseins erfordert der Bereich des
KÖNNENs. Wir verstehen darunter nicht den Grad, in dem ein Spiel beherrscht wird, sondern jenen 'höher' regulierten, mannschaftlichen
(kollektiven) Bereich des Handelns. Im Sportspiel finden die Bereiche GRUNDLAGEN und FERTIGKEITEN hier ihre Anwendung und damit letztlich ihren Sinn. Zum KÖNNEN gehört der Teilbereich Taktik. Er umfaßt
die Ebenen Vortaktik, Taktik, Spieltaktik. Die Vortaktik bezeichnet
die Ebene, auf der Teile der Mannschaft zusammenspielen, die Taktik
die gesamtmannschaftliche Handlungsebene. Werden dort die Lehr- und
Lernprozesse fast ausschließlich durch die Spieler, die Mannschaft
und den Lehrer/Trainer reguliert, so kommen bei der Spieltaktik, also im Spiel, neue Einflußgrößen hinzu: Schiedsrichter und Zuschauer.
Der Teilbereich der Strategie bestimmt die übergeordneten, länger-
fristigen Ziele des Spiels. Auf der Schul- bzw. Vereinsebene wirken
hier das Management, Lehrer/Trainer und Mannschaft zusammen, auf na-
tionaler Ebene der Verband (Bund) mit staatlichen (Landes-) Einrichtungen und den Schulen/Vereinen.

MERKE!

(1) Der hierarchische Aufbau der Handlungspläne im Sportspiel folgt
der natur- und milieubedingten Entwicklung des Spielverhaltens.
(2) Das Handeln im Sportspiel läßt sich in 3 aufeinander aufbauende
Bereiche unterteilen: die allgemeinen Grundlagen, die Fertigkeiten,
das Können.
Diese Bereiche gliedern sich ihrerseits noch einmal unter, die
GRUNDLAGEN in: organische Kraft, Schnellkraft und Ausdauer, Koordi-

nation, Bewegungs- und Anpassungsfähigkeit, Motivation sowie Part-
ner- und Gruppenverhalten; die FERTIGKEITEN in: Grundfertigkeiten,
sportspielspezifische Teilfertigkeiten und Bewegungsverbindungen;
das KÖNNEN in: Vortaktik, Taktik und Spieltaktik sowie Schul/Ver-
eins- und Staatsstrategie.

Prüfe Dein Wissen!

Kreuze die allein völlig richtige Antwort an!

1. Der Handlungsplan eines Kindes unterscheidet sich vom Handlungsplan eines Spitzenspielers wesentlich
   a) durch die fehlende Intelligenz des Kindes,
   b) durch die größere Erfahrung des Spitzenspielers,
   c) durch den Anteil höherer Regulationsebenen.
2. Ordne folgende Handlungsanweisung eines Trainers in die richtige
   Regulationsebene ein: nachdem ein Schiedsrichter bei einem zie-
   henden Spieler mehrfach ein Angriffsfoul gepfiffen hatte: "Stoppe
   und mache einen Sprungwurf!"
   a) Vortaktik
   b) Bewegungsverbindung
   c) Spieltaktik

Literatur

CHOMSKY, N.:   Syntactic structures. The Hague: Mouton, 1957.
                    (Neuer: Apsekte der Syntax-Theorie. Frankfurt/
                    Main: Suhrkamp, 1970).
CRATTY, B.J.:   Social dimensions of physical activity. Engle-
                    wood Cliffs: Prentice-Hall, 1967.
HAGEDORN, G., W. VOLPERT u. G. SCHMIDT:
                    Wissenschaftliche Trainingsplanung. (Training u.
                    Beanspruchung, Bd. 2). Frankfurt/Main: Limpert,
                    1972 (bes. S. 15-18).
HILMER, J.:   Grundzüge e. pädagogischen Theorie der Bewegungs-
                    spiele. Hannover, Berlin, Darmstadt, Dortmund:
                    Schroedel, 1969.

So ist es richtig!
1. c) 2. c)

MILLER, G., E. GALANTER u. K.H. PRIBRAM:
                    Plans and the structure of behavior. London:
                    Holt, Rinehart u. Winston, 1960 (bes. S. 5-39).

PIAGET, J.:   Das Erwachen der Intelligenz. Stuttgart, 1969.

SCHILDGE, E.:   Anthropologische Grundlagen. In: Psychologie in
                    Training u. Wettkampf. (Trainerbibliothek Bd. 5,
                    hrsg. v. DSB). Berlin: Bartels & Wernitz, 1973,
                    S. 22-46.

STEINBACH, M.:   Psychologische Vorbereitung des Wettkampfs. In:
                    Psychologie i. Training u. Wettkampf. (Trainerbi-
                    bliothek Bd. 5, hrsg. v. DSB). Berlin: Bartels &
                    Wernitz, 1973 (bes. S. 119).

VOLPERT, W.:   Sensumotorisches Lernen. (Training u. Beanspru-
                    chung, Bd. 1). Frankfurt/Main: Limpert, 1971 (bes.
                    S. 20, 22-24, 28-46).

2.3 G r u n d l a g e n   d e s   S p i e l s

Zu den Grundlagen des Sportspiels Basketball zählen im HANDBUCH die
physischen Grundlagen sowie bestimmte psychische und soziale Voraussetzungen. Die Vielschichtigkeit der Themen sowie die unterschiedlichen Standpunkte in der Forschung veranlaßten die Herausgeber, verschiedene Darstellungsweisen zuzulassen (SCHMÜCKER - HÜTTNER,
SCHMÜCKER - KUHN, HÜTTNER - HAGEDORN), damit sich der Leser selber
ein Bild vom derzeitigen Kenntnisstand und den Deutungsmöglichkeiten
machen kann. Hier soll exemplarisch für alle anderen Beiträge dargelegt werden, daß die im HANDBUCH angebotenen Informationen nicht als
fertige Rezepte mißzuverstehen sind, sondern dem Leser als Anregung
zur kritischen Auseinandersetzung mit der eigenen unterrichtlichen
Wirklichkeit dienen sollten.

2.3.1 Die Funktionen des Organismus im Sportspiel
von Bernhard SCHMÜCKER

SCHLAGWÖRTER
(1) Sportliche Leistung - willkürliche Nervenreize - Energiefreisetzung - Kontraktion, Erschlaffung - Steuerung der Kraft; Energieverbrauch, -transport - unwillkürliche, vegetative Innervation

(2) Maximalkraft - Begrenzung des Muskelzellstoffwechsels; Muskelausdauer - Leistungsfähigkeit von Stoffwechsel, Kreislauf, Atmung;
Effekt, Energieeinsparung - neuromuskuläre Koordination - Technik;
taktisches Verhalten - Sinnesorgane, Großhirn - Bewegungskoordination
(3) Anpassung an erhöhte Beanspruchung - Organtraining - Schulung
taktischer Fähigkeiten

ERLÄUTERUNGEN

(1) Gesteigerte, muskuläre Aktivität als Ausdruck sportlicher Leistung wird ausgelöst durch willkürliche Nervenreize. Diese gehen vom
Gehirn aus und setzen in den von ihnen versorgten willkürlichen Muskeln (Skelettmuskeln) Energien frei. Daraufhin zieht sich der Muskel
zusammen und kann über Sehnen und Bänder die verschiedenen Knochen
des Skeletts gegeneinander bewegen. Wir nennen diesen Vorgang, durch
den Kraft erzeugt wird, Kontraktion. Mit nachlassender Innervation
erfolgt die Erschlaffung des Muskels, so daß die Bewegung rückgängig
gemacht werden kann. Die Kraft der Kontraktion kann vom Bewußtsein
gesteuert werden durch Auswahl der innervierten Fasern der Muskeln
und durch die Dauer der Reizfolge, wodurch ein Summationseffekt entsteht.
Die bei der Kontraktion verbrauchten Energien müssen sofort wieder
ersetzt werden, wenn länger dauernde Muskeltätigkeit im Sport verlangt wird. Dazu erfolgt unmittelbar durch das sogenannte vegetative
Nervensystem eine Aktivierung von Stoffwechsel, Kreislauf und Atmung, um die Energieträger (Nahrungssubstrate, Sauerstoff) anzu-
transportieren und aufzubereiten. Diese Reaktionen laufen unwillkürlich ab; sie sind durch den Willen nicht beeinflußbar und werden
(dem Gehirn) auch nicht bewußt (vegetative Innervation). Grundlage
jeder sportlichen Leistungssteigerung (Bewegung) ist die willkürliche Innervation der Skelettmuskulatur, die durch die unwillkürlich
erfolgende Energieversorgung für längere Dauer aufrechterhalten werden kann.
(2) Der Einsatz bestimmter Muskeln, z.B. der Sprungmuskulatur, mit
größter Intensität verlangt eine maximale Willkürinnervation. Dadurch wird jene Energiemenge im Muskel freigesetzt, die den Einsatz
der Maximalkraft erlaubt, um eine Bewegung größter Schnellkraft oder
Schnelligkeit zu erzielen. Sportliche Aktionen größter Intensität

(Kraft) werden begrenzt durch die Fähigkeit des Stoffwechsels der Muskelzellen, plötzlich und umfangreich Energien freizusetzen. Bei Muskeltätigkeit längerer Dauer steht die Aufrechterhaltung der Energiebereitstellung und - nach Phasen besonders intensiven Einsatzes - der Wiederaufbau verbrauchter Energien im Vordergrund. Der Antransport energiereicher Substanzen beansprucht dabei die Organe von Kreislauf und Atmung mit steigernder Dauer. Ihre Leistungsfähigkeit bestimmt die Muskelausdauer.

Der Effekt eines kraftvollen Muskeleinsatzes, z.B. eines Sprunges, läßt sich erhöhen, wenn alle an einem Bewegungsablauf beteiligten Muskeln optimal zusammenwirken. Bei häufig wiederkehrenden Bewegungsabläufen, z.B. des Laufens oder Dribbelns, wird auf diese Weise der Energieverbrauch herabgesetzt (Energieeinsparung). Bestimmt wird dieses optimale Muskelzusammenspiel durch die neuromuskuläre Koordination, die als Speicherung bestimmter, häufig eingeübter Innervationsmuster im Gehirn aufzufassen ist. Die Koordination eines Bewegungsablaufes - besonders auch bei weniger intensiven, aber gezielten Aktionen wie dem Korbwurf - ist kennzeichnend für die Technik eines Basketballspielers. Für den Spielerfolg ist entscheidend, wie effektiv körperliche Fähigkeiten und Technik eingesetzt werden können. Dazu sind Leistungen wie Wahrnehmung, Beobachtung, Unterscheidung, Auswahl und Vorstellung von Bewegungen oder Spielideen u. a. Voraussetzung, die gesteigerte Aktivität von Sinnesorganen und Großhirn verlangen. Deren Kapazität bestimmt die allgemeine Bewegungskoordination, die Grundlage taktischen Verhaltens ist.

(3) Sämtliche Organsysteme des menschlichen Körpers verfügen über eine Anpassungsfähigkeit an länger dauernde erhöhte Beanspruchung, die es ihnen ermöglicht, gegebene Belastungen mit geringerem Aufwand durchzuführen oder höhere Belastungen zu erreichen. Diese Anpassungsfähigkeit wird im Training zunutze gemacht, wenn systematisch jene Organsysteme belastet werden, die eine erwünschte Fähigkeit wie Kraft, Ausdauer oder Koordination begrenzen. Im Basketball hat neben der Einübung spezieller Techniken besonders auch eine frühzeitig einsetzende Schulung der taktischen Fähigkeiten, d.h. der für das Sportspiel wichtigen Funktionen von Sinnesorganen und Großhirn entsprechenden Raum einzunehmen.

MERKE!

(1) Gesteigerte muskuläre Aktivität wird ausgelöst durch willkürliche Innervation; dadurch freigesetzte Energien ermöglichen die Muskelkontraktion (Bewegung), deren Kraft vom Bewußtsein gesteuert werden kann. Der Ersatz verbrauchter Energien über Stoffwechsel, Kreislauf und Atmung geschieht unwillkürlich durch das vegetative Nervensystem.
(2) Bei maximaler Willkürinnervation wird durch entsprechende Energiefreisetzung im Stoffwechsel der Muskelzelle die Maximalkraft erreicht. Bei längerer Tätigkeit bestimmt der Antransport von Energieträgern über Stoffwechsel, Kreislauf und Atmung die Ausdauer. Die neuro-muskuläre Koordination des Muskelzusammenspiels - beruhend auf Innervationsmustern im Gehirn - erhöht den Effekt des Muskeleinsatzes und setzt den Energieverbrauch herab. Körperliche Fähigkeiten und Technik werden durch die Leistung von Sinnesorganen und Großhirn im Spiel effektiver eingesetzt; darauf beruht die Bewegungskoordination als Grundlage taktischen Verhaltens.
(3) Die Anpassungsfähigkeit der Organsysteme an erhöhte Beanspruchung wird im Training systematisch genutzt, wobei die frühzeitige Schulung taktischer Fähigkeiten für das Basketballspiel von Bedeutung ist.

PRÜFE DEIN WISSEN!

1. Wodurch wird die Muskelkontraktion ausgelöst? Durch
   (1) W...k....... N.....r....
   (2) E......fr......ung
2. Welche Funktion hat das vegetative Nervensystem hinsichtlich Stoffwechsel, Kreislauf und Atmung?
   A.......ung
3. Wodurch kann die Maximalkraft erreicht werden?
   m....... W...k..........ion
4. Wodurch wird die Ausdauer begrenzt?
   L........f.....eit von Kr....... und A.....
5. Welche Fähigkeit beruht auf Innervationsmustern im Gehirn?
   n....m........ K........ion
6. Was ist die Grundlage der Trainierbarkeit?
   A.................. der O..... an e...... B.........ung

2.3.2 Der Bewegungsapparat
von Bernhard SCHMÜCKER

SCHLAGWÖRTER

(1) Muskeln, Sehnen, Bänder, Gelenk - dynamische, statische Arbeit -
Bewegungsapparat - Bewegungsspielraum
(2) Muskeltonus - Vordehnung - bewußte Innervation - Beweglichkeit
(3) Verbesserung der Beweglichkeit; Massage - Lockerung - Gymnastik -
Aufwärmen - mentales Üben
(4) Belastbarkeit des Bewegungsapparates - gleichmäßiger Trainingsaufbau

ERLÄUTERUNGEN

(1) Die Skelettmuskeln setzen mittels Sehnen und Bändern an den verschiedenen Knochen des Skeletts an. Sie ziehen über mindestens ein
Gelenk, die Verbindung zweier Knochen, hinweg und können diese als
Hebel betätigen. Durch die Kraft der Kontraktion wird auf diese Weise Arbeit verrichtet. Dabei werden die Knochen (und Körperteile) gegeneinander bewegt, oder in einer bestimmten Stellung, z.B. gegen
einen äußeren Widerstand, gehalten. Bewegungsarbeit wird als dynamisch, Haltearbeit als statisch bezeichnet. Beide Arbeitsweisen des
Muskels unterscheiden sich bezüglich ihrer Wirkung auf Kreislauf und
Stoffwechsel (vgl. bei 2.3.5). Dynamische Arbeit wird hauptsächlich
von an den Extremitäten ansetzenden Muskeln geleistet, während die
Rumpfmuskulatur überwiegend Haltearbeit verrichtet. Da die Bewegung
- vor allem im Sport - der augenfällige Vorgang ist, bezeichnet man
die Gesamtheit der Muskeln mit ihren Verbindungen zum Skelett als
Bewegungsapparat.

So ist es richtig!
1. (1) Willkürliche Nervenreize; (2) Energiefreisetzung
2. Aktivierung
3. Maximale Willkürinnervation
4. Leistungsfähigkeit von Kreislauf und Atmung
5. Neuro-muskuläre Koordination
6. Anpassungsfähigkeit der Organe an erhöhte Beanspruchung

Zahl, Anordnung und Art der Muskeln bestimmen den für jedes Gelenk
typischen Bewegungsspielraum, der durch die Form der Gelenkflächen
und das Gelenk festigende Kapseln und Bänder vorgegeben ist. Dabei
erhalten Bänder oft unterstützende Funktion, dadurch daß sie - wie
im Hüftgelenk - durch Hemmung der Überstreckung die Haltearbeit der
Beugemuskulatur vermindern.

(2) In Ruhestellung des Gelenkes finden wir die Muskeln nicht gänzlich erschlafft, sondern in einem geringgradigen Kontraktionszustand, den wir Muskeltonus nennen. Er wird z.T. reflektorisch, ohne
Einschaltung des Bewußtseins, aufrechterhalten, wobei der Tonus der
häufiger aktivierten und kräftigeren Muskeln, wie der Beuger im Ellenbogengelenk, überwiegt. Tonisierte Muskeln sind, z.B. bei plötzlicher passiver Dehnung, schneller und exakter aktionsfähig. Wenn im
Spiel das Fangen eines Balles zu erwarten ist, kann der Tonus der
Beuger im Ellenbogengelenk reflektorisch weiter erhöht sein, wodurch
das Fangen des Balles erleichtert wird.

Die Maximalkraft, die ein jeder Muskel erreichen kann, ändert sich
mit unterschiedlicher Länge, z.B. nimmt sie bei passiver Dehnung zunächst zu und dann wieder ab. Die Längenänderung kann auch aktiv
durch Vordehnung eingestellt werden. In einem Bewegungsablauf kann
so durch Kontraktion anderer Muskeln eine optimale Muskelvordehnung
bewußt erfolgen, wie beim Ausholen des Armes zum Wurf. Ein effektiver Muskeleinsatz im Sport hat immer zur Voraussetzung, daß alle für
die verschiedenen Techniken wichtigen Muskelgruppen sich ihrer optimalen Wirkungsweise entsprechend kontrahieren können. Dazu ist die
bewußte (kontrollierbare) Innervation auch kleinster Muskelgruppen
notwendig, die in bestimmten Bewegungsabläufen eine Rolle spielen;
so steuert der Spieler beim Freiwurf noch zum Schluß die Flugbahn
des Balles durch verstärkte Kontraktion der Beuger des Mittelfin-
gers. Die Fähigkeit, den Bewegungsspielraum der Gelenke optimal aus-
zunützen, wird mit Beweglichkeit umschrieben; sie verlangt die bewußte Aktivierbarkeit gut tonisierter Muskeln entsprechend ihrer optimalen Vordehnung.

(3) Die Beweglichkeit des Bewegungsapparates kann sowohl langfristig
im Training als auch unmittelbar vor jedem Wettkampf verbessert werden. Einschränkungen des Bewegungsspielraumes seitens der Bänder-
und Gelenkkapseln sollten systematisch durch Lockerungs- und Deh-
nungsübungen behoben bzw. verhindert werden. Durchblutungsfördernde

Massagen haben unterstützende Funktion und sind vor allem vor entscheidenden Einsätzen und nach Verletzungen angebracht. Durch gymnastische Übungen kann der Bewegungsspielraum erweitert werden. Neben
eine gymnastische Grundschulung möglichst des gesamten Bewegungsapparates tritt dabei die intensivere Zweckgymnastik der im Basketball
hauptsächlich beanspruchten Körperpartien. Auch in leichter Form
durchgeführt, erlauben derartige Übungen, die die spieltypischen Bewegungen nachahmen, vor dem Wettspiel die Überprüfung der Beweglichkeit und eine Anregung von Stoffwechsel und Durchblutung der entsprechenden Muskeln. Erst danach sollte zum Einüben spezieller Techniken wie des Korbwurfs übergegangen werden. Statische Muskelkon-
traktionen mit kurzzeitig erhöhtem Kraftaufwand, wie in der Kniebeuge oder beim Pressen des Balles zwischen beiden Händen, helfen in
diesem Zusammenhang, den Muskeltonus auf die zu erwartenden Aufgaben
hin einzustellen.
Die langfristige Anpassung der Muskulatur ist Aufgabe des Krafttrainings (vgl. bei 2.3.3); das Aufwärmen durch gymnastische Übungen
oder Läufe mit geringer Kraft, aber etwa halbmaximaler Kreislaufbelastung (vgl. bei 2.3.4) als Warmlaufen von etwa 1/2 Stunde vor dem
Wettkampf hat die Funktion, vor allem Stoffwechsel und Kreislauf
ohne großen Energieverbrauch anzuregen.
Die Fähigkeit des mentalen Trainings der Bewegungsvorstellung sollte
im Training erworben werden, da sie auch ohne muskuläre Belastung
die Beweglichkeit und Durchblutung in geringem Maße fördern kann und
technische Fertigkeiten überprüfen hilft. Mit Methoden dieser Art
sind vor allem im Genesungsprozeß nach schwerwiegenden Verletzungen,
die größere Belastungen unmöglich machen, gute Erfahrungen in der
Beschleunigung der Wiederherstellung bei Erhaltung der Feinkoordination gemacht worden.
(4) Die Belastbarkeit des Bewegungsapparates ergibt sich als Folge
dauernder erhöhter Beanspruchung. Die Anpassungsfähigkeit von Gewe-
ben wie Skelett, Bändern oder Sehnen ist jedoch wegen der relativ
schlechten Durchblutung nur langsam und bleibt hinter der Entwicklung der Muskulatur, z.B. bei einem Krafttraining, zurück. Hieraus
ergibt sich - besonders im Jugendalter - die Notwendigkeit eines
gleichmäßig aufbauenden Muskeltrainings. Gegenüber hormoneller Unterstützung des Trainings etwa durch Anabolica bestehen aus diesem
Grunde große Bedenken, da besonders Sehnen und Bänder der steigenden

Muskelkraft nicht mehr gewachsen sind und Verletzungen begünstigen.

MERKE!

(1) Die Kraft der Muskelkontraktion überträgt sich im Bewegungsapparat über Sehnen und Bänder auf die Knochen des Skeletts, die in Gelenken miteinander in Verbindung stehen. Die dadurch verrichtete Bewegungsarbeit wird als dynamisch, Haltearbeit als statisch bezeichnet. Muskel- und Gelenkaufbau bestimmen den Bewegungsspielraum.

(2) Den auch in Ruhe ständig vorhandenen Kontraktionszustand der Muskeln, der ihre Aktivierbarkeit erhöht, bezeichnet man als Tonus. Die Maximalkraft eines Muskels läßt sich durch Vordehnung beeinflussen. Die bewußte Innervation auch kleinster Muskelgruppen ergibt erst effektiven Muskeleinsatz (Technik). Die genannten Funktionen ermöglichen die optimale Ausnützung des Bewegungsspielraumes, die Beweglichkeit.

(3) Die Beweglichkeit läßt sich sowohl langfristig durch gezieltes Training als auch vor jedem Wettkampf verbessern. Geeignete Maßnahmen sind Massage, Lockerungsübungen, Gymnastik besonders in zweckgerichteter Form, Aufwärmen und mentales Training.

(4) Aufgrund der Anpassungsvorgänge des Organismus ergibt sich nach erhöhter Beanspruchung eine stärkere Belastbarkeit des Bewegungsapparates. Da diese sich bei der Muskulatur jedoch schneller einstellt als bei den geringer durchbluteten Bändern, Sehnen und Knochen, muß auf ein gleichmäßig aufbauendes Krafttraining geachtet werden.

PRÜFE DEIN WISSEN!

1. Wie nennt man die Arbeitsweise der Oberschenkelmuskulatur beim Laufen (1), beim Halten der Kniebeuge (2)?
   (1) d....... (2) st.......
2. Wodurch wird das Ellenbogengelenk auch bei Ruhe in leichter Beugestellung gehalten?
   M.....t.... der Beugemuskeln
3. Welche Wirkung hat die leichte Vordehnung von Muskeln vor ihrer Kontraktion?
   größere K....
4. Wie soll das Aufwärmen bezüglich Krafteinsatz (1), Kreislaufbelastung (2) und zeitlicher Ausdehnung (3) gestaltet werden?
   (1) h.... Kraft (2) h...m....... Kreislaufbelastung (3) Gesamtdauer mindestens d...... Minuten

5. Mit welcher Trainingsmethode läßt sich bei Verletzungen auch ohne
aktives Training die Koordination z.T. bewahren?
m....... Tr......

2.3.3 Muskelkraft
von Bernhard SCHMÜCKER

SCHLAGWÖRTER
(1) Kontraktionskraft - bewegte Last; Maximalkraft: Nervenimpulse -
Motivation - Mobilisation
(2) Statische Kraft - Kraftmessung; Schnellkraft, Schnelligkeit -
Maximalkraft und Koordination
(3) Kontraktionsgeschwindigkeit - Energiefreisetzung; Muskelfaser-
typ: Erbfaktoren - Mentalität
(4) Krafttraining: statisch-dynamisch; Dickenzunahme des Muskels -
Faserumwandlung
(5) Kraft und Bewegung im Training: Gewichtsbelastung - isokinetisches Training - Koordination; Kraft und Technik

ERLÄUTERUNGEN
(1) Auf den Nervenreiz hin entwickelt der Muskel durch Kontraktion
seiner Fasern Kraft, die sich auf das Skelettsystem überträgt. Sie
kann als bewegte Last gemessen werden. Die jeweilige Maximalkraft
eines Muskels ist Folge möglichst zahlreicher Impulse des Nervensystems, die möglichst viele Fasern erreichen und durch Summation
von Einzelimpulsen zum Kontraktionsmaximum führen. Der dazu notwendige Willensakt setzt entsprechende Motivation voraus.
Im allgemeinen sind bei diesem Vorgang lediglich 2/3 aller Fasern

So ist es richtig!
1. (1) dynamisch (2) statisch
2. Muskeltonus
3. Kraft
4. (1) halbe (2) halbmaximale (3) dreißig
5. mentales Training

gleichzeitig erregbar; der Bandapparat ist dadurch vor übermäßigen
Belastungen geschützt. Bei guter Motivation (aber auch durch Doping)
ist eine weitergehende Mobilisation von Fasern zu erzielen; der Grad
der Mobilisation dürfte vom Übungsgrad der Muskulatur abhängig sein.
(2) Bei statischer Muskelarbeit - z.b. gegen einen unüberwindlichen
Widerstand - kann unter den erwähnten Voraussetzungen nach einigen
Sekunden die Maximalkraft erreicht werden. Diese wird daher auch
immer bei statischer Arbeit gemessen. Die im Rahmen eines Bewegungsablaufes geforderte maximale Kraft etwa beim Sprung oder Wurf wird
in Schnellkraft oder - bei wiederholten Bewegungen des Laufes z.B. -
in Schnelligkeit umgesetzt. Da die Kraft meist aus einer Bewegung
heraus und in ganz bestimmter Folge und zu bestimmter Zeit eingesetzt werden muß, spielt die neuromuskuläre Koordination des Bewegungsablaufes neben der bloßen statischen Maximalkraft eine große
Rolle. Je komplizierter schließlich eine Bewegung ist, desto mehr
tritt die Kraft für die schnelle Ausführung hinter der Koordination
an Bedeutung zurück.

(3) Für Schnellkraft- und Schnelligkeitsübungen ist neben der Koordination sowie der innerhalb mehrerer Sekunden aufzubringenden maximalen Kraft vor allem auch die Geschwindigkeit einer Muskelkontraktion entscheidend; diese hängt ab von der Fähigkeit des Stoffwechsels, möglichst schnell große Energiemengen freizusetzen. Die schnelle Energieumsetzung ist hauptsächlich an das Vorhandensein eines bestimmten Muskelfasertyps gebunden, dessen Verteilung von Muskel zu
Muskel, aber auch von Mensch zu Mensch wechseln kann. Erbfaktoren
spielen dabei eine große Rolle. Darüberhinaus soll sich das Verhältnis der schnellkontrahierenden zu den langsamer, dafür aber aus-
dauernder kontrahierenden Fasern im Jugendalter ausprägen, so daß
von der Mentalität her spontan reagierende Charaktere bei gleicher
Grundkraft größere Schnellkraft oder Schnelligkeit erreichen können.
Das würde die Erfahrung unterstreichen, daß eben manche Spieler eher
"am Ball explodieren" können, andere dafür zu Ausdauerleistungen
neigen.

(4) Im Verlaufe eines Krafttrainings wird ein ständiger Muskeleinsatz mit großer Kraft eine Kraftzunahme bewirken. Trainingspausen
führen deshalb zu ihrer Rückbildung. Bei statischem Training würden
4-6 Kontraktionen pro Tag von jeweils 1 Sekunde Dauer mit 60-90% der
jeweiligen Maximalkraft zu einer optimalen Kraftentwicklung führen.

Der Zuwachs ist bei dynamischem Krafteinsatz entsprechend der geringeren Dauer, über die die größte Kraft aufrecht erhalten wird, geringer. Statisches Training ist demzufolge zu befürworten, wenn etwa zu Beginn einer Saison oder nach Verletzungen schnell das Kraftniveau besonders wichtiger Muskelgruppen wie der Fang-Pass-Muskulatur an Hand und Unterarm gesteigert werden soll. Im Basketball spielen derartige Gesichtspunkte jedoch im Vergleich zu typischen Kraftsportarten eine untergeordnete Rolle.

Als Folge des Krafttrainings zeigt sich eine Zunahme des Muskelumfanges, die auf eine verstärkte Einlagerung der sich kontrahierenden Eiweiße in den Muskelfasern zurückzuführen ist. Über den Muskelumfang läßt sich somit in etwa die statische Maximalkraft ablesen. Von außen nicht zu erkennen ist die maximale Kontraktionsgeschwindigkeit, da sie auf Umwandlung von ausdauernd arbeitenden Fasern in schnellkontrahierende beruht. Diese Veränderungen sind in letzter Zeit als Folge eines Schnellkraft- oder Schnelligkeitstrainings nachgewiesen worden, finden jedoch - im Verhältnis zur Zunahme der Grundkraft - nur in geringem Rahmen statt.

(5) Für das Basketballtraining ist von Bedeutung, daß jeglicher Kraftzuwachs in spieltypischen Bewegungsabläufen umgesetzt werden muß. Aus diesem Grunde sollte ein Gleichgewicht zwischen Krafttraining und dem Einüben von Fertigkeiten bestehen. Das bedeutet für das Krafttraining, daß die wichtigsten Muskelgruppen in ihren typischen Bewegungen beansprucht werden. So könnte z.B. mit einem schweren Ball oder beim Sprungtraining mit Gewichtswesten trainiert werden. Als eine Art Kompromiß zwischen statischem und dynamischem Krafttraining erlaubt das isokinetische Training den Einsatz großer Kraft - ähnlich dem statischen Training - für die Dauer einer Bewegung (dynamisch), allerdings mit gleichbleibender Geschwindigkeit. Es sei darauf hingewiesen, daß Kraftzuwachs nicht unbedingt einen negativen Einfluß auf den Bewegungsfluß haben muß, sofern die neuromuskuläre Koordination dem Kraftgewinn angepaßt bleibt. Da der Trainingsaufwand (zumindest hierzulande) jedoch recht begrenzt ist, sollte daher das Krafttraining zumindest insoweit die Koordination nicht vernachlässigen als im Groben der typische Bewegungsablauf eingehalten wird. Entsprechende Trainingsgeräte fehlen weitgehend. Zu beachten ist, daß oft ein und dieselbe Muskelgruppe, z.B. die Streckmuskulatur des Oberschenkels, für unterschiedliche Bewegungs-

abläufe eingesetzt wird, auf der einen Seite zum Sprung oder Lauf,
auf der anderen Seite zum plötzlichen Abstoppen; für beide Bewegun-
gen ist gleiche Kraft aber unterschiedliche Koordination notwendig.
Daher sollte sowohl der Sprung als auch das Abfedern bis in die
Kniebeuge mit Gewichtsbelastung im Training durchgeführt werden.
Antrainierte Muskelkraft ist gerade im Sportspiel nur dann von Nut-
zen, wenn sie wirkungsvoll eingesetzt werden kann, also durch die
Technik zur Geltung gebracht wird. Daher können im Trainingsaufbau
Krafttraining und Technikschulung niemals getrennt betrachtet wer-
den.

MERKE!
(1) Durch Muskelkraft können mittels des Skelettsystems Lasten bewegt werden, auf diese Weise wird Kraft gemessen. Maximale Kraft
setzt maximale Impulse seitens des Nervensystems durch entsprechende
Motivation voraus. Durch Mobilisation normalerweise nicht erregter
Fasern kann bei guter Übung auf diesem Wege eine weitere Steigerung
erzielt werden.
(2) Die Maximalkraft kann am ehesten bei statischer Arbeit erreicht
werden und wird meßtechnisch auch als statische Maximalkraft bestimmt. Sie wird im Verlauf von Bewegungen eingesetzt, um Schnellkraft oder Schnelligkeit zu erzielen; besonders bei komplizierten
Bewegungsabläufen ist dazu ausreichende Koordination notwendig.
(3) Die Geschwindigkeit der Muskelkontraktion ist abhängig von der
Stoffwechselkapazität eines bestimmten Muskelfasertyps, der ungleich
verteilt ist. Bei Überwiegen schnellkräftiger Fasern finden wir den
explosiven Spielertyp.
(4) Zu einem optimalen Kraftzuwachs führt regelmäßiges statisches
Training mit 60-90% der maximalen Kraft. Da bei dynamischen Kontraktionen die größte Kraft nur kurzzeitig eingesetzt werden kann, entwickeln sie die Maximalkraft in geringerem Maße. Die Umfangzunahme
des Muskels als Folge des Trainings steht in Relation zur Kraftzunahme. Eine Erhöhung der Kontraktionsgeschwindigkeit durch Faserumwandlung ist im Training in geringem Umfang möglich.
(5) Im Basketball sollte ein Krafttraining überwiegend in den typischen Bewegungen, z.B. als isokinetisches Training, stattfinden, damit die Koordination (Technik) dem Kraftzuwachs angepaßt bleibt. Da
der effektive Einsatz der Muskelkraft durch die Technik im Basket-

ball von großer Bedeutung ist, sollten <u>Krafttraining</u> und <u>Technik-</u>
<u>schulung</u> nicht getrennt durchgeführt werden.

PRÜFE DEIN WISSEN!
1. Welche Faktoren bestimmen die Schnelligkeit einer Bewegung?
   (1) K.... (2) Kon.......sgesch.......... (3) Ko........on
2. Welche Trainingsform hat den größten Kraftzuwachs zur Folge?
   sta....... Kr...training
3. Wie läßt sich Kraft ohne Vernachlässigung der Koordination trainieren?
   (1) Gew.....bel.....g (2) i..kin........ Training

2.3.4 Ausdauer
von Bernhard SCHMÜCKER

SCHLAGWÖRTER
(1) länger dauernde Muskelarbeit: statisch, dynamisch - Durchblutung;
Ausdauer - Stoffwechsel, Kreislauf (Herz), Atmung
(2) Nährstoffe, Sauerstoff - aerober Stoffwechsel - Ausdauerbelastungen; anaerober Stoffwechsel - Muskelermüdung - Erholung
(3) vegetative Regulation - Anzeichen - Belastungshöhe
(4) Training: anaerobe Ausdauer - Stehvermögen - Intervalltraining;
aerobe Ausdauer - Herzleistung
(5) vegetative Anpassung - Koordination und Ermüdung

ERLÄUTERUNGEN
(1) Bei Muskelarbeit längerer Dauer müssen die pro Kontraktion verbrauchten Energien in ausreichender Menge wieder aufgebaut werden.
Dazu ist ein ständiger <u>Nachschub energieliefernder Substanzen</u> auf

dem Blutwege über das Gefäßsystem zum arbeitenden Muskel notwendig.
Bei Kontraktion von mehr als etwa 20% aller Fasern eines Muskels -
das entspricht etwa 20% seiner Maximalkraft - wird durch erhöhten
Muskelinnendruck die Durchblutung gedrosselt und die Energienachlie-
ferung eingeschränkt. Daher fällt die Versorgung des Muskels bei dynamischer Arbeit hauptsächlich in die Erschlaffungsphase; bei statischer Arbeit höherer Intensität bedingt die Durchblutungsdrosselung
einen baldigen Arbeitsabbruch. Im Sport sind daher Belastungen auf
Dauer immer dynamischer Art. Die Fähigkeit, eine gegebene Belastungsintensität möglichst lange aufrecht zu erhalten, bezeichnet man als
Ausdauer. Sie ist abhängig von der Kapazität sowohl des wiederaufbau-
enden Stoffwechsels der Muskelzellen als auch des Nachschubs durch
Atmung und Kreislauf, insbesondere der Antriebsarbeit des Herzens.

(2) Grundsätzlich werden alle Energien aus Abbauprodukten der Nährstoffe, und zwar der Kohlenhydrate und Fette sowie dem Sauerstoff der
Atemluft gewonnen. Diese in den Zellen bestimmter Muskelfasern (vgl.
bei 2.3.3) aerob, d.h. mit Sauerstoff, produzierten Energien reichen
indessen nur aus für Belastungen, die mit halber Kraft durchgeführt
werden; die Arbeitsdauer ist dafür fast unbegrenzt. Ausdauerbelastungen dieser Art werden durch den aeroben Stoffwechsel ermöglicht. Der
Energieumsatz entspricht dabei der in den Lungen aufgenommenen und
mit dem Blutstrom zum Muskel transportierten Menge Sauerstoff.
Bei höheren Belastungen, wie sie im Spielverlauf des Basketballs die
Regel sind, müssen in kurzer Zeit schnell größere Energiemengen freigesetzt und wieder aufgebaut werden. Deren Produktion erfolgt zusätzlich in den Zellen eines anderen Muskelfasertyps lediglich aus den
Abbauprodukten der Kohlenhydrate und ohne Anwesenheit von Sauerstoff,
das heißt anaerob. Dabei kommt es zu einem unökonomischen schnellen
Abbau der Kohlenhydratvorräte, welcher - je nach Belastungsintensität - in 40 Sekunden bis 4 Minuten zur Ausschöpfung der Reserven, der
Muskelermüdung führen müßte. Bei maximalem Krafteinsatz (vgl. bei
2.3.3) reichte auch die Kapazität des anaeroben Stoffwechsels nicht
aus, auf Dauer genügend Energien nachzuliefern. Daher würde nach spätestens 20 Sekunden die Kraft der Kontraktion nachlassen. Um die Ermüdung zu vermeiden bzw. wieder zu beseitigen, muß die Belastungsintensität herabgesetzt und unter Umständen sogar eine Pause eingelegt
werden. Dabei kann das Energiedefizit auf aerobem Wege wieder ausge-

glichen werden. Im Wettspiel wechseln Beanspruchungen anaerober und
aerober Art einander ab. Die Ausdauer des Spielers wird dabei sowohl
vom Stehvermögen bei intensiven Belastungen, der anaeroben Ausdauer,
als auch von der Erholungsfähigkeit bestimmt, die Teil der aeroben
Ausdauer ist.
(3) Bei erhöhtem Energiebedarf der Muskulatur werden über das vegetative Nervensystem (vgl. bei 2.3.1) die energieliefernden chemischen
Prozesse gesteigert und gleichzeitig die Funktionen von Kreislauf und
Atmung als Versorgungssystem des arbeitenden Muskels aktiviert (vegetative Regulation). Der Spieler spürt bei erhöhter Belastung das
schnellere und kräftigere Schlagen des Herzens und Pulsieren des Blu-
tes in den Gefäßen; zugleich nimmt die Zahl und Tiefe der Atemzüge
zu; die Schweißsekretion kennzeichnet die als Folge der Energieproduktion anlaufende Wärmeabgabe zur Temperaturregulation. Diese Anzeichen sind geeignet, die Belastungshöhe einzuschätzen. Pulsfre-
quenzsteigerungen über 130-150 Schläge/min im Spiel zeigen den Übergang von aerober zu anaerober Energiebereitstellung an. Oberhalb dieses Bereiches fällt das Sprechen wegen der forcierten Atmung schwer.
Eine Ermüdung läßt sich nur vermeiden bzw. im Sinne der Erholung beseitigen unterhalb dieser Pulsfrequenzen.
(4) Im Basketballtraining müssen sowohl die aerobe als auch die anaerobe Ausdauer entwickelt werden. Belastungen hoher bis maximaler
Intensität (Pulsfrequenz über 180/min) fördern dabei, wenn sie bis
zur Ermüdung (mindestens 1 min) durchgehalten werden, vor allem die
Kapazität des anaeroben Stoffwechsels, das Stehvermögen. In den kurzen Pausen herabgesetzter Belastung kann nach dem Intervallprinzip
gleichzeitig der aerobe Stoffwechsel mittrainiert werden, wenn innerhalb der üblichen Trainingseinheiten von einer Stunde die Pausen 5
Minuten nicht überschreiten oder die Pulsfrequenz nicht unter 140/min
sinkt; ein ähnlicher Effekt wird erzielt, wenn die Spieler in den
Spielen der Vorbereitungsperiode bei ihren Einsätzen möglichst lange
durchspielen. Speziell kann und sollte die aerobe Ausdauer besonders
vor Saisonbeginn, z.B. in 1/2-stündigen Waldläufen, gesteigert werden.
Derartige Trainingsmaßnahmen entwickeln die Kapazität des aeroben
Stoffwechsels und damit besonders auch die Leistungsfähigkeit des
Energietransportsystems, dessen wichtigstes Organ das Herz ist. Bei
Basketballspielern finden wir infolgedessen bereits andeutungsweise
das durch Größe und Leistungsfähigkeit ausgezeichnete Sportherz. Wei-

terhin läßt sich als Zeichen der gesteigerten aeroben Kapazität eine
Vergrößerung des Sauerstoffaufnahmevermögens nachweisen.
(5) Der ständige Wechsel der Belastungsintensität im Wettspiel kann
im intervallartig aufgebauten Training gefordert werden. Dadurch werden die vegetativen Regulationen stabilisiert, so daß sie jederzeit
schnell und exakt die Energiebereitstellung den Arbeitsbedingungen
der Muskulatur anpassen können. Auf diesem Wege bildet sich vermutlich ein Zusammenspiel vegetativer und willkürlicher Innervationen
aus, welches - wie die neuromuskulären Vorgänge - als koordiniert
bezeichnet werden kann. Diese vegetative Anpassung ist z.B. im
Augenblick des "Toten Punktes" gestört, um mit dem sogenannten
"Zweiten Wind" wieder funktionsfähig zu werden. Auch alle technischen und taktischen Fähigkeiten sollten stets unter hoher Stoffwechselbelastung erprobt und gefestigt werden, damit die sich einprägen-
den Bewegungsmuster (vgl. bei 2.3.5) in allen Spielsituationen in
gleicher Qualität (Koordination) abrufbar sind. Oft mißlingt dem
technisch ausgereiften Spieler die Ausführung eingeübter Fertigkeiten wie des Korbwurfes im Zustande fortschreitender Muskelermüdung,
nur weil das Training unter Wettkampfbedingungen vernachlässigt wurde.

MERI E!
(1) Der Nachschub energieliefernder Substanzen zum arbeitenden Muskel durch das Gefäßsystem findet überwiegend in den Erschlaffungs-
phasen der Muskulatur statt, ist also bei statischer Arbeit höherer
Intensität nicht möglich. Die Kapazität des Stoffwechsels und des
Nachschubs von Energie durch Kreislauf und Atmung bestimmen die Ausdauer als die Fähigkeit, bei dynamischer Arbeit eine gegebene Belastungsintensität aufrecht zu erhalten.
(2) Energieträger sind Abbauprodukte der Nährstoffe und Sauerstoff;
im aeroben Stoffwechsel ermöglichen sie Ausdauerbelastungen halber
Kraft und fast unbegrenzter Dauer. Höhere Belastungen erfordern die
Energieproduktion über den anaeroben Stoffwechsel, d.h. ohne Sauerstoff, aus den Abbauprodukten der Kohlenhydrate. Die dabei einsetzende Ermüdung kann aerob beseitigt werden.
(3) Anzeichen der über das vegetative Nervensystem erhöhten Funktionen von Stoffwechsel, Kreislauf und Atmung (Schweißbildung, Pulsfrequenz, Atemtiefe, -frequenz) erlauben das Abschätzen der Belastungshöhe.

(4) Das Training der anaeroben Ausdauer (Stehvermögen) erfordert hohe Belastungen, wobei sich in Intervallen die Erholungsfähigkeit als
Teil der aeroben Ausdauer - und damit auch die Herzleistung - fördern
läßt.
(5) Eine Stabilisierung der vegetativen Regulation ist durch wechseln-
de Belastungsintensitäten zu erreichen. Technik und Taktik sollten
unter hoher Stoffwechselbelastung (Ermüdung) gefestigt werden.

PRÜFE DEIN WISSEN!

1. Ausdauer ist abhängig von St.......... und K........
2. Bei längeren Belastungen mit halber Kraft erfolgt der Stoffwechsel a....; Höchstbelastungen sind für k.... Z... bei a........
   Stoffwechsel möglich.
3. Bei erhöhtem Energiebedarf werden Stoffwechsel, Kreislauf und
   Atmung durch das v......... N........... aktiviert.
4. Der Basketballer muß vor allem das St..v....... nach dem I....-
   ....prinzip trainieren.
5. Das Basketballtraining muß wie das Spiel selbst technische und
   taktische Fertigkeiten unter h.... St..........b.....ung festigen.
6. Ermüdung stört die Ko........on.

2.3.5 Grundlagen der Bewegungskoordination
von Bernhard SCHMÜCKER

SCHLAGWÖRTER
(1) Koordinierter Einsatz von Kraft und Ausdauer; neuromuskuläre
Koordination - bedingte Reflexverbindungen - Fertigkeiten - Stereotype

So ist es richtig!
1. Stoffwechsel, Kreislauf
2. aerob, kurze Zeit, anaerobem
3. vegetative Nervensystem
4. Stehvermögen, Intervallprinzip
5. hoher Stoffwechselbelastung
6. Koordination

(2) Auslösung stereotyper Fertigkeiten - Informationen durch Sinnesorgane und Rezeptoren - Signalebenen - Bewegungskoordination - übergeordnete Großhirnleistung - Spielintelligenz; kontrollieren - korrigieren - taktisch handeln; Hierarchie der Handlungsstrukturen
(3) Training: Fertigkeiten, Technik - Flexibilität; Wahrnehmungsfähigkeit (Bewegungsempfindung) - Schwächen korrigieren
(4) Schulung taktischen Verhaltens - Erkennung eigener Schwächen,
Stärken - spezielle Aufgaben; Trainer: Begabungsschwerpunkte der
Spieler beachten

ERLÄUTERUNGEN

(1) Die Grundqualität sportlicher Leistungen wie Beweglichkeit,
Kraft und Ausdauer müssen gerade im Sportspiel durch koordinierten
Einsatz zur Geltung gebracht werden. Kraftvolle Muskelaktionen z.B.
müssen in eingeübten Bewegungsabläufen in Schnellkraft umgesetzt
werden, ebenso wie sich nur in aufeinander abgestimmten Bewegungen
die Schnelligkeit beim Spurt ausspielen läßt. Bei Belastungen längerer Dauer wird auf diese Weise der Energieaufwand für eine gegebene
Belastung herabgesetzt und so das Stehvermögen bei intensiver Tätigkeit erhöht; ebenso erfolgt die Erholung schneller, wenn geringere
Energiemengen bereitgestellt werden mußten.
Der dazu erforderliche ökonomische Einsatz der Muskulatur ist nur
möglich als Folge einer ausgewählten Innervation jener Muskelfasern,
die einer Bewegung dienlich sind, und mit jener Abstufung der Intensität, die den Effekt der Ausführung garantiert. Diese rationali-
sierte Muskeltätigkeit ist zum großen Teil abhängig vom Übungsgrad
der Muskulatur und wird, da sie das Zusammenspiel von Nervensystem
und Muskulatur regelt, als neuromuskuläre Koordination bezeichnet.
Sie ist abhängig von der Fähigkeit des Gehirns, jene Nervenimpulse
auszusuchen, die einer optimalen Aktion förderlich sind. Das Großhirn (der besonders beim Menschen entwickelte übergeordnete Teil des
Gehirns) sammelt im Verlauf des Übens bestimmte Bewegungserfahrungen,
in dem es Muster bestimmter Bewegungsabläufe wie Anlauf, Absprung,
Korbwurf mit bestimmten Bedingungen wie Angespielt werden, Freiste-
hen u.a. gekoppelt speichert. Diese gespeicherten Muster beruhen auf
der Basis bedingter Reflexe und sind - besonders nach längerem Üben -
unter den erwähnten Bedingungen im Spiel nunmehr ohne größere Zwi-
schenschaltungen im Nervensystem abrufbar; vor allem brauchen die

jeweiligen Bedingungen nicht mehr kritisch wahrgenommen zu werden,
sondern lösen - unter Entlastung oberer Großhirnschichten - direkt
die Muskelaktionen aus.
Fertigkeiten sind als Kombinationen verschiedenster Reflexmuster im
Großhirn aufzufassen. Die Technik einer bestimmten Sportart stellt
somit ein komplexes System komplizierter bedingter Reflexverbindungen dar, die im einzelnen als Stereotype gespeichert sind. Eine Bewegung ist stereotyp, wenn sie vom Großhirn eingeleitet wird, also
entweder bewußt wird oder zumindest bewußt zu machen ist; dies ist
infolgedessen ein Kriterium guter sportlicher Technik. Automatisch
wäre eine Bewegung dann, wenn sie unbewußt, also nicht durch das
Großhirn beeinflußt, abliefe.
(2) Der Auslösung entsprechender stereotyper Fertigkeiten muß gerade
im Sportspiel über Sinnesorgane und Rezeptoren immer eine Information über die Bedingungen vorausgehen, die auf dem Reflexwege mit
entsprechenden motorischen Handlungen gekoppelt sind. In einfachen
Fällen, wie beim Startschuß, genügt ein gehörtes Signal, um Start
und weiteren Ablauf zu veranlassen. Der Verschiedenartigkeit der Bewegungsmuster im Basketballspiel entspricht auch eine breite Skala
von möglichen Signalen, die verarbeitet werden müssen. Diese treffen
bei den Wahrnehmungen von Auge und Ohr, des Gleichgewichts- und
Tastsinnes sowie vor allem der bewegungsempfindlichen Rezeptoren in
Muskeln und Sehnen auf einer unteren Signalebene des Gehirns ein.
Von dort dringen sie ins Bewußtsein oder können bewußt gemacht werden. Weiterhin können die verschiedenen Signale auf einer gehobenen
Ebene gesichtet und gewertet werden; das gilt besonders für gehörte
oder gesehene Zeichen oder Worte. Bei Beherrschung der Spielregeln
und Spielidee und ausreichender Spielerfahrung können sämtliche Informationen im Spiel auf diese Weise Aktionen auslösen oder bremsen,
Bewegungen in Richtung und Intensität ändern bzw. steuern und verschiedene Fertigkeiten in bestimmter Folge nacheinander einsetzen
oder kombinieren. Nach diesem Regelprinzip - als Bewegungskoordination bezeichnet - laufen alle Bewegungen ab; eine besondere Beanspruchung erfährt es im Sportspiel.
Teil dieses Systems ist die Großhirnrinde, welche - durch Stereotype
entlastet - mit den Informationen aller Rezeptoren (gehobene Signalebene) versorgt wird und auf sämtliche Muskelaktivitäten Einfluß
nehmen kann. Je stärker das der Fall ist, desto mehr spielt ein

Spieler mit "Kopf". In diesem Zusammenhang lassen sich sämtliche "geistigen" Qualitäten, wie Analyse- und Kritikfähigkeit, Ausnutzung von Erfahrungen, Logik, Ideen und rationales Handeln in die Spielgestaltung einbringen, die man zusammenfassend als Spielintelligenz bezeichnen könnte. 'Der Spieler beobachtet und kontrolliert seine eigene Leistung, z.B. im Training, und korrigiert sich; er geht auf die Anregungen des Trainers ein oder beobachtet technisch bessere Spieler, die er nachahmt. Im Wettkampf beobachtet er den Spielverlauf, erkennt Zusammenhänge, sieht die Möglichkeiten, seine eigenen Fähigkeiten wirkungsvoll einzusetzen; also taktisch zu handeln. Letztlich kann er sogar sein eigenes taktisches Verhalten kritisch überprüfen. Im Zusammenspiel von Sinnesorganen, Nervensystem und Muskulatur läßt sich schließlich eine Hierarchie der Handlungsstrukturen erkennen, ausgehend von muskulären Leistungen, die über das Repertoire stereotyper Fertigkeiten effektvoll eingesetzt werden, bis hin zum taktischen Einsatz aller Fähigkeiten auf der Stufe des Könnens.

(3) Im Training, welches muskuläre Grundeigenschaften wie Beweglichkeit, Kraft und Ausdauer zu entwickeln hat, geht es gerade im Sportspiel um deren effektvollen Einsatz durch koordinierte Fertigkeiten bzw. Techniken. Mit gesteigerter Kraft z.B. muß solange das Dribbeln mit dem Ball geübt werden, bis auch tatsächlich schnellere Aktionen resultieren. Training der Sprungkraft ist nur sinnvoll, wenn höher gesprungen und z.B. beim Dunking der Ball sicherer in den Korb gebracht wird. In umgekehrter Weise muß, wenn etwa nach Verletzungen ein Kraftverlust eingetreten ist, auch die Technik reduziert sein. Bei allen Fertigkeiten, die durch wiederholtes Üben zu festigen sind, sollte von vornherein eine gewisse Flexibilität gefordert werden. Es empfiehlt sich, den Korbwurf z.B. sehr bald (schon im Jugendalter) unter verschiedensten Bedingungen, so auch unter Behinderung durch den Gegner, durchführen zu lassen; gleichermaßen sollten Techniken dieser Art auch im Zustand der körperlichen Erschöpfung im Training verlangt werden (vgl. bei 2.3.4). Nach Erwerb der bedeutendsten Grundfertigkeiten muß immer ihre Anwendung in wechselnder Folge oder auch ihre Kombination je nach Spielsituation zum Trainingsprogramm gehören, so daß z.B. unter Umständen ein Spieler aus dem Sprung heraus den Korbwurf unterbrechen und den besser postierten Mitspieler anspielen kann.

Ein Grundpfeiler der Bewegungskoordination ist neben dem neuromuskulären Zusammenspiel die Wahrnehmungsfähigkeit von Sinnesorganen und
Rezeptoren; diese sollte gegebenenfalls - besonders bei erkennbaren
Schwächen - auch selektiv trainiert werden. Übungen des Tastsinnes
oder peripheren Sehens, Gleichgewichtsübungen und ganz besonders
Schulung der Bewegungsempfindung sind hier zu nennen. Gerade bezüglich der letztgenannten Fähigkeit bestehen deutliche Unterschiede
etwa zwischen nord-amerikanischen und mittel-europäischen Spitzenspielern. Nur gezielte Bemühungen (Voraussetzung: Beweglichkeit vgl.
bei 2.3.2), das Muskelzusammenspiel auch unter höchster Belastung
und unter Ausnützung des Bewegungsspielraumes bewußt zu kontrollieren und gegebenenfalls zu korrigieren, können hier Verbesserungen
bringen. Bewegungsvorstellung bzw. mentales Training ist nur auf
dieser Grundlage möglich.
(4) Die Schulung taktischen Verhaltens hat gerade in Sportspielen
und besonders im Basketball große Bedeutung; vorhandene physische
Schwächen lassen sich nur auf diesem Wege wirkungsvoll ausgleichen.
Daher sollte immer bereits auch bei noch nicht ausgefeilter Technik
(Jugendalter) ihr taktischer Einsatz gefördert werden. Das Erkennen
der eigenen Schwächen und Stärken ist dazu eine Grundvoraussetzung.
Ein Einüben von Spielzügen, die in bestimmten Situationen einzulei-
ten sind, steht am Anfang der Ausbildung, das variantenreiche Spiel
im Wechsel zwischen einstudierten Verhaltensweisen und eigenen Ideen
ist als Ziel anzusehen. Letztlich reift der Könner durch die Wett-
kampfpraxis; aber auch hier läßt sich besonders mit jungen Sportlern
der Prozeß beschleunigen, indem spezielle Aufgaben gestellt werden,
etwa das Spiel des Gegners zu studieren und die Effektivität eigener
Maßnahmen zu überprüfen. Spielbesprechungen, wenn möglich unter Zu-
hilfenahme von Film und Videorecorder, gekoppelt mit Kritik und Erörterung bzw. Vorstellung effektvollerer Verhaltensweisen schließen
sich dem ebenso an wie Verbesserung der Kommunikation zu den Mitspielern und mit dem Trainer.
Wie der Spieler lernen muß, seine Fähigkeiten richtig einzuschätzen,
so muß auch der Trainer die Begabungsschwerpunkte seiner Spieler erkennen, z.B. welche Schwächen durch Training und Schulung zu beheben
sind und welche Stärken ausgebaut werden können. Die Trainierbarkeit
auf Schnellkraft und Schnelligkeit z.B. ist ungleich verteilt, ebenso wie das Verständnis für taktische Belange. Wenn ein Spieler an

der Grenze seiner Entwicklungsmöglichkeiten zu stehen scheint, muß
immer geprüft werden können, ob nicht doch im Bereich der physischen
Grundlagen oder geistigen "Voraussetzungen" taktische Verhaltens-
schwächen zu entdecken sind, die relativ leicht durch gezieltes
Training zu beheben sind.

MERKE!

(1) Die Koordination des Zusammenspiels zwischen Nervensystem und
Muskulatur, die für den effektvollen Einsatz muskulärer Qualitäten
verantwortlich ist, beruht auf der Speicherung von Fertigkeiten im
Bereich des Großhirns auf der Basis komplexer bedingter Reflexverbindungen. Die auf diese Weise abrufbaren Bewegungen werden als stereotyp (nicht automatisch) bezeichnet.
(2) Zur Auslösung stereotyp gespeicherter Fertigkeiten bedarf es der
Informationen über Sinnesorgane und Rezeptoren, die auf verschiedenen Signalebenen des Gehirns eintreffen und die Bewegungskoordination regeln.
Dank übergeordneter Leistungen der Großhirnrinde (Spielintelligenz)
kann der Spieler seine eigene Leistung kontrollieren und korrigieren
sowie taktisch handeln; die Hierarchie der Handlungsstruktur beruht
auf dieser Grundlage.
(3) Muskuläre Eigenschaften werden durch Training von Fertigkeiten
und Techniken zur Geltung gebracht; deren Flexibilität sollte unter
erschwerten Bedingungen entwickelt werden. Die Wahrnehmungsfähigkeit
von Sinnesorganen und Rezeptoren, besonders der Bewegungsempfindung
muß speziell bei erkennbaren Schwächen geschärft werden.
(4) Besondere Bedeutung hat im Basketball die rechtzeitige Schulung
taktischen Verhaltens u.U. durch besondere Aufgaben; das Erkennen
eigener Schwächen und Stärken ist ebenso wie die Beobachtung des
Gegners Voraussetzung. Der Trainer hat auf die Begabungsschwerpunkte
der Spieler zu achten.

PRÜFE DEIN WISSEN!
1. Grundlage des taktischen Verhaltens ist die Sp.....ung der Fertigkeiten im Gr......, die st........ Bewegungen abrufbar macht.
2. Taktisches Verhalten wird möglich durch die W.......ung mit Hilfe
   der Si....o..... und die Sp...in........

3. Eine im Vollzug zu ändernde Entscheidung (z.B. nicht Sprungwurf
sondern Pass aus dem Sprung) wird durch die Kontrolle des ü...-
g......... Gr......s über die st......... Bewegungen möglich.

4. Beim Spielenlernen müssen Te..... und Ta.... verb...... werden.

LITERATUR

(zu 2.3.1 bis 2.3.5)

FETZ, F.:   Grundbegriffe der Bewegungslehre der Leibesübungen. Frankfurt/Main: Limpert, 1969.

HARRE, D.:   Trainingslehre. Einführung in die allgemeine Trainingsmethodik. Berlin: Sportverlag, 1971.

HETTINGER, Th.:   Isometrisches Muskeltraining. Stuttgart: Thieme, 1968.

HOLLMANN, W.:   Sport und körperliches Training als Mittel der Präventivmedizin in der Kardiologie. In: HOLLMANN (Hrsg.): Zentrale Themen der Sportmedizin. Berlin-Heidelberg-New York: Springer, 1972.

KEUL, J., E. DOLL u. D. KEPPLER:
                   Muskelstoffwechsel. München: Barth, 1969.

KEUL, J. u. G. HARALAMBIE:
                   Energiestoffwechsel und körperliche Leistung. In: HOLLMANN (Hrsg.): Zentrale Themen der Sportmedizin. Berlin-Heidelberg-New York: Springer, 1972.

KRÜGER, A.:   Isokinetisches Krafttraining. In: Leistungssport 1 (1971) 22.

MARGARIA, R.:   Aerobic and anaerobic energy sources in muscular exercise. In: MARGARIA, R.: Exercise at altitude. Amsterdam-New York-London-Milan-Tokyo-Buenos Aires: Experta medica foundation, 1967.

So ist es richtig!

1. Speicherung, Großhirn, stereotype
2. Wahrnehmung, Sinnesorgane, Spielintelligenz
3. übergeordneten Großhirns, stereotypen
4. Technik, Taktik, verbunden

MEINEL, K.:   Bewegungslehre. Berlin: Volk u. Wissen, 1971.
MELLEROWICZ, H.:   Training. Berlin-Heidelberg-New York: Springer, 1972.
NÖCKER, J.:   Physiologie der Leibesübungen. Stuttgart: Enke, 1971.
SALTIN, B. u. J. KARLSSON:
Die Ernährung des Sportlers. In: HOLLMANN (Hrsg.): Zentrale Themen der Sportmedizin. Berlin-Heidelberg-New York: Springer, 1972.
SCHNABEL, G.: Zur Terminologie der Bewegungslehre. In: Theorie und Praxis der Körperkultur 14 (1965) 9, 775.
SIMKIN, N.W.: Physiologische Charakteristik von Kraft, Schnelligkeit und Ausdauer. Berlin: Sportverlag, 1960.
STEGEMANN, J.: Leistungsphysiologie. Stuttgart: Thieme, 1971.
STOBOY, H.: Neuromuskuläre Funktion und körperliche Leistung. In: HOLLMANN (Hrsg.): Zentrale Themen der Sportmedizin. Berlin-Heidelberg-New York: Springer, 1972.
TITTEL, K.: Beschreibende und funktionelle Anatomie des Menschen. Jena: Fischer, 1970.
VOLPERT, W.: Sensumotorisches Lernen. Frankfurt/Main: Limpert, 1971.

2.3.6 Bewegungsfähigkeit (Beweglichkeit)
von Harald HÜTTNER

SCHLAGWÖRTER
(1) Bewegung: Gelenke, Muskulatur, Zentrales Nervensystem; Bewegungsfähigkeit: Bewegungsumfang, Bewegungsspielraum der Gelenke; individuelle Bewegungsfähigkeit: Knochensperre, Kapsel- und Bändersperre, Muskelsperre
(2) Spezielle Bewegungsfähigkeit im Basketballspiel, allgemeine und spezielle Bewegungsfähigkeit, Koordination
(3) Schulung der Bewegungsfähigkeit: Lockern, Dehnen, Beweglichmachung der Gelenke, Gymnastik als Bestandteil des Trainingsprogramms

ERLÄUTERUNGEN

(1) Bewegung vollzieht sich in den Gelenken und wird bewirkt durch
Ruhespannung (Tonus), Zusammenziehung bzw. Verkürzung (Kontraktion)
und Erschlaffung (Relaxation) der Muskulatur. Eine wichtige diffe-
renzierende Funktion erfüllen Sehnen, Bänder und Gelenkkapseln
(NEMESSURI 1963). Die Lenkung, Kontrolle und Koordination (Regulation) übernimmt die Großhirnrinde des zentralen Nervensystems (vgl.
bei 2.3.5).Bewegungsfähigkeit zeigt sich nun im Bewegungsumfang bzw.
Bewegungsspielraum der Gelenke; sie soll hier also unter rein funk-
tionellem Aspekt behandelt werden. Gelenke, Muskulatur und Bänder
ermöglichen aber nicht nur Bewegung, sondern sie stellen auch eine
Sperre für den Bewegungsumfang dar (TITTEL 1970 u. SCHMOLINSKY
1969). Man unterscheidet:

1. eine Knochensperre: sie ist vorgegeben durch die Größe der Gelenkflächen (Artikulationsflächen).

2. Gelenkkapsel- und Bändersperre: die Gelenkkapsel garantiert u.a.
   den 'Zusammenhalt der Gelenkflächen', die Bänder unterstützen
   diese Funktion. Beide wirken dadurch einengend auf den Bewegungsspielraum.

3. Muskelsperre: diese beruht zum einen auf der Muskelspannung
   (-tonus) der Gegenwirker (Antagonisten). Um eine ruckartige Bewegung nach einer Seite durch die Kraft der Wirker (Agonisten) zu
   verhindern, die das Gelenk beschädigen würde, müssen die Gegenwirker eine ausreichende Muskelanspannung besitzen (NEMESSURI
   1963). Eine andere Form der Muskelsperre sind Muskelverkrampfun-
   gen und -verkürzungen, sie führen zu schlechter Dehnfähigkeit.

Da die Knochensperre und die Kapsel- und Bändersperre von Natur aus
vorhanden, d.h. also angeboren sind, ist der Bewegungsspielraum, den
sie begrenzen, individuell verschieden groß. Die Voraussetzungen für
die Entwicklung der Bewegungsfähigkeit sind also nicht bei allen
Menschen gleich. Die Muskelsperre dagegen ist normalerweise nicht
angeboren und deshalb durch ein gezieltes Training verschiebbar: Der
Bewegungsspielraum wird größer und damit die Bewegungsfähigkeit besser.

(2) Wie jede andere sportliche Disziplin erfordert auch das Basketballspiel eine spezielle Bewegungsfähigkeit. Diese erstreckt sich vor
allem auf folgende Körperbereiche: Obere Sprunggelenke, Hüftgelenke,
Pass-Fang-Wurf-System und Wirbelsäule. Grundlage für die spezielle

Bewegungsfähigkeit ist eine gute allgemeine Bewegungsfähigkeit, die in einem ausgeglichenen Bewegungsspielraum sämtlicher Gelenke besteht (SCHMOLINSKY 1969). Die allgemeine und die spezielle Bewegungsfähigkeit bilden die Grundlage für die Koordination, die auch von funktionellen Bedingungen abhängt.

(3) Schulung der Bewegungsfähigkeit: Die volle Ausnutzung des Bewegungsspielraumes der Gelenke kann nur durch Training der Muskulatur erreicht werden. Lockerung und Dehnung (NÖCKER 1964) der Muskulatur sind somit wichtige Übungsschwerpunkte für die Schulung der allgemeinen Bewegungsfähigkeit (vgl. SCHMOLINSKY 1969). Hinzu kommt als weiterer Übungsschwerpunkt die Beweglichmachung der Gelenke, die eine gleichmäßige Verteilung der Gelenkschmiere (Synovia) und ein Geschmeidigmachen der Bänder bewirken soll. Das gleiche gilt für die Schulung der speziellen Bewegungsfähigkeit (HAGEDORN 1968). Der Lehrende muß hier im Hinblick auf die o.a. Körperbereiche ein gezieltes gymnastisches Training aufbauen (vgl. FORSTREUTER 1969, KÖHLER 1971). Dieses Training muß zu einem ständigen Bestandteil des Trainingsprogramms werden, weil sonst die spezielle Bewegungsfähigkeit wieder verloren geht bzw. sich zurückentwickelt (vgl. SCHMOLINSKY 1969 .).

MERKE!

(1) Bewegungsfähigkeit beruht auf dem Bewegungsspielraum der Gelenke. Dieser ist abhängig von der Knochensperre, der Kapsel- und Bändersperre und der Muskelsperre. Da diese von Mensch zu Mensch unterschiedlich groß sind, fällt auch die Bewegungsfähigkeit individuell unterschiedlich aus.

(2) Die spezielle Bewegungsfähigkeit im Basketballspiel erstreckt sich auf die oberen Sprunggelenke, Hüftgelenke, Wirbelsäule und Pass-Fang-Wurf-System.
Bewegungsfähigkeit bildet die Grundlage für die 'Koordination'.

(3) Für allgemeine und spezielle Bewegungsfähigkeit gelten die gleichen Übungsschwerpunkte: Beweglichmachung der Gelenke, Lockern und Dehnen der Muskulatur. Für beide müssen deshalb zweckgerichtete Trainingsmethoden erstellt werden. Die spezielle Bewegungsfähigkeit muß ständig trainiert werden, damit sie erhalten bleibt.

Prüfe Dein Wissen!

1. Worauf beruht Bewegungsfähigkeit?

   Be.......s....r... der G......

2. Auf welche Körperbereiche erstreckt sich die spezielle Bewegungsfähigkeit im Basketballspiel?

   (1) Ob... Sp....ge..... (2) Hü..ge..... (3) Wi....s....

   (4) P...-F...-W...-System

3. Welche Übungsschwerpunkte umfaßt die Schulung zur Bewegungsfähigkeit?

   (1) Be......ma..... (2) Lo..... (3) De....

Literatur

FORSTREUTER, H.:   Gymnastik. Körperschule ohne Gerät. Frankfurt/
Main: Limpert, 1969 (bes. S. 28-50, 76-104, 164-
169, 208-251).

HAGEDORN, G.:   Das Basketballspiel. Köln: Barz & Beienburg, 1968
(bes. S. 22-27).

KÖHLER, I.:   Basketball. Berlin: Sportverlag, 1971 (bes. S. 22
-27).

NEMESSURI, N.:   Funktionelle Sportanatomie. Berlin: Sportverlag,
1963 (bes. S. 48-56, 268).

SCHMOLINSKY, G. u.a.:
   Leichtathletik. Berlin: Sportverlag, 1969 (bes.
S. 102-104).

TITTEL, K.:   Beschreibende und funktionelle Anatomie des Menschen. Jena: Fischer, 1970 (bes. S. 57-61).

NÖCKER, J.:   Physiologie der Leibesübungen. Stuttgart: Enke,
1964 (bes. S. 14-15, 26-27).

So ist es richtig!

1.   Bewegungsspielraum, Gelenke

2.   (1) Obere Sprunggelenke (2) Hüftgelenke (3) Wirbelsäule

   (4) Pass-Fang-Wurf

3.   (1) Beweglichmachung (2) Lockern (3) Dehnen

2.3.7 Koordination
von Werner KUHN

SCHLAGWÖRTER
(1) Koordination: Zusammenspiel von Zentralnervensystem und Muskulatur; Bewegungsfluß - Bewegungsökonomie; allgemeiner motorischer Koordinationsfaktor
(2) Untersuchungen: spezifische Koordination - All-Round-Sportler - Bewegungsunbegabte
(3) Folgerungen: frühzeitiges Sammeln von Bewegungserfahrungen; alle technischen Elemente entwickeln; Überlernen

ERLÄUTERUNGEN
(1) Das Basketballspiel mit seiner Vielzahl komplexer Bewegungsabläufe stellt hohe Anforderungen an die Koordination der Spieler. Eine Bewegung ist dann gut koordiniert, wenn das Zusammenspiel von Zentralnervensystem und Muskulatur so aufeinander abgestimmt ist, daß ein guter Bewegungsfluß und eine gute Bewegungsökonomie zustande kommen können. Eine gut koordinierte Bewegung sollte auch im Spiel, unter psychischer und/oder physischer Belastung, zweckmäßig durchgeführt werden können.
Lange Zeit wurde die Ansicht vertreten, daß ein Mensch entweder koordiniert sei oder nicht. Man glaubte an einen allgemeinen motorischen Koordinationsfaktor, der einem Menschen motorische Fertigkeiten mit einer gewissen Leichtigkeit erlernen und in einer Reihe von Sportarten Außergewöhnliches leisten ließe. Tatsächlich gibt es Beispiele von All-Round-Sportlern, die über eine allgemeine motorische Koordination zu verfügen scheinen.
(2) HENRY (1956, 1958, 1960) und eine Reihe anderer Forscher haben jedoch in ihren Untersuchungen zeigen können, daß die Annahme eines allgemeinen motorischen Koordinationsfaktors nicht haltbar ist. Man muß vielmehr annehmen, daß die für eine bestimmte Fertigkeit benötigte Koordination höchst spezifisch ist. Beziehungen (Interkorrelationen), die sich z.B. beim Erlernen verschiedener motorischer Fertigkeiten bei Versuchspersonen verschiedenen Alters ergaben, waren entweder Null oder sehr niedrig. Aufgrund dieser Ergebnisse schloß HENRY, daß für motorische Fertigkeiten ganz spezifische Koordinationen erforderlich sind. Ob nun ein in einer Fertigkeit hervorra-

gend koordinierter Spieler in einer anderen Fertigkeit gut oder
schlecht koordiniert ist, ist mehr oder weniger Zufall.
Wie erklärt man sich dann den All-Round-Sportler und den Bewegungs-
unbegabten? - Der All-Round-Sportler, der scheinbar eine allgemeine
motorische Koordination besitzt, verfügt über eine Vielzahl spezifi-
scher Koordinationen, die teils angeboren, teils durch vielfältige
Bewegungserfahrungen erworben sein können. Der Bewegungsunbegabte
dagegen ist mit wenigen oder gar keinen spezifischen Koordinationen
ausgestattet.

(3) Welche Folgerungen kann der Trainer daraus ziehen?

a) Um sich die für eine Sportart notwendigen spezifischen Koordinationen anzueignen, sollte schon frühzeitig mit dem Sammeln von Bewegungserfahrungen in der betreffenden Sportart begonnen werden. Der
Vorsprung, den die Amerikaner und die Ostblockstaaten gegen der Bundesrepublik Deutschland haben, ist nicht zuletzt darauf zurückzuführen, daß schon von früher Jugend an die für das Basketballspiel typischen Bewegungsmuster aufgebaut werden.

b) Ein hervorragender Sportler aus einer anderen Sportart, der auch
innerhalb kürzester Zeit hervorragende Leistungen im Basketball voll-
bringt, wird nicht die Regel sein, sondern die Ausnahme bleiben. Der
Trainer sollte sich über die Leistungsfähigkeit eines hervorragenden
Leichtathleten oder Handballspielers im Basketball keine Illusionen
machen. Es könnte sich um einen langen motorischen Lernprozeß handeln. Denn die Unterschiede zwischen dem Hand- und Basketballspiel
sind trotz einiger Ähnlichkeiten (z.B. Hand-Auge-Koordination) ganz
erheblich.

c) Da ein Transfer (Übertragung) von einer technischen Fertigkeit
zur anderen generell nicht zu erwarten ist, sollte der Trainer großen Wert darauf legen, alle technischen Elemente des Basketballspiels bei seinen Spielern zu entwickeln. Je nach Spielposition können dabei Schwerpunkte im Training gesetzt werden. Ein Problem für
den Trainer ist häufig die mangelnde Bewegungskoordination der Center. Überlernen als unermüdliches, hartes Training ist nötig, um die
für den Center wichtigen Bewegungsabläufe so einzuschleifen, daß sie
zu einem festen Bestandteil seines motorischen Repertoires werden.

MERKE!
(1) Die Koordination einer Bewegung hängt vom Zusammenspiel Zentral-
nervensystem/Muskulatur ab. Infolge des Alles-oder-Nichts Gesetzes
der Muskelfaser ist eine Abstufung in der Erregung durch das Nervensystem besonders wichtig. Je feiner das Verhältnis Nervensystem/Mus-
kulatur aufeinander abgestimmt ist, desto besser ist die Koordination einer Bewegung.
(2) Motorische Fertigkeiten bauen sich auf höchst spezifischen Koordinationen auf. Es gilt daher, alle technischen Elemente des Basketballspiels bei den Spielern zu entwickeln.
(3) Frühzeitiges Sammeln von Bewegungserfahrungen erleichtert den
Aufbau der für das Basketballspiel typischen Bewegungsmuster.

PRÜFE DEIN WISSEN!
Die folgenden fünf Aussagen sind inhaltlich entweder richtig oder
falsch. Durchkreuze den Buchstaben "R", wenn die Aussage RICHTIG
ist, den Buchstaben "F", wenn die Aussage FALSCH ist.
R F 1. Guter Bewegungsfluß und gute Bewegungsökonomie sind Merkma-
          le einer gut koordinierten Bewegung.
R F 2. Ein Mensch ist entweder koordiniert oder nicht.
R F 3. Der All-Round-Sportler verfügt über einen allgemeinen moto-
          rischen Koordinationsfaktor.
R F 4. Der Bewegungsunbegabte besitzt viele spezifische Koordina-
          tionen.
R F 5. Überlernen ist ein geeignetes Mittel, um einen Bewegungsab-
          lauf zu festigen.

2.3.8 Konzentration
von Werner KUHN

SCHLAGWÖRTER
(1) Höchste Konzentration: bei Einströmen vieler Reize (Stimuli)
(2) Wahrnehmungskapazität: die wichtigsten Reize auswählen - fast
gleichzeitige Konzentration auf mehrere Reize
(3) Verbesserung der Konzentrationsfähigkeit: schnelles Reagieren
auf verschiedene Reize - spielnahe Übungsformen - Spiel - konditio-

1. R 2. F 3. R 4. F 5. R
So ist es richtig!

nelle Verbesserung - Training in der fremden Halle

ERLÄUTERUNGEN

(1) Das Basketballspiel mit engem Raum, kleinem,hohem Ziel und schnellem Szenenwechsel erfordert in jeder Situation von den Spielern höchste Konzentration (KONZAG 1968). Auf den Spieler strömen eine Vielzahl von Reizen (Stimuli) ein, die er verarbeiten muß, um spielangemessene Reaktionen auszulösen. Hat er z.B. den Ball zugespielt bekommen, so muß er die Spielsituation, d.h. seine Stellung zum Korb sowie die Stellung der Mit- und Gegenspieler, überblicken und die Absichten von Mit- und Gegenspielern vorauszusehen versuchen, bevor er sich für eine Aktion entscheidet. Und das alles muß in Sekundenschnelle vor sich gehen.

(2) Wir wissen, daß die menschliche Wahrnehmungskapazität von Reizen beschränkt ist. Selbst ein Basketballer mit langjähriger Spielerfahrung kann nicht alle auf ihn einwirkenden Reize gleichzeitig verarbeiten. Er hat es jedoch gelernt, aus der Vielzahl der Reize die wichtigsten auszuwählen und sich darauf zu konzentrieren ('selective attention'). Unternimmt er einen Korbversuch, so konzentriert er sich in erster Linie auf die für diese Aktion wichtigsten Reize: Ball und Ring bzw. Brett. KONZAG (1968) spricht in diesem Zusammenhang von einem Umschalten von der distributiven zur konzentrierten Aufmerksamkeit. Während vor dem Wurf die Stellung der Mit- und Gegenspieler sehr wohl für den Werfer wichtige Reize darstellen, werden sie beim Wurf weitgehend ausgeschaltet. Spieler mit überdurchschnittlichem peripheren Sehen sind sogar in der Lage, sich während der Wurfaktion auf mehrere Reize fast gleichzeitig zu konzentrieren und in letzter Sekunde eine bereits getroffene Entscheidung zu verändern. Das geschieht z.B., wenn ein Sprungwurf in der Bewegung abgebrochen und der Ball einem freigelaufenen Spieler zugespielt wird. Der unerfahrene Spieler hingegen, wird häufig von den vielen auf ihn einwirkenden Reizen überfordert. Ballverlust durch zögerndes Abspiel, überhastete Würfe und Pässe sind die Folge. Bei Bewegungsabläufen, die im Training gut gekonnt werden, schleichen sich Schritt- und Dribbelfehler ein.

(3) Was kann der Trainer tun, um die Konzentrationsfähigkeit seiner Spieler zu verbessern?
a) Die Spieler müssen bereits im Training in Streßsituationen hin-

eingestellt werden, d.h. in Situationen, die ein schnelles und selektives Reagieren auf verschiedene Reize erfordern. Nichts ist dazu
geeigneter als spielnahe Übungsformen und das Spiel selbst.
b) Der Trainer sollte an Hand von Beispielen bewußt machen, welche
Reize in einer Situation besonders wichtig und welche weniger wichtig sind.

c) Der Trainer sollte sich um eine konditionelle Verbesserung seiner
Spieler bemühen, da mit dem Nachlassen der Kondition sehr häufig
auch ein Nachlassen der Konzentrationsfähigkeit festzustellen ist.
So sollte der Trainer während und nach einem Konditionstraining Kon-
zentrationsübungen durchführen lassen. Das Ausführen von Freiwürfen
bietet sich in erster Linie an. Ob die Freiwürfe fortlaufend hintereinander ausgeführt werden oder in Serien zu zweien, wie im Wettkampf, geschossen werden, scheint dabei nicht unbedeutend zu sein.
BRASSIE (1965) stellte fest, daß Spieler, die im Training Serien zu
je zwei Freiwürfen schossen, 4,8% mehr Freiwürfe im Wettkampf ver-
wandelten als die fortlaufend übende Gruppe. Einige Mannschaften
versuchen während des (Frei-) Wurftrainings mit Hilfe eines Tonbands
die bei einem Auswärtsspiel herrschende Geräuschkulisse zu suggerie-
ren. Inwieweit solche Maßnahmen effektiv sind, müßte an Hand von
kontrollierten Untersuchungen nachgeprüft werden.
d) Als Konzentration im weiteren Sinne könnte man auch Maßnahmen zur
unmittelbaren Vorbereitung auf den Wettkampf verstehen. Der Trainer
sollte vor wichtigen Auswärtsspielen ein Training in der fremden Halle ansetzen, um den Spielern Gelegenheit zu geben, sich mit den un-
gewohnten äußeren Gegebenheiten der Halle (Korbanlage, Elastizität
der Ringe, Lichtverhältnisse, Boden, Decke, Nähe der Zuschauertribü-
ne usw.) vertraut zu machen. Falls ein Training nicht stattfinden
kann, muß die Eingewöhnung gleichzeitig mit dem Aufwärmen verbunden
werden.

MERKE!
(1) Der menschliche Organismus verfügt über ein beschränktes Wahr-
nehmungsvermögen von Reizen. Der Spieler muß deshalb dazu gebracht
werden, aus der Vielzahl der auf ihn einströmenden Reize, die für
eine bestimmte Situation wichtigsten Reize auszuwählen und sich
darauf zu konzentrieren.
(2) Der Trainer sollte seine Spieler im Training in Streßsituationen

hineinstellen, wobei spielnahe Übungsformen und das Spiel selbst in erster Linie in Frage kommen.

(3) Da die Konzentration von der Kondition abhängig zu sein scheint, sollte der Trainer Wert auf die konditionelle Verbesserung seiner Spieler legen. Vor wichtigen Auswärtsspielen sollte der Trainer ein Training in der fremden Halle ansetzen, um seinen Spielern die Anpassung an die ungewohnte äußere Umgebung zu erleichtern.

PRÜFE DEIN WISSEN!

Die folgenden fünf Aussagen sind inhaltlich entweder richtig oder falsch. Durchkreuze den Buchstaben "R", wenn die Aussage RICHTIG ist, den Buchstaben "F", wenn die Aussage FALSCH ist.

R F 1. Die menschliche Wahrnehmungskapazität von Reizen (Stimuli) ist unbeschränkt.

R F 2. Mit zunehmender Erfahrung kann ein Spieler die für eine bestimmte Situation wichtigsten Reize auswählen.

R F 3. Spielnahe Übungsformen und das Spiel selbst sind geeignete Mittel, schnelles und selektives Reagieren auf verschiedene Reize einzuüben.

R F 4. Freiwürfe sollten sowohl in verhältnismäßig frischem als auch ermüdetem Zustand trainiert werden.

R F 5. Fortlaufend hintereinander ausgeführte Freiwürfe im Training scheinen eine höhere Erfolgsquote im Wettkampf zu ergeben als Serien zu je 2 Freiwürfen.

2.3.9 Spielfreude und Wettkampfmotivation

von Werner KUHN

SCHLAGWÖRTER

(1) Spielfreude - Mangel an Spielfreude. Symptome - psychologische und/oder physiologische Ursachen

(2) Vorbeugen: Konditionelle und spielerische Vorbereitung; Trainings- und Wettkampfplan; Ursachen aufspüren - Erholungspause - medizinische und psychiatrische Hilfe

(3) Wettkampfmotivation: psychologische und physiologische Leistungsgrenze

1. F 2. R 3. R 4. R 5. F

So ist es richtig!

(4) Untersuchungen: Persönlichkeit des Trainers - individuelle und kollektive Motivation - realistische Ziele - Vertrauen - auf eigene Erfahrungen stützen - experimentieren

ERLÄUTERUNGEN

(1) Jeder Lehrende sollte bei seinen Spielern die Spielfreude wecken und fördern. Sie ist verbunden mit regem Trainingsbesuch und hoher Einsatzbereitschaft beim Spiel. Auch wenn ein Spiel einmal nicht nach Wunsch läuft, wird eine spielfreudige Mannschaft keine Resignation zeigen. Während einer langen Saison kann es doch hin und wieder zu einem Mangel an Spielfreude kommen, wenn nicht bei der ganzen Mannschaft, so doch bei einzelnen Spielern. Selbst erfolgreiche Mannschaften scheinen davon nicht verschont zu werden. Es kann zu folgenden Symptomen kommen: mangelnder Trainingseifer und Einsatz im Spiel, leichte Reizbarkeit und Ermüdbarkeit, Mangel an Konzentration. Die Ursachen können psychologischer und/oder physiologischer Art sein, z.B. mehrere Niederlagen hintereinander, zu hartes Training, zu viele Spiele innerhalb kurzer Zeit, persönliche Gründe (schulische, finanzielle, familiäre Probleme, Differenzen mit dem Trainer und den Mitspielern).

(2) Der kluge Trainer baut durch gezielte Maßnahmen Spielfreude innerhalb seiner Mannschaft auf. Er stellt vor Beginn einer neuen Spielsaison einen Trainings- und Wettkampfplan auf, der sorgfältig auf das Leistungsvermögen seiner Mannschaft abgestimmt ist. Das Training sollte stets abwechslungsreich sein und den Ball in den Mittelpunkt stellen. Es sollte vom Spiel her gestaltet werden. Bei einer Häufung von Spielen sollte der Trainer eine Dosierung des Trainings vornehmen, um die Freude der Spieler auf das nächste Spiel bzw. Training zu erhalten. Leiden jedoch einzelne Spieler oder die gesamte Mannschaft an einem Mangel an Spielfreude, so gilt es, so schnell wie möglich die Ursachen aufzuspüren, um eine Krise der Mannschaft oder einzelner Spieler abzuwenden. Trainer, Trainerassistent und Mannschaftsbetreuer sollten die Spieler und deren Probleme genau kennen, um individuelle Abhilfemaßnahmen treffen zu können. Ist der Mangel an Spielfreude z.B. auf physische Überbelastung zurückzuführen, so empfiehlt sich eine Erholungspause oder eine temporäre Beschäftigung mit einer anderen, geruhsameren Sportart. In besonders schwierigen Fällen sollte der Trainer medizinische und psychiatrische Hilfe zu Rate ziehen.

(3) Durch den Einsatz entsprechender Motivationsmittel hat der Trainer ebenfalls die Möglichkeit, die Spielfreude seiner Spieler sowohl kurzfristig als auch langfristig zu steigern. Stark motivierte Spieler sind in der Lage, ihre psychologische Leistungsgrenze näher an ihre physiologische Leistungsgrenze heranzubringen. Viele Trainer sehen die Wettkampfvorbereitung fast ausschließlich unter dem konditionellen und taktischen Aspekt. Dabei kann die psychologische Einstellung einer Mannschaft sehr wohl das Zünglein an der Waage sein. Warum nimmt man es mit der psychologischen Wettkampfvorbereitung nicht so ernst? Einige Trainer glauben, daß dem Spiel selbst genügend Motivation innewohne. Andere vertrauen auf eine leistungsstarke Ersatzbank als bestes Motivationsmittel. Wieder andere unternehmen jedoch Anstrengungen, ihre Mannschaft für einen Wettkampf zu motivieren, wobei sie auf eigene Erfahrungen sowie auf die anderer Trainer zurückgreifen. Häufig angewandte Motivationsmittel sind z.B. Appell an die Vereins- bzw. Schultradition, an vergangene Erfolge, Hinweise auf die Rivalität zweier Mannschaften, Erzeugen von Trotzhaltungen, Freude an Leistung und Wettkampf, Verantwortung gegenüber zahlenden Zuschauern.

(4) Die amerikanischen Sportpsychologen (FROST und TUTKO) haben mit Hilfe von Fragebögen und Interviews eine Analyse der Wettkampfmotivation versucht und sind dabei zu folgenden Ergebnissen gekommen:

a) Die Persönlichkeit des Trainers scheint das wichtigste Motivationsmittel für eine Mannschaft zu sein. Sein Auftreten, sein Arbeitseifer, sein Engagement für die Mannschaft wurden als besonders stimulierende Faktoren genannt.

b) Der Trainer sollte die Spieler seiner Mannschaft sowohl individuell als auch kollektiv motivieren. Da Spieler auf verschiedene Arten der Motivation unterschiedlich reagieren, sollte der Trainer seine Spieler genau kennen. Bei einem Spieler kann sich harte Kritik leistungssteigernd auswirken, bei einem anderen das genaue Gegenteil bewirken. In ähnlicher Weise muß bei der Mannschaftsmotivation verfahren werden. Die Zusammensetzung der Mannschaft, die Interaktionen und Eigenarten der Spieler müssen bei der Wahl der Motivationsart mitberücksichtigt werden.

c) Der Trainer sollte für die einzelnen Spieler sowie für die Mannschaft erreichbare Ziele setzen, die etwas höher als das Erwartungsniveau liegen können.

d) Der Trainer sollte durch gute Trainingsgestaltung und gewissenhafte Spielvorbereitung bei seinen Spielern Vertrauen in die eigene Leistung und in das Können der Mannschaft schaffen. Grundlage dafür ist u.a. harte Trainingsarbeit und die Überzeugung, daß sie sich letztlich auszahlen wird.

Allgemeingültige Motivationsrezepte, die in bestimmten Situationen erfolgversprechend angewendet werden können, gibt es nicht. Zu viele Faktoren, wie Spielniveau, Tabellenstand, letzte Spielergebnisse, Persönlichkeit des Trainers und der Spieler, spielen mit hinein. Da es nur wenige abgesicherte Ergebnisse zur Wettkampfmotivation gibt, sollte sich der Trainer auf seine eigenen Erfahrungen stützen und auch den Mut zum Experimentieren haben, um die günstigsten Motivationsmittel für seine Spieler und seine Mannschaft zu finden.

MERKE!

(1) Der Trainer kann Spielfreude u.a. durch ein abwechslungsreiches Training sowie durch ein sorgfältig auf das Leistungsvermögen seiner Mannschaft abgestimmtes Trainings- und Wettkampfprogramm wecken und fördern.

(2) Mangel an Spielfreude kann psychologischer und/oder physiologischer Natur sein. Um eine Krise der Mannschaft und einzelner Spieler abzuwenden, sollte der Trainer so schnell wie möglich die Ursachen aufspüren und Abhilfemaßnahmen in die Wege leiten. Dazu ist eine genaue Kenntnis der Spieler notwendig.

(3) Die Persönlichkeit des Trainers scheint das wichtigste Motivationsmittel für eine Mannschaft zu sein.

(4) Der Trainer sollte seine Spieler sowohl individuell als auch kollektiv motivieren, sollte erreichbare Ziele setzen und bei seinen Spielern Vertrauen in die eigene Leistung schaffen.

PRÜFE DEIN WISSEN!

Die folgenden fünf Aussagen sind inhaltlich entweder richtig oder falsch. Durchkreuze den Buchstaben "R", wenn die Aussage RICHTIG ist, den Buchstaben "F", wenn die Aussage FALSCH ist.

R F 1. Mangel an Spielfreude kann psychologische und/oder physiologische Ursachen haben.

R F 2. Der Trainer sollte den Trainings- und Wettkampfplan sorg-

fältig auf das Leistungsvermögen seiner Mannschaft abstimmen.

R F 3. Stark motivierte Spieler können ihre physiologische Leistungsgrenze näher an ihre psychologische Leistungsgrenze
heranbringen.

R F 4. Der Trainer sollte die Spieler seiner Mannschaft sowohl individuell als auch kollektiv motivieren.

R F 5. Aufgrund seiner Persönlichkeit kann der Trainer eine Mannschaft motivieren.

LITERATUR
(zu 2.3.7, 2.3.8, 2.3.9)

BRASSIE, P.S.: . Effectiveness of Intermittent and Consecutive
Methods of Practicing Free Throws. Unpublished
Master's thesis, State University of Iowa, 1965.

FROST, R.B.: Psychological Concepts Applied to Physical Education and Coaching. Addison-Wesley Publishing
Company, Inc. 1971, Reading, Mass.

GRIFFITH, C.R.: The Psychology of Coaching. Charles Scribner's
Sons, New York, 1932.

HENRY, F.M.: Coordination and Motor Learning. Proceedings of
College Physical Education Association, LIX
(1956), 68-75.

HENRY, F.M.: Specificity vs. Generality in Learning Motor
Skills. Proceedings of College Physical Education
Association, LXI (1958), 127.

HENRY, F.M.: Increased Response Latency for Complicated
Movements and a Memory Drum Theory of Neuromotor
Reaction. Research Quarterly, 1960, 31, 448-458.

KONZAG, G.: Die psychische Belastung des Basketballspielers
im Wettspiel und Training unter besonderer Berücksichtigung der Aufmerksamkeit. Theorie und Praxis
der Körperkultur (1968) 8, S. 713-719.

LAWTHER, J.D.: Psychology of Coaching. Prentice Hall Inc., New
York, 1951.

Motivation im Sport V. Kongress für Leibeserziehung 7.10.-10.10.1970
in Münster (Hrsg.: ADL). Schorndorf

R F .5 R F .4 R F .3 R F .2 R F .1

So ist es richtig!

SINGER, R.N.:   Motor Learning and Human Performance. New York:
                     Macmillan, 1968.

SINGER, R.N.:   Coaching, Athletics and Psychology. Mc Graw-Hill
                     Book Company, New York, 1971.

TUTKO, T.A., OGILVIE, B.C.:
                     The Role of the Coach in Motivation of Athletes.
                     In R. Slovenko and J.A. Knight (Eds.), Motiva-
                     tions in Play, Games and Sports. Springfield,
                     III.: Charles C. Thomas, 1967.

2.3.10 Anpassungsfähigkeit
von Harald HÜTTNER

SCHLAGWÖRTER

(1) Anpassung: soziologische Bedeutung - Anpassungsfähigkeit im Gegensatz zumSchablonendenken - schöpferisch handeln - Bewältigen einer
Umweltsituation

(2) Didaktisch-methodische Vorbereitung - Erfassen, Entscheiden,
Handeln - spielgerechte Übungen - Entscheidungs- und Handlungsfreiheit - Übertragung (Transfer) des Erlernten

(3) Persönlichkeitsbildung - Mannschaftsspiel - Interaktionen - Leistungsvergleich - soziale Spannungen - Trainer: Einfühlungsvermögen -
Beurteilungsverfahren; Spieler: Leistung vorurteilsfrei und selbstkritisch sehen - Spielaufzeichnungen - Persönlichkeitsbildung

ERLÄUTERUNGEN

(1) Man unterscheidet zwei Begriffe der Anpassung: den biologischen
und den soziologischen (vgl. BERNSDORF 1972). Uns interessiert in
diesem Zusammenhang die soziologische Bedeutung von Anpassung (lat.
'Flexibilität', vgl. HARTFIEL 1972). In dieser Bedeutung ist Anpassungsfähigkeit nicht zu verwechseln mit ähnlichen Begriffen wie 'An-
gleichung' (Assimilation, vgl. BERNSDORF 1972) und 'Nachahmung' (Kon-
formität, vgl. ebd.). Vielmehr ist sie zu verstehen als die Fähigkeit, das eigene Verhalten in neuen Situationen stets in Frage zu
stellen und mit dem Ziel der Bewältigung dieser Situationen gegebenenfalls zu ändern.
Anpassungsfähigkeit steht somit im Gegensatz zum 'Schablonendenken',
das auf 'mangelnder geistiger Elastizität beruht' (vgl. 'Rigidität'
= Starrheit, Fixiertsein auf bestimmte Handlungsweisen; DORSCH 1970).

Anpassungsfähigkeit als sozialer Begriff bedeutet dabei stets schöpferisch (kreativ oder produktiv) zu handeln (vgl. HARTFIEL 1972, BERNSDORF 1972), denn das 'Bewältigen einer gegebenen Umweltsituation' erfordert mehr als nur passive Teilnahme.

(2) Eben diese Fähigkeit zur schöpferischen (kreativen) Anpassung wird im Spiel gefordert und sollte bei der didaktisch-methodischen Vorbereitung des Trainings berücksichtigt werden. Das Spiel stellt den Spieler in Situationen, in denen er zu raschem Erfassen, Entscheiden und Handeln gezwungen wird. Diese Fähigkeiten müssen durch ein sorgsam aufgebautes Training entwickelt werden. Man geht dabei von der Theorie aus, daß es eine Hierarchie der Handlungsstrukturen im Spiel gibt. Danach ist eine hierarchisch höhere Handlungsstufe ('Können') verfügbarer (anpassungsfähiger) als eine niedrigere Stufe ('Fertigkeit'). Um die höhere Stufe des 'Könnens' zu erreichen, sind bestimmte 'Fertigkeiten' (Grundschule, Technik) zu automatisieren und zugleich situativ verfügbar zu machen. Mit ihrer Hilfe und den zunehmenden taktischen Erkenntnissen gelangt der Spieler zum 'Können': er erlangt die Fähigkeit, sich verändernden Situationen spielgerecht anzupassen. Für den Basketball-Lehrer bedeutet das, durch spielgerechte Übungen immer eine Verbindung zur echten Spielsituation zu schaffen und neben der Automation der Bewegung die Entscheidungs- und Handlungsfreiheit in bestimmten Situationen zu schulen (VOLPERT 1971, HAGEDORN, VOLPERT u. SCHMIDT 1972, HAGEDORN 1968). Ziel ist eine Übertragung des Erlernten auf ähnliche Spielsituationen (zum Transferprinzip vgl. DORSCH 1970).

(3) Persönlichkeitsbildender Gesichtspunkt: Die Anpassungsfähigkeit eines Spielers zeigt sich auch im Verhalten zu seinen Mitspielern und zu seinen Trainern. Das Basketballspiel ist ein Mannschaftsspiel und lebt als solches aus Interaktionen. Die Spieler stehen aber auch in einem Leistungsvergleich zueinander. Es ist eine verständliche Reaktion und eine Motivation zugleich, besser sein zu wollen als die anderen. Unterschiedliche Charaktere, unterschiedlicher Leistungsstand u.ä. können soziale Spannungen zur Folge haben. Die Erfahrung zeigt, daß die psychischen und physischen Anforderungen eines Spielers oft so hoch sind, daß der Spielablauf vom Spieler bzw. vom Trainer unterschiedlich erlebt und bewertet wird. Hier muß der Trainer durch psychologisches Einfühlungsvermögen und durch Beurteilungsverfahren einen Ausgleich schaffen. Der Spieler soll in der Lage

sein, seine Leistung und Leistungsfähigkeit möglichst vorurteilsfrei
und selbstkritisch zu sehen. Spielaufzeichnungen mit Tonband oder
Skizze, vor allem aber, wenn möglich, mit Videorecorder sind hierfür
geeignet und können an einer Persönlichkeitsbildung der Spieler mitwirken. Diese zeigt sich in der Fähigkeit zu Selbstkritik, mann-
schaftsdienlicherem Verhalten und einem stärkeren Gemeinschaftsgefühl.

MERKE!

(1) Anpassungsfähigkeit bedeutet 'Bewältigung einer gegebenen Umweltsituation'. Sie steht somit im Gegensatz zum 'Schablonendenken'.
(2) Diese schöpferische Anpassungsfähigkeit wird im Spiel gefordert:
unterschiedliche Situationen zwingen den Spieler zu raschem Erfassen , Entscheiden und Handeln. Daher muß die Anpassungsfähigkeit
durch ein Training geschult werden, das diese 3 Eigenschaften in
zahlreichen spielähnlichen Situationen (dem Spiel entnommen, im
Spiel angewandt) ständig von neuem herausfordert. Daraus kann sich
eine Übertragung des Erlernten (Transfer) ergeben.
(3) Anpassungsfähigkeit als Persönlichkeitsbildung zeigt sich aber
auch im Verhalten zu Mitspielern und Trainer. Ziel des Trainers muß
es sein, den Spieler zur selbstkritischen Betrachtung seiner Leistung zu bringen. Geeignete Mittel sind Beurteilungsverfahren (Spiel-
aufzeichnung) wie Tonband, Skizze und Videorecorder. Als Wirkung
sollte sich beim Spieler ein mannschaftsdienlicheres Verhalten
(Spiel = kollektive Denkschule) und ein besseres Gemeinschaftsgefühl
entwickeln.

PRÜFE DEIN WISSEN!

Wähle die richtige Antwort aus!
1. Anpassungsfähigkeit bedeutet für das Spiel:
    a) Fähigkeit sich durchzusetzen,
    b) Handeln nach fertigem Plan,
    c) Spielsituation bewältigen,
    d) optimale Spielleistungen erbringen.
2. Anpassungsfähig an Spielbedingungen wird ein Spieler
    a) durch Selbstkritik,
    b) durch spielgerechtes Training,
    c) durch Kenntnis des Transfers,
    d) durch Beurteilungsverfahren.

68

3. Persönlichkeitsbildend wirkt die Anpassungsfähigkeit, wenn
   a) keine sozialen Spannungen vorhanden sind,
   b) Interaktionen innerhalb der Mannschaft stattfinden,
   c) der Trainer Einfühlungsvermögen besitzt,
   d) sie zu mannschaftlichem Verhalten führt.

LITERATUR

BERNSDORF, W. (Hrsg.):
Wörterbuch der Soziologie. Frankfurt: Fischer, 1972 (Fischer Taschenbuch Bd. 1: bes. S. 33, 34, 57-58, Bd. 2: S. 466-468).

DORSCH, F. (Hrsg.):Psychologisches Wörterbuch. Hamburg: Meiner, 1970 (bes. S. 360 u. 422).

HAGEDORN, G.:
Das Basketballspiel. Köln: Barz & Beienburg, 1968 (bes. S. 15-19, 47).

HAGEDORN, G., W. VOLPERT u. G. SCHMIDT:
Wissenschaftliche Trainingsplanung. (In: Training u. Beanspruchung, Bd. 2, hrsg.v. E.Ulich). Frankfurt/Main: Limpert, 1972 (bes. S. 15-18).

HARTFIEL, G. (Hrsg.):
Wörterbuch der Soziologie. Stuttgart: Kröner, 1972 (bes. S. 186).

VOLPERT, W.:
Sensumotorisches Lernen. (In: Training u. Beanspruchung, Bd. 1, hrsg.v. E.Ulich). Frankfurt/Main: Limpert, 1971 (bes. S. 39).

2.3.11 Partner- und Gruppenverhalten

von Günter HAGEDORN

SCHLAGWÖRTER

(1) Sozialverhalten; Sozialisationsprozeß; Sozialisation; Individuation (Selbstbild)

(2) Selbstbild-Sozialisation, Anpassung-Autonomie

(3) MANNSCHAFTSSPIEL: Partnerverhalten: Hilfen annehmen und geben; Gruppenverhalten: planmäßiges Zusammenspiel in der Angreifer-Verteidigerrolle

1. c) 2. b) 3. d)
So ist es richtig!

(4) MINI-BASKETBALL: Rollen übernehmen und anerkennen; Übernahme und
Achtung von Verhaltensregeln; sinnvolle Ordnung
(5) Beziehung zum Gegenspieler; sieben Entwicklungsstufen für die
Rolle des Gegenspielers; Gegenspieler als Spielpartner und Rolle

ERLÄUTERUNGEN

(1) Das Partner- und Gruppenverhalten im Spiel ist Teil der allgemeinen Sozialentwicklung des Individuums (vgl. bei 2.1). Das im
Sportspiel notwendige Partner- und Gruppenverhalten übersteigt das
in den ersten beiden Entwicklungsstufen des Spielverhaltens erworbe-
ne Sozialverhalten. Das Mannschaftsspiel Basketball setzt voraus die
Fähigkeit zur Kommunikation in Sprache, Mimik und Gebärde, die Fähigkeit zur Identifikation mit Vorbildern, den Erwerb gesellschaftlich bedingter Verhaltensweisen im alltäglichen Leben, den Aufbau
eines Selbstbewußtseins, die Übernahme von Rollen.
Das gesamte Sozialverhalten gründet demnach in einem Sozialisationsprozeß, der es dem Individuum gestattet, "als Mitglied einer sozialen Gruppe zu agieren" (SCHAFFER in: LUNZER u. MORRIS 1971, S. 59).
Mit dieser Entwicklung zum Gemeinschaftswesen, der Sozialisation,
fällt zusammen der Aufbau des Selbstbildes, die Individuation. Beide
Prozesse bedingen sich wechselseitig. Ohne soziale Einflüsse ist
keine Spielerpersönlichkeit denkbar; eine soziale Isolierung behin-
dert die gesamte Entwicklung des Menschen (vgl. den sog. Hospitalis-
mus). Andererseits geraten Spieler ohne ein gesichertes Selbstbild
in Abhängigkeit von ihrer Umgebung (Mitspieler, Trainer), sie werden
manipulierbar und somit zum Mit-Läufer, nicht aber zum Mit-Glied der
Gruppe.
(2) Mit dem Begriff des Selbstbildes (Individuation) ist so etwas
wie ein Orientierungsschema des Individuums gemeint. Mit seiner Hilfe vermag der Einzelne Wertungen vorzunehmen, sich selbst Ziele zu
setzen, sein Verhalten gemäß persönlichen Normen auszuwählen oder zu
verwerfen, sein Verhalten zu erklären und zu rechtfertigen, seine
Erfahrungen und sich selbst mitzuteilen (MORRIS in : LUNZER u. MORRIS
1971).
Unter Sozialisation versteht man allgemein jenen Prozeß, durch den
der Einzelne befähigt wird, bestimmte Aufgaben (Rollen) in der Gruppe (Klasse, Mannschaft) zu übernehmen und sich dabei mit den Verhaltensregeln (Normen) der Gruppe zu identifizieren. Selbstbild und So-

zialisation erlauben es dem Einzelnen, zwischen (blinder) Anpassung
und (selbstherrlicher) Autonomie hindurch zu handeln.
(3) Das Bewußtsein für den Partner als Mitspielenden und eine be-
ständigere Neigung zur Gruppenbildung sind erst auf der dritten Entwicklungsstufe des Spielverhaltens zu beobachten (vgl. bei 2.1).
Sinnvollerweise beginnt deshalb erst hier im Rahmen des Sports eine
systematische Schulung des Sozialverhaltens.
Basketball setzt jenes Partner- und Gruppenverhalten voraus, das im
MANNSCHAFTSSPIEL (HAGEDORN, BISANZ u. DUELL 1973) geschult werden
kann. Das Partnerverhalten wird dort als "Partner helfen" verstanden, und zwar als 'Hilfen annehmen' und 'Hilfen geben'. Diese Hilfen
sind Spielhilfen, aber auch (wenn auch meist noch unbewußt) gegenseitige Lernhilfen. Das Gruppenverhalten leitet sich aus dem Partnerverhalten ab. Es setzt voraus, daß die Spielenden den ständigen
Wechsel zwischen der Angreifer- und der Verteidigerrolle vollziehen,
somit ein Gruppenziel verfolgen können. Im MANNSCHAFTSSPIEL sollen
die Spielenden ein kollektives spieltypisches Handeln zeigen, das
verstanden wird als "ein erstes planmäßiges Zusammenspiel im Rahmen
einer Mannschaft" (HAGEDORN, BISANZ u. DUELL 1973, S. 92).
(4) Das MINI-BASKETBALL (HAGEDORN, HEINY, KOZOCSA u. SCHMIDT in Vorbereitung) bedarf darüber hinaus sowohl in der Schule als auch im
Verein eines weiter entwickelten Partner- und Gruppenverhaltens.
Beide Lern- und Spielbereiche, Schule und Verein, geben einen festen
Organisationsrahmen, bestimmte Leitbilder und Verhaltensnormen vor.
MINI-BASKETBALL verlangt deshalb von den Spielenden die Fähigkeit,
gewisse zunächst allgemeine (informelle) Rollen zu übernehmen (z.B.
die des Schülers, Spielers, des Angreifers bzw. Verteidigers) und
andere Rollen anzuerkennen (z.B. die des Mit- und Gegenspielers, des
Lehrers/Trainers, des Schiedsrichters). Voraussetzung für Unterricht
und Spiel ist ferner die Übernahme und Achtung von Verhaltensregeln
(Normen). Diese regeln das Verhältnis des Einzelnen zur Institution
(Pünktlichkeit, Grußformen, Kleidung z.B.), zu den Einrichtungen,
Geräten und Spielkleidung (Mitverantwortlichkeit für deren Wartung
und Erhalt), zu Mitspielern und anderen Mitgliedern der Institution
(Bewußtsein der Gleichberechtigung bei gleichen Pflichten).
Da im MINI-BASKETBALL das Spielverhalten stärker als im MANNSCHAFTS-
SPIEL 'geregelt' wird, macht es ein größeres Bewußtsein für sinnvol-
le Ordnung notwendig. Die Fähigkeiten, zuhören zu können, selbstän-

dig Übungs- und Spielgruppen zu bilden, einen angewiesenen Spielraum
zu beachten, die Fähigkeiten, das eigene Spiel zu unterbrechen und
andere nicht im Spiel zu stören, verstehen Ordnung "als ein erlerntes Sozialverhalten im Dienste einer konkreten Aufgabe" (HAGEDORN
1973, S.9). MINI-BASKETBALL setzt solches Verhalten voraus, sollte
es aber auch zugleich mitschulen.
(5) Wesentlicher Teil des Partner- und Gruppenverhaltens ist die
Beziehung zum Gegenspieler. Sie wird im SPORTSPIEL BASKETBALL und
bei der Formung der Mannschaft (vgl.bei 3.2) zum Problem, wenn sie
nicht sehr früh in den Sozialisationsprozeß miteinbezogen wird. In
der Entwicklung seiner Beziehung zum Gegenspieler muß ein Spieler
folgende Stufen durchlaufen:
1. Erkenntnis des Spielenden, daß bestimmte Aufgaben nicht allein
gelöst werden können;
2. Einbeziehung aller Mitspielenden als Partner zur Lösung der Aufgaben;
3. Ausgestaltung (Steigerung) der Aufgaben, indem einige Partner
deren Lösung erschweren;
4. Spielaufgaben lösen, die den 'störenden' Partner notwendig machen
(Angreifer-Verteidigerrolle);
5. Regelung des Verhaltens in den beiden Spielrollen durch die Spielenden selbst;
6. Erprobung des Rollenverhaltens in verschiedenen (Mini-) Sportspielen;
7. Anwendung des Rollenverhaltens in mindestens einem Sportspiel.
Der Gegenspieler wird so zunächst als Spielpartner anerkannt und als
eine spielnotwendige Rolle verstanden, in der sich alle Spielenden
zur gleichen Zeit befinden. Dadurch werden die Härten und Rivalitä-
ten des Wettkampfs zwar nicht ausgeschlossen (vgl. HAGEDORN 1968),
aber sie lassen sich leichter wieder abbauen (rationalisieren).

MERKE!
(1) Das Mannschaftsspiel Basketball setzt voraus ein bestimmtes In-
dividual- und Sozialverhalten. Sie leiten sich her aus dem Indivi-
duations- und dem Sozialisationsprozeß.
(2) Selbstbild (Individuation) und Sozialisation (als Übernahme von
Rollen und Anerkennung von Normen) erlauben ein Handeln zwischen
bloßer Anpassung und absoluter Autonomie.

(3) Partner- und Gruppenverhalten prägen sich erst auf der dritten Entwicklungsstufe aus. Partnerverhalten als Grundlage des Spiels heißt: Hilfen annehmen und geben; Gruppenverhalten als Grundlage des Spiels bedeutet: planmäßiges Zusammenspiel in der Angreifer- bzw. Verteidigerrolle.

(4) MINI-BASKETBALL macht notwendig:
die Übernahme von allgemeinen Rollen und die Anerkennung anderer Rollen, die Beachtung von Verhaltensregeln in Schule und Verein, das Bewußtsein einer sinnvollen Ordnung.

(5) Der Gegenspieler ist Spielpartner und soll als eine Rolle erlernt werden.

PRÜFE DEIN WISSEN!

Entscheide, welche der folgenden Aussagen RICHTIG 'R' oder FALSCH 'F' ist!

R F 1. Sozialisation bedeutet Anpassung an die Mannschaft.

R F 2. Das Selbstbild erlaubt es dem Einzelnen, sein eigenes Verhalten zu bestimmen.

R F 3. Partnerverhalten bedeutet: den Mitspieler anerkennen.

R F 4. Gruppenverhalten setzt das Verständnis für verschiedene Aufgaben (Rollen) voraus.

R F 5. Der Gegenspieler versucht den Spielerfolg des anderen zu verhindern; er ist deshalb sein Gegner (Feind).

LITERATUR

HAGEDORN, G.:   Das Basketballspiel. Köln:Barz & Beienburg, 1968 (bes. S. 19-21).

HAGEDORN, G.:   Sport in der Primarstufe und seine Begründung. (In: Theoretische Grundlegung. Sport in der Primarstufe, Bd.1, hrsg.v. G.Hagedorn, W.Volpert, H.J.Engler, K.Wilke). Frankfurt/Main: Limpert, 1973 (bes. S. 7-11).

HAGEDORN, G., G. BISANZ u. H.DUELL: Das Mannschaftsspiel. (In: Sport in der Primarstufe, Bd.2). Frankfurt/Main: Limpert, 1973.

1. F 2. R 3. F 4. R 5. F
So ist es richtig!

73

MORRIS, J.F.:   Probleme des sozialen Lernens im Jugendalter.
                     (In: Lunzer u. Morris, Das menschliche Lernen
                     und seine Entwicklung). Stuttgart: Klett, 1971
                     (bes. S. 352-405).

SCHAFFER, H.R.:   Soziales Lernen und Identifikation. (In: Lunzer
                     u. Morris, Das menschliche Lernen und seine Ent-
                     wicklung). Stuttgart: Klett, 1971 (bes. S.59-84)

2.4 F e r t i g k e i t e n   d e s   S p i e l s (Technik)

Mit dem Begriff Technik werden alle Fertigkeiten, das heißt alle
individuellen Handlungsmöglichkeiten des Basketballspiels, zusammengefaßt. Gemäß der Handlungsstruktur (vgl. bei 2.2) stellen diese
Fertigkeiten die basketballtypischen Ausformungen der Grundfertigkeiten dar. Sie ermöglichen ein spielgerechtes mannschaftliches
Verhalten (Vortaktik und Taktik). Aus lern- und verhaltenspsycholo-
gischen Gründen (vgl. HAGEDORN, G.: Beiheft zu den Filmen 'Basketball I u. II'. München: Institut f.Film u.Bild i.Unterr., 1972)
werden diese Fertigkeiten von der Zielhandlung her aufgebaut und
erweitert (Fangen u. Passen, Dribbeln, Fußarbeit).

2.4.1 Werfen

von Dieter NIEDLICH

SCHLAGWÖRTER

(1) Werfen: Spielen des Balles auf den Korb; Einteilung nach Bewegung, Entfernung, Ausführung; fünf Grundwürfe

(2) Elemente der Wurftechnik: Grundstellung - Halten des Balles -
Ballposition - Zielen - Konzentration - Bewegung der Wurfhand -
Stellung der Ellbogen - Strecken des Wurfarmes - Brechen des Hand-
gelenkes - Wurfkraft - Landung

(3) Korbleger: Fußarbeit, Schrittregel: Schrittfolge links-rechts-
links (RECHTSwerfer) - rechtes Knie nach oben

(4) Einhändiger Standwurf: Fuß der Wurfhand vorgestellt - über Ellbogen zielen

(5) Sprungwurf: beidbeiniger Absprung - hoher Sprung - Wurf nach
Verzögern - betont über Ellbogen zielen

(6) Beidhändiger Standwurf: beidhändiger Brustwurf - beidhändiger
Überkopfwurf

(7) Hakenwurf: Ball an Körperseite - Schulterachse zum Korb -
schwungvoller Wurf

ERLÄUTERUNGEN

(1) Werfen bedeutet das Spielen des Balles mit den Händen auf den
Korb (NIEDLICH/CZWALINA 197o). Man unterscheidet die Würfe aus dem
Stand, dem Sprung und dem Lauf. Die Einteilung der Würfe erfolgt
nach der Art der Bewegung (Stand, Sprung,Lauf), nach ihrer Entfernung vom Korb (Nahdistanz: 0-3 m, Mitteldistanz: 3-6 m, Weitdistanz:
6 m und weiter) und nach Art der Ausführung (ein- und beidhändig,
ein- und beidbeiniger Absprung). In Theorie und Praxis werden einheitlich fünf Grundwürfe unterschieden (SHARMAN 1965): Korbleger,
einhändiger Standwurf, Sprungwurf, beidhändiger Standwurf und Hakenwurf.

(2) Elemente der Wurftechnik:
Trotz der Vielzahl verschiedener Würfe gibt es eine Reihe von technischen Grundelementen und psychophysischen Grundlagen, die allen
Würfen gemeinsam sind(SHARMAN 1965, COUSY/POWER 197o). (Leichte Ab-
weichungen gelten für den Haken- und den Unterhandwurf).
Grundstellung(vor dem Wurf): Das Körpergewicht ist gleichmäßig auf
beide Füße verteilt, der Schwerpunkt liegt senkrecht über diesen in
Höhe der Hüften. Die Knie sind leicht gebeugt, beide Füße mit der
ganzen Sohle etwa schulterbreit auseinander aufgesetzt. Diese Stellung ermöglicht festen Stand und sichere Körperkontrolle.
Halten des Balles: Der Ball wird nur von den Fingerspitzen und Dau-
menkuppen gehalten. Die Ellbogen liegen seitlich am Körper (vgl.
bei 2.4.2).
Ballposition: In der Ausgangsstellung wird der Ball etwa brust- oder
schulterhoch nahe vor dem Körper gehalten. Diese Haltung sorgt einmal für gute Ballsicherung und günstigen Ausgang für Werfen, Dribbeln und Passen und ermöglicht zum anderen erst eine optimale Hebel-
wirkung von Ober-, Unterarmen, Handgelenken und Fingern.
Zielen: Sobald der Spieler sich zum Wurf entschieden hat, richtet er
alle zum mechanischen Ablauf notwendigen "Werkzeuge" (Füße, Körper,
Ellbogen) sowie die Augen zum Korb. Es sollte ein bestimmtes Ziel
anvisiert werden, wobei es am günstigsten scheint, den hinteren
Rand des Ringes anzupeilen.
Konzentration: Ausschlaggebend für einen erfolgreichen Wurf sind
Zielen und Konzentration während des gesamten Bewegungsablaufes. Das
Anvisieren des Ziels sollte mit der intensiven Vorstellung verbunden
sein, den Ball in einem mittleren Bogen über den vorderen Rand mit-
ten in den Korb zu werfen.

Bewegung der Wurfhand: Bei der Aufwärtsbewegung rückt die Wurfhand
(-hände) schon vor dem Körper hinter den Ball. Mit dem Vorbringen
des Ellbogens wird die Wurfhand unter den Ball gebracht und leicht
gespannt (wie ein Gewehrhahn) zurückgenommen.
Stellung der Ellbogen: Beim Hochführen des Balles dicht vor dem Körper rücken die Ellbogen aus der Position hinter dem Ball nun unter
den Ball und dann vor den Ball. In der letzten Phase des Wurfes weisen die Ellbogen direkt zum Ziel.
Strecken des Wurfarmes: Der Bewegung der Arme folgt die Streckung
und das Brechen des Handgelenkes der Wurfhand. Erst das gleichmäßige
kräftige Strecken des Armes und das kräftige, aber lockere, fast
übertriebene Strecken und Brechen des Handgelenkes sorgen bei jedem
einzelnen Wurf für gleichbleibende Ballkontrolle und Genauigkeit.
Wurfkraft: Die wesentliche Kraft für den Wurf gewinnt der Werfer
durch Beugen und Strecken der Beine. Erst hierdurch wird ein "wei-
cher" Wurf möglich und ein hartes Stoßen des Balles vermieden. Die
Wurfkraft muß in einer fließenden Bewegung wirksam werden, vom Abdrücken der Füße über das Aufrichten des Körpers bis zum Strecken
und Brechen des Handgelenks.
Landung: Die Landung sollte möglichst an der Absprungstelle erfolgen. Dabei werden beide Füße in Richtung Korb aufgesetzt; das Körpergewicht ist gleichmäßig verteilt, so daß ein Starten in alle
Richtungen - besonders zum Rebound - möglich ist.

(3) Der Korbleger ist der wichtigste Basketball-Grundwurf. Er wird
in kurzer Entfernung 0-1 m vom Korb angewandt und erfolgt fast immer nach einer schnellen Bewegung (Ziehen) zum Korb. Zum Korbleger
gehört daher eine besondere Fußarbeit, die durch die Schrittregel
festgelegt ist (vgl. bei 2.4.4). Der Rechtswerfer springt aus Koor-
dinationsgründen mit dem linken Fuß vor dem Wurf vom Boden ab. Das
Sprungbein wird mit kraftvollem Schritt vom Boden abgestemmt und
soll den Werfer fast senkrecht nach oben führen. Gleichzeitig wird
das rechte Knie energisch nach oben geschwungen (Schwungbein).
Bei der Ausführung des Wurfes unterscheidet man zwei Arten: Druckwurf-Korbleger und Unterhand-Korbleger (NIEDLICH/CZWALINA 197o,
1971). Der Druckwurf-Korbleger ist sicherer als der Unterhandwurf,
da die Kontrolle über den Ball größer ist. Beim Rechtswerfer wird
der Ball vor der rechten Körperhälfte geführt. Dabei wird die Wurf-

hand schon vor dem Körper hinter den Ball, die Führungshand an die
linke Seite des Balles gebracht. Erst weit über Kopfhöhe verläßt
die Führungshand den Ball.

Beim Unterhandwurf wird die Wurfhand während der Aufwärtsbewegung
unter den Ball gebracht, die Finger zeigen zum Korb. Die Führungshand verläßt den Ball meist schon in Schulter- oder Kopfhöhe. Der
Korbleger sollte möglichst mit Hilfe des Brettes in den Korb gelegt
werden.

(4) Der einhändige Standwurf ist ein Druckwurf, der in einer Entfernung von 5-8 m angewandt werden sollte. Er wird in leichter
Schrittstellung ausgeführt, wobei der Fuß der Wurfhand immer vorgestellt und direkt zum Korb gerichtet ist. Der Ball wird senkrecht
vor der rechten Körperhälfte hochgeführt; die Technik von Armen
und Handgelenk entspricht der des Druckwurf-Korblegers. Direkt vor
dem Abdrücken des Balles wird die Wurfhand jedoch weit zurückgenommen und betont unter den Ball geführt, um so eine starke Handgelenksspannung zu erreichen. Der Rechtswerfer zielt über den rechten
Ellbogen zum Korb (vgl. NIEDLICH u.CZWALINA 1971). Der einhändige
Standwurf findet hauptsächlich als Freiwurf Anwendung.

(5) Der Sprungwurf sollte in einer Entfernung von O-8 m angewandt
werden; er ist ein Wurf für jede Situation und Position. Wie zum
Korbleger, so gehört auch zum Sprungwurf eine besondere Fußarbeit
(NIEDLICH u.CZWALINA 197o): Sprungwurf aus dem Stand, nach dem
Dribbeln und nach dem Schneiden zum Anspiel.

Der Absprung erfolgt beidbeinig aus möglichst paralleler (NEWELL/
BENINGTON 1962) oder ganz leichter Schrittstellung. Ziel dieser
Fußstellung ist ein hoher, senkrecht nach oben führender Sprung.
Vor Absprung und Wurf zeigen die Füße in Richtung Korb. Wie schon
beim einhändigen Standwurf wird der Ball vor der rechten Körperhälfte - Wurfhand dahinter und Führungshand seitlich - nach oben
geführt. Nach dem Absprung wird der Ball leicht in Überkopfhöhe gebracht, die Wurfhand liegt unter dem Ball, der Ellbogen zeigt direkt zum Ziel und dient stärker als bei anderen Würfen als Ziel-
orientierung. Aus dieser Haltung wird der Ball erst im höchsten
Punkt des Sprunges nach einem kurzen Augenblick des Verzögerns und
Hängens zum Korb geworfen.

(6) Trotz der vorherrschenden einhändigen Würfe hat der beidhändige
Standwurf seinen Platz im modernen Basketball behalten (COUSY/POWER

197o). Er wird weiterhin erfolgreich im Frauen- und Mini-Basketball angewandt. Für alle Altersstufen ist er ein Wurf für weite Entfernungen geblieben.

Es werden zwei Arten des beidhändigen Standwurfes unterschieden: der beidhändige Brustwurf und der beidhändige Überkopfwurf. Der beidhändige Brustwurf ist ein ausgesprochener Weitwurf, für etwa 6-1o m. Er wird aus paralleler oder leichter Schrittstellung geworfen und in der Ausgangsposition vor der Brust gehalten. Bei der Aufwärtsbewegung werden die Handgelenke leicht zurückgenommen, die Ellbogen bleiben hinter dem Ball.

Der beidhändige Überkopfwurf sollte bei einer Entfernung von 5-7 m angewandt werden. Er wird meist aus engerer Fußstellung als der Brustwurf geworfen; Ausgangspunkt des Balles ist die Position über dem Kopf. Dabei liegen die Hände unter dem Ball, die Ellbogen zeigen zum Korb. Der Überkopfwurf ist dem Brustwurf vorzuziehen, da er durch schnelle Wurfbewegung und hohen Wurfeinsatz nicht so leicht abgewehrt werden kann.

(7) Der Hakenwurf sollte in einer Entfernung von 0-4 m angewandt werden. Er ist selbst gegen eine äußerst aggressive Deckung erfolgreich; von allen Würfen ist er am schwersten abzuwehren. Der Hakenwurf sollte nicht nur ein typischer Centerwurf sein, sondern zum Wurfkönnen jedes Spielers gehören.

In der Ausgangsposition steht der Werfer meist mit dem Rücken zum Korb und in paralleler Fußstellung. Die folgende Fußarbeit ähnelt der des Korblegers. Der Rechtswerfer setzt den linken Fuß mit einem kraftvollen Stemmschritt vom Verteidiger weg, gleichzeitig schwingt das rechte Knie nach oben. Der Ball wird schwungvoll an der rechten Körperseite hochgeführt, die Schulterachse zeigt zum Korb (NIEDLICH/ CZWALINA 1971). Während des Hochschwingens rückt die Wurfhand unter den Ball, die Finger zeigen vom Korb weg. Erst in Kopf- oder Schulterhöhe verläßt die Führungshand den Ball, der Wurfarm schwingt in vollem Bogen nach oben. Über und leicht vor dem Kopf wird der Ball kurz vor dem höchsten Punkt durch einen letzten Impuls von Handgelenk und Fingerspitzen zum Korb geworfen; der Wurfarm steht dabei fast senkrecht.

MERKE!

(1) Die Einteilung der Würfe erfolgt nach Art der Bewegung (Stand, Sprung, Lauf), der Entfernung (Nah-: 0-3 m, Mittel-: 3-6 m, Weitdistanz: 6 m und weiter) und Ausführung (ein- u. beidhändig). Es gibt fünf Grundwürfe: Korbleger, einhändiger Standwurf, Sprungwurf, beidhändiger Standwurf und Hakenwurf.

(2) Allen Würfen gemeinsam sind folgende Elemente: Grundstellung einnehmen - Ball eng an den Körper heranziehen - beim Zielen Füße (Ausnahme Hakenwurf) und Augen zum Korb richten - auf das Ziel konzentrieren - Wurfhand hinter, dann unter den Ball bringen - Ellbogen unter, dann vor den Ball bewegen (Ausnahme Unterhand- und Hakenwurf) - Wurfarm strecken - Handgelenk brechen - Beine in fließender Bewegung beugen und strecken.

(3) Beim Korbleger zieht der Rechtswerfer mit den Schritten (Zweierrhythmus) (links)-rechts-links zum Korb. Mit Setzen des letzten Schrittes wird das rechte Knie (Schwungbein) energisch hochgeschwungen. Beim Druckwurf-Korbleger rückt die Wurfhand schon vor dem Körper hinter, in Überkopfhöhe unter den Ball. Während der Aufwärtsbewegung zum Unterhand-Korbleger wird die Wurfhand unter den Ball gebracht, die Finger zeigen zum Korb. Der Korbleger sollte mit Hilfe des Brettes geworfen werden.

(4) Der einhändige Standwurf ist ein einhändiger Druckwurf (s.Korbleger). Er wird in leichter Schrittstellung ausgeführt, bei der stets der Fuß der Wurfhand vorgestellt ist. Die Technik der Wurfbewegung entspricht der des Korblegers. Der Ball wird senkrecht vor der rechten Körperhälfte hochgeführt, die Wurfhand geht unter den Ball und zurück zum Körper. Der Ellbogen weist zum Ziel.

(5) Der Sprungwurf ist ein Wurf für jede Situation und Position. Er wird eingeleitet durch einen hohen, senkrecht nach oben führenden Sprung. Vor dem Absprung sollten die Füße möglichst parallel stehen und unbedingt zum Korb weisen. Im Unterschied zu anderen Würfen wird der Sprungwurf erst nach einer Phase des Verzögerns und Hängens im höchsten Punkt und verstärkt über den Ellbogen zum Ziel geworfen.

(6) Der beidhändige Standwurf ist auch weiterhin ein erfolgreicher Wurf im Frauen- und Mini-Basketball. Er ist ferner ein Wurf für weite Entfernungen. Der beidhändige Überkopfwurf ist erfolgreicher als der beidhändige Brustwurf.

(7) Von allen Würfen ist der Hakenwurf am schwersten abzuwehren, er

sollte daher zum Wurfkönnen jedes Spielers gehören. Wie beim Korbleger wird das Knie der Wurfseite mit heraufgeschwungen. Besonders gegen große Deckungsspieler muß der Werfer darauf achten, seine Schulterachse stets zwischen Korb bzw. Verteidiger und Ball zu halten. Abweichend von den anderen Würfen wird der Ball an der Körperseite und mit dem Schwung des ganzen Armes nach oben geführt und erst dort aus dem Handgelenk zum Ziel geführt.

Prüfe Dein Wissen!

1. Beim Basketball unterscheidet man drei Wurfentfernungen: N..- (. - . m), M.....-(. - .) und W...d......(. m und w.....).
2. Um den Ball aus der Ausgangsposition vor der Brust in die Überkopfposition (kurz vor dem Abdrücken) zu bewegen, rückt die Wurfhand beim einhändigen Druckwurf zunächst h..... den B... und der Ellbogen u.... den B... und schließlich die W....... u.... den B... und der E....... v.. den B...
3. Für einen Rechtswerfer lautet die Fußarbeit beim Korbleger: Absprung l...., weiter Schritt und Landung r..... und Abstemmschritt l..... .
4. Beim einhändigen Standwurf steht der Werfer in einer leichten Schrittstellung, wobei der Fuß der W...h..., d.h. beim Rechtswerfer der r..... F.. vorgesetzt ist.
5. Der Sprungwurf wird nach b...b....... Absprung und einem Augenblick des V........s betont über den E..b.... zum Korb geworfen.
6. Der beidhändige Standwurf wird auch heute noch im F.....- und M...-Basketball angewandt.
7. Beim Hakenwurf wird der Ball an der K.....s.... hochgeführt, wobei die Sch.....a.... zwischen Korb und Ball bleibt.

So ist es richtig!
1. Nah-(0-3 m), Mittel-(3-6 m), Weitdistanz (6 m und weiter).
2. hinter Ball, unter Ball; Wurfhand unter Ball, Ellbogen vor Ball.
3. links, rechts, links.
4. Wurfhand, rechte Fuß.
5. beidbeinigem, Verzögerns, Ellbogen.
6. Frauen-, Mini-Basketball.
7. Körperseite, Schulterachse.

Literatur

COUSY, B. u. F. POWER: Basketball Concepts and Techniques. Allyn and Bacon, Inc., Boston 1970 (S. 34-61, z. beidhändigen Standwurf s. bes. S. 40-43).

HAGEDORN, G.: Arbeitsstreifen (Film) - Korbwurf I, Korbwurf II. Schorndorf 19 .

HAGEDORN, G.: Film - Basketball I: Die Grundlagen. München: FWU, 1972.

HOBSON; H.: 13 Basketball Grundwürfe. O.O./J., 26.

KUNZE, G.: Programmierter Unterricht im Sport - dargestellt am Beispiel eines Entwurfes eines programmierten Textbuches. In: KOCH, K. u.a. (Hrsg.): Motorisches Lernen - Üben - Trainieren. Schriftenreihe z. Praxis d. Leibeserziehung u. des Sports, Bd. 66. Schorndorf: Hofmann, 1972, S. 229-248.

NEWELL, P. u. J. BENINGTON: Basketball Methods. Ronald Press Company, New York 1962 (S. 119-144, z. Sprungwurf s. bes. S. 126, 132,133).

NIEDLICH, D. u. C. CZWALINA: Basketball Teil 1: Grundlagen der Technik, Ahrensburg 1970 (S. 20-32, z. Fußarbeit zum Sprungwurf s. bes. S. 26,27).

NIEDLICH, D. u. C. CZWALINA: Basketball Teil 2: Grundlagen der Technik im Bild, Ahrensburg 1971 (S. 34-71).

RUSSELL, B.: Film "Red Check" Basketball Film Series. Scholastic Coach Athletic Services.

SHARMAN,B.: Sharman or Basketball Shooting. Englewood Cliffs, Prentice Hall 1965 (S. 7-81, z. Grundwürfen s. bes. S. 47 f).

WOODEN,J.: Practical Modern Basketball. Ronald Press Company, New York 1966 (S. 82-119).

2.4.2 Fangen und Passen
von Istvan KOZOCSA

Schlagwörter
(1) Korberfolg, Voraussetzung: Ballbehandlung, peripheres Sehen, Tiefensehen, Bewegung des Balles, Ballgefühl
(2) Halten des Balles

(3) Fangen des Balles: "Abholen", "Ansaugen" und "Anziehen" des Balles

(4) Passen: ein- und beidhändig; geradlinige Boden- und Bogenpässe

ERLÄUTERUNGEN

(1) Das wesentliche Ziel des Basketballspiels ist der Korberfolg.
Dieses Ziel wird durch das Zusammenwirken der Angriffsspieler erreicht. Dabei ist die Ballbehandlung Voraussetzung. Auch zur Ballbehandlung braucht man seine Sinnesorgane, vor allem die Sehorgane und den Tastsinn, darüber hinaus das Muskelgefühl.
Die physiologischen Forschungen von KRESTOWNIKOW haben erwiesen, daß in den Sportspielen das periphere Sehen von großer Bedeutung ist.
(Durch Training kann der Blickwinkel von etwa 160° auf etwa 220° erweitert werden.) Auf das Basketballspiel bezogen stellt MESCHTSCHER-JAGIN (1960, S. 532) fest:
"Hauptsächlich der Sehanalysator, genauer, der periphere Teil der Augennetzhaut verhilft uns zu einer richtigen Orientierung im Raum, das heißt, er ermöglicht uns, taktisch richtig zu denken und auf dem Spielfeld die Position einzunehmen, die der Mannschaft am meisten nützt."
Außer dem peripheren Sehen spielt das Tiefensehen (Entfernungssehen) eine wichtige Rolle. Es gewährleistet die genaue Entfernungswahrnehmung auf dem Spielfeld.
Vor der eingehenden Erörterung der Ballbehandlung sind noch einige Punkte über die Eigenschaften und Bewegung des Balles zu klären.
Der Ball wird durch die Übertragung der Muskelkraft in Bewegung gesetzt. Seine Fortbewegung und Steuerung erfolgt nach den physikalischen Gesetzen der Kräfte (u.a. Elastizität, Reflexion, Rotation und Gravitation).
Aufgrund der elastischen Kugelform, Größe und Gewicht hat der Spieler zahlreiche Möglichkeiten der Ballbehandlung. Erfolgreich wird diese Ballbehandlung nur durch ein gut entwickeltes Ballgefühl.
"Ballgefühl" ist die koordinierte Ausführung der Fertigkeiten und des speziellen Bewegungsrepertoires des Basketballspielers mit Ball.
(2) Der Basketball wird mit beiden Händen in der "Körperhöhle" (bei leicht gebeugter Grundstellung vor dem Bauch) gehalten. Die gespreizten Finger (nicht die Handflächen) umklammern den Ball seitlich. Dabei zeigen die Daumen in einem Winkel von ca. 90° zueinan-

der. Die Ellbogen liegen nahe am Körper. Die Oberarme bilden mit den
Unterarmen einen annähernd rechten Winkel.
(3) Das technisch richtige Fangen ist Voraussetzung dafür, daß die
Spieler in den verschiedenen Spielsituationen schnell und richtig
handeln und den Angriff ohne Zeitverlust fortsetzen bzw. abschließen
können.
Der´Ball kann einhändig und beidhändig gefangen werden. Meistens wird
das beidhändige Fangen bevorzugt, weil es einfacher und sicherer
ist. In manchen Situationen läßt sich der Ball jedoch nur einhändig
annehmen. Diese Situationen sind dann gegeben, wenn der Ball vom
Körper weiter entfernt und in Reichweite nur einer Hand ankommt, z.
B. beim Rebound oder beim Zuspiel auf den Center.
Das Fangen vollzieht sich in drei Phasen, die ineinander übergehen:
● dem "Abholen" (Streckung der Arme),
● dem "Ansaugen" (des Balles durch die Finger),
● dem "Anziehen"des Balles (Beugung der Arme).
Dem Vorgang des Fangens geht unmittelbar voraus die Wahrnehmung des
Abspiels; dann folgt das "Abholen" durch Ausstrecken der Arme. Beim
"Ansaugen" legen sich die Fingerballen seitlich um den Ball; die
Daumen verhindern ein Durchgleiten des Balles nach hinten. Das "Anziehen" des Balles dient dazu, den Ball zu sichern, einen besseren
Krafteinsatz zu ermöglichen und damit zugleich die nächste Spiel-
handlung vorzubereiten.
(4) Die Spieler passen ein- oder beidhändig aus dem Stand, aus dem
Lauf oder seltener im Sprung. Alle Pässe sind in drei Passarten einzuteilen: geradlinige, Boden- und Bogenpässe. Die Wahl der Passart
ist abhängig von der Spielsituation, also von der Bewegung der Spieler, von der Entfernung zwischen Passgeber und Empfänger und von der
Position der Verteidiger. Die Entwicklung der Verteidigung stellte
die Angreifer vor immer schwierigere Aufgaben. Solange sich die Verteidiger lediglich mit der Verhinderung der Korbwürfe begnügten,
hatten die Angreifer keine große Schwierigkeit, in Korbnähe zu gelangen. Seitdem aber nicht nur die Korbwürfe, sondern bereits der
Angriff im Aufbau (das Pass-Spiel) gestört wird, zeigt sich, daß die
enge, aggressive Verteidigung sich lediglich durch eine vielseitige
Ballbehandlung überspielen läßt.

MERKE!

(1) Das erweiterte <u>periphere Sehen</u> hilft dem Spieler, sich im Raum richtig zu orientieren.

(2) Der Basketball soll in der "Körperhöhle" (bei leicht gebeugter Grundstellung vor dem Bauch) <u>gehalten</u> werden.

(3) Das <u>Fangen</u> des Balles vollzieht sich in drei Phasen:
- dem "Abholen" (Streckung der Arme),
- dem "Ansaugen" (des Balles durch die Finger),
- dem "Anziehen" des Balles (Beugung der Arme).

(4) Eine enge, <u>aggressive Verteidigung</u> ist nur durch eine <u>vielseitige Ballbehandlung</u> der Angreifer zu überspielen.

PRÜFE DEIN WISSEN!

1. Durch das erweiterte p........ Se... ist dem Spieler die richtige Orientierung auf dem Spielfeld möglich.

2. Halten des Balles: der Basketball wird mit beiden H..... in der "K........." (bei leicht gebeugter Grundstellung vor dem Bauch) gehalten.

3. Das Fangen des Balles vollzieht sich in drei Phasen:
- dem "A......" (St...... der A...),
- dem "A......." (des Balles durch die F.....),
- dem "A......." des Balles (B...... der A...).

4. Alle Pässe sind in drei P........ einzuteilen: g....l....., B....- und B......... . Ein Angreifer vermag nur eine e..., a......... V.......... zu überspielen, wenn er über eine vielseitige B............ verfügt.

LITERATUR

BUNN, J.:   Basketball - Techniques and Team Play. New Jersey, 1964. S. 40-43.

So ist es richtig!
1. peripheres Sehen
2. Händen, "Körperhöhle"
3. "Abholen", Streckung, Arme, "Ansaugen", Finger, "Anziehen", Beugung, Arme
4. Passarten, geradlinige, Boden-, Bogenpässe; enge, aggressive Verteidigung, Ballbehandlung

HESS, W.: Der Ball, seine Eigenschaften und Bewegungen. Th. Pr. KK. 1966, 11. S. 965-980.

KRESTOWNIKOW, A.N.:Physiologie der Körperübungen. Berlin (Ost), 1953. S. 10-20.

MESCHTSCHERJAGIN, I.A.:
Die Vervollkommnung des peripheren Sehens - ein Mittel zur Verbesserung der Taktik bei Basketballspielern. Th. Pr. KK. 1960, 6. S. 532-535.

PADER, J.: A kosarlabdazas oktatasa. Methodik des Basketballspiels. Budapest, 1968. S. 71-81.

2.4.3 Dribbeln
von Istvan KOZOCSA

SCHLAGWÖRTER

(1) Dribbelbeginn: Überkreuz - Koordination von Hand- und Fußbewegung, Beginn im Paßgang
(2) Fortbewegung: tiefes (Deckungs-) Dribbeln, hohes (Schnelligkeits- bzw. Aufbau-) Dribbeln
(3) Dribbelende: Stoppen, Passen, Werfen
(4) Technik: Dribbelgrundstellung, Finger-, Handgelenk- und Arm-Einsatz, Blick-lösen-vom-Ball

ERLÄUTERUNGEN

(1) Das Dribbeln kann aus dem Stand und aus der Bewegung heraus beginnen. Nach den Spielregeln muß der Ball die Hand verlassen haben, bevor der Standfuß (Standbein) vom Boden abgehoben wird. Es gibt zwei Möglichkeiten, das Dribbeln aus dem Stand zu beginnen: entweder in Überkreuz-Koordination von Hand- und Fußbewegung (beim Rechtsdribbler: rechte Hand - linkes Bein) oder in Paßgang-Koordination (rechte Hand - rechtes Bein).
(2) Die Fortbewegung kann in der Form des tiefen(Deckungs-) oder des hohen (Schnelligkeits- bzw. Aufbau-) Dribbelns ausgeführt werden. Das tiefe Dribbeln wendet man an, um den Ball vor dem Gegner zu schützen. Wegen der Nähe des Gegners muß der Ball dabei kniehoch mit der Außenhand gedribbelt und mit Arm und Bein (beim Vorbeigehen auch mit dem Körper) geschützt werden. Das hohe Dribbeln wird dann angewandt, wenn der Spieler in möglichst kurzer Zeit einen freien Raum (z.B. beim Schnellangriff) überwinden oder das Spiel aufbauen will. Da der

Gegner in dieser Situation nicht in die Aktion eingreifen kann, ist
es dem Dribbler möglich, den Ball hüfthoch zu führen. Um möglichst
schnell vorwärtszukommen, muß der Spieler den Ball vor dem Körper
treiben (vgl. NIEDLICH u. CZWALINA 1970).
(3) Den Dribbelabschluß bildet das Stoppen, Passen oder Werfen (vgl.
bei 2.4.4).
Zum Gesamtablauf des Dribbels vgl. Abbildung 4.

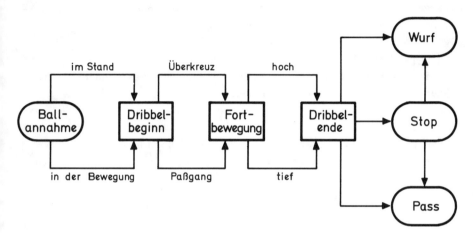

Abbildung 4: Aktiogramm 'Dribbel'

(4) Bei der technischen Ausführung sind folgende Faktoren maßgebend:
- Die Dribbelgrundstellung entspricht der allgemeinen Grundstellung
  des Basketballers. Dafür sind charakteristisch weiche, leichte
  Schrittstellung, leicht gebeugte Knie, vorgeneigter Oberkörper
  mit hängenden Schultern;
- Der Blick ist bodenparallel nach vorne gerichtet und muß vom Ball
  gelöst werden;
- der richtige Einsatz von Fingern, Handgelenk und Arm erhöht die
  Effektivität des Dribbelns. Der Ball wird mit gespreizten Fingern
  (nicht mit der Handoberfläche) durch ein kräftiges Drücken aus
  dem Handgelenk gesteuert. Eine schwingende Bewegung des Unterar-
  mes unterstützt die Finger-Handgelenkarbeit.

MERKE!

(1) Das Dribbeln kann aus dem Stand und aus der Bewegung heraus begonnen werden; die Schrittregeln sind zu beachten.

(2) Am Gegner dribbelt man tief mit der Außenhand, beim Schnelligkeits- bzw. Aufbau-Dribbeln führt man den Ball hüfthoch.

(3) Das Dribbeln wird durch Stoppen, Passen oder Werfen beendet.

(4) Gute Dribbeltechnik ist gekennzeichnet durch gebeugte Knie, kräftigen Handgelenk- und Fingereinsatz beim Niederdrücken des Balles. Der Blick ist aufs Spielgeschehen gerichtet.

PRÜFE DEIN WISSEN!

(1) Beim Dribbelbeginn muß der Ball die H... verlassen haben, bevor der St...f.. vom Boden abgehoben wird.

(2) Der Ball muß beim tiefen (Deckungs-) Dribbeln wegen der N... des G...... ständig mit derA....h... geführt werden.

(3) Das Dribbelende bildet das St....., P..... oder W.....

(4) Der richtige Einsatz von F....., H...g..... und A.. erhöht die E.......... des Dribbelns. Der Blick ist bodenparallel nach vorne gerichtet und muß vom B... g..... werden.

LITERATUR

NIEDLICH, D. u. C. CZWALINA:
Basketball. T.1. Grundlagen der Technik (Schriftenreihe für Sportwissenschaft und Sportpraxis, Bd. 3). Ahrensburg, 1970. S. 10-12.

So ist es richtig!
(1) Hand, Standfuß
(2) Nähe, Gegners, Außenhand
(3) Stoppen, Passen, Werfen
(4) Finger, Handgelenk, Arm; Effektivität; Ball, gelöst.

2.4.4 Fußarbeit
von Elwin HEINY

SCHLAGWÖRTER

(1) Grundstellung; Schwerpunkt zwischen beiden Füßen; Gleichgewicht; Knie, Oberkörper, Blick
(2) Verteidigungsfußarbeit: regelgerechtes Stoppen, Schrittstopp, Sprungstopp; Sternschritt

ERLÄUTERUNGEN

(1) Die Anforderungen an die Grundstellung eines Basketballspielers ergeben sich aus der Notwendigkeit, ständig zu blitzartigem körperlichen Reagieren bereit sein zu müssen. Diese Bereitschaft setzt ein gutes Körpergleichgewicht (body balance) voraus. Die Füße stehen etwa schulterbreit in paralleler Fußstellung, der Schwerpunkt liegt zwischen beiden Füßen. Die ganze Schuhsohle berührt jeweils den Boden, wobei das Gleichgewicht hauptsächlich durch Belastung der Fußinnenseite gesichert wird. Die Knie sind leicht gebeugt, der Oberkörper wird nach vorn genommen, der Kopf ist aufrecht mit dem Blick nach vorn gewandt (vgl. WOODEN 1966). Abbildung 5 erläutert diese Stellung.

(2) Das Gleichgewicht darf auch in der Bewegung nicht verloren gehen. Mehr als in der Vorwärtsbewegung ergeben sich diesbezüglich Schwierigkeiten in der Rückwärtsbewegung, eine der Hauptbewegungsarten bei der Verteidigung. In diesem Fall dient der Gleitschritt zur Erhaltung des Gleichgewichts und ist daher eine bewährte Grundbewegung des Verteidigers (vgl. bei 2.7.1).

Ausführung des Gleitschritts: Aus der Grundstellung wird ein flacher Schritt in die Bewegungsrichtung des Angriffsspielers ausgeführt, und zwar von dem der Bewegungsrichtung des Angriffsspielers näher stehenden Bein. Das andere Bein wird flach und schnell nachgezogen und sein Fuß etwa schulterbreit vom ersten entfernt aufgestellt. Die Grundhaltung muß so beibehalten werden, daß sich der Schwerpunkt auf einer Ebene bodenparallel bewegt; man gleitet im Gleitschritt (vgl. RAMSAY 1963).

(3) Nach den Spielregeln sind dem Spieler mit gehaltenem Ball (Angreifer), d.h. nach dem letzten Dribbel oder nach einem Zuspiel, nur zwei Bodenkontakte erlaubt. Es muß daher ein regelgerechtes Stoppen

geübt werden. Es gibt zwei Möglichkeiten, das Stoppen auszuführen:

1. im Schrittstopp: Die Füße werden nacheinander aufgesetzt. Die Knie sind in diesem Moment stärker gebeugt, der Schwerpunkt liegt tief, etwas über der hinteren Ferse. Das hintere Bein wird zum Standbein.(NEWELL 1962). Vgl. dazu Abbildung 6.

Abb. 5:   Abb. 6:   Abb. 7:

2. im Sprungstopp: Aus dem Sprung landen die Füße gleichzeitig und parallel, breiter als in Schulterbreite. Wie beim Schrittstopp sind die Knie stark gebeugt. Der Schwerpunkt liegt tief und bleibt hinter den Fersen. Sein Vorzug liegt darin, daß man das Standbein wählen kann (NEWELL 1962, WOODEN 1966). Vgl. dazu Abb. 7.

Nach dem Stoppen kann sich der freie Fuß beliebig um das Standbein bewegen. Diese Bewegung heißt Sternschritt. Die Grundhaltung wird dabei beibehalten.

MERKE!
(1) Die Grundstellung gewährleistet ein gutes Körpergleichgewicht.
(2) Bei der Verteidigung erleichtert es der Gleitschritt, in der Rückwärtsbewegung das Gleichgewicht zu halten.
(3) Beim Schrittstopp ist das hintere Bein das Standbein; beim Sprungstopp kann das Standbein gewählt werden.
(4) Beim Sternschritt wird das freie Bein um das Standbein bewegt.

PRÜFE DEIN WISSEN!
1. Durch die richtige Grundstellung ist ein gutes Kö....gl....ge-

..... gewährleistet.

2. In der Verteidigung erleichtert es der Gl...sch...., auch in der Rückwärtsbewegung das Gleichgewicht zu halten.

3. Beim Schrittstopp ist das h...... B... das Standbein. Beim Sprung-stopp kann man das St...b... w.....

4. Beim St...schr... wird das freie Bein um das Standbein bewegt.

LITERATUR

NEWELL, P., J. BENINGTON:
Basketball Methods. New York, 1962.

RAMSAY, J.: Pressure Basketball. Englewood Cliffs, N.J., 1963.

WOODEN, J.R.: Practical Modern Basketball. New York, 1966 (bes. S. 69, 124 f).

2.5 Vortaktik

Unter dem Begriff der VORTAKTIK werden alle organisierten Maßnahmen in Angriff und Verteidigung zusammengefaßt, an denen nur Teile einer Mannschaft beteiligt sind, um ein bestimmtes Spielziel zu erreichen. Teil einer Mannschaft ist bereits der Einzelspieler in seiner Aus-einandersetzung mit dem Gegner. Auf diesem Spiel 1-1 bauen alle wei-teren und komplexeren Spielsituationen auf: das Spiel 2-2 (Partner-hilfen) und das Spiel 3-3 (Spiel-ohne-Ball). Die VORTAKTIK bildet auch insofern die Voraussetzung für die gesamtmannschaftlichen Vor-gänge, als diese wieder über die vortaktischen Teilstufen zurückge-führt (reduziert) werden auf die Situation 1-0 (vgl. bei 4.2).

2.5.1 Spiel 1-1

von Dieter NIEDLICH

SCHLAGWÖRTER

(1) 1-1: ein Angreifer gegen einen Verteidiger; Test über die tech-nischen Fertigkeiten; Grundlage der Mannschaftstaktik

So ist es richtig!
1. Körpergleichgewicht
2. Gleitschritt
3. hintere Bein; Standbein wählen
4. Sternschritt

(2) Angreifer-mit-Ball: Wurf, Durchbruch und Paß durch: Wurf-, Durch-
bruch-, Dribbel-, Paßfinten; Angriffsrebound
(3) Angreifer-ohne-Ball: Starten-zum-Ball, Starten-in-den-Raum/Schnei-
den-zum-Korb; Angriffsrebound
(4) Verteidiger gegen Angreifer-mit-Ball: Ballkontrolle stören, Paß
stören, Dribbling stören, Durchbruch stören/verhindern, Wurf stören/
blocken; Verteidigungsrebound
(5) Verteidiger gegen Angreifer-ohne-Ball: zwischen-Mann-und-Korb,
zwischen-Ball-und-Mann; Verteidigungsrebound

ERLÄUTERUNGEN

(1) Beim Spiel 1-1 steht ein Angreifer - mit oder ohne Ball - einem
Verteidiger gegenüber. Die Auseinandersetzung 1-1 findet auf dem gesamten Spielfeld, schwerpunktmäßig jedoch in Nähe des verteidigten
Korbes statt. Der genauere Ort der Auseinandersetzung 1-1 wiederum
ergibt sich aus den drei Spielpositionen Hinter-, Vorder-, Centerspieler. Das Spiel 1-1 ist ein Test über die gesamten technischen
Fertigkeiten und zugleich erstes und grundlegendes taktisches Mittel
(ANDERSON u. ALBECK 1964). Alle Spielbewegungen in Angriff und Verteidigung enden im Spiel 1-1; jede Mannschaft ist so gut wie ihr
schwächster Mann in dieser Auseinandersetzung.
Beim 1-1 ist selbst bei gleichwertigen Gegenspielern der Angreifer-
mit-Ball überlegen. Der Angreifer versucht daher durch kluge Raumaufteilung (z.B. auf der "Schwachen Seite" der Verteidigung) diese
für ihn günstige Situation zu schaffen und dort speziell einen besseren Angreifer gegen einen schlechteren Verteidiger ins Spiel zu bringen (HAGEDORN 1968). Der Verteidiger sucht die Auseinandersetzung 1-1
besonders in der Mann-Mann-Verteidigung, um den einzelnen Angreifer
und speziell den Werfer aggressiv zu stören und selber die Initiative
zu übernehmen.
(2) Der Angreifer-mit-Ball stellt für den Verteidiger eine dreifache
Bedrohung dar: Wurf, Dribbling und Paß. Diese Aktionen kann der Ballbesitzer durch eine Wurffinte, Durchbruchfinte, Paßfinte und/oder
Dribbelfinte vorbereiten bzw. einleiten (NIEDLICH u. CZWALINA 1970).
Fast alle Finten können für dasselbe Ziel verwandt werden. Beim
Ballvortrag aus dem Rück- ins Vorfeld sind die Dribbelfinten - hoch/
tief, schnell/langsam, Handwechsel, Drehdribbeln- vorherrschend. Die
häufigsten Paßfinten sind Ball- und Blicktäuschungen. Diese öffnen

durch eine Richtungstäuschung den Weg für Ball und Spieler in die
beabsichtigte Richtung. Vor dem verteidigten Korb sind Wurf und
Durchbruch die größte Gefahr für die Verteidiger. Durchbruch- und
Wurffinten werden daher im ständigen Wechsel angewandt. Ihr Ziel ist
es, durch Vor-, Seit- und Zurücksetzen eines Fußes bzw. durch Aufwärtsbewegung von Kopf und Schultern den Deckungsspieler zum Zurück-
weichen zu verleiten bzw. heranzulocken und so auszuspielen.
Ziel des Fintierens ist es, den Gegner durch absichtliches Irreführen aus seiner günstigen Haltung und Position zu bringen, um unge-
hindert spielen zu können. Die Finten sind abhängig von Spielposition (Hinter-, Vorder-, Centerspieler) und müssen der Spielsituation
entsprechen und glaubhaft sein. So muß der Angreifer die Fehler des
Deckungsspielers, z.B. Hochspringen oder Öffnen der Endlinie, bewußt zu Wurf oder Durchbruch ausnutzen. Der Angreifer sollte nur das
antäuschen, was er tatsächlich erfolgreich ausführen kann. Er muß
seine Täuschungsaktionen genau auf die Reaktion des Deckungsspielers
einstellen und seine Fußarbeit und sein Körpergleichgewicht unter
Kontrolle haben. Zum Angriffsrebound siehe Angreifer-ohne-Ball.
(3) Ziel des Angreifer-ohne-Ball ist es, sich in Positionen freizu-
laufen (Starten-zum-Ball, Starten-in-den-Raum), die ein sicheres Zuspiel in den eigenen Reihen, einen Wurf aus günstiger Position
(Schneiden-zum-Korb) sowie einen Rebound ermöglichen. Eingeleitet
werden diese Aktionen durch die Finten Tempo- und Richtungswechsel
(WOODEN 1966), die durch plötzliches Starten-Stoppen-und-Starten und
durch einen schnellen Abstemmschritt in die eine und Setzen des Fußes in die neue Richtung erfolgen. Während des Laufes wird eine Hand
zu der erwarteten Anspielseite angeboten. Das Freiwerden zum Anspiel
kann auch durch Wegblocken des Gegenspielers (besonders Centerspieler) erreicht werden.
Ziel des Angriffrebounders ist es, vor den Verteidiger in die Innenposition, d.h. zwischen Verteidiger und Korb, zu kommen (ANDERSON u.
ALBECK 1964). Dies geschieht durch Finten, meist eingeleitet durch
einen kleinen Fintierschritt, gefolgt von einem langen Schritt zur
anderen Seite aggressiv vorbei am Verteidiger. Gelangt er nicht in
die Innenposition, so bleibt ihm immer noch die Möglichkeit, durch
Nachtippen über den Verteidiger den Ball zu spielen.
(4) Der Verteidiger des Angreifer-mit-Ball richtet seine Position
und Aktion nach der Entfernung des Ballbesitzers vom Verteidigungs-

korb. Nach einem Fehlwurf und Ballverlust sollte der 'neue' Verteidiger den Gegner zunächst bei der Ballsicherung stören und den ein-
leitenden Paß zum Schnellangriff verhindern. Normalerweise erfolgt
das Stören des Ballbesitzers aus der Verteidigungsgrundposition zwischen-Mann-und-Korb. Dabei wird eine Schrittstellung eingenommen,
die vordere Hand attackiert den Ball, die hintere ist zum Schutz der
Seite schräg herausgehalten. Bei besonders aggressiver Deckung sollte der Angreifer jedoch in der seitlichen Verteidigungsposition
(Paß- und Dribbelwege decken) bei paralleler Fußstellung und aggressiver Armarbeit attackiert werden (NIEDLICH u. CZWALINA 1970). Die
aggressive Deckung ist risikoreicher, sie kann aber generell im Vorfeld und überall nach Beendigung des Dribblings erfolgreich angewandt werden. Das Hauptaktionsfeld der Verteidigung liegt im Rückfeld
vor dem eigenen Korb. Hier gilt es zunächst die Ballkontrolle zu
stören und die Paßwege besonders zu Angreifern in günstiger 1-1 Situation (z.B. Korbnähe, schwache Seite) zu decken. Die wichtigsten
Aufgaben des Deckungsspielers sind jedoch, Wurf und Durchbruch
(Dribbling) zu stören oder zu verhindern.
Stets sind die Attacken des Deckungsspielers auf den Ball gerichtet;
seine Grundregel lautet eindeutig: Spiele den BALL, nicht den Mann!
Durch tänzelnde Fußarbeit und ständiges Bewegen von Händen und Armen
versucht der Deckungsspieler den Passer zu irritieren und dessen
Paßwege abzudecken. Um den Durchbruch zum Korb zu verhindern, muß
der Deckungsspieler den Dribbler zur Seitenlinie abdrängen und die
Endlinie sperren. Er versperrt mit Armen und Füßen die eine und
drängt den Ballbesitzer zur gewünschten Richtung. Die Hände greifen
den Ball von unten an, die Handflächen zeigen nach oben. Zum Stören
und Abblocken des Wurfes setzt der Deckungsspieler mit einem schnellen Gleitschritt heran, durch Verteidigungsfinten (NIEDLICH u.
CZWALINA 1970) muß er die Vorbereitung und Ausführung des Wurfes
stören und Finten des Angreifers zuvorkommen und so selber initiativ
werden. Er muß versuchen, den Werfer durch einen hohen senkrechten
Sprung zu einer hohen Wurfkurve oder hastigem Wurf zu zwingen bzw.
den Ball abzublocken. In speziellen 1-1 Situationen muß sich der
Deckungsspieler auf die Fintiermöglichkeiten des Angreifers aus den
verschiedenen Spielpositionen und damit auf Situationsverteidigung
einstellen. Zum Verteidigungsrebound siehe Verteidiger gegen Angreifer-ohne-Ball.

(5) Neben der Sicherung des eigenen Korbes ist es Ziel des Verteidigers, das Anspiel an den Angreifer-ohne-Ball zu verhindern oder zu
erschweren. Er kann dies erreichen, indem er sich einmal auf der Linie zwischen-Mann-und-Korb (M/K) und zum anderen zwischen-Ball-und
Mann (B/M) bewegt (HAGEDORN, VOLPERT u. SCHMIDT 1972). Durch das
Verhalten M/K verhindert der Deckungsspieler ein Schneiden des Angreifers zum Korb und damit Anspiel und Korb aus naher Distanz. Spätestens in Korbnähe rückt bei jeder Verteidigungsart der Deckungsspieler an die Seite oder vor den Angreifer in eine Position B/M.
Auf diese Weise werden die Paßwege gedeckt und das Anspiel verhindert. Die Verteidigungsposition B/M wird bei der Pressverteidigung
grundsätzlich gewählt und über das ganze Feld beibehalten (vgl. bei
2.7.3). In beiden Positionen, M/K und B/M, sollte der Deckungsspieler Ball und Angreifer im Auge behalten und Finten ignorieren, die
vom Ball weggerichtet sind.
Letztes Ziel des Deckungsspielers ist es, seinen Gegenspieler, ganz
gleich ob dieser selbst oder ein anderer den Wurf abgegeben hat, vom
Korb auszusperren, um sich selber oder dem Mitspieler den Verteidigungsrebound zu ermöglichen. Dieses Aussperren erfolgt auf der Innenposition: durch Anbieten einer Seite und Sperren dieses Weges mit
einem Sternschritt in die Bahn des Angreifers (NEWELL u. BENINGTON
1962). Erst dann beginnt die Ballsicherung durch eine raumgreifende
Stellung oder Buckeln und Spreizen und Herunterreißen des Balles.

MERKE!
(1) Die Beherrschung der Fertigkeiten ist die Voraussetzung für ein
erfolgreiches 1-1. Das Spiel 1-1 bildet die Grundlage für die gesamte Mannschaftstaktik in Angriff und Verteidigung. Angreifer und Verteidiger müssen günstige/ungünstige 1-1 Situationen konsequent nutzen bzw. vermeiden lernen.
(2) Der Angreifer-mit-Ball muß verschiedene Finten zur Verwirklichung seiner Ziele Wurf, Durchbruch und Paß beherrschen und sie seiner Spielposition anpassen. Die Finten müssen glaubhaft sein und der
Spielsituation entsprechen. Der Angreifer muß seine Aktionen der
Reaktion des Verteidigers anpassen und Fehler bewußt zu Wurf, Durchbruch oder Paß ausnutzen.
(3) Der Angreifer-ohne-Ball muß Tempo- und Richtungswechsel und da-
zugehörende Fußarbeit anwenden. Er muß gegebenenfalls seinen Gegner

wegblocken und stets die Hände weit zum Anspiel herausstrecken. Der
Angriffsrebounder muß versuchen, die Innenposition zu erkämpfen, um
den Ball zu sichern bzw. nachzutippen.

(4) Der Verteidiger sollte den Ballbesitzer ständig stören und seine
Attacken auf den Ball richten. Er muß versuchen, mit seinen Verteidigungsfinten denen des Angriffs zuvorzukommen und selber die Initiative zu übernehmen. Seine Hauptaufgaben sind: Abdrängen des
Dribblers zur Seitenlinie und Sperren der Endlinie sowie Blocken
des Wurfes.

(5) Der Verteidiger des Angreifer-ohne-Ball sollte grundsätzlich
eine Position auf der Linie M/K (Schneiden zum Korb verhindern) und
bei aggressiver Deckung eine Position B/M (Paßwege decken) einnehmen. In unmittelbarer Korbnähe muß jeder Verteidiger grundsätzlich in
die Position B/M gehen. Die Teilaufgaben des Verteidigungsrebound
lauten: Weg anbieten - Aussperren - Ballsicherung.

PRÜFE DEIN WISSEN!

1. Das Spiel 1-1 ist ein Test über die F.......... und bildet
gleichzeitig die G....l... der M...........t..... .

2. Der Angreifer-mit-Ball stellt für den Deckungsspieler eine dreifache Bedrohung durch W..., D.......ch und P... dar, dabei müssen
die dazu gehörigen Finten der Sp...s......on ent........, um glaubhaft zu sein.

3. Der Angreifer-ohne-Ball kann sich vom Deckungsspieler lösen, indem er die Finten T....- und R........w...... verwendet.

4. Gegen den Dribbler hat der Deckungsspieler die Hauptaufgaben -
A........ zur S.....l.... und S...... der E....... - wahrzunehmen.

5. Beim Erkämpfen eines Verteidigungsrebounds lauten die Teilaufgaben der Reihe nach für den Verteidiger: W.. an......, A..s......
und B...s........ .

So ist es richtig!
1. Fertigkeiten, Grundlage, Mannschaftstaktik.
2. Wurf, Durchbruch, Pass; Spielsituation entsprechen.
3. Tempo-Richtungswechsel.
4. Abdrängen, Seitenlinie; Sperren, Endlinie.
5. Weg anbieten, Aussperren, Ballsicherung.

LITERATUR

ANDERSON, F.u.S. ALBECK:
Coaching Better Basketball. New York 1964 (z. Angriff s. S. 89-91, 1o2/1o3, 119/12o; z. Verteidigung s.S. 197-2o4).

HAGEDORN, G.: Arbeitsstreifen (Film) -Spiel 1-1. Schorndorf 1972.

HAGEDORN, G.: Das Basketballspiel. Köln 1968 (S.73, 89, 97).

HAGEDORN, G.: Film-Basketball II: Das Spiel. München: FWU,1972.

HAGEDORN, G., W. VOLPERT u. G. SCHMIDT:
Wissenschaftliche Trainingsplanung. Frankfurt/ Main: Limpert 1972 (S. 15-3o, z.Angriff s. S.19-24; z.Verteidigung s.S. 24-3o).

NEWELL, P. u. J. BENINGTON:
Basketball Methods. New York 1962 (z.Angriff s. S. 62-65, 72-86, 146-151; z.Verteidigung s.S. 248-273).

NIEDLICH, D. u. C. CZWALINA:
Basketball Teil I: Grundlagen der Technik. Ahrensburg 197o (z.Angriff s. S. 39-47, 52-57; z.Verteidigung s.S. 48-52, 75-1o5).

NIEDLICH, D. u. C. CZWALINA:
Basketball Teil II: Grundlagen der Technik im Bild. Ahrensburg 1971 (z.Angriff s.S. 88-1o3, 11o-113; z.Verteidigung s.S. 1o4-1o9, 136-157).

RUSSELL, B.: Film "Red Check" Basketball Film Series. Scholastic Coach Athletic Services.

WOODEN, J.: Practical Modern Basketball. New York 1966 (z. Angriff s.S. 67/68, 13o-134, 215/216; z.Verteidigung s.S. 212-214, 236/237).

2.5.2 Spiel 2-2
von Gerhard SCHMIDT

SCHLAGWÖRTER

(1) Erweiterung des Handlungsspielraums; Partnerhilfen

(2) Freies Spiel 2-2, Grundbewegungen im Angriff, Passen und Schneiden-zum-Korb, Passen und Schneiden-im-Rücken

(3) Spiel 2-2 mit Partnerhilfen auf engem Raum: Block, Auseinanderscheren, Überzahlspiel, Verteidiger: Angreiferhilfen rechtzeitig erkennen und stören

(4) Direkter Block: über-den-Block-gehen, Übernehmen (switch)

(5) Abrollen, Auseinanderscheren, Überzahlspiel; Durchgleiten, Absinken

(6) Wurfschirm

(7) Weitere Möglichkeiten der Deckungsspieler (Übernehmen antäuschen, Doppeln)

ERLÄUTERUNGEN

(1) Beim Spiel 1-1 sind Ballbesitzer und Deckungsspieler auf sich
selbst gestellt. Beim Spiel 2-2 wird der Handlungsspielraum durch
einen weiteren Angreifer und Deckungsspieler erweitert. Das bedeutet:
es werden Partnerhilfen in Angriff und Verteidigung möglich. Für den
Angriff ergeben sich 2 Möglichkeiten des Spiels 2-2:
● das freie Spiel 2-2 mit Grundbewegungen des Schneidens;
● das Spiel 2-2 mit Hilfen auf engem Raum.
(2) Beim freien Spiel 2-2 mit den Grundbewegungen des Schneidens
wird ein zweiter Angreifer als Passempfänger und/oder Passgeber benötigt. Die eigentliche Entscheidung, ob der Angriff zum Korberfolg
führt oder nicht, fällt aber in der Situation 1-1 ohne Ball (vgl.
u.a. ANDERSON u. ALBECK 1964).
Zwei Beispiele sollen die Grundbewegungen im Angriff verdeutlichen:
a) Passen und Schneiden-zum-Korb (give and go) (Abb. 8)
Angreifer 2 (A2) macht sich durch die Grundbewegung Lösen-vom-Mann
anspielbar, indem er zum Deckungsspieler (X1) hin täuscht oder den
Deckungsspieler durch seine Stellung blockiert und dann schnell
einen Schritt von ihm wegstartet. Dabei bietet er die Hand hin-zum-
Ball (vgl. NEWELL u. BENINGTON 1962). A1 paßt zu 2, täuscht außen
und startet nach innen in-den-Raum und schneidet-zum-Korb, erhält
den Pass und wirft.
Um dieses Schneiden-zum-Korb zu vermeiden, orientiert sich Deckungsspieler X1 sofort nach dem Pass am Gegner A1 zum Ball hin (Abb. 9).
Dieses Verhalten erfordert von den Angreifern eine andere Form der
Grundbewegung.
b) Passen und Schneiden-im-Rücken (back door) (Abb. 10)
Einleitende Grundbewegungen und Pass A1 auf A2 erfolgen wie oben. A1
täuscht aber nicht außen, sondern bei ballorientierter Deckung durch
X1 zum Ball hin nach innen und schneidet dann plötzlich im-Rücken
des Deckungsspielers zum Korb, erhält den Ball und wirft.
(3) Beim Spiel 2-2 mit Hilfen auf engem Raum versuchen die Angreifer, mit dem Partner zusammenzukommen, um für einen Deckungsspieler
ein plötzliches Hindernis (Block) zu bilden (vgl. u.a. NIEDLICH u.
CZWALINA 1970) und aus dieser engen Blockstellung auseinanderzuscheren und ein Überzahlspiel 2-1 zu erreichen.

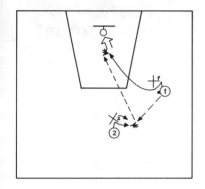

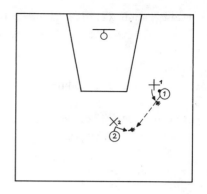

Abb. 8: Passen und Schneiden-
zum-Korb

Abb. 9: X1 deckt aggressiv

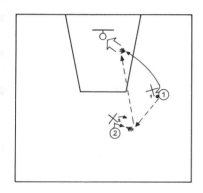

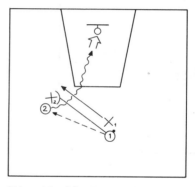

Abb. 10: Schneiden-im-Rücken

Abb. 11: Direkter Block

Dabei haben die Verteidiger gute Eingriffsmöglichkeiten, wenn sie
die Angreifer-Hilfen, die durch einen zeitlich-räumlich exakten Ablauf gekennzeichnet sind, rechtzeitig erkennen und stören. Dabei
müssen sie sich verständigen.
Es ergibt sich eine Folge von Aktionen und Reaktionen, deren Grundzüge durch das Beispiel des direkten Blocks erläutert werden sollen.
(4) Grundsituation: 2 Aufbauspieler helfen sich durch den direkten
Block (vgl. u.a. NIEDLICH u. CZWALINA 1970; NEWELL u. BENINGTON
1962).
A1 passt zu A2, startet zu dessen Deckungsspieler X2 und setzt seitlich einen Block, d.h. er stoppt in einer breiten tiefen Grundstel-

lung so dicht neben X2, daß dieser nicht sofort seinem Gegner A2
folgen kann. A2 dribbelt an der Blockseite zum Korb und wirft (Abb.
11).

Fehlerquellen:

- A2 dribbelt zu früh, wodurch A1 auf X2 aufläuft und ein Foul ver-
  ursacht;
- A 1 setzt den Block zu weit oder hinter X2, wodurch dieser bei
  seinem Gegner bleiben kann.

Bekämpfung des direkten Blocks:

- Die Deckungsspieler vermeiden das enge Blocksetzen durch das
  über-den-Block-gehen (Vorbeigleiten): rechtzeitig beobachten und
  bewegen! (Vgl. dazu u.a. PRIMO 1972) (Abb. 12)

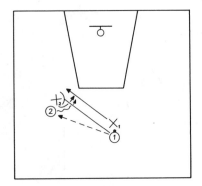   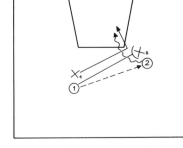

Abb. 12: Über-den-Block-gehen   Abb. 13: Übernehmen (switch)

- Bei erfolgtem Block versuchen die Deckungsspieler den Vorteil der
  Angreifer durch Übernehmen (switch) auszugleichen, d.h. sie wechseln den Mann (vgl. u.a. BUNN 1964, PRIMO 1972)(Abb. 13).

(5) Maßnahmen der Angreifer gegen das Übernehmen: Abrollen (vgl. u.
a. MEYER 1967, NIEDLICH u. CZWALINA 1970) (Abb. 14).

Wird A2 von X1 übernommen, können die Angreifer trotzdem durch das
Abrollen einen Vorteil erreichen: A1 dreht sich durch einen Sternschritt rückwärts aus seiner engen Blockstellung zum Ball. Er blok-
kiert dabei X2 mit dem Rücken und startet sofort weiter zum Korb,
aber weg vom Ballbesitzer (Auseinanderscheren, Öffnen des Spiels).
Es entsteht eine Überzahl-Situation 2-1, die ausgespielt wird.

Fehlerquellen:

- zu spätes Abrollen: dadurch kann der ausgeblockte Deckungsspieler

(X2) zum Korb hin absinken und es bleibt bei der Situation 2-2;
- zu weites Abrollen und Auseinanderscheren: dadurch kann der ausgeblockte Deckungsspieler (X2) zwischen den Ball und A1 gelangen
und den Pass abfangen;
- zu enges Auseinanderscheren, wodurch der übernehmende Deckungsspieler die Chance erhält, beide Angreifer auf engem Raum gleichzeitig zu decken bzw. zu stören (vgl. COOPER u. SIEDENTOP 1969).

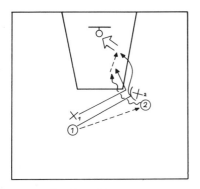
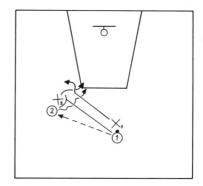

Abb. 14: Abrollen   Abb. 15: Durchgleiten

Bekämpfung des Überzahlspiels

Möglichkeiten der Deckungsspieler, das Überzahlspiel der Angreifer
zu vermeiden: Durchgleiten und Absinken (vgl. u.a. BUNN 1964, PRIMO
1972).
- Durchgleiten: X2 täuscht das Über-den-Block-gehen an, bevor der
Block wirksam wird und weicht nach hinten aus. Er gleitet zwischen A1 und X1 durch, um weiter X2 zu decken (Abb. 15).
- Absinken: Wenn zwischen A1 und X1 nicht ausreichend Platz zum
Durchgleiten ist, besteht die (ungünstige) Möglichkeit, abzusin-
ken und hinter X1 wieder den eigenen Angreifer zu decken (Abb.
16).

(6) Maßnahmen der Angreifer gegen Durchgleiten und Absinken:
Der Wurfschirm (vgl. u.a. MEYER 1967, LAKFALVI 1971, NIEDLICH u.
CZWALINA 1970). Das Durchgleiten und Absinken hat für die Deckungsspieler den Nachteil, daß der Ballbesitzer für einen Augenblick völlig ungedeckt ist, da er durch den Blocker von den Deckungsspielern
abgeschirmt ist. Es entsteht ein Wurfschirm, den A2 zum Wurf nutzen
kann (Abb. 17).

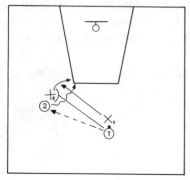

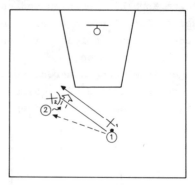

Abb. 16: Absinken   Abb. 17: Wurfschirm

(7) Um den Wurfschirm zu stören, müssen die Deckungsspieler entweder
rechtzeitig über-den-Block-gehen oder das Übernehmen antäuschen
(fake switch), was aber nicht ungefährlich ist, da der Blocker leicht
zum Korb durchstarten kann. Eine weitere Möglichkeit für die Dekkungsspieler ist das Doppeln (MEYER 1967, PRIMO 1972). Das Prinzip
des Blockens wird auch bei anderen Formen der Angreiferhilfe angewendet (vgl. NIEDLICH u. CZWALINA 1970).

MERKE!
(1) Beim Spiel 2-2 werden Partnerhilfen in Angriff und Verteidigung
möglich. Für die Angreifer gibt es das freie Spiel 2-2 mit Grundbewegungen des Schneidens und das Spiel 2-2 mit Partnerhilfen auf engem Raum.
(2) Durch die Grundbewegungen Schneiden-zum-Korb und Schneiden-im-
Rücken soll ein Angreifer zum Korb hin frei und anspielbar werden.
(3) Bei den Partnerhilfen der Angreifer auf engem Raum kommen die
Angreifer zusammen, um für einen Deckungsspieler ein Hindernis
(Block) darzustellen, auseinanderzuscheren und ein Überzahlspiel 2-1
zu erreichen. Die Deckungsspieler helfen sich durch Vorausdenken,
rechtzeitiges Verständigen und taktische Maßnahmen.
(4) Beim direkten Block hindert der Nichtballbesitzer durch seine
Position (Block) den Deckungsspieler des Ballbesitzers daran, dem
Ballbesitzer zu folgen. Die Deckungsspieler versuchen dem engen
Block durch rechtzeitiges Bewegen und über-den-Block-gehen auszuweichen. Bei enggesetztem Block wechseln sie ihren Mann (Übernehmen,
switch).

(5) Die Angreifer reagieren auf das Übernehmen durch Abrollen und Überzahlspiel 2-1. Die Deckungsspieler können das Überzahlspiel durch Durchgleiten oder Absinken vermeiden bzw. stören.

(6) Die Angreifer nutzen das Durchgleiten oder Absinken der Deckungsspieler zum Wurfschirm.

(7) Weitere Möglichkeiten der Deckungsspieler sind das angetäuschte Übernehmen und das Doppeln. Die Hilfen der Angreifer auf engem Raum können vielfältig variiert werden.

PRÜFE DEIN WISSEN!

Bitte vervollständige die begonnenen Angriffe unter Berücksichtigung des Stichwortes!

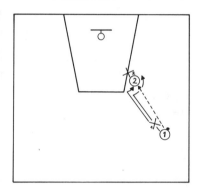

Abb. 18: Abstreifen-Überzahl

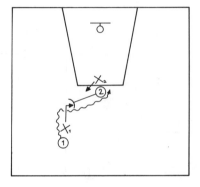

Abb. 19: Dribbeln zum Block - Überzahlspiel

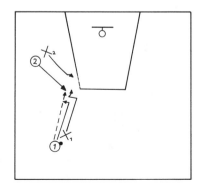

Abb. 20: Wurfschirm

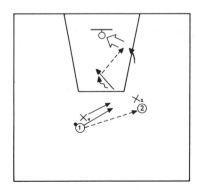

Abb. 21: Wie kommt es zum Korbwurf?

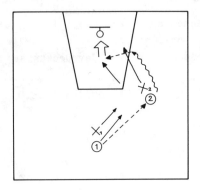

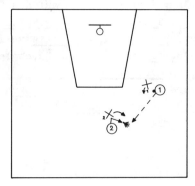

Abb. 22: Wie kommt es zum
         Korbwurf?

Abb. 23: Schneiden-im-Rücken

So **ist** es richtig!

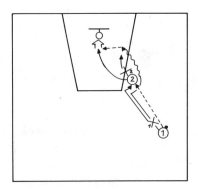

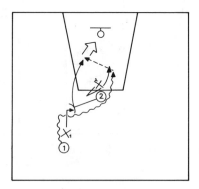

Abb. 24: Lösung zu Abb. 18

Abb. 25: Lösung zu Abb. 19

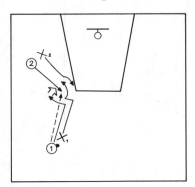

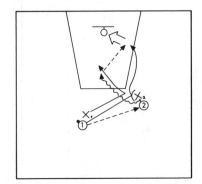

Abb. 26: Lösung zu Abb. 20

Abb. 27: Lösung zu Abb. 21

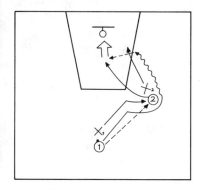

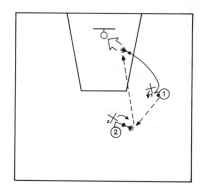

Abb. 28: Lösung zu Abb. 22   Abb. 29: Lösung zu Abb. 23

LITERATUR

ANDERSON, F. u. S. ALBECK:
Coaching better basketball. New York, 1964, S. 115 f, 121-128, 140 f.

BUDINGER, H. u. B. VOLFER:
Basketball-Lehren. Kriftel, 1963, S. 103 f.

BUNN, J.W.:
Basketball techniques and team play. Englewood cliffs, 1964, S. 105-125, 135-137.

COOPER, J. u. D. SIEDENTOP:
The theory and science of Basketball. Philadelphia, 1969, S. 64-67, 82-85.

HAGEDORN, G.:
Das Basketballspiel. Köln, 1968, S. 30.

LaGRAND, L.:
Coach's complete guide to winning Basketball. West Nyack, 1967, S. 56 f, 98-105, 214 f, 231.

LAKFALVI, L.:
Basketball. Frankfurt, 1973[3], S. 75 f, 99-105.

MEYER, R.:
Basketball. Englewood cliffs, 1967, S. 25 f, 63-99.

NEWELL, P. u. J. BENINGTON:
Basketball methods. New York, 1962, S. 149-168, 184, 225 f.

NIEDLICH, D. -. C. CZWALINA:
Basketball. Ahrensburg, 1970, S. 58-78.

PRIMO, J.:
Basket- la difesa. Rom, 1972, S. 77-101.

WOODEN, J.:
Practical modern basketball. New York, 1966, S. 253-255.

2.5.3 Spiel 3-3
von Heiko KLIETSCH

Schlagwörter
(1) Spiel 3-3: sämtliche vortaktischen Elemente, Spiel ohne Ball
(2) Grundaufstellung: Dreieck; drei Möglichkeiten; Überdehnung der
Verteidigung, indirekte Hilfen
(3) Grundaufstellung im Dreieck, drei Möglichkeiten; 3 Außen; 2
Außen und ein Center (Vor-, Brett-, Seitcenter); 1 Außen und 2 Center
(4) Hilfen auf engem Raum (Angreifer): Achterlauf (Weben), Gegenblock (Übernehmen, über die Bocknase gehen), Abstreifen am Center,
ohne Ball (Übernehmen, Durchgleiten), Kreuzen am Center (Übernehmen,
Durchgleiten)

Erläuterungen
(1) Das Spiel 3-3 bildet den Abschluß der Vortaktik und zugleich
einen Übergang zur Taktik, denn in ihm sind alle Grundbewegungen des
Angreifers sowie alle Aufgaben der Verteidigung enthalten (HAGEDORN
1968).
Sämtliche Angriffsbewegungen lassen sich in vortaktische Elemente
zergliedern, die im Spiel 3-3 trainiert werden können. Neu gegenüber
dem Spiel 2-2 ist das Spiel ohne Ball, das eine größere Abstimmung
in räumlicher und zeitlicher Hinsicht erfordert.
(2) Die Grundaufstellung beim Spiel 3-3 ist das Dreieck. Es gibt jedem Angreifer stets 3 Möglichkeiten: das Zusammenspiel (Pässe bzw.
Blocks) mit zwei Mitspielern und die Eigeninitiative (1-1). Auf diese Weise wird die Verteidigung erschwert und überdehnt. Angreifer
wie Verteidiger werden gezwungen, ihr Blickfeld zu erweitern (peripheres Sehen).
Beim Spiel 1-1 und 2-2 waren lineare Beziehungen (Ball - Mitspieler
- Korb) vorhanden. Durch die Grundaufstellung bedingt, ergeben sich
beim Spiel 3-3 'Dreiecksbeziehungen'. Diese Dreiecksbeziehung ermög-
licht/erfordert die indirekte Hilfe, die sich zwei Angreifer gewäh-
ren, die nicht in Ballbesitz sind.
(3) Die Angreifer nehmen eine Grundaufstellung im Dreieck ein. Dabei
gibt es folgende Möglichkeiten (HAGEDORN 1968, 1972):

a) 3 Außen:

Variation 1: 1 Hinterspieler (H) und 2 Flügelspieler (F)

Variation 2: 2 H und 1 F

b) 2 Außen (A) und 1 Center (C):

Variation 1: 2 H und 1 Vorcenter (VC)

Variation 2: 1 H - 1 VC - 1 F

Variation 3: 1 H - 1 Seitcenter - 1 F

c) 1 A und 2 C, wobei der Außenspieler ein Hinterspieler oder Flügelspieler sein kann.

(4) Zu den Hilfen auf engem Raum zählen der Achterlauf, der Gegenblock, das Abstreifen, das Kreuzen. Der Achterlauf ist eine Aneinanderreihung von Blocks aus dem Dribbeln heraus, wobei die Laufwege
der Spieler einer liegenden Acht gleichen (NIEDLICH u. CZWALINA
1970, 1971). Das Prinzip der Ballsicherung wird befolgt, indem mit
der Außenhand gedribbelt und der Ball übergeben wird. Der Laufweg
einer liegenden Acht ergibt sich dadurch, daß sich der Ballbesitzer
innen (näher zum Korb) befindet, während der den Ball übernehmende
Spieler nach einer Täuschung außen (korbferne Seite) am Block vor-
beiläuft. Beide Spieler täuschen nach der Ballübergabe einen Durchbruch zum Korb.

Abbildung 30 beschreibt den Achterlauf von 3 Außenspielern (vgl.
Variation a) 1).

A1 dribbelt zu A2, blockt den Verteidiger X2 und übergibt an A2. A2
täuscht ein Schneiden zum Korb an, bevor er zu A3 dribbelt. Hier
wiederholt sich die Ballübergabe. Abbildung 31 erläutert die Vorbereitung der Ballübergabe. A2 täuscht vor der Ballübergabe einen
Durchbruch nach außen (Schneiden-im-Rücken) an. Der den Ball übergе-
bende Spieler rollt nach der Ballübergabe zunächst in Richtung Korb
ab.

Stärken:

● Der Achterlauf ist eine einfache vorgeplante Bewegung gegen die
Mann-Mann-Deckung, er kann als Kontinuum gespielt werden;

● er bietet eine Fülle von Ausstiegsmöglichkeiten (Schneiden-zum-
Korb, Abrollen, Wurfschirm, Schneiden-im-Rücken).

Schwächen:

● Der Achterlauf setzt gute Dribbler voraus;

● die Verteidigung kann doppeln.

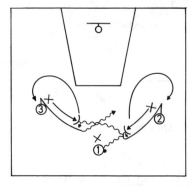 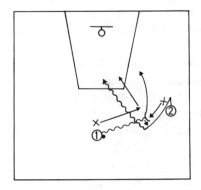

Abb. 30: Achterlauf   Abb. 31: Vorbereitung der Ball-
(Drei Außen)   übergabe

Fehlerquellen:
- Es wird nicht immer mit der Außenhand gedribbelt;
- die Ausstiegsmöglichkeiten werden nicht erkannt;
- die Blocks aus dem Dribbeln heraus verleiten zu Offensivfouls (WOODEN 1966).

Aus der gleichen Grundaufstellung (Drei Außen) läßt sich auch der Gegenblock spielen. Hierbei soll ein Spieler ohne Ball freigeblockt werden, um so ein Überzahlspiel zu erreichen. Zur Methodik und den Ausstiegsmöglichkeiten vgl. bei 4.3.

Stärken:
- intensiver Drang zum Korb;
- kein Doppeln der Verteidigung möglich;
- Verteidigung wird auseinander gezogen;
- in der Angriffsmitte entsteht ein freier Raum.

Schwächen:
- schwierige zeitliche Abstimmung;
- schwächerer Spieler auf der blockfernen Seite spielt längere Zeit 1-1;
- Querpass kann leicht abgefangen werden.

Fehlerquellen:
- der freigeblockte Spieler startet zu früh;
- fehlendes Antäuschen
- der blockferne Ballbesitzer wartet nicht, dribbelt zur Mitte und macht den Raum dicht.

Eine Form des Abstreifens ergibt sich beim Spiel 3-3 dadurch, daß
ein Angreifer ohne Ball einen passiven Block eines Mitspielers ausnutzt. Aus der Grundaufstellung 1 H, 1 F und 1 VC (vgl. Variation b
2), spielt der Hinterspieler zum Flügelspieler, täuscht einen Durchbruch zum Korb auf einer Seite zum Vorcenter an, wechselt seine
Laufrichtung und streift seinen Gegenspieler am Vorcenter ab. In
Abbildung 32 ist das Abstreifen aus der oben erwähnten Grundaufstellung dargestellt. Wichtig ist hierbei wiederum, daß der blockende
Spieler abrollt, um dem Ballbesitzer zwei Passmöglichkeiten zu er-
öffnen.

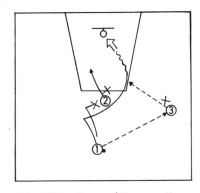

Abb. 32: Abstreifen am Vorcenter

Stärken:
- Kein Doppeln der Verteidiger möglich;
- verschiedene Möglichkeiten
  für die Angreifer (Schneiden-im-Rücken, Wurfschirm,
  Schneiden-zum-Korb);
- übernehmen die Verteidiger,
  so spielt ein großer Angriffsspieler gegen einen
  kleineren Verteidiger.

Schwächen:
- Engere Raumverhältnisse als
  beim Gegenblock;
- lange Passwege;
- fehlende Korbsicherung.

Fehlerquellen:
- Zu früher Richtungswechsel, Verteidiger kann über die Blocknase
  gehen;
- kein enges Schneiden am Vorcenter;
- kein Abrollen des Vorcenters.

Das vortaktische Element des Kreuzens wird meist in der Aufstellung
mit einem Center, sei es Vor- oder Seitcenter, gespielt (Abb. 33).
Es ist eine Erweiterung des Abstreifens. Hierbei wird der Ball zum
Vorcenter A3 (Seitcenter) gespielt. Die beiden Außenspieler A1 und
A2 täuschen einen Durchbruch zum Korb, wechseln die Laufrichtung und
bringen ihre Verteidiger in den Block des Centers (NIEDLICH u.
CZWALINA 1970; LAKFALVI 1971; HAGEDORN 1972). Wichtig ist dabei, daß

der passende Spieler seine Laufgeschwindigkeit so einstellt, daß er
gegebenenfalls einen Doppelblock ausnutzen kann. Abbildung 34 zeigt
den Augenblick des Doppelblocks.

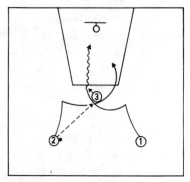 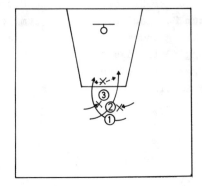

Abb. 33: Kreuzen am Vorcenter   Abb. 34: Doppelblock beim Kreuzen

Stärken:
- Ein Spieler wird in Nähe des Korbes frei;
- Doppelblock.

Schwächen:
- Center kann gedoppelt werden;
- keine Angriffssicherung;
- schwierige zeitliche Abstimmung (Timing).

Fehlerquellen:
- Kein enges Schneiden am Vorcenter;
- schlechte zeitliche Abstimmung;
- keine gesicherte Ballübergabe;
- Fixierung auf einen Ausstieg (Pass).

MERKE!

(1) Das Spiel 3-3 enthält sämtliche vortaktischen Elemente. Es erfordert von den Spielern eine räumliche wie zeitliche Abstimmung der
Aktionen und das Spiel ohne Ball.

(2) Die Grundaufstellung beim Spiel 3-3 ist ein Dreieck. Das Dreieck
gewährt dem Ballbesitzer immer drei Möglichkeiten. Dadurch wird die
Verteidigung überdehnt.

(3) Es gibt drei unterscheidbare Grundaufstellung im Dreieck: 1 H -
2 F; 2 A - 1 C; 1 H - 2 C.

(4) Zu den Hilfen auf engem Raum beim Spiel 3-3 zählen: der Achterlauf, der durch eine Aneinanderreihung von 'Dribbelblocks' entsteht;
der Gegenblock, der auf der Ballgegenseite gesetzt wird; das Abstreifen, bei dem ein Spieler ohne Ball den passiven Block eines Mitspielers ausnutzt; das Kreuzen, bei dem zwei Spieler kurz hintereinander
am Ballbesitzer vorbei schneiden, so daß sich ihre Laufwege kreuzen.

PRÜFE DEIN WISSEN!

(1) Das Spiel 3-3 gehört zur V........
(2) Das Spiel 3-3 erfolgt aus einer Aufstellung im D......
(3) Das Spiel 3-3 erfordert i........ Hilfen
(4) In den folgenden Abbildungen sind die 4 Hilfen des Spiel 3-3 auf
    engem Raum dargestellt. Vervollständige die folgenden Abbildun-
    gen unter Berücksichtigung des Stichwortes. (Beachte: Die Grund-
    positionen wurden variiert!)

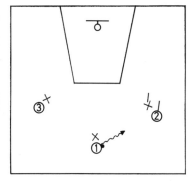

Abb. 35: Ballübergabe beim
Achterlauf

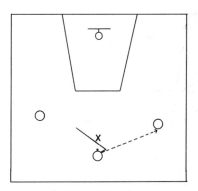

Abb. 36: Gegenblock

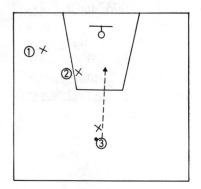

Abb. 37: Abstreifen

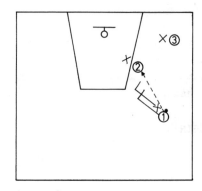

Abb. 38: Kreuzen am Seitcenter

So ist es richtig!
(4)

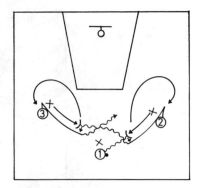

Abb. 39: Lösung zu Abb. 35

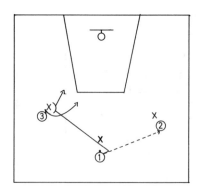

Abb. 40: Lösung zu Abb. 36

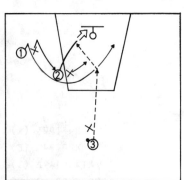

Abb. 41: Lösung zu Abb. 37

Abb. 42: Lösung zu Abb. 38

LITERATUR

HAGEDORN, G.:   Das Basketballspiel. Köln, 1968 (bes. S. 30).

HAGEDORN, G.:   Beiheft zu den Filmen 'Basketball I und II'. München: FWU, 1972.

HAGEDORN, G.:   Begleitkarten zu: Arbeitsstreifen Basketball 10 -17, München: FWU, 1972.

LAKFALVI, L.:   Basketball. Frankfurt/Main, 1971. S. 98 ff, S. 112.

NIEDLICH, D. u. C. CZWALINA:
                       Basketball, Teil 1. Grundlagen der Technik. Ahrensburg, 1970. (Schriftenreihe f. Sportwissenschaft u. Sportpraxis, Bd. 3). S. 56 ff.

NIEDLICH, D. u. C. CZWALINA:
                       Basketball, Teil 2. Grundlagen der Technik im Bild. Ahrensburg, 1971. (Schriftenreihe f. Sportwissenschaft u. Sportpraxis, Bd. 6). S. 118 ff.

WOODEN, J.R.:   Practical Modern Basketball. New York, 1966. S. 203.

2.6 T a k t i k

Taktik bezeichnet jenen Bereich des 'Könnens', in dem alle individuellen Fertigkeiten und teilkollektiven (vortaktischen) Fähigkeiten in den Dienst eines mannschaftlichen Zieles treten. Dieses Spielziel wird erreicht durch gesamtmannschaftliche Maßnahmen in Angriff und Verteidigung. Aus systematischen Gründen werden im HANDBUCH zunächst die Maßnahmen der Verteidigung dargestellt, die durch den Angriff bekämpft bzw. ausgeschaltet werden (vgl. bei 1.6). Aus Gründen einer klareren Zielvorstellung und der Erfolgsmotivation empfiehlt es sich allerdings, bei der Einführung mit dem Angriff zu beginnen und der Verteidigung zunächst nur grundsätzliche Handlungsanweisungen zu bieten (vgl. bei 2.4).

2.6.1 Mann-Mann-Verteidigung
von Elwin HEINY

SCHLAGWÖRTER
(1) Decken des Ballbesitzers: zwischen Dribbler und Korb; Grundlinie sperren; zur Seitenlinie abdrängen
(2) Decken des Angreifer-ohne-Ball: zwischen Mann und Korb; in Korbnähe zwischen Ball und Mann

(3) Durchgleiten

(4) Übernehmen - 'Switching': Block; Zuruf

ERLÄUTERUNGEN

(1) Bei der Mann-Mann-Verteidigung hat jeder Verteidigungsspieler
einen bestimmten Angriffsspieler zu decken. In der Regel wird der
Angriffsspieler erst gedeckt, wenn er in der Angriffshälfte bzw.
Wurfnähe des Korbes ist. (Ausnahme: vgl. bei 2.6.3).

Decken des Ballbesitzers

Der Verteidiger befindet sich zwischen Ballbesitzer und Korb. Er
steht so nah zum Ballbesitzer, daß er einen Wurf stören und so weit
vom Ballbesitzer, daß er einen Durchbruch verhindern kann. Die Hände
stören ständig den Ballbesitzer. Dribbelt der Ballbesitzer, so bewegt sich der Verteidiger im Gleitschritt in die Bewegungsrichtung
und bleibt zwischen Dribbler und Korb. Um das Dribbling zu stoppen,
versucht er, den Dribbler zur Seitenlinie hin abzudrängen. Erreicht
der Dribbler die Grundlinie, versucht der Verteidiger diese Linie
rechtzeitig zu sperren, um zu verhindern, daß der Spieler zum Korb
gelangt (vgl. NEWELL u. BENINGTON 1962).

(2) Decken des Angreifer-ohne-Ball

Der Verteidiger bewegt sich so, daß er den Ball und seinen Gegenspieler immer sehen (peripheres Sehen) und das Zuspiel verhindern
kann. Er bleibt zwischen Mann und Korb, wobei er etwas mehr Tendenz
zum Ball hin hat (RAMSAY 1963) (Abb. 43).

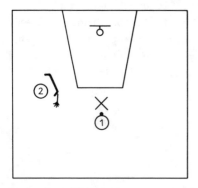
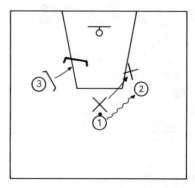

Abb. 43: Deckung des Angreifer-
ohne-Ball (Grundstel-
lung)

Abb. 44: Sinken des Verteidigers

Das ballnähere Bein wird vorgestellt. Je weiter der Angreifer-ohne-Ball vom Ball entfernt ist, um so weiter sinkt sein Verteidiger von ihm zum Korb ab (Abb. 44).

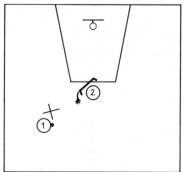

Abb. 45: Seitliche Deckung
        des Vorcenters

In Korbnähe geht der Deckungsspieler des Angreifer-ohne-Ball grundsätzlich zwischen Ball und Mann. Der Center wird von der Seite und von vorne gedeckt, wobei der Verteidiger bei seitlicher Deckung (1) mit der Körperfront zum Center steht und die dem Ball nächste Hand vor dem Center im Pass-Strahl bewegt (Abb. 45). Bei Deckung von vorne (2) hält der Verteidiger Kontakt mit dem Körper (Hand) und kontrolliert mit den Augen die Passwege.

(3) Durchgleiten

Wenn zwei Angriffsspieler kreuzen, so sinkt der Verteidiger des Ballbesitzers etwas ab, einmal, um einen plötzlichen Durchbruch zu verhindern, ferner, damit der Verteidiger des neuen Ballbesitzers durchgleiten und seinen Gegenspieler enger decken kann (Abb. 33). Vgl. dazu bei 2.5.2.

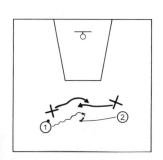

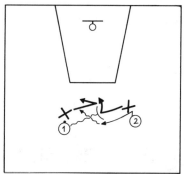

Abb. 46: Durchgleiten der
        Verteidiger

Abb. 47: Übernehmen (switch)

(4) Übernehmen - 'Switching'

Kann ein Verteidiger nicht mehr seinem Mann folgen, weil der Gegner einen Block setzt, so muß der Verteidiger des Blockstellenden den Freigespielten übernehmen (switch), d.h. beim Übernehmen oder 'Switching' tauschen die Verteidiger ihre Gegenspieler aus. Die notwendige Hilfe wird durch Zuruf (switch!) angefordert bzw. bestätigt. In der Regel ruft derjenige, der den Block als erster bemerkt (Abb. 47). Vgl. dazu bei 2.5.2.

MERKE!

(1) Der Verteidiger muß den Ballbesitzer (Dribbler) zur Seitenlinie hin abdrängen und die Grundlinie zusperren (decken).

(2) Der Verteidiger des Angreifer-ohne-Ball behält ständig Blickverbindung zwischen Ball und Mann und geht entweder zwischen Mann und Korb (Grundstellung) oder in Korbnähe zwischen Ball und Mann; er schneidet den Pass-Strahl.

(3) Der Verteidiger des neuen Ballbesitzers bleibt beim Durchgleiten vorn.

(4) Aushelfen beim Block ist wichtig. Falls notwendig, wird der Mann gewechselt. Wer den Block zuerst bemerkt, ruft 'switch'!

PRÜFE DEIN WISSEN!

1. Der Verteidiger muß den Dribbler zur S.....l.... hin abdrängen und die Gr...l.... zusperren.

2. Der Verteidiger behält ständig Blickverbindung zwischen B... und M... und schneidet den P...-S.....

3. Der Verteidiger des n.... Ballbesitzers bleibt beim Durchgleiten vorne.

4. Wer den Block zuerst bemerkt, ruft 's.....'!

LITERATUR

NEWELL, P. u. J. BENINGTON:
        Basketball Methods. New York, 1962. S. 262.

RAMSAY, J.:   Pressure Basketball, Englewood Cliffs, N.J. 1963.

4. 'switch'
1. Seitenlinie; Grundlinie. 2. Ball; Mann; Pass-Strahl. 3. neuen.
So ist es richtig!

2.6.2 Zonen-Verteidigung
von Heidi JACOBI und Gudrun SCHLURMANN

SCHLAGWÖRTER
(1) Raum und Ball decken - Ball-Raum-Verteidigung - Grundaufstellung - Zone
(2) Hin zum Ball - Wurf stören - Durchbruch verhindern - Absinken - Korb sichern - Armarbeit - Pässe in Korbnähe stören
(3) Zusammenarbeit - Elastizität - Verständigung

ERLÄUTERUNGEN
(1) In der Zonen-Verteidigung ist jeder Spieler für die Deckung eines Raumes verantwortlich. Innerhalb dieses Raumes muß er alle Aktionen der Angreifer mit dem Ball verhindern oder stören. Deshalb wird diese Verteidigung auch als Ball-Raum-Verteidigung bezeichnet (HAGEDORN 1968).
Größe und Lage der einzelnen Verteidigungsräume richten sich nach der Aufteilung des Feldes. Dabei unterscheiden wir folgende Formen der Grundaufstellung: 2-1-2, 2-3, 3-2, 1-2-2, 2-2-1, 1-3-1 (WILKES 1962). Die einzelnen Räume müssen zusammen einen einheitlichen Verteidigungskomplex bilden, eine Zone, die durch ihre Geschlossenheit ein Hindernis darstellt, das von der angreifenden Mannschaft auf dem Weg zum Korb schwer zu überwinden ist. Daraus ergeben sich für die Verteidiger typische Verhaltensweisen, die stufenweise erlernt werden sollten.
(2) Der Verteidiger, der dem Ball am nächsten ist, muß den Ballbesitzer angreifen, um den Korbwurf zu stören oder um einen Durchbruch zum Korb zu verhindern. Dieses 'hin zum Ball' kann der Deckungsspieler schon beim Spiel 1-2 erlernen (HAGEDORN 1968).
Auch die ballfernen Verteidiger verhalten sich ballorientiert. Sie müssen absinken, um den Raum zwischen Ball und Korb zu sichern. Das Absinken unter den Korb kann der Verteidiger beim Spiel 2-3 üben (HAGEDORN 1968).
Eines der Hauptziele der Ball-Raum-Verteidigung - das Verhindern von Nahdistanzwürfen - kann nur durch kollektive Maßnahmen der ganzen Mannschaft erreicht werden: Die beiden Deckungsspieler hinter dem ballnahen Verteidiger rücken in eine Stellung, die dem Ballbesitzer den Weg zum Korb versperrt. Auch die anderen Spieler verändern ihre

Position, so daß die Zone zum Ball schwenkt. Sie stören außerdem durch intensive Armarbeit Pässe in gefährliche Korbnähe.
Durch das Absinken der Verteidiger entsteht zwischen Ball und Korb ein geschlossener Verteidigungskomplex, der die Aktionen des gegnerischen Centers erschwert und eine gute Ausgangsposition für den Verteidigungsrebound schafft. Die festgelegten Positionen der Deckungsspieler innerhalb des Kollektivs begünstigen den organisierten Schnellangriff.
(3) Um eine Zone zu einem undurchdringlichen Körper ohne Lücken werden zu lassen, gilt der Zusammenarbeit besondere Aufmerksamkeit. Die Verteidigungsräume der Spieler bei der Grundaufstellung dürfen nicht starr beibehalten werden. Vielmehr zeichnet sich eine wirkungsvolle Zone durch hohe Elastizität aus: Mit der Bewegung des ballnahen Deckungsspielers zum Ball und dem Nachrücken der anderen verschieben sich die Verteidigungsräume ständig. Die Abbildungen 48 und 49 sollen die mannschaftliche Bewegung der Zone erläutern.

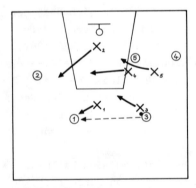 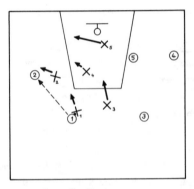

Abb. 48: Einschwenken der Zone zwischen A1 und Korb

Abb. 49: Einschwenken der Zone zwischen A2 und Korb

Sprechen erleichtert das Verständnis der Spieler untereinander und hilft, die Aktionen aufeinander abzustimmen. Die typischen Verhaltensweisen der Verteidiger und ihr Zusammenwachsen zu einem Kollektiv können durch Überzahlspiele aufsteigender Reihe erlernt werden. Gleichzeitig helfen diese Spiele, die schwache Aufbauphase einer Zone zu verkürzen und dem gegnerischen Schnellangriff zu begegnen.

MERKE!

(1) Bei der Zonen-Verteidigung deckt jeder Spieler einen Raum und den Ball. Sie wird deshalb als Ball-Raum-Verteidigung bezeichnet.
(2) Ziele der Zone sind: den Korbwurf stören durch die Bewegung hin zum Ball, den Durchbruch mit dem Ball zu verhindern durch Sinken in den Raum und Pässe in gefährliche Nähe des Korbes zu stören durch intensive Armarbeit.
(3) Die Zusammenarbeit in der Zone bedingt Elastizität der Spieler: die Deckungsräume wechseln, Verständigung untereinander ist notwendig.

PRÜFE DEIN WISSEN!

1. Wie muß sich der ballnahe Deckungsspieler verhalten?
    a) Er läuft h.. z.. B...
    b) Er stört den W...
    c) Er verhindert einen D....b.... zum Korb
2. Wie decken die anderen Verteidiger den Raum zwischen Ball und Korb?
    a) Sie s..... ab in den Raum zw...... B... und K...
    b) Sie verhindern den D....br... m.. B...
    c) Durch Armarbeit versuchen sie, P.... in gefährliche Korbnähe zu st....

LITERATUR

HAGEDORN, G.:   Das Basketballspiel. Köln: Barz & Beienburg, 1968 (s. bes. S. 39, 105, 107-109).

WILKES, G.:   Basketball coach's complete handbook. Englewood Cliffs: Prentice Hall, 1962 (s. bes. S. 139-147).

So ist es richtig!
1. a) hin zum Ball; b) Wurf; c) Durchbruch
2. a) sinken, zwischen Ball, Korb; b) Durchbruch mit Ball; c) Pässe, stören

2.6.3 Press-Verteidigung
von Peter WINKELNKEMPER

SCHLAGWÖRTER
(1) Presse: Intensivste Form der Verteidigung. Aufbau stören
(2) Mann-Presse: Jeder Spieler deckt einen Gegenspieler; Grundstellung: zwischen Mann und Ball, Doppeln - Aufrücken
(3) Zonen-Presse: Grundaufstellung - Deckungsbereiche - Doppeln - Aufrücken
(4) Druck: Ballabgabe und Ballannahme stören
(5) Doppeln: Dribbler abdrängen - Stoppen - zu zweit angreifen
(6) Kontrolle: Tempo - Position
(7) Stimmung: mannschaftliche Geschlossenheit anregen - Zuschauer

ERLÄUTERUNGEN
(1) Pressen ist die intensivste Verteidigungsform, in der die Offensive des Gegners durch aggressive Deckungsarbeit bereits im Aufbau gestört wird. Voraussetzungen der Presse sind Schnelligkeit, Reaktionsvermögen, Kondition und gutes Zusammenspiel der Spieler. Nicht jede Mannschaft verfügt über die notwendigen Voraussetzungen. Deshalb wird eine Presse meist nur in bestimmten Spielsituationen angewandt:
● um Rückstand aufzuholen, besonders in den letzten Spielminuten;
● um sichere Positionsangriffe des Gegners zu stören;
● um individuelle Vorteile voll auszuspielen.
Die Stärke der Presse liegt in ihrem Überraschungsmoment und in einer psychologischen Überlegenheit. Schwächen der Presse sind die hohe Anforderung an Kondition sowie die erhöhte Foulgefahr. Fehler eines Spielers führen zu leichten Körben des Gegners.
(2) In der Mann-Presse deckt jeder Spieler einen Gegenspieler. Dies kann der 'nächste Mann' sein oder ein vorher festgelegter Spieler. Grundstellung ist am Nichtballbesitzer zwischen Mann und Ball: wer überspielt ist, muß sofort zurück, um auszuhelfen.
Regeln der Mann-Presse:
● Ein Mann, der noch nicht gedribbelt hat, wird locker gedeckt.
● Ein Mann, der schon gedribbelt hat, wird hart gedeckt.
● Den Ball stets zur Seite zwingen.
● Den Dribbler stoppen und zu zweit angreifen (doppeln).

● Beim Doppeln rücken die übrigen Spieler auf.

(3) Eine <u>Zonen-Presse</u> entspricht in ihrer Raumaufteilung den bekannten Grundaufstellungen, wie z.B. 2-1-2 oder 1-2-2. Es kann jeweils das ganze Spielfeld oder nur ein Teilstück zum <u>Deckungsbereich</u> erklärt werden. Gegner innerhalb des Deckungsbereiches werden von vorn gedeckt, so daß mögliche Passwege geschnitten werden. Gelegenheiten zum <u>Doppeln</u> werden ausgenutzt. Freiwerdende Deckungsbereiche werden durch <u>Aufrücken</u> ausgefüllt.

(4) Die Presse soll den Gegner einem ständigen <u>Druck</u> unterwerfen. Jede <u>Ballabgabe</u> und <u>-annahme</u> wird so <u>gestört</u>, daß der Gegner nicht zu 'seinem' Spiel findet. Folge dieses Drucks sind Fehler, die zu leichten Korberfolgen führen. Bei einer Ganz-Feld-Deckung wird der Druck durch die 10 - Sekunden-Regel wesentlich verstärkt.

(5) Der Dribbler soll stets zur Seitenlinie abgedrängt werden. Kann ein Dribbler an einer Seitenlinie <u>gestoppt</u> werden, so nutzt die Presse diese Gelegenheit, um den Ballhalter mit 2 Spielern zu attakkieren, d.h. zu <u>Doppeln</u>. Zweiter Angreifer ist immer der nächste Spieler. Durch intensive Armarbeit soll ein guter Pass des Ballhalters vermieden werden oder ein Sprungball erzwungen werden. Wichtig ist, daß die drei übrigen Verteidiger die vier anderen Angreifer durch geschicktes Aufrücken so decken, daß jeder kurze Pass abgefangen werden kann; nur weite, hohe Pässe dürfen zugelassen werden.

(6) Jede Aktion des Gegners unterliegt einer genauen <u>Kontrolle</u>. Spielt der Gegner Schnellangriff, so wird bereits der Rebounder gepreßt, um das Tempo zu verlangsamen. Versucht er dagegen langsam zu spielen, um Kondition zu sparen, so wird er zu ungewohntem <u>Tempo-Spiel</u> gezwungen. Will der Gegner bestimmte <u>Positionen</u> anspielen, so wird der Pass auf diese Position durch Presse (Stellung zwischen Ball-Mann) verhindert.

(7) Pressen ist in ganz besonderem Maße geeignet, die <u>Stimmung</u> der eigenen Mannschaft positiv zu beeinflußen. Mögliche Schwächen, z.B. körperliche Unterlegenheit, können durch eine psychische Überlegenheit erfolgreich ausgeglichen werden. Pressen trägt zu einer <u>mannschaftlichen Geschlossenheit</u> bei und wirkt sich auch auf die Offensive aus. Auch die <u>Zuschauer</u> werden durch das dynamische Spielgeschehen <u>angeregt</u>, ihre Mannschaft zu unterstützen.

MERKE!

(1) <u>Presse</u> ist die <u>intensivste Form</u> der Verteidigung.

(2) Bei der <u>Mann-Presse</u> hat jeder einen Gegenspieler aggressiv (am Nichtballbesitzer zwischen Ball und Mann) zu decken. Es kann gedoppelt und aufgerückt werden.

(3) Bei der <u>Zonen-Presse</u> wird von einer Grundaufstellung aus der Dribbler an der Seitenlinie gedoppelt; die Mitspieler rücken auf.

(4) Die Deckung soll den Gegner durch einen dauernden <u>Druck</u> belasten und zu Fehlern verleiten.

(5) Höhepunkt der Belastung stellt das <u>Doppeln</u> dar.

(6) Alle Aktionen des Gegners unterliegen der <u>Kontrolle</u>.

(7) Spieler und Zuschauer werden in ihrer <u>Stimmung</u> positiv beeinflußt.

PRÜFE DEIN WISSEN!

1. Um eine Presse erfolgreich anwenden zu können, müssen die Spieler einige Voraussetzungen erfüllen. Nennen Sie zwei!
   .... und ....

2. Es gibt zwei Formen der Presse
   a) die ....-Presse
   b) die .....-Presse

3. Ein typisches Merkmal der Presse ist die Stellung der Verteidiger zwischen .... und ....

4. Durch ständigen D.... gelingt es der Presse, den Gegner zu Fehlern zu verleiten.

5. Höhepunkt der Belastung ist das D......

6. Durch die Presse kontrollieren wir
   a) das .....
   b) die ....

7. Das dynamische Spielgeschehen wirkt auf die S....... der Spieler und der Zuschauer.

7. Stimmung
6. a) Tempo; b) Position
5. Doppeln
4. Druck
3. Ball und Mann
2. a) Mann; b) Zonen
1. Schnelligkeit, Reaktionsvermögen, Kondition, gutes Zusammenspiel
So ist es richtig!

LITERATUR

HAGEDORN, G.:   Das Basketballspiel. Köln, 1968 (s. bes S. 37).

LAKFALVI, L.:   Basketball. Frankfurt/Main, 1969 (s. bes. S. 83-84).

LINDEBURG, F.A.:   How to Play and Teach Basketball. New York,1967.

NEWELL, P. u. BENINGTON, J.:
     Basketball Methods. New York, 1961 (s. bes. S. 299-317).

RAMSAY, J.:   Pressure Basketball. Englewood Cliffs, 1963.

WILKES, G.:   Basketball coach's complete handbook. Englewood Cliffs: Prentice Hall, 1962 (s. bes. S. 157-176, 181).

WOODEN, J.R.:   Practical Modern Basketball. New York, 1966 (s. bes. S. 41 f, 173-176, 277, 282 f).

2.6.4 Der Schnellangriff
von Heiko KLIETSCH

SCHLAGWÖRTER

(1) Schnellangriff: schneller Ballvortrag; Spiel-in-der-Überzahl; improvisierter und organisierter Schnellangriff; Grundmuster; Quer- und Längsgliederung des Spielfeldes

(2) Organisierter Schnellangriff, drei Spielphasen: Ballsicherung, Ballvortrag, Korbwurf

(3) Phase 1: Ballsicherung: Reboundgewinn - Aussperren

(4) Phase 2: Ballvortrag: Lauf- und Passwege, Passweg-öffnen, schneller kurzer Pass, Überwindung des Rückfeldes, Angriffsspuren und Angriffslinien

(5) Korbwurfphase: Angriff-in-der-Überzahl, Ball in der Mitte, Gegenspieler binden, Spur halten, stufenweise zum Spiel 1-0 abbauen

ERLÄUTERUNGEN

(1) Der Schnellangriff ist ein schneller Ballvortrag nach einem Ballgewinn, der als überraschender Gegenangriff in der Regel zu einem Spiel-in-der-Überzahl führt.

In der Fachliteratur werden verschiedene Konzeptionen des Schnellangriffs vertreten, wobei diese meist nur schwerpunktartig durchstrukturiert sind (vgl. HAGEDORN, VOLPERT u. SCHMIDT 1972). ESPOSITO (1959) unterscheidet zunächst zwei Arten des Schnellangriffs, den

improvisierten und den organisierten Schnellangriff. Der improvi-
sierte Schnellangriff wird hauptsächlich bei Ballgewinn im Vorfeld
gespielt, weil hier Raum und Zeit zum Aufbau eines systematischen
Schnellangriffs fehlen. Dem organisierten Schnellangriff liegt ein
Muster zugrunde, wobei dieses Grundmuster (pattern) von der Art der
Deckung sowie des Ballgewinns unabhängig sein soll. Bei ihm starten
die Spieler in Außenposition stets weg-vom-Ball in Richtung gegnerischen Korb.

McGUIRE (1958) bietet eine Quer- und Längsgliederung des Spielfeldes
an; bei ihm kreuzen die Außen beim Angriff-in-der-Überzahl hinter
den Verteidigern die Spuren.

WILKES (1962) gliedert schon in 3 Angriffsspuren und läßt in 3 Angriffslinien angreifen, jedoch ist bei ihm die Rolle des Hängers po-
sitionsgebunden.

Von den vielen Formen des organisierten Schnellangriffs soll hier
eine dargestellt werden, deren Vorteil in dem strukturierten, zugleich variablen Verhaltensmuster beruht und daher zu einer schnellen und ökonomischen Spielweise führt (vgl. HAGEDORN, VOLPERT u.
SCHMIDT 1972).

(2) Dieser organisierte Schnellangriff beginnt bei der Verteidigung
des eigenen Korbes und läuft in drei Spielphasen ab, die zeitlich
wie räumlich aufeinanderfolgen: Ballsicherung, Ballvortrag, Korbwurf.

(3) Phase 1, die Ballsicherung, umfaßt den Reboundgewinn und die an-
schließende Sicherung des Balles vor dem Zugriff des Gegenspielers.
In dieser Spielphase sind der ständige Kontakt, das Aussperren des
Gegenspielers (auf-den-Rücken-nehmen) sowie die Ballannahme im
Sprung (Spreiz-Buckel-Sprung) besonders wichtig.

(4) Zur Phase 2, dem Ballvortrag, gehören die Lauf- und Passwege im
Rückfeld. Die wichtigsten Vorgänge dieser Phase sind das Passweg-
öffnen aller Spieler, der schnelle kurze Pass des Ballsicherers zur
nächsten Seitenlinie, die Überwindung des Rückfeldes durch Dribbel
und/oder Pass und schließlich das Einnehmen der Angriffsspuren und
Angriffslinien.

Das Spielfeld ist in drei Angriffsspuren, eine Mittelspur und zwei
Seitenspuren, aufgeteilt, wobei alle drei Angriffsspuren sowie die
ballferne Naht besetzt sein sollen. Außerdem wird der strukturierte
Schnellangriff in drei Angriffslinien gestaffelt. Das Grundmuster

des Schnellangriffs legt die Rollenverteilung der Spieler gemäß ihrer Verteidigungsposition bzw. der Entscheidungsfunktion des Ballsicherers fest.

Zur 1. Angriffslinie gehören drei Spieler; der Spieler, der den 1. Pass erhält; weiterhin je nach Position des Ballsicherers die beiden Vorderspieler (Ballsicherer in Mittelposition, Abb. 50) oder der Vorderspieler auf der ballfernen Seite und der Mittelspieler (Ballsicherer in Seitposition, Abb. 51). Die 2. Angriffslinie bildet der Ballsicherer und die 3. Angriffslinie der Spieler auf der Gegenseite des Deckungsdreiecks.

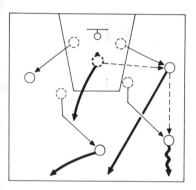

Abb. 50: Ballsicherer in Mittelposition

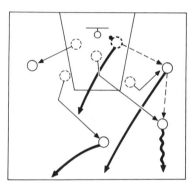

Abb. 51: Ballsicherer in Seitposition

(5) Phase 3, die Phase des Korbwurfs, nutzt den Angriff-in-der-Überzahl. Hierbei gelten drei Prinzipien:
Nach Überschreiten der Mittellinie wird - falls sich kein günstigeres Überzahlverhältnis ergibt - der Ball in der Mitte geführt, um dem Ballbesitzer nach beiden Seiten gleichwertige Passmöglichkeiten zu schaffen. Der Ballbesitzer paßt erst, wenn er angegriffen wird, d.h. wenn er mindestens einen Gegenspieler bindet; andernfalls zieht er zum Korb. Die übrigen Spieler halten zunächst ihre Spur und öffnen Passwege, indem sie gedeckte Räume (Deckungsschaften) vermeiden. Das gilt auch beim Spiel 3-2, also bei der Bekämpfung der Tandem-Stellung (Verteidiger hintereinander, Abb. 52) und der Gespann-Stellung (Verteidiger nebeneinander). Werden diese Prinzipien beachtet, so kann jedes Überzahlverhältnis stufenweise abgebaut werden und zum Spiel 1-0 führen.

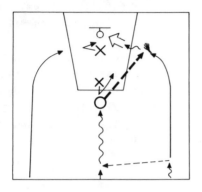

Abb. 52: Spiel 3-2
(Verteidiger in Tandem-Stellung).

MERKE!

(1) Das Wesen des strukturierten Schnellangriffs ist der schnelle Ballvortrag nach einem Grundmuster, das von der Art des Ballgewinns unabhängig ist, mit dem Ziel, einen Angriff-in-der-Überzahl zu erreichen.

(2) Gemäß seiner Handlungsstruktur wird der organisierte Schnellangriff in drei Spielphasen aufgeteilt: Ballsicherung, Ballvortrag, Korbwurf.

(3) Die Ballsicherung umfaßt den Reboundgewinn durch das Aussperren des Gegners und die Ballsicherung durch den Spreiz-Buckel-Sprung.

(4) Zur zweiten Phase, dem Ballvortrag, gehören die Lauf- und Passwege; sie wird durch einen schnellen kurzen Pass zur nächsten Seitenlinie eingeleitet.

Der Schnellangriff wird in drei Angriffslinien gestaffelt: die 1. Angriffslinie bildet der Spieler, der den ersten Pass erhält sowie je nach Position des Ballsicherers die Vorderspieler oder ein Vorderspieler und der Mittelspieler. Die 2. Angriffslinie bildet der Ballsicherer, er wird Hänger. Sicherer und zugleich 3. Angriffslinie wird der Spieler auf der Gegenseite des Deckungsdreiecks.

Das Spielfeld ist in drei Angriffsspuren gegliedert; alle drei Spuren sowie die Naht zwischen Mittel- und ballferner Seitenspur sollen besetzt sein.

(5) Die Abschlußphase des Schnellangriffs bildet die Phase des Korbwurfs. In ihr soll der Angriff-in-der-Überzahl auf ein Spiel 1-0 reduziert werden. Dabei gelten drei Prinzipien: Der Ball soll ab Mittellinie in der Mitte geführt werden, der Ballbesitzer soll erst

passen, wenn er mindestens einen <u>Gegenspieler bindet</u> und die übrigen
Spieler sollen ihre <u>Spur halten</u>.

PRÜFE DEIN WISSEN!

1. Das Ziel des Schnellangriffs ist der A......-i.-d..-Ü.......
2. Die Phasen des Schnellangriffs sind die Balls........, der B...-
   v...... und der K.......
3. Die Ballsicherung soll durch das Auss...... und die Ballannahme
   in der Luft durch den Sp....-B.....-Sprung erreicht werden.
4. Die wichtigsten Vorgänge des Ballvortrags sind: der schn....
   k.... Pass zur n....... Seitenlinie sowie das Einnehmen der An-
   griffssp..... und der A.......l.....
5. Welche Aufgaben übernehmen die einzelnen Spieler?
   Der Spieler, der den ersten Pass erhält, gehört immer zur e.....
   Angriffsl....;
   der Ballsicherer wird H.....; der Spieler auf der Ballgegenseite
   des Deckungsdreiecks wird S.......
6. In der Phase des Korbwurfs gelten drei Prinzipien:
   der Ball soll ab Mittellinie in der M.... geführt werden, der
   Ballbesitzer soll erst passen, wenn er mindestens einen G....-
   .... b....., die übrigen Spieler sollen ihre S... h.....

LITERATUR

ESPOSITO, M.: How to coach fast break. Englewood Cliffs: Pren-
               tice Hall, 1959.

HAGEDORN, G., W. VOLPERT u. G. SCHMIDT:
               Der Schnellangriff im Basketball. Frankfurt/Main:
               Limpert, 1972.

LINDEBURG, F.A.: How to Play and Teach Basketball. New York:
               Association Press, 1967 (s. bes. S. 171-176).

So ist es richtig!
1. Angriff-in-der-Überzahl
2. Ballsicherung; Ballvortrag; Korbwurf
3. Aussperren; Spreiz-Buckel-Sprung;
4. schnelle, kurze Pass; nächsten; Angriffsspuren; Angriffslinien
5. ersten Angriffslinie; Hänger; Sicherer
6. Mitte; Gegenspieler bindet; Spur halten

McGUIRE, F.:   Offensive Basketball. Englewood Cliffs: Prentice
                 Hall, 1958 (s. bes. S. 156-167).

WILKES, G.:   Basketball coach's complete handbook. Englewood
                 Cliffs: Prentice Hall, 1962 (s. bes. S. 59-70).

WOODEN, J.R.:   Practical modern Basketball. New York: Ronald
                 Press, Company, 1966 (s. bes. S. 140-155).

2.6.5 Positonsangriff gegen die Mann-Mann-Verteidigung
(in Form eines Kontinuums)
von Heiko KLIETSCH und G. HAGEDORN, D. NIEDLICH, G. SCHMIDT

SCHLAGWÖRTER
(1) Definition: vorgeplante Angriffsbewegung - systematische Aus-
schaltung der Gegenspieler - Rollendifferenzierung
(2) Prinzipien des Positionsangriffs:
a) allgemein: Erspielen starker Wurf- und Angriffspositionen,
b) gegen die Mann-Mann-Verteidigung: Hilfen auf engem Raum
(3) Kontinuum: a) Definition und Prinzipien, b) Unterschied: Mann-
schafts- und Gruppenkontinuum
(4) Beispiel eines Kontinuums gegen die Mann-Mann-Verteidigung
(5) Hintereinanderschaltung von 3 vortaktischen Elementen: Gegenblock, Abstreifen, Block

ERLÄUTERUNGEN
(1) Der Positionsangriff ist eine vorgeplante Angriffsbewegung, bei
der im Unterschied zum Schnellangriff der Ball langsamer vorgetragen
wird, und die von bestimmten Spielpositionen im Vorfeld ausgeht. Der
Positionsangriff versucht im Vorfeld aus dem Spiel 5-5 durch systematisches Ausschalten von Gegenspielern den Angriff-in-der-Überzahl
zu erreichen (HAGEDORN, VOLPERT u. SCHMIDT 1972). Wegen der festgelegten Ausgangsposition wird eine Rollendifferenzierung gemäß den
individuellen Anlagen und Fähigkeiten der Spieler notwendig (ebd.).
(2) Aus der Definition des Positionsangriffs lassen sich die das taktische Verhalten bestimmenden Prinzipien ableiten:
● Erspielen starker Wurf- und Angriffspositionen durch eine Ballbewegung über vorgeplante Spielpositionen.
● Der Ballbesitzer soll immer mehrere Spielmöglichkeiten (Pässe,
  Dribbel, Wurf) haben, damit die Bekämpfung erschwert wird.

● Die Angriffssicherung (balance of defense) muß mitbedacht werden
z.B. durch gestaffelte Aufstellung der Spieler.
Neben den allgemeinen Prinzipien kommen beim Positionsangriff gegen
die Mann-Mann-Verteidigung noch die folgenden Prinzipien hinzu:
● Das Spiel 5-5 wird durch kollektive Hilfen auf das Spiel 1-0 reduziert.

● Die vortaktischen Mittel müssen im Mannschaftsspiel sinnvoll kombiniert werden, so daß es zu einer kollektiven Angriffsbewegung
in der Nähe des gegnerischen Korbes kommt.

(3) Kontinuum ist ein fortlaufender zusammenhängender Spielvorgang,
bei dem die Spieler innerhalb eines Grundmusters immer wieder über
bestimmte Positionen zur Ausgangsstellung zurückkehren können. So
kann z.B. der Korbleger in Form eines Kontinuums trainiert werden
('Ballkreis am Korb'). Wir sprechen dann von einem Trainingskonti-
nuum, mit dessen Hilfe auch ein Angriffssystem gefestigt werden
kann, z.B. der Achterlauf.
Eine weitere Möglichkeit bietet das Kontinuum als Systemspiel. Dabei
ist der Spielvorgang so geplant, daß die Spieler nach Durchlaufen
mehrerer Stationen wieder ihre Ausgangsposition erreichen. Diese
Form des Positionsangriffs hat den Vorteil, daß eine Angriffsbewegung sofort in eine neue Angriffsbewegung übergeht, wenn keine Ausstiegsmöglichkeit gefunden wurde. Dabei ist es jedoch wichtig, immer
wieder den Spielern im Training die einzelnen Ausstiegsmöglichkeiten
zu verdeutlichen, damit sie sich nicht auf eine bestimmte "Spur"
einfahren. Ein Positionsangriff gegen die Mann-Mann-Verteidigung in
Form eines Kontinuums sollte folgende Prinzipien beachten:
● die Prinzipien des Positionsangriffs;
● das Prinzip der Wiederholbarkeit, d.h. nach mehreren Stationen
sollen die Spieler ihre Ausgangsposition wieder einnehmen;
● Prinzip der Mannschaftsbewegung, wodurch statisches Spiel vermieden wird.

(4) Wir unterscheiden zwei Arten des Kontinuums. Zum einen das Kontinuum, bei dem alle Spieler unmittelbar an einem Bewegungsablauf
beteiligt sind (z.B. Achterlauf von fünf Spielern); hier muß jeder
Spieler jede Position durchlaufen. Die Schwäche dieses Kontinuums
ist auch die Schwäche eines Mannschaftskontinuums, denn dabei muß
ein Centerspieler gegebenenfalls die Position des Aufbauspielers
übernehmen oder ein Aufbauspieler die Rolle des Centers.

Dem gegenüber steht das Gruppenkontinuum, bei dem nur ein Teil der
Mannschaft beteiligt ist (z.B. Achterlauf der drei Außenspieler).
Hierbei kann der Zusammenhalt der Mannschaft gestört werden, weil
die Bewegung nur von einem Teil der Spieler getragen wird. Die Verbindung beider Arten hebt die Nachteile der einzelnen Kontinuum-For-
men auf. Dabei wird zwar die Mannschaft in Gruppen aufgeteilt, aber
zeitlich aufeinander abgestimmt, so daß sie sich gegenseitig Ausstiegsmöglichkeiten schaffen können. Im folgenden ist ein Beispiel
eines solchen gemischten Kontinuums dargestellt.
(5) Dieses Kontinuum ist durch die Hintereinanderschaltung von drei
vortaktischen Elementen gekennzeichnet, durch die sich die einzelnen
Ausstiegsmöglichkeiten ergeben. Die Gruppe der Flügel- und Hinterspieler führt einen Gegenblock mit Abrollen (vgl. bei 4.3) sowie ein
Abstreifen am Vorcenter durch, während die Center sich gegenseitig
freiblocken. Durch die zeitliche Abstimmung der Bewegungen ergeben
sich zwischen den Gruppen mehrere Berührungspunkte und somit eine
Mannschaftsintegration.
Das Kontinuum wird durch einen indirekten Centerblock mit anschließendem Positionswechsel eingeleitet (Abb. 53), so daß der Ball zur
Vorcenterposition gespielt werden kann. Nach dem Prinzip des Give-
and-Go bewegt sich der mittlere Aufbauspieler (1) weg-vom-Ball und
führt einen Gegenblock durch (Abb. 54). So entsteht die 1. Möglichkeit,durch ein Spiel-in-der-Überzahl die Angriffsaktionen erfolg-

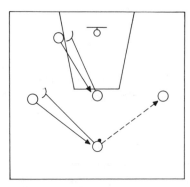

Abb. 53: Centerblock (ggf.
Gegenblock der Außen)

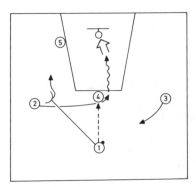

Abb. 54: Spiel mit Vorcenter

reich abzuschließen. Wird der Flügelspieler (2) durch den Gegenblock

nicht frei, so streift er seinen Gegenspieler am Vorcenter (4) ab
(Abb. 55). Vereitelt der Gegenspieler diese Ausstiegsmöglichkeit, so
begibt sich der Flügelspieler auf die Gegenseite, während der Vorcenter den Seitcenter (5) freiblockt. (Abb. 56). Durch Pass auf 4
ergibt sich eine weitere Ausstiegsmöglichkeit.

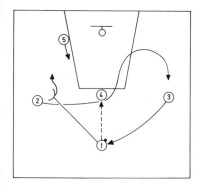

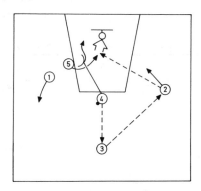

Abb. 55: Abstreifen am
          Vorcenter

Abb. 56: Centerblock

Abbildung 57 zeigt, wie die neuen Positionen eingenommen werden, bevor der nächste Durchlauf des Kontinuums nach erfolglosem ersten
Durchlauf beginnt. Im wesentlichen handelt es sich hier um ein Kontinuum, das aus zwei verschiedenen Positionen besteht, die der
Außen- und die der Centerspieler.

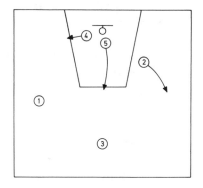

Abb. 57: Ausgangspositionen
für den nächsten Durchgang

MERKE!

(1) Der Positionsangriff ist eine vorgeplante kollektive Angriffsbewegung in der Nähe des gegnerischen Korbes, die durch systematisches Ausschalten von Gegenspielern den Angriff-in-der-Überzahl sucht.

(2) Die allgemeinen Prinzipien des Positionsangriffs sind: das Erspielen starker Wurf- und Angriffspositionen, durch eine Ballbewegung über vorgeplante Spielpositionen, das Schaffen mehrerer Spielmöglichkeiten, die Angriffssicherung durch gestaffelte Aufstellung. Speziell gegen die Mann-Mann-Verteidigung kommen noch die folgenden Prinzipien hinzu: Reduzierung des Spiels 5-5 auf das Spiel 1-0 durch kollektive Hilfen sowie die sinnvolle Kombination vortaktischer Mittel.

(3) Das Kontinuum wird bestimmt durch die Prinzipien des Positionsangriffs, der Wiederholbarkeit und der Mannschaftsbewegung.

Der Spielvorgang ist derart vorgeplant, daß die Spieler innerhalb eines Grundmusters über bestimmte Positionen zur Ausgangsstellung zurückkehren.

Stets sollten die Formen des Mannschafts- und des Gruppenkontinuums miteinander verbunden werden.

PRÜFE DEIN WISSEN!

1. Der Positionsangriff sucht durch systematisches Aus........ von Gegenspielern den Angriff-i.-...-.........

2. Ziel des Positionsangriffs ist das Erspielen starker W...- und A.......positionen. Dem Ballbesitzer sollen stets mehrere S....-möglichkeiten eröffnet werden. Dabei muß die Ang.....s....... mit einbezogen werden. Generell soll das Spiel 5-5 durch ko....-.... Hi.... sowie durch sinnvolles Kombinieren vort.......er Mittel auf das Spiel .-. reduziert werden.

3. Der Positionsangriff als Kontinuum ist insbesondere durch das Prinzip der W.....hol......t sowie das Prinzip der Mannschaftsbe.....g gekennzeichnet. Innerhalb eines Grundm.....s kehren die Spieler über mehrere Stationen zur Au......po...... zurück.

LITERATUR

HAGEDORN, G. u. W. VOLPERT u. G. SCHMIDT:
Wissenschaftliche Trainingsplanung. In: Training
u. Beanspruchung, Bd. 2. Frankfurt/Main: Limpert,
1972 (s. bes. S. 45-46).

HAGEDORN, G.:   Das Basketballspiel. Köln: Barz & Beienburg,
1968 (s. bes. S. 33 f).

HAGEDORN, G.:   Bekämpfung der Manndeckung. Arbeitsstreifen 14
(Verlagsnr. 8 F 383). München: FWU, 1972.

WOODEN, J.:   Practical modern Basketball. New York: 1966 (bes.
S. 205 ff).

2.6.6 Positionsangriff gegen Zonen-Verteidigung
von Gerhard SCHMIDT

SCHLAGWÖRTER

(1) Funktionsweise der Zonenverteidigung - Stärken und Schwächen

(2) Überblick über die gegnerische Verteidigung verschaffen, Grundaufstellung erkennen

(3) Deckungsschwache Räume (Nahtstellen) durch Gegengrundaufstellung besetzen

(4) Plötzlich in die deckungsschwachen Räume starten

(5) Schnelles Passen und Weitwürfe

(6) Prinzipien: Überlagern und neue Dreiecke bilden - Überzahl im Bereich der Dreiecke ausspielen - Pass auf die deckungsschwache Überlagerungsgegenseite und Spiel 1-0 oder 1-1 - Angriffe aus dem Rücken der Zonenverteidigung und von der Grundlinie - Beispiel eines Positionsangriffs

(7) Angriffssicherung und Angriffsrebound

ERLÄUTERUNGEN

(1) Um gegen die Zonenverteidigung erfolgreich angreifen zu können, muß man ihre Funktionsweise kennen: Die Zonenverteidigung ist eine kollektive Verteidigung; der Ballbesitzer wird aggressiv vom nächsten Verteidiger angegriffen, um vor allem den Wurf zu verhindern oder zu stören, die übrigen Spieler decken den Raum zwischen Ball und Korb, so daß Dribblings und Pässe in diesem Bereich abgefangen werden können. Die Stärken der Zonenverteidigung sind die massierte

Deckung der Nahdistanz, die erleichterte Brettsicherung sowie der
kollektive Ausgleich individueller Verteidigerschwächen. Die Schwächen sind die Empfindlichkeit gegen Weitwürfe, das Entstehen dek-
kungsschwacher Räume, die physische Ermüdung durch die große Zahl
schneller Verteidigungsbewegungen, die Gefahren der Verantwortungs-
delegation und des Initiativverlusts.

(2) Ein Positionsangriff beginnt, wenn die angreifende Mannschaft
nicht durch einen Schnellangriff zum Wurf kommt. Die erste Aufgabe
nach dem Umschalten vom Schnellangriff auf den Positionsangriff besteht darin, sich einen Überblick über die gegnerische Verteidigung
zu verschaffen. In erster Linie sind es die Aufbauspieler, die diese
Aufgabe lösen müssen. Sie müssen auch erkennen, welche Grundaufstellung der Gegner einnimmt, wenn eine Zonenverteidigung gespielt
wird (z.B. 2/1/2 oder 1/3/1).

(3) Nach der Grundaufstellung des Gegners richten sich die Bewegungen des Angriffs: Jede Zonenverteidigung hat schwache Stellen, selbst
wenn sie sich situationsgerecht zum Ball hin verlagert: nämlich die
Nahtstellen zwischen den Verteidigern und an der Grundlinie. Am
deutlichsten werden diese deckungsschwachen Räume, wenn man die
Grundaufstellungen betrachtet. Dazu 3 Beispiele:
Die deckungsschwachen Räume sind schraffiert gekennzeichnet; sie
sollen durch die Gegengrundaufstellung besetzt werden:

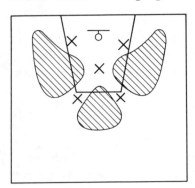

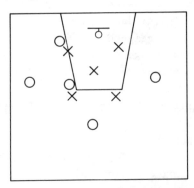

Abb. 58: 2-1-2 Zone

Abb. 59: Grundaufstellung gegen
die 2-1-2 Zone

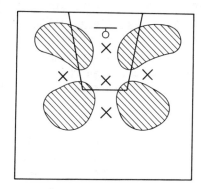

Abb. 60: 1-3-1 Zone

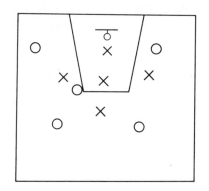

Abb. 61: Grundaufstellung gegen
1-3-1 Zone

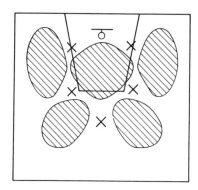

Abb. 62: 1-2-2 Zone

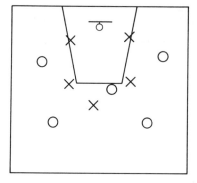

Abb. 63: Grundaufstellung gegen
1-2-2 Zone

(4) Wesentlich wichtiger noch als die Grundaufstellung ist es, das
Angriffsspiel immer wieder durch plötzliches Starten in die dek-
kungsschwachen Räume hinein in Bewegung zu halten. Das ist gegen
eine funktionierende Zonenverteidigung auch notwendig, denn diese
wehrt zwar alle Würfe und Pässe/Dribblings zum Korb hin ab, versucht aber auch alle Pässe auf die ballnahen Angreifer zu stören.
Deshalb muß sich jeder Angreifer immer wieder durch die Grundbewegungen 'Hin-zum-Ball', 'Starten-in-den-Raum' und 'Schneiden-zum-Korb'
anspielbar machen.
(5) Da bei der Zonenverteidigung jeweils nur der Ballbesitzer aggres-

siv gedeckt wird, die übrigen Spieler aber den Raum zum Korb hin
decken, bieten sich zwei Angriffsmittel an: schnelles Passen und
Weitwürfe. Durch schnelles Passen werden die Verteidiger ständig in
Bewegung gehalten (physische Belastung!). Außerdem wird durch die
kollektive Verlagerung der Zonenverteidigung bei schnellen Pässen
soviel Zeit gewonnen, daß der Ballempfänger in Außenposition konzentriert zu einem Weitwurf ohne sofortige Störung ansetzen kann. (Erforderlich sind allerdings gute Weitwerfer und Rebounder.)
(6) Darüber hinaus lassen sich weitere Prinzipien anwenden, die wie
beim Schnellangriff - hier allerdings nicht in der schnellen Vorwärtsbewegung - zum Spiel-in-der-Überzahl führen. Auch hier ist das
Hauptangriffsmittel das schnelle Passen, das aber mit dem Grundsatz
'plötzliches Starten in die deckungsschwachen Räume' verbunden wird.
Die Prinzipien sind:
a) das Überlagern mehrerer Angreifer auf eine Seite und das Bilden
   neuer Dreiecke (Abb. 64 und 65);

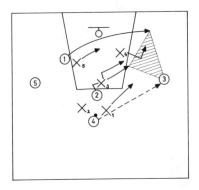
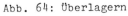
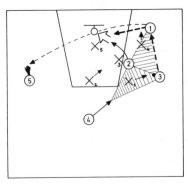

Abb. 64: Überlagern   Abb. 65: Dreieckspiel

b) das Ausspielen der Überzahlbildung im Bereich der Dreiecke (Abb.
   65);
c) der Pass auf die Überlagerungsgegenseite mit anschließendem Spiel
   1-0, 1-1 oder Weit- bzw. Mitteldistanzwurf (Abb. 65 und 66);
d) die Betonung der Angriffs aus dem Rücken der Zonenverteidigung,
   von der Grundlinie her (Abb. 64, 65 und 66).
Diese Prinzipien sollen nun am Beispiel eines Positionsangriffes gegen die 2/1/2 Zone verdeutlicht werden (Abb. 67).

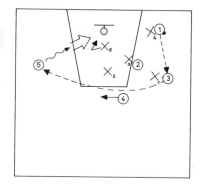 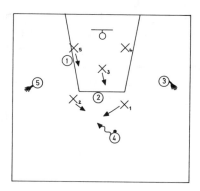

Abb. 66: Pass auf die
Überlagerungsgegenseite

Abb. 67: Positionsangriff gegen
die 2/1/2 Zone

Stufe 1: Grundaufstellung, Gegengrundaufstellung, Verteidigungs-
grundbewegung und Dreieckbildung
In der Aufbauphase bringt A4 den Ball nach vorn und stößt in den
deckungsschwachen Raum zwischen den beiden vorderen Verteidigern, um
die Verteidigung aufzusplittern oder zu binden. Der Ballbesitzer
wird eng gedeckt und der Raum zwischen Ball und Korb gegen Pässe und
Dribblings abgeschirmt. Die Flügel werden frei.
Stufe 2: Überlagern und Bilden neuer Dreiecke:
Nach dem Pass auf den Flügel A3 starten die Center A2 und A1 hin-zum-
Ball in die deckungsschwachen Räume und bilden mit A3 ein neues
Dreieck und ein deutliches Übergewicht auf einer Seite (Überlagern
Abb. 64). A4 rückt nach außen, um eine zusätzliche Anspielmöglich-
keit zu bieten und ein weiteres Dreieck zu bilden (Abb. 65).
Stufe 3: Das Ausspielen der Überzahlbildung im Bereich des Dreiecks:
Passt A3 auf A2 oder A1 (je nach Situation) rechtzeitig, entsteht
eine Überzahlsituation 3-2 im Bereich des Dreiecks, die in Richtung
Korb ausgespielt werden kann, indem der nicht-angespielte Center zum
Korb startet (Abb. 65).
Stufe 4: Pass auf die Überlagerungsgegenseite:
Hat die Verteidigung die Überlagerung durch rechtzeitiges Mitstarten
abgefangen, so daß keine Überzahl im Bereich des Dreiecks gebildet
werden kann, bietet sich ein weiter Pass zur deckungsschwachen Über-
lagerungsgegenseite an (Abb. 65, 66), wo eine Situation 1-0 oder 1-1
entsteht bzw. ein Mitteldistanzwurf möglich ist.
Betonung der Angriffe aus dem Rücken der Zonenverteidigung und von

der Grundlinie her: da sich die Aufmerksamkeit der Zonenverteidigung
in der Hauptsache auf den Raum zwischen Ball und Korb konzentriert,
ist der Angriff aus dem Rücken der Zonenverteidigung und von der
Grundlinie her eine besondere Gefahr (Abb. 64, 65, 66).
(7) Wichtig ist auch, daß trotz Überlagerung noch Angriffssicherung
im Angriff gehalten wird, damit der Schnellangriff des Gegners bei
Ballverlusten oder Verteidigungsrebound abgefangen werden kann. Deshalb sollten nach jedem Wurf jeweils drei Spieler zum Angriffsrebound starten und die beiden anderen sichern gestaffelt.

MERKE!

(1) Die wichtigsten Schwächen der Zonenverteidigung sind die Empfindlichkeit gegen Weitwürfe, das Entstehen deckungsschwacher Räume
und die Ermüdung.
(2) Die 1. Aufgabe beim Beginn des Positionsangriffs lautet: Überblick verschaffen, die gegnerische Grundaufstellung erkennen.
(3) Die 2. Aufgabe lautet: Die deckungsschwachen Räume (Nahtstellen)
durch Gegengrundaufstellung besetzen!
(4) Der Angriff muß in Bewegung gehalten werden, indem plötzlich in
die deckungsschwachen Räume gestartet wird.
(5) Die einfachsten Angriffsmittel sind: schnelles Passen und Weitwürfe.
(6) Weitere Angriffsprinzipien sind:
a) Überlagern und Dreieckbildung;
b) Überzahlbildung im Dreiecksbereich ausspielen;
c) Pass auf die deckungsschwache Gegenseite und Spiel 1-0 oder 1-1-;
d) Angriff aus dem Rücken der Zonenverteidigung an der Grundlinie.
(7) Nach dem Wurf muß die Angriffssicherung gewährleistet sein, um
Schnellangriffe des Gegners abfangen zu können, und der Angriffsrebound eingeplant werden.

PRÜFE DEIN WISSEN!

1. Schwächen der Zonenverteidigung bestehen in Empfindlichkeit gegen
   W........, den d................ R..... und der E.......
2. Bei Beginn des Positionsangriffs muß man sich Ü........ verschaffen und die gegnerische G.............. erkennen.
3. Dann wählt man eine G..................
4. Der Angriff wird in Bewegung gehalten, indem man pl....... in die

d............... R..... startet.
5. Die einfachsten Angriffsmittel sind:
   a) sch...... P..... und W...w....
6. Besondere Angriffsprinzipien sind:
   a) Ü......... und D...... bilden;
   b) Ü....... im Dreieck a.........
   c) Pass auf die d....... sc...... Seite und Spiel ... oder ...
   d) Angriff vom R..... der Zone an der G....l....
7. Um gegnerische Schnellangriffe nach dem Wurf zu vermeiden, planen
   die Angreifer die A.............und den A......sr...... ein.

2.6.7 Angriff gegen die Press-Verteidigung
von Hans-Günther BRACHT

SCHLAGWÖRTER
(1) Prinzipien der Verteidigung erkennen; Mann-Presse, Zonen-Presse;
Überblick behalten und gelassen bleiben, vorbereitet sein, Presse
aktiv angreifen und gezielt bekämpfen
(2) Positionsangriff, Gefahr psychischen Zusammenbruchs, Selbstvertrauen, Ball halten, Ausnutzen der Wurfchancen
(3) Positionsangriff gegen Mann-Presse, Angriff-in-der-Überzahl,
Einwurfspielzüge, Ballvortrag durch besten Dribbler in der Mittelspur
(4) Positionsangriff gegen Zonen-Presse, Bewegung in den freien
Raum, Schwäche des Doppelns, Pass besser als Dribbeln

So ist es richtig!
1. Weitwürfe; deckungsschwache Räume; Ermüdung
2. Überblick, Grundaufstellung
3. Gegengrundaufstellung
4. plötzlich, deckungsschwachen Räume
5. schnelles Passen; Weitwürfe
6. a) überlagern, Dreieck; b) Überzahl, ausspielen; c) deckungsschwache, 1-0, 1-1; d) Rücken, Grundlinie
7. Angriffssicherung, Angriffsrebound

ERLÄUTERUNGEN

(1) Voraussetzung zur Bekämpfung einer Verteidigung ist es, die ihr zugrunde liegenden Prinzipien zu erkennen. Die Prinzipien der Mann-Presse: Deckungsspieler bewegen sich zwischen Mann und Ball (Pass-Strahl schneiden), Dribbler wird zur Seitenlinie bzw. in eine Spielfeldecke (auch an der Mittellinie) gedrängt und dort gedoppelt. Die Prinzipien der Zonen-Presse: Verteidigungsblock bewegt sich zwischen Ball und Korb, versucht vorne den Ballbesitzer zum Dribbeln zu verleiten, zu stoppen und zu doppeln, die übrigen Spieler rücken auf und schneiden aggressiv die nächsten Passwege.

Erkennen läßt sich die Press-Verteidigung aber nur, wenn die Mannschaft Überblick behält und gelassen bleibt. Die Gelassenheit gründet in der Trainings- und Spielerfahrung; die Mannschaft muß auf die Presse vorbereitet sein. Erst dann läßt sich eine Press-Verteidigung aktiv angreifen und gezielt bekämpfen.

(2) Gestützt auf das richtige Erkennen der Verteidigung ist ein Positionsangriff das beste Mittel, um das Überraschungsmoment der Presse zu überwinden. Da die Presse eine aggressive, den Angreifer angreifende Verteidigung ist, bedeutet sie eine extrem starke physische und vor allem psychische Belastung für den Angreifer. Die daraus folgende Gefahr eines psychischen Zusammenbruchs kann man nur dadurch verringern, daß man die Gefahr alltäglich werden läßt. Dies bedeutet aber: Im Training muß oft auch eine Presse bekämpft werden. Nur so kann die notwendige Sicherheit und das erforderliche Selbstvertrauen einer Mannschaft gegeben werden. Erklärungen und audiovisuelle Hilfsmittel stellen eine Ergänzung dar, sind aber kein Ersatz für das Training. Die Bedeutung der psychischen Stärke einer Mannschaft wird einsichtiger, wenn man berücksichtigt, daß eine Mannschaft oft erst (oder schon) geschlagen ist, wenn sie denkt, daß sie verloren hat.

Gegen die Presse den Ball zu halten, darf nicht zum Selbstzweck werden, es ist nur Voraussetzung, um die Verteidigung anzugreifen und durch Ausnutzung der Wurfchancen unter Druck zu setzen.

(3) Der Positionsangriff gegen die Mann-Presse setzt die Beherrschung der Bekämpfung der Mann-Mann-Deckung voraus (vgl. bei 2.6.5). Der Angriff-in-der-Überzahl wird durch gezielte Aktionen unter Ausnutzung der spezifischen mannschaftlichen Gegebenheiten zu erreichen gesucht. Da einige Mann-Pressen schon den Einwurf bekämpfen, ist ein

besonderes Repertoire an Einwurfspielzügen notwendig. Aus den zahlreichen in der Literatur angeführten z.T. sehr originellen Möglich-
keiten sollten der Mannschaft mindestens zwei zur Verfügung stehen.
Grundsätzlich ist auch hier richtig, alle Angriffsbewegungen auf das
Spiel 2-1 und 1-0 zu reduzieren, mindestens auf 1-1. Aus diesem
Grund soll der Ballvortrag durch den besten Dribbler ausgeführt werden, und zwar so, daß stets der Ballbesitzer in der Mittelspur allein
gegen einen Verteidiger spielt. Der Positionsangriff gegen die Ganz-
Feld-Mann-Presse wird im allgemeinen der Möglichkeit vorgezogen, die
Presse schon in ihrem Vorfeld zu bekämpfen, bevor sie sich organi-
sieren konnte.

(4) Der Positionsangriff gegen die Zonen-Presse macht sich in den
meisten Fällen durch seine Aufstellung die Schwächen der Zonen-Auf-
stellung der Presse zunutze, z.B. 1/3/1 gegen 2/1/2 Zone. Voraussetzung ist daher die Beherrschung der Bekämpfung der Ball-Raum-Verteidigung (vgl. bei 2.6.6). Besondere Bedeutung hat hier die Bewegung
in den freien Raum, die durch das Doppeln noch erleichtert wird.
Welcher von den zahlreichen in der Literatur angebotenen Spielzügen
Verwendung findet, hängt von den besonderen Qualitäten der einzelnen
Spieler ab. Eine spezielle Methodik zur Bekämpfung einer kombinier-
ten Deckung wie Mann-Presse und Zonen-Presse erübrigt sich, da nur
die methodischen Wege zur Bekämpfung der Mann-Mann-Verteidigung mit
denen zur Ball-Raum-Verteidigung verbunden werden müssen. Nach
HAGEDORN (1968) verdient jedoch die Bekämpfung des Doppelns bei der
Zonen-Presse besonderes methodisches Augenmerk. Um die Schwäche des
Doppelns und die Notwendigkeit der Bewegung in den freien Raum zu
zeigen, ist der Angriff-in-der-Minderzahl (Spiel 2-3, 3-4 und 4-5)
nützlich. Abschließend kann mit dem Spiel 5-5 der freie Mann der Zonen-Presse eingeführt werden. Da ein Dribbling das Doppeln erleichtert, ist gegen die Zonen-Presse grundsätzlich der Pass dem Dribbling vorzuziehen.

MERKE!

(1) Voraussetzung zur Bekämpfung einer Press-Verteidigung ist das
Erkennen der Verteidigungsart und die Kenntnis ihrer Prinzipien. Dabei gilt stets: Überblick behalten und gelassen bleiben, was nur
möglich ist, wenn die Spieler auf die Presse vorbereitet sind, diese
aktiv anzugreifen und gezielt zu bekämpfen.

(2) Das <u>beste Mittel</u> gegen jede Presse ist der <u>Positionsangriff</u>. Das
dazu notwendige <u>Selbstvertrauen</u> gewinnt eine Mannschaft durch häufi-
ges Training der Bekämpfung. <u>Ball halten</u> und die <u>Ausnutzung</u> von
<u>Wurfchancen</u> müssen sich ergänzen.
(3) Der <u>Positionsangriff</u> gegen die Mann-Presse zielt generell auf
den <u>Angriff-in-der-Überzahl</u>. Bei der Ganz-Feld-Presse sind <u>Einwurf-
spielzüge</u> notwendig. Der <u>Ballvortrag</u> erfolgt am sichersten durch den
besten Dribbler in der <u>Mittelspur</u>.
(4) Der <u>Positionsangriff</u> gegen die <u>Zonen-Presse</u> macht die <u>Bewegung
in den freien Raum</u> notwendig. Dabei sollte zur Vermeidung des Doppelns der <u>Pass</u> dem Dribbeln vorgezogen werden.

PRÜFE DEIN WISSEN!

Entscheide, ob die Aussagen RICHTIG (R) oder FALSCH (F) sind!

R F 1. Eine Presse bekämpft man stets am besten durch schnelles
Spiel.

R F 2. Selbstvertrauen zur Bekämpfung einer Presse läßt sich nicht
schulen.

R F 3. Gegen die Mann-Presse ist Dribbeln in der Mittelspur der
sicherste Ballvortrag.

R F 4. Der Dribbler wird am besten in der Spielfeldmitte gedoppelt.

R F 5. Für die Spieler ist es wichtiger, die Prinzipien einer
Presse zu kennen als selber bestimmte Spielzüge zu ihrer
Bekämpfung einzuüben.

LITERATUR

BYKERK, C.:   Simplified Multiple Offense for Winning Basket-
                     ball. West Nyack, N.Y. 1970.

HAGEDORN, G.:   Das Basketballspiel. Köln: Barz & Beienburg, 1968.

RAMSAY, J.:   Pressure Basketball. Englewood Cliffs: Prentice
                     Hall, 1967.

WILKES, G.:   Basketball coach's complete handbook. Englewood
                     Cliffs: Prentice Hall, 1962.

So ist es richtig!
1. F; 2. F; 3. R; 4. F; 5. Eigentlich weder R noch F, die situations-
gerechte Anwendung von Spielzügen beruht auf der Kenntnis der Prinzipien!

WOODEN, J.R.:   Practical Modern Basketball. New York, 1966.

2.7 S p i e l t a k t i k
von Günter HAGEDORN

Schlagwörter

(1) Spieltaktik: Auswahl und Einsatz taktischer Maßnahmen

(2) Subjektive und objektive Bedingungen eines Spiels

(3) 5 Einflußgrößen: 2 Mannschaften, Trainer, Schiedsrichter, Zuschauer

(4) Gegenmannschaft: Kenntnis ihres Spielkonzepts, Überraschung, Durchkreuzen der Planung

(5) Eigene Mannschaft: Stärken des Gegners vermeiden, Schwächen verstärken - eigene Stärken ausspielen, Schwächen überspielen, Bewußtsein eigener Überlegenheit; Betreuungsteam

(6) Trainersituation: Wettspiel = Erfolgskontrolle, Erfolgszwang, Dauerstress, Pulsfrequenzen; vier Gegenmaßnahmen

(7) Schiedsrichter: regulative Instanz, Rechtsprechung im Sport; Spielidee, Handlungsanweisung, Spielregeln; Entscheidungsspielraum, Ermessungsspielraum; Verhaltensgrundmöglichkeiten: Dogmatiker, Libertinist, Pragmatiker; Probleme: Orientierungsmöglichkeit verloren; unerfüllte Erfolgserwartungen: Erregungszustände, Schuldprojektion, Aggression; Objektivierung von Entscheidungen in Spielvorgängen

(8) Zuschauer: geringste Entscheidungskompetenz; Sachkenntnis, Disziplin; Identifikation, Erfolgserwartung, sozialpsychologische Mechanismen; Regulation des Zuschauerverhaltens: Leitbilder und Schiedsrichter; Anhängerschaft

Erläuterungen

(1) Im Abschnitt TAKTIK wurden die kollektiven Maßnahmen und Gegenmaßnahmen dargestellt, die jede Mannschaft im Rahmen ihrer Möglichkeiten beherrschen muß. Die SPIELTAKTIK soll darlegen, unter welchen Bedingungen diese Maßnahmen - aufgrund der jeweils einmaligen Spielsituation - ausgewählt und eingesetzt werden, und welche Einflußgrößen Auswahl und Einsatz bestimmen.

(2) Jedes Spiel ist einmalig und nicht wiederholbar. Selbst Spiele, die z.B. aufgrund eines Protests unter gleichen Bedingungen wiederholt werden, verlaufen anders. Die objektiven Bedingungen (Mannschaften, Schiedsrichter, Halle, Geräte) mögen dieselben sein, die subjektiven Bedingungen aber haben sich verändert: die Einstellung

zum Spiel (Motivation) bei Spielern, Schiedsrichtern, Zuschauern
(vgl. bei 2.3.9); die Kenntnis über den Gegner bei Spielern und
Trainern; die individuelle Leistungsfähigkeit von Spielern, Schiedsrichtern und Trainern. Die SPIELTAKTIK kann deshalb nur solche Gesetzmäßigkeiten beschreiben, die dieser Grundbedingung des Spiels
Rechnung tragen.
(3) Die wesentlichsten Einflußgrößen des Spiels sind:
1. die Gegenmannschaft (mit ihrem Trainer),
2. die eigene Mannschaft (mit ihrem Betreuungsteam),
3. die Trainersituation,
4. die Schiedsrichter,
5. die Zuschauer.
Die Reihenfolge soll die Einflußgrößen gemäß ihrem generellen Einfluß auf Spielverlauf und Spielausgang gewichten.
(4) Die Gegenmannschaft bestimmt zunächst die Planung der Spielvorbereitung und die Auswahl der ersten taktischen Maßnahmen (vgl. bei
2.6). Diese Vorbereitungen sollen den Einfluß der Gegenmannschaft
auf das Spiel eingrenzen. Dazu ist die Kenntnis des Trainings- und
Spielkonzepts und der allgemeinen Spielauffassung des gegnerischen
Trainers, ist die Spielstärke einzelner Spieler und ihrer Spielpositionen, ist auch die Kenntnis von Schwächen (Nerven, Wechselspieler,
Wechseltaktik) notwendig. Die Kenntnis wird durch langfristige Trai-
nings- und Spielbeobachtung und -auswertung gewonnen (vgl. bei 3.11).
Die wichtigste 'Gegenmaßnahme' ist die Überraschung. Mannschaften,
die auf eine gegnerische Zonen-Verteidigung eingestellt sind, machen
entscheidende Fehler, wenn sie sofort gepresst werden. Beinahe ebenso wichtig ist es, dem gegnerischen Trainer und seiner Mannschaft
während des Spiels zu zeigen, daß ihr Konzept erkannt und ihre Maßnahmen sofort durchschaut werden. Dieses Durchkreuzen der gegnerischen Planung wirkt oft nur langfristig im Spiel, es schafft aber
bei der Gegenmannschaft das Bewußtsein, die Spielinitiative liege
bei den anderen. Gelingen ihr keine spieleffektiven Gegenmaßnahmen
(z.B. die gegnerische Presse durch Gegenpressen stören), so ist ihr
Einfluß auf das Spiel entscheidend geschwächt.
(5) Ziel von Trainings- und Spielvorbereitungen der eigenen Mannschaft ist das erfolgreiche Wettspiel. Wird dieser Erfolg als Sieg
verstanden (was keinesfalls immer zutrifft), so muß die eigene Mannschaft zur spielentscheidenden Einflußgröße werden. Die SPIELTAKTIK

wird dazu die verschiedenen Leistungsfaktoren der beiden Mannschaften (Trainingszustand, Technik, Taktik, Wechselspieler) vergleichen
und - unter Nutzung der anderen Einflußgrößen - für die eigene Mannschaft ein Übergewicht schaffen. Das gelingt durch Anwendung des
Grundsatzes: die Stärken des Gegners vermeiden, seine Schwächen verstärken. Der Grundsatz läßt sich auf die eigene Mannschaft übertragen: eigene Stärken konsequent ausspielen, die eigenen Schwächen
aber überspielen.
Bei gleichwertigen Mannschaften gibt oft das Bewußtsein eigener
Überlegenheit den Ausschlag. Der Trainer kann dieses Bewußtsein
durch gezielte Betreuungsmaßnahmen (vgl. bei 3.9) aufbauen, die
Mannschaft muß es durch Trainingseinsatz und größere Spielerfahrung,
letztlich durch Erfüllung der Gruppennormen (vgl. bei 3.4) festigen.
(Die Übereinstimmung von Gruppennorm und Verhalten mindert die Wahr-
scheinlichkeit von Schuldgefühlen bei den Spielern.) Das Bewußtsein
der Überlegenheit wird durch das gesamte Betreuungsteam gefördert;
dazu gehört das Management (Planung der Fahrten, Bereitstellung von
Gerät und Kleidung), der Masseur (physisch-psychische Lockerung),
gegebenenfalls der Arzt, der Co-Trainer, ein Auswerterteam.
(6) Zur SPIELTAKTIK gehört die Kenntnis der Trainersituation. Gemäß
der Spielregel (Artikel 75) darf der Trainer seinen Platz auf der
Spielerbank nur in besonderen Fällen verlassen. Die Möglichkeit zu
eigenmotorischer Tätigkeit ist somit erheblich eingeschränkt. Das
hat Konsequenzen. Jedes Wettspiel stellt für den Trainer eine Erfolgskontrolle dar. Gemäß seinen Entscheidungskompetenzen beim Aufbau der Mannschaft, der Trainingsvorbereitung und im Wettkampf (vgl.
bei 3.9) wird ihm in der Regel auch die Hauptschuld an Mißerfolgen
angelastet. Der Trainer gerät dadurch unter einen Erfolgszwang, der
Wettkampf wird zu einem Dauerstress. Er kann diesen 'physischen
Überdruck' nicht motorisch abreagieren (wie z.B. Spieler und Schiedsrichter), der Überdruck wird vielmehr ungedämmt in den vegetativen
Bereich geleitet und greift hier die schwächste Stelle (Magen,
Kreislauf, Herz) an. Beweis dafür sind die mit den Entscheidungssituationen wechselnden Pulsfrequenzen beim Trainer (Extremwerte: Ru-
hepuls 83 Schlag/min, Stresspuls 150 Schlag/min, vgl. HUSMANN,
HANSON u. WALKER 1968, HAGEDORN 1973).
(7) Die Schiedsrichter sind eine regulative Instanz, das heißt: sie
beobachten einen Spielvorgang (Istwert) und vergleichen ihn ständig

mit Spielidee und Regelwerk (Sollwert). Sie greifen ein, wenn Istwert und Sollwert nicht übereinstimmen, und versuchen durch festgelegte Maßnahmen ('Bestrafung' der 'Schuldigen'), Istwert und Sollwert wieder in Übereinstimmung zu bringen. Schiedsrichtern ist eine
Art Rechtsprechung im Sport.
Die Tätigkeit des Schiedsrichtern ist in wohl allen Sportspielen umstritten. Das hat zwei Gründe:
1. Spielidee und Spielhandeln stehen in einem Spannungsverhältnis
   zueinander wie Theorie und Praxis;
2. das Entscheidungshandeln der Schiedsrichter unterliegt allgemeinen Grenzbedingungen des menschlichen Handelns.
Eine Spielidee kann das Verhalten des Spielenden nicht unmittelbar
regeln. Kein Spieler vermag z.B. ohne eine genauere Handlungsanweisung zu entscheiden, ob er im Sinne des Spiels 'fair' handelt. Diese
Handlungsanweisungen liefern die Spielregeln, die auch als 'Ausführungsbestimmungen einer Spielidee' verstanden werden können.
Diese Ausführungsbestimmungen können (und sollen) nicht das Spiel in
all seinen Möglichkeiten erfassen und festlegen. Spielregeln geben
oft nur die äußersten Grenzen an, innerhalb deren die Spielenden
noch 'regelgerecht' handeln. Dieser Entscheidungsspielraum verleiht
dem Spiel seinen Reiz, er ist aber zugleich die Ursache vieler Unstimmigkeiten. Denn er nötigt den Schiedsrichtern einen Ermessensspielraum auf. Das aber bedeutet: Schiedsrichter können nur einen
geringen Teil ihrer Entscheidungen durch objektive Meßmethoden
(Stoppuhr) absichern, ein Großteil ihrer Entscheidungen beruht auf
subjektivem Ermessen. Damit ist der zweite Grund von Unstimmigkeiten
bereits angesprochen.
Ein Computer wird wohl niemals 'schiedsrichtern' können, weil er auf
alternative Entscheidungen programmiert wird. Der Ermessungsspielraum wird zwar durch die Alternative Richtig - Falsch (im Sinne der
Regel) eingegrenzt, aber innerhalb dieser Grenzen ist eine Reihe von
Zwischenentscheidungen möglich (Spielverhalten ist völlig übereinstimmend mit der Regel - im wesentlichen übereinstimmend mit der Regel - unter Umständen nach regelgerecht - kaum noch regelgerecht -
regelwidrig). Die Schiedsrichter legen je nach Persönlichkeit diesen
Ermessungsspielraum aus. Maßgeblich dafür sind u.a. die Fähigkeit,
in kürzester Zeit Spielsituationen zu erfassen, zu strukturieren und
Vorgänge hinsichtlich ihres Einflusses auf das Spiel zu gewichten,

der eigene Trainingszustand, Spielerfahrung, Regelkenntnis, die Fähigkeit, Stress-Situationen und Kritik zu verarbeiten (Stress- und Frustrationstoleranz). Es gibt drei Verhaltensgrundmöglichkeiten, die immer wieder im Spiel begegnen: Schiedsrichter halten sich 'an den Buchstaben des Gesetzes' und leugnen Zwischenmöglichkeiten (Dogmatiker), weiten den Ermessensspielraum beliebig aus (Libertinisten) oder passen ihre Entscheidung der jeweiligen Spielsituation an (Pragmatiker). Jede dieser Verhaltensweise schafft für die Spieler und Trainer Probleme. Die Probleme wachsen, wenn Schiedsrichter kurzfristig während eines Spieles ihr Regelverhalten ändern, bedingt etwa durch Nachlassen ihrer Aufmerksamkeit, durch gezielten Einfluß einer Mannschaft (Trainer) oder der Zuschauer, durch einen für sie unerwarteten Spielverlauf. Damit geht die Orientierungsmöglichkeit für Spieler und Trainer verloren, es entsteht der Eindruck, daß willkürlich, ohne Konzept oder gar parteilich entschieden wird. Dadurch können die Schiedsrichter (zumindest subjektiv) zur gewichtigsten Einflußgröße auf das Spiel werden, was (objektiv) gegen ihre regulative Funktion verstößt.

Trainer und Mannschaften sollten die Schiedsrichter in ihrer regulativen Funktion bestätigen und verstärken, deshalb tunlichst allzu persönliche Kontakte vermeiden, gegebenenfalls das Sach- und Fachgespräch suchen. Alle Beteiligten müssen jedoch wissen, daß unerfüllte Erfolgserwartungen bei jedem zu Mißstimmungen, Spannungen (Frustration), ja zu Erregungszuständen führen können. Leistungs- und Entscheidungsdruck (Stress) verstärken diese Zustände. Die Schuld an der Versagung wird beinahe immer (unbewußt) übertragen, meistens wahlweise auf Schiedsrichter und/oder Trainer. Diese Schuldprojektion kann sogar bis zu Aggressionen (Beschimpfung, Gewaltandrohung, Tätlichkeiten) führen. Das Wissen um solche (zum Teil notwendigen) sozialpsychologischen Mechanismen zwingt zur Objektivierung von Entscheidungen und Spielvorgängen (vgl. bei 3.11), erleichtert es allen Beteiligten zugleich, unberechtigte Kritik zu ertragen bzw. in ein Sachgespräch einmünden zu lassen.

(8) Zuschauer haben von allen Beteiligten die geringste Entscheidungskompetenz. Das Regelwerk und auch der Standort am Spielfeld, das Verhalten von Schiedsrichtern, Spielern und Funktionären degradieren die Zuschauer oftmals zur 'zahlenden Kulisse'. Man erwartet von ihnen Sachkenntnis und Disziplin, denn sie sollen zur rechten

Zeit applaudieren, aber sich Unmutsäußerungen versagen. Sie haben
das Recht, ein Wettspiel und seine Spannungen zu genießen, Partei
zu ergreifen, sich mit einer Mannschaft (Spielern) zu identifizieren
und diese anzufeuern.

Aus diesem Recht zur Identifikation erwachsen Probleme. Mit der Par-
teinahme verändert sich das Verhalten; neben das Spannungserlebnis
tritt die Erfolgserwartung. Da im Sportspiel zwei Parteien den Erfolg (Sieg) suchen, in der Regel aber nur eine Partei siegt, wird
die andere Partei in ihren Erfolgserwartungen enttäuscht. Hier können deshalb die oben beschriebenen sozialpsychologischen Mechanismen
einsetzen: Enttäuschung, Schuldprojektion, Aggression.

Das sicherste Mittel zur Regulation des Zuschauerverhaltens ist das
Verhalten der Leitbilder (Spieler, Trainer) und Schiedsrichter. Un-
beherrschte Mannschaften erziehen sich einen undisziplinierten Anhang. Disziplinierte Mannschaften, die sichtbar die Regelnormen,
Gegenspieler und Schiedsrichter anerkennen, sich erreichbare Ziele
setzen, fordern den Zuschauer geradezu zur Identifikation heraus.
Eine solche Anhängerschaft 'trägt' die Mannschaft über Krisen hinweg und entscheidet knappe Spiele (besonders in der eigenen Halle)
mit. Die Schiedsrichter beeinflussen das Zuschauerverhalten durch
die Art, wie sie gefährliche Spannungen auf dem Spielfeld abbauen
oder tolerieren (und dadurch steigern). Sachkenntnis und klare,
schnelle Entscheidungen (gegen beide Parteien) verhindern in der Regel Aggressionen.

MERKE!

(1) TAKTIK beschreibt die allgemeinen kollektiven Maßnahmen, SPIEL-
TAKTIK sagt, unter welchen Bedingungen taktische Maßnahmen im jeweiligen Spiel eingesetzt werden.

(2) Jedes Spiel ist einmalig und unwiederholbar aufgrund der subjektiven Bedingungen (= Grundbedingung des Spiels).

(3) Die wichtigsten Einflußgrößen sind: 2 Mannschaften, Trainer,
Schiedsrichter, Zuschauer.

(4) Die Gegenmannschaft: ihr Einfluß auf Spielverlauf und Spielausgang wird eingegrenzt durch Kenntnis ihres Trainings- und Spielkonzepts, durch Überraschung und Durchkreuzen ihrer Planung.

(5) Die eigene Mannschaft: ihr Einfluß wird vergrößert, indem Stärken des Gegners vermieden, seine Schwächen verstärkt (eigene Schwä-

chen überspielt, Stärken ausgespielt) werden, ferner durch das Bewußtsein eigener Überlegenheit (Betreuungsteam).
(6) Dabei ist die Trainersituation maßgebend: jedes Wettspiel ist
eine Erfolgskontrolle, es führt bei Erfolgszwang zum Dauerstress.
Der psychische Überdruck bedingt vegetative Störungen. Gegenmaßnahmen sind: eine sorgsame Planung, medikamentöse Vorbeugung, Selbstbeobachtung und regulative Techniken.
(7) Die Schiedsrichter: ihre Tätigkeit (Rechtsprechung im Sport) ist
umstritten, weil die Regeln einen Entscheidungs- bzw. Ermessensspielraum offenhalten, der drei verschiedene Verhaltensweisen ermöglicht:
die dogmatische, libertinistische oder pragmatische Regelauslegung;
eine kurzfristige Änderung des Regelverhaltens führt zur Orientie-
rungslosigkeit. Gegenmaßnahmen sind die Bestätigung bzw. Verstärkung
der regulativen Funktion, das Sachgespräch. Unerfüllte Erfolgserwartungen können bei allen zu Erregungszuständen, Schuldprojektion und
Aggressivitäten führen. Objektivierung von Entscheidungen und Spielvorgängen läßt unsachliche Kritik in das Sachgespräch einmünden.
(8) Die Zuschauer haben die geringste Entscheidungskompetenz. Bei
Identifikation mit einer Mannschaft können sich über enttäuschte Erfolgserwartungen Schuldprojektion und Aggressivität entwickeln; das
Zuschauerverhalten wird am besten durch Leitbilder (Spieler, Trainer) und Schiedsrichter reguliert. Eine disziplinierte Anhängerschaft ist eine mitentscheidende Einflußgröße der SPIELTAKTIK.

PRÜFE DEIN WISSEN!
Wähle die jeweils allein völlig richtige Antwort aus!
R F 1. Spieltaktik bezeichnet die Anwendung bestimmter taktischer
       Elemente in einer Spielsituation.
2. Bei knappen Spielen entscheidet die bessere Anhängerschaft
   a) immer   b) oft   c) selten
3. Ordne nachfolgende sozialpsychologische Vorgänge so, wie sie in
   der Regel in einer Stress-Situation aufeinander folgen!
   Tätlichkeiten (a), Mißstimmung (b), Gewaltandrohung (c), Enttäuschung (d), Beschimpfung (e), Schuldprojektion (f).
4. Gefährliche Spannungen lassen sich am besten vermeiden, wenn
   a) die Schiedsrichter großzügig leiten,
   b) die Trainer ihre Maßnahmen den Schiedsrichtern anpassen,
   c) die Zuschauer entschieden Partei ergreifen,

d) die Mannschaften die Schwächen der Schiedsrichter ausnutzen,

e) alle Beteiligten sichere Regelkenntnisse besitzen.

5. Wo sind die 5 Einflußgrößen auf die Leistung der Mannschaft ihrer generellen Bedeutung nach richtig geordnet?

  a) Zuschauer - Trainer - eigene Mannschaft - Gegenmannschaft - Schiedsrichter;

  b) Trainer - Schiedsrichter - Zuschauer - Gegenmannschaft - eigene Mannschaft;

  c) Gegenmannschaft - eigene Mannschaft - Trainer - Schiedsrichter - Zuschauer.

2.8 S t r a t e g i e
von Günter HAGEDORN

SCHLAGWÖRTER

(1) Turnierstrategie, Saisonstrategie, Schul-, Vereins- und Staatsstrategie

(2) Beispiel: Saisonstrategie, Entscheidungsträger Mannschaft, Lehrer/Trainer, Management

(3) Lehrer/Trainer: sozialpädagogische Führung, Gruppenprozesse anregen (Lotse), primärer Spielbereich

(4) Mannschaft: soziale Struktur, Rollen (Besatzung und Kapitän)

(5) Management: Organisation, materielle Bedingungen, sekundärer Bereich (Reeder)

ERLÄUTERUNGEN

(1) Strategien haben langfristigere Ziele als die SPIELTAKTIK. Sie werden deshalb stärker von einer Perspektivplanung, von Fragen der Erziehung, Sozialisation und Nachwuchsförderung, von organisatorischen und ökonomischen Prinzipien bestimmt.

So ist es richtig!
1. ?; 2. b)
3. (d) (b) (f) (e) (c) (a)
4. e); 5. c)

Wir unterscheiden eine Turnierstrategie, die besonders bei Großtur-
nieren über mehrere Tage (Qualifikationsturniere, Turniere zu Schul-
meisterschaften, Europameisterschaften, Weltmeisterschaften, Olym-
piaden) wirksam wird, die Saisonstrategie, die für eine bestimmte
Mannschaft Trainingspläne und Wettkampfpläne entwickelt, um deren
besondere Ziele (Mannschaftsbildung und Erfolgserlebnisse, Klassen-
erhalt, Aufstieg, Meisterschaft) zu verwirklichen (vgl. bei 3.5), die
Schulstrategie, die wesentlich von pädagogischen Zielen bestimmt
wird, die Vereinsstrategie, die über Jahre hinweg den Aufbau von
Mannschaften, z.B. durch Nachwuchspflege, plant und organisiert,
schließlich die Staatsstrategie, die "die staatlichen Interessen mit
denen der Schulen und Vereine abzustimmen und langfristig das Niveau
des Sportspiels in diesem Bereich zu heben" versucht (HAGEDORN,
VOLPERT u. SCHMIDT 1972) und dabei Fragen des Freizeit- und des Be-
triebssports erfaßt.

(2) Im HANDBUCH soll nur an einem Beispiel dargelegt werden, wie die
verschiedenen Entscheidungsträger bei der Entwicklung von Strategien
zusammenwirken. Dazu wird die Saisonstrategie ausgewählt. Es ist
darzulegen, wie die drei Entscheidungsträger Mannschaft, Lehrer/
Trainer, Management ihre Aufgaben (Rollen) aufeinander abstimmen und
gegeneinander abgrenzen.

Die drei Entscheidungsträger bzw. Rollen Mannschaft, Lehrer/Trainer,
Management haben eine doppelte Funktion. Einerseits besitzen sie
eine je eigene Entscheidungs- und Handlungskompetenz, andererseits
arbeiten sie zusammen und beeinflussen sich gegenseitig. Soll eine
Saisonstrategie ohne schwerwiegende Störungen verwirklicht werden,
dann müssen die Rollen klar und ihre Überschneidungen bzw. Grenzen
bestimmt sein.

(3) Der Lehrende hat die Aufgabe der sozialpädagogischen Führung
(Betreuung) und der Vermittlung jener Kenntnisse, mit deren Hilfe
Spieler und Mannschaft ihre Saisonziele erreichen können. Der Lehrende muß deshalb die individuellen und kollektiven Lernprozesse und
die Bereitstellung der dazu notwendigen Mittel planen sowie die
Gruppenprozesse anregen. Er darf sich aber nicht in diese Prozesse
selber integrieren wollen, weil er dadurch seine für alle Spieler
verbindliche Rolle der Führung einschränkt (vgl. dazu das Problem
des Spielertrainers!). Seine sozialpädagogische Rolle ist vergleichbar mit der Rolle des Lotsen, der an Bord des Schiffes kommt, wenn

es in unbekannte Gewässer gerät. Er geht wieder 'von Bord', wenn Kapitän und Besatzung den Weg alleine weiterfinden.

(4) Damit ist der Entscheidungsspielraum der <u>Mannschaft</u> angedeutet. Die Erfolgserwartungen der Einzelnen und die Zielvorstellungen von Lehrer/Trainer und Management sind nur erfüllbar, wenn die Spieler bestimmte Entscheidungen treffen bzw. mitplanen können. Weitgehende Entscheidungsautonomie besitzen Mannschaften hinsichtlich ihrer <u>sozialen Struktur</u>. Es bilden sich neben den formellen auch informelle Rollen aus (vgl. bei 3.4). <u>Rollen</u> in der Führung, in der Spiel- und Leistungsmotivation, in der Kommunikation (Geselligkeit) sind abhängig von der Persönlichkeit der einzelnen Spieler und der Erwartungen der Gruppe. So strukturierte Gruppen wollen über wesentliche Teile der Saisonstrategie (Trainingsumfang, Spielverkehr, Besprechungen, Geselligkeit) und über neue Mitglieder mitbestimmen und isolieren jene, die sich nicht in die Gruppe einfügen. Sie stellen <u>Besatzung und Kapitän</u> und sagen dem Lotsen, wohin sie eigentlich wollen. (Der Lotse aber sagt ihnen, wie sie am besten ans Ziel gelangen können.)

(5) Das <u>Management</u> ist bedingt vergleichbar mit dem Reeder, unter dessen Flagge das Schiff läuft. Das Management ermöglicht die Fahrt durch <u>organisierte Planung</u> und <u>Maßnahmen</u>, durch Sicherung der <u>materiellen Bedingungen</u> (Finanzen, Kleidung, Gerät, Spielhalle bzw. Platz), durch gezielte Hilfen der einzelnen Spieler in Beruf und Schule, in Wohnungs- und z.T. auch familiären Fragen, also im <u>sekundären Bereich</u> des Spiels. Das Management baut nationale und internationale Kontakte auf. Es vertritt in Verwaltungsorganen (des Vereins wie des Verbandes bzw. Bundes) die Interessen der Mannschaft.

Abbildung 68 stellt das Verhältnis der Rollen im Schema dar. Im Bereich der primären Betreuung (im Spiel und Training) überschneiden sich z.B. die Entscheidungsfehler von Trainer und Spieler (a/b), im Bereich der Spiel- und Trainingsbedingungen die von Trainer und Management (b/c), im Bereich der beruflichen Sicherung z.B. die von Spielern und Management (a/c). Im Bereich der Zielplanung sowie der sekundären (sozialen) Betreuung müssen hingegen alle drei Funktionsträger zusammenwirken (a/b/c).

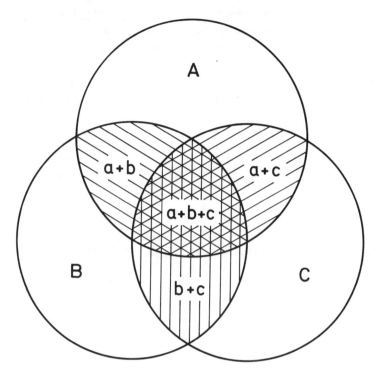

Abb. 68: Schema der drei Rollen Mannschaft (A), Lehrer/Trainer (B),
Management (C), ihrer Überschneidungen (schraffierte Felder) und
Eigenständigkeiten

MERKE!

(1) Wir unterscheiden eine Turnierstrategie, die Saisonstrategie,
die Schul- und Vereinsstrategie, die Staatsstrategie.

(2) Die Entscheidungsträger der Saisonstrategie sind die Mannschaft,
Lehrer/Trainer und das Management.

(3) Der Lehrer/Trainer hat die Aufgabe der pädagogischen und fachlichen Planung bzw. Führung (Betreuung). Er plant die Übernahme von
Rollen und leitet Gruppenprozesse, ohne doch selbst in diese integriert zu sein.

(4) Die Mannschaft entwickelt weitgehend selbständig eine eigene
soziale Struktur und befindet wesentlich mit über ihre innere Führung, die Zielvorstellungen und Erfolgserwartungen einer Saison.

(5) Das <u>Management</u> bestimmt wesentlich den <u>organisatorischen</u> und <u>ökonomischen Rahmen</u> der Saisonstrategie. Das Management wird als Sozialrolle im Bereich der sekundären Betreuung wirksam.

Prüfe Dein Wissen!

Entscheide, bei wem die Hauptschuld für Versagen zu suchen ist, bei der Mannschaft (A), beim Lehrenden (B) oder beim Management (C)!

1. A Eine Mannschaft spielt mehrfach ohne einheitliche Spielklei-
   B dung
   C

2. A Eine Mannschaft hat zu Beginn der Saison eine schlechte Kon-
   B dition
   C

3. A Ein für die Mannschaft wichtiger Spieler scheitert in der
   B Schule und muß deshalb in der Saison den Sport aufgeben
   C

4. A Eine Spielerin verliebt sich, heiratet und scheidet wegen
   B Wohnungswechsel aus
   C

So ist es richtig!

1. C Es ist Aufgabe des Managements, vor Beginn der Saison für einheitliche Spielkleidung zu sorgen.

2. B Der Trainer hat offensichtlich die Vorsaison nicht richtig geplant bzw. genutzt.

3. ABC Schuld haben alle drei. A muß über ihre Mitglieder informiert sein und die Informationen weiterleiten, B gegebenenfalls den Spieler zeitweilig vom Training freistellen und mit C Hilfsmaßnahmen einleiten.

4. — Die Liebe ist eines jener Ereignisse, die außerhalb der Entscheidungskompetenz von A, B und C liegen. Andere vergleichbare Ereignisse sind ein entscheidender beruflicher Wechsel, das Altern, der Tod.

LITERATUR

HAGEDORN, G.:   Die Spielregulation. Eine Untersuchung zur Betreu-
                       und von Spitzenmannschaften. In: III. Europäischer
                       Kongreß f. Sportpsychologie, S. 61-64. Schorndorf:
                       Hofmann, 1973.

HAGEDORN, G., W. VOLPERT u. G. SCHMIDT:
                       Wissenschaftliche Trainingsplanung. Frankfurt/
                       Main: Limpert, 1972 (s. bes. S. 15-18).

HUSMAN, B.F., D. HANSON, R. WALKER:
                       The Effect of Coaching Basketball and Swimming
                       Upon Emotion as Measured by Telemetry. In:
                       Contemporary Psychologie of Sport. Proseedings o.
                       t. Second Intern. Congress o. Sport Psychology.
                       Washington, 1968 (s. bes. S. 287-293).

3 LEHREN IM SPORTSPIEL BASKETBALL

Die Kapitel LEHREN (3) und LERNEN (4) stellen zwei Vorgänge dar, die
aufeinander bezogen sind. Der Lehrende dient dem Lernenden, indem er
sein Lernen verbessert, erleichtert oder überhaupt ermöglicht. Bei
aller Grundgesetzlichkeit des Lernens entscheidet der Lehrende doch
wesentlich mit, was, wie und ob gelernt wird. So ist die Frage
müßig, ob das LERNEN vor dem Lehren (STONES 1972) oder das LEHREN
vor dem Lernen darzustellen sei (ROTH 1971), denn alle Fragen des
einen Vorgangs finden ihre Antwort durch den anderen.
Im HANDBUCH wird das LEHREN vor dem LERNEN behandelt. Der Lehrer/
Trainer soll zunächst auf die Voraussetzung der Lehrtätigkeit verwiesen werden. Dazu zählen die Kenntnis über die Rolle der Wissenschaft und der Erfahrung (3.1), das Lehrverhalten (3.2), die Kenntnis über die Methodik (3.3), die Soziostruktur und Aufbau der Mannschaft (3.4), die Periodisierung (3.5) sowie die Unterrichts- und
Trainingsplanung (3.6) im Bereich der Lehrtätigkeit. Diese Kenntnisse dürften die Durchführung von Unterricht und Training (3.7)
und den Einsatz der audiovisuellen Unterrichtsmittel (3.8), die Betreuung der Mannschaft (3.9), das Verständnis für Konflikte und
Krisen (3.1o) und die Erfolgskontrolle von Training und Wettkampf
(3.11) erleichtern.

3.1 Zur Rolle der Wissenschaft und der Erfahrung
von Günter HAGEDORN

Niemand kann erfolgreich spielen ohne eigene Spielerfahrung. Erfahrung ist die Grundlage des menschlichen Handelns. Erst die Spielerfahrung macht aus dem talentierten einen guten Spieler. Was aber bedeutet 'Spielerfahrung'? Ein erfahrener Spieler hat unter den unter-
schiedlichsten Bedingungen gespielt und eine Fülle von Situationen
kennengelernt. Gegenspieler und Mitspieler, Zuschauer, Halle und
Schiedsrichter, schließlich seine eigene 'Tagesform' bestimmten
seine Spiellust und Spielleistung und entschieden über Sieg oder
Niederlage seiner Mannschaft. Allmählich macht er zwei Entdeckungen:
(1) Situationen wiederholen sich,
(2) das Verhalten der Mit- und Gegenspieler läßt sich immer häufiger
vorhersagen.

Diese Entdeckungen werden dem einen Spieler mehr, dem anderen weniger bewußt. Dennoch ziehen beide Folgerungen daraus. Der eine beginnt, sein eigenes Handeln im voraus zu planen, er weiß, wenn diese oder jene Situation wieder eintritt, dann ist es am günstigsten, in einer ganz bestimmten Weise zu handeln. Der andere stellt sich eher intuitiv auf die jeweilige Situation ein.

Beide Spieler haben gelernt. Sie haben viele Beobachtungen zusammengetragen, geordnet und leiten daraus das für sie selbst wahrscheinlich günstigste Verhalten ab.

Lernen bedeutet hier aber noch mehr. Der erfahrene Spieler braucht nicht mehr lange nach dem günstigsten Weg zu suchen (trial and error), er braucht auch nicht mehr alle Situationen zu durchdenken, er handelt oft richtig, gerade weil er nicht mehr denken muß, bevor er handelt. Er schaltet automatisch, ihm wird vieles gar nicht erst bewußt.

Ähnlich verfährt auch zunächst der Lehrende. Er sammelte als Spieler Spielerfahrungen, er sammelt pädagogische Erfahrungen als Lehrer/Trainer. Auch er wird - mehr oder weniger bewußt - die gleichen Entdeckungen machen:

pädagogische Situationen wiederholen sich, und: das menschliche Verhalten zeigt gewisse Gesetzmäßigkeiten, es gehorcht bestimmten Regeln.

Eigene Bewegungserfahrungen können den Lehrprozeß unterstützen. Aufgrund der ausgebildeten eigenen "Bewegungsmuster" (ULICH 1964) vermag der Lehrende besser die Bewegung des Lernenden (mit dem Sollwert) zu vergleichen; das 'seelische Mitmachen' des Lehrenden mit dem Erleben des Lernenden gelingt dabei besser, wenn die eigenen Bewegungsmuster bewußt langsam und über 'Umwege' (trial and error) aufgebaut statt - wie beim 'Bewegungsgenie' - spontan gefunden und ohne längeres systematisches Üben richtig abgerufen werden können. Eigenes Suchen erweitert das Umfeld der Bewegung, nötigt dazu, das Umfeld zu gliedern (strukturieren) und gestattet es, die Zielbewegung sinnvoll einzuordnen (vgl. die Handlungsstruktur der Sportspiele bei 2.2).

Deshalb wird nur jener Spitzenspieler ein guter Lehrer/Trainer, der die Gesetzmäßigkeiten seines Spielhandelns begreift und vermitteln kann. Das systematische Training auf eigene Höchstleistung ist keine

Voraussetzung für das erfolgreiche Lehren, sondern nur eine Verständnishilfe für die Erlebnisweisen der Trainierenden im Leistungssport. Zum Problem der sog. 'Eigenrealisation' vgl. u.a. BÖHME u.a.
1972, ARTUS u.a. 1973, KOHL 1973, WILKE 1973.
Aber auch nicht jeder erfolgreiche ist ein guter Lehrer/Trainer. Oft
spielt beim Erfolg der Zufall mit. Gut ist aber der Lehrer/Trainer,
der möglichst viele Gesetzmäßigkeiten aus den eigenen Beobachtungen
und Erfahrungen gewinnt und situativ richtig anwendet. Benötigt er
dafür nur wenige Erfahrungen, so hat er einen hohen pädagogischen
Wirkungsgrad.
Er kann diesen Wirkungsgrad steigern, indem er sich die Erfahrungen
und Erkenntnisse anderer zunutze macht. Illustrationen, Bücher und
Filme helfen ihm, seine pädagogische Übungszeit zu verkürzen. Er
braucht nicht selber alle Erfahrungen zu sammeln und auf Gesetzmäßigkeiten hin zu befragen, er erprobt die Entdeckungen anderer und
wählt das für seine eigene Situation Notwendige bzw. Nützliche aus.
Oft stellt der so Lernende Unterschiede, ja Widersprüche fest bei
den Autoren. Sie deuten die gesammelten Erfahrungen anders. Der
eine hält z.B. den Angriff für spielentscheidender, der andere die
Verteidigung. Und beide können Erfolg nachweisen! Hat einer, haben
beide recht? Zunächst schließen sich unterschiedliche Auffassungen
nicht aus. Unter bestimmten Bedingungen wird der bessere Angriff,
unter anderen Bedingungen die bessere Verteidigung den Ausschlag
geben. Der Erfolg ist noch kein schlüssiger Beweis dafür, daß eine
Meinung 'richtig' sei, denn der Sieg hat viele Väter (die Niederlage auch, nur will keiner so leicht die Verantwortung dafür übernehmen). Wer einen Beweis führen will, der muß zurückfragen nach
den wirklichen Ursachen, der muß aufgrund von überprüfbaren Tatsa-
chen (objektiv) urteilen, er darf nicht aufgrund persönlicher Überzeugung nur (subjektiv) vermuten.
Hier hilft die Wissenschaft weiter. Alle Wissenschaften gehen von
Erfahrungen aus. Auch sie suchen nach Gesetzmäßigkeiten. Aber dabei
gehen sie methodisch vor. Sie können deshalb oft früher und genauer
als Spieler und Trainer Gesetzmäßigkeiten bestimmen und Notwendiges
von Zufälligem trennen. Den Wissenschaften gelingt es - zumindest
in Teilbereichen - schneller und besser, die verwirrende Fülle von
möglichen Erfahrungen zu ordnen und ihre Komplexität zurückzuführen
auf einfache Gesetze. Wissenschaft erspart Erfahrungszeit, kann

157

aber die eigene Erfahrung nicht ersetzen. Die Erfahrung ist für
Lehrende und Lernende die Grundlage aller Erkenntnis; aber dieser
Erkenntnisvorgang wird - zumindest beim Lehrenden - durch die Wissenschaft beschleunigt und objektiviert. Nicht jede wissenschaftliche Erkenntnis ist für den Lehrenden verwendbar. Viele Erkenntnisse werden in einer für ihn unverständlichen Sprache ausge-
drückt. Andere wichtige Erkenntnisse werden in gänzlich anderen
als pädagogischen Zusammenhängen gesammelt und ausgewertet. Hier
müßte der Trainer erst einmal ihre allgemeine Gültigkeit prüfen,
was er nur in den seltesten Fällen zu leisten vermag.
Es bleiben die Erkenntnisse der Anwendungsforschung, also jener
Wissenschaften, die sowohl den Gegenstand Spiel untersuchen als
auch selber die Forschungsergebnisse auf ihre Anwendbarkeit hin
überprüfen. Sie liefern dem Lehrenden Ergebnisse, die er auf seine
Tätigkeit unmittelbar übertragen kann, wenn er bestimmte Regeln
bzw. Bedingungen beachtet. Auch diese Regeln sucht die Anwendungsforschung zu ermitteln und für die Praxis bereitzustellen. Es ist
zu hoffen, daß die Beiträge des HANDBUCHES diesen Doppelauftrag
wenigstens zum Teil erfüllen.

LITERATUR

ARTUS, H.-G. u.a.: Reform der Sportlehrerausbildung. Schriftenreihe
d. Inst.f.Leibesüb.d.Univers. Hamburg. Gießen:
Achenbach, 1973 (bes.S. 2o-22, 28).

BÖHME u.a.: Sport im Spätkapitalismus. Frankfurt/Main: Limpert, 1972 (bes.S. 54-56, 131-132).

FETZ, F.: Bewegungslehre der Leibesübungen. Frankfurt/Main:
Limpert, 1972 (bes. S. 11-42).

KOHL, K.: Allgemeine Theorie des motorischen Lernens. In:
Psychologie i.Training und Wettkampf. Hg.v.DSB,
Trainerbibliothek Bd. 5. Berlin: Bartels & Wer-
nitz, 1973, S. 47-69 (bes.S. 49. 6o-61, 63,67).

MEINEL, K.: Bewegungslehre. Berlin: Volk und Wissen, 1971
(bes. S. 88-91).

ROTH, H.: Pädagogische Psychologie des Lehrens und Lernens.
Hannover: Schroedel, 1971.

STONES, E.: Psychologie des Lehrens und Lernens. Weinheim:
Beltz, 1972.

ULICH, E.:   Das Lernen sensumotorischer Fertigkeiten. In:
                    Handbuch der Psychologie, 1.Bd.I, 2.Halbbd.,
                    S. 326-346. Göttingen: Hogrefe, 1964.

WILKE, K.:   Die Bedeutung der Eigenrealisierung von Bewe-
                    gungen für deren Beherrschung u. didaktische
                    Vermittlung. In: Beiträge z.mentalen Training,
                    Bd.3 der Schriftenreihe Training und Bean-
                    spruchung, hrsg.v. E.Ulich. Frankfurt/Main:
                    Limpert, 1973, S. 96-115.

WILLIMCZIK, K.:   Wissenschaftstheoretische Aspekte einer Sport-
    .   wissenschaft. Frankfurt/Main: Limpert, 1968.

3.2 L e h r v e r h a l t e n
von Günter HAGEDORN

SCHLAGWÖRTER

(1) Einflußgrößen auf Lehrverhalten: eigene Persönlichkeit, Bezugsrahmen, Gegenstand und Zielvorstellungen, Lernende; Lehren ist erlernbar, Gesetzmäßigkeiten, Regeln

(2) Persönlichkeit: eigener Lehrstil, natürliche Autorität, Offenheit

(3) Bezugsrahmen: staatliche Bildungs- und Sportpolitik, Rang in der
Öffentlichkeit, besondere soziale Bedingungen; institutionalisierte
Grenzen, Wirkung ein-, Nutzung und Veränderung abschätzen

(4) Gegenstand: Sportlehrgebiet, pädagogisches Mittel, Grenzen;
Ziel: Erlebnisse, Begeisterung und Sachkenntnis

(5) Lernende: Erfolgskontrolle; Informationsaustausch, Rolle einschätzen; Beobachten der Informationsaufnahme und - verarbeitung,
Sprechen, Vergleichen, Verändern des Lehrverhaltens

(6) Drei Führungsstile: autoritärer, demokratischer, Laisser-faire-
Stil; Mannschaftsdemokratie, soziale Prozesse, kooperatives Verhalten, demokratischer Stil, Ausgleich von Sonderverhalten, Miteinandersprechen und -handeln, neue soziale Situationen.

ERLÄUTERUNGEN

(1) Das Lehrverhalten stellt ein auf den zwischenmenschlichen Bereich bezogenes Entscheiden und Handeln dar. Seine Grenzen werden
wesentlich mitbestimmt von der Persönlichkeit des Lehrenden, vom
gesellschaftlichen und sozialen Bezugsrahmen, vom Gegenstand des
Lehr-Lernprozesses und ihren Zielvorstellungen, schließlich auch
von den Lernenden.

Innerhalb dieser Grenzen bietet sich dem Lehrenden eine Fülle von
Entscheidungs- und Handlungsmöglichkeiten. Dennoch ist das Lehren
erlernbar. Dazu müssen freilich in der Fülle der Möglichkeiten Gesetzmäßigkeiten aufgedeckt und daraus Regeln (Handlungsanweisungen)
abgeleitet werden, die das 'Lernen des Lehrens' ermöglichen.
(2) Die Persönlichkeit jedes Lehrenden ist in gewisser Weise einmalig aufgrund der individuellen Art, in der die Einflüsse der Umwelt
verarbeitet wurden. Deshalb ist auch das Lehrverhalten individuell
verschieden. So ist es stets besser einen eigenen Lehrstil zu finden, statt einen fremden zu kopieren (zum Stil vgl. bei MARTIN 1973).
Zwei Fähigkeiten dürften den erfolgreichen Lehrer/Trainer besonders
auszeichnen: eine natürliche Autorität und Offenheit. Die natürliche
Autorität wird auch mit Ausstrahlung oder Überzeugungskraft bezeichnet. Sie gründet einerseits in dem gesicherten Selbstbild
(vgl.bei 2.3.11), andererseits in der Fähigkeit, Wissen und Kenntnisse vielseitig für die zwischenmenschlichen Beziehungen zu nutzen.
Der Reifungsprozeß (Selbstbild) kann nur bedingt 'gewollt' werden,
aber Wissen und Kenntnisse sind erwerbbar und ihr Einsatz ist eine
erlernbare Fertigkeit. Man kann z.B. lernen, sein eigenes Wissen
dem Lernenden als Hilfe anzubieten, ohne dessen Selbstwertgefühl
zu zerstören. Dazu gehört freilich Offenheit sowohl für den Lernenden und seine Fragen (Rollenkonflikt in der Mannschaft, Beruf)
als auch für sachliche Probleme (Fachwissen, wissenschaftliche Erkenntnisse). Der bessere Lehrer bestätigt dem Schüler, daß er
selber ständig noch lernt.
(3) Der gesellschaftliche und soziale Bezugsrahmen reicht vom Spielraum der staatlichen Bildungs- und Sportpolitik (ideologisch und
finanziell) über den Rang, den Öffentlichkeit (Gesellschaft) dem
Sport einräumt (in den Medien: König Fußball, Vasallen Basketball,
Hockey, Volleyball; in der Schule: Sport entweder als Reservestun-
den für 'wissenschaftliche' Fächer oder als Bildungsmöglichkeit)
bishin zu den besonderen sozialen Bedingungen des engeren Wirkungs-
bereichs eines Lehrers/Trainers (Stadt/Land, Siedlung, Schultyp,
Verein ohne und mit 'Tradition').
Jeder Lehrende wird an diese z.T. schon institutionalisierten Grenzen stoßen sowohl im Schulunterricht (Bildungskonzept, Stundenzahl,
Geräteausstattung), im Betriebs- und Freizeitsport (Sportanlagen,

Auswahlmöglichkeiten), als auch beim Aufbau einer Auswahlmannschaft
(Finanzen, Motivation der Spieler, Management). Er muß sie kennen,
sie hinsichtlich ihrer Wirkung auf seine Tätigkeit einschätzen und
die Möglichkeit zu ihrer positiven Nutzung bzw. Veränderung abschätzen können, andernfalls wird er scheitern.

(4) Gegenstand der Lehr-Lernprozesse ist hier das Basketballspiel.
Der Lehrende muß diesen Gegenstand kennen und beherrschen lernen als
Sportlehrgebiet (Fachdidaktik, Fachmethodik vgl. bei 2) und als pädagogisches Mittel (Individuation, Sozialisation vgl. bei 2.3.11
und 3.4), aber auch in seinen Grenzen gegenüber anderen Sportlehr-
gebieten (Spielidee, Mannschaftsgröße, Belastungsformen und -berei-
che).

Ziel des Basketballspiels sind primär die persönlichen und sozialen
Erlebnisse, die dieses Sportspiel den Spielenden als Mitglieder
einer Gruppe bietet. Entsprechend den persönlichen Erwartungen können diese Erlebnisse im Freizeit- und Betriebssport, im Schulspiel
und Leistungssport gefunden werden. Die Verbreitung des Spiels
schafft dazu die Voraussetzung (vgl. bei 1.5). Diese ist somit auch
eine Aufgabe des Lehrenden. Dennoch: Begeisterung für dieses Spiel
und kritische Sachkenntnis sollten sich die Waage halten, denn fa-
natische Missionare sterben früher.

(5) Den wohl größten Einfluß auf das Lehrverhalten dürften die Lernenden ausüben. Ihr Lernverhalten ist die beste Erfolgskontrolle
für den Lehrenden. Damit diese Kontrolle aber nicht dem Zufall überlassen bleibt, sind folgende Bedingungen zu erfüllen:

- der Lehrende muß sich offen halten für den Informationsaustausch
  mit den Lernenden (vgl. UNGERER 1971);
- dazu muß er seine eigene Rolle und die der Lernenden (Mannschaft)
  richtig einschätzen (vgl. bei 2.8);
- er muß die Lernenden beobachten, ob und wie sie seine Informationen (Erziehungsstile, Lernziele, Lernhilfen, Kritik) aufnehmen
  (rückfragend, schweigend, diskutierend) und verarbeiten (mecha-
  nisch übend,probierend, im Wechsel überdenkend und übend);
- er muß mit den Lernenden sprechen, um Auskunft über ihre Zielvorstellungen, Erfolgserwartungen (Motive) und die Informationsverarbeitung (Lernprobleme) zu erhalten;
- er muß das erhoffte mit dem gezeigten Sozialverhalten, den erhoff-
  ten mit dem erreichten Übungs- (Spiel-) erfolg vergleichen;

- die Unterschiede zwischen Erwartung (Sollwert) und Erreichtem
(Istwert) helfen dabei, das Lehrverhalten (Führungsstil, Methoden) zu verändern.

(6) Das Lehrverhalten wird zur konkreten Handlungsanweisung durch
den Führungsstil.Die systematische Beobachtung des Lehrverhaltens
deckte gewisse Gesetzmäßigkeiten auf. Danach lassen sich drei Führungsstile unterscheiden. Kriterium der Unterscheidung ist das Maß,
in dem der Lehrende den Lernenden Entscheidungen vorgibt (abnimmt)
oder überläßt (vgl. HAGEDORN 1968. LENK 197o, ROTH 1971, MARTIN
1973). Die drei Führungsstile sind
1. der autoritäre Führungsstil (=autokratisch),
2. der demokratische Führungsstil (=sozial-integrativ),
3. der Laisser-Faire-Stil.
Bei autoritärer Führung gibt der Lehrende das Ziel und den Weg da-
hin weitgehend selber vor, die Lernenden vollziehen möglichst öko-
nomisch und schnell. Hauptziel sind hier in der Regel die unmittelbare Leistungssteigerung und der absehbare Spielerfolg. Der autoritäre Trainer ist demnach eher aufgabenorientiert. Der demokratisch Führende überträgt eine Reihe von Entscheidungsprozessen an
die Lernenden und grenzt somit seine eigene Kompetenz ein. Der
Spielerfolg stellt sich über den langwierigeren Weg der Verselb-
ständigung ('Emanzipation') der Spieler ein. Der demokratische
Trainer ist somit eher personenorientiert. Der Laisser-faire-Stil
stellt den längsten Weg zu nur durchschnittlichem Spielerfolg dar.
Hier herrschen Wahl- und Entscheidungsprozesse der Lernenden abso-
lut vor. Dieser Stil eignet sich im wesentlichen nur dort, wo keine Lern- und Leistungsprozesse gefordert werden, stattdessen das
Spiel um seiner selbst willen betrieben wird, z.B. im Freizeit-
bereich.
Die Wahl des Führungsstils hängt somit weitgehend von der Gruppe
und den gesteckten Zielen ab. Die "Mannschaftsdemokratie", verstanden als "freiwillige Identifikation mit der Zielsetzung der
Mannschaft" (MARTIN 1973, S.1o8), hat ihre Grenzen, denn die 'Frei-
willigkeit' kann durch den Trainer (mit Hilfe von Lob und Tadel,
Länge des Spieleinsatzes z.B.), die Zielsetzung der Mannschaft
durch andere Einflußgrößen (Management, Medien) manipuliert werden.
Nur bedingt manipulierbar sind die sozialen Prozesse. Ob eine
Mannschaft stärker kooperiert oder konkurriert, das hängt von vielen

162

Faktoren ab, von der Persönlichkeit der Spieler ebenso wie vom engeren wie weiteren sozialen Milieu (CRATTY 1967). Dennoch läßt sich
die kooperative Verhaltensweise fördern (vgl. bei 3.3 und 3.4).
Grundvoraussetzung ist dabei der demokratische Führungsstil des Lehrenden. Er muß zunächst jene sozialen Situationen schaffen, in denen
Teile und alle Mitglieder der Gruppe (Mannschaft) zusammenarbeiten
(interagieren), die Zusammenarbeit überdenken und verändern dürfen,
je nach ihrer Erfolgs- bzw. Sozialerwartung. Diese Situationen können vor und nach, können aber auch während Training und Spiel gestaltet werden. Sie führen zum Ausgleich von individualistischem
Sonderverhalten,verstärken die Neigung zum Miteinandersprechen und
-handeln und dürften auch die Fähigkeit fördern, selbständig neue
soziale Situationen und Kontakte zu schaffen. Die Folge: auch die
leistungsstärkeren Spieler passen sich dem Gruppendurchschnitt an;
die Mannschaft ist zufriedener, aber insgesamt auch leistungsschwä-
cher, hält dafür aber ihre Leistung über einen längeren Zeitraum.

MERKE!
(1) Das Lehrverhalten ist ein zwischenmenschliches Handeln und
hängt ab von der Persönlichkeit des Lehrenden, vom sozialen Bezugsrahmen, vom Gegenstand, von Zielvorstellungen, von den Lernenden. Dabei ist Lehren erlernbar aufgrund von Gesetzmäßigkeiten und
Begeln.
(2)Die Persönlichkeit ist einmalig und sollte zu einem eigenen Lehrstil finden. Den erfolgreichen Lehrer/Trainer zeichnen aus die natürliche Autorität (Selbstbild und Wissen/Kenntnisse) sowie die Offenheit (für persönliche Fragen und Sachprobleme). Der bessere Lehrer ist selber Lernender.
(3) Der Bezugsrahmen, innerhalb dessen das Lehrverhalten sich verwirklicht, umfaßt die staatliche Bildungs- und Sportpolitik, den
Rang des Sports in der Öffentlichkeit (Gesellschaft), die besonderen
sozialen Bedingungen des Lehrenden. Er muß die z.T. schon institutionalisierten Grenzen seiner Tätigkeit kennen, ihre Wirkung ein-
sowie die Möglichkeit zur Nutzung bzw. Veränderung abschätzen lernen.
(4) Der Gegenstand Basketball ist ein Sportlehrgebiet (mit eigener
Fachdidaktik u. -methodik), zugleich ein pädagogisches Mittel mit
bestimmten Grenzen. Ziel des Spiels sind persönliche und soziale

Erlebnisse, die durch die Verbreitung des Spiels ermöglicht werden.
Beim Lehrenden sollten Begeisterung und Sachkenntnis sich die Waage
halten.
(5) Das Verhalten der Lernenden dient zur Erfolgskontrolle für den
Lehrenden. Dazu ist der Informationsaustausch notwendig, bei dem die
eigene Rolle richtig eingeschätzt und die Lernenden hinsichtlich
der Informationsaufnahme und -verarbeitung beobachtet werden müssen.
Über das Gespräch und den Sollwert-Istwert-Vergleich kommt der Lehrende dann zur Veränderung des Lehrverhaltens.
(6) Die drei Führungsstile verteilen die Entscheidungen unterschiedlich zwischen Lehrer/Trainer und Spieler: der autoritäre Stil gibt
die Entscheidungen vor, der demokratische delegiert Entscheidungen
gemäß den Sozialrollen, der Laisser-faire-Stil stellt Entscheidungen anheim.

PRÜFE DEIN WISSEN!

Entscheide, ob die nachfolgenden Aussagen RICHTIG (R) oder FALSCH
(F) sind!

R F 1. Der demokratische Führungsstil überläßt dem Spieler die
       Entscheidungen.

R F 2. Lehren läßt sich nicht erlernen, man ist zum Lehrer/Trainer
       geboren.

R F 3. Politik hat keinen Einfluß auf die Lehrtätigkeit.

R F 4. Der Spielerfolg (Sieg) ist die sicherste Erfolgskontrolle
       für den Lehrprozeß.

R F 5. Begeisterung und Sachkenntnis des Lehrenden sind die
       wichtigsten Lehrhilfen.

1. F   2. F   3. F   4. F   5. R

So ist es richtig!

LITERATUR

CRATTY, B.J.: Social dimensions of physical activity. New Jersey: Englewood Cliffs, 1967.

HAGEDORN, G.: Das Basketballspiel. Köln: Barz u. Beienburg, 1968 (bes. S. 6o-63).

LENK, H.: "Autoritär" oder "demokratisch" geleitetes Training? In: H.Lenk, Leistungsmotivation und Mannschaftsdynamik (Beitrag z. Lehre u. Forschung d. Leibeserziehung, Bd.37). Schorndorf: Hofmann, 197o, S. 1o9-117.

MARTIN, D.: Mannschaftsformen und Grundlagen der Mannschaftsführung. In: Psychologie in Training und Wettkampf, Trainerbibliothek Bd.5, hrsg.v.DSB. Berlin: Bartels und Wernitz, 1973, S.1o3-118.

ROTH, H.: Pädagogische Psychologie des Lehrens und Lernens. Hannover: Schroedel, 1971.(bes.S.239-24o).

UNGERER, D.: Zur Theorie des sensumotorischen Lernens. (Beiträge z. Lehre u. Forschung d. Leibeserziehung, Bd.36, hrsg.v.Ausschuß Deutscher Leibeserziehung). Schorndorf: Hofmann, 1971.

3.3 M e t h o d i k

von Günter HAGEDORN

SCHLAGWÖRTER

(1) Lehre von den Verfahrensweisen, Methoden

(2) Weg: Ausgangspunkt und Ziel, Zielverhalten, Lern- und Trainingsleistungen; günstiges Lernklima, Prinzipien beachten, Methoden benuthen

(3) Günstiges Lernklima: Begeisterung und Sachkenntnis, Gefühl des Betreutseins, Lösung von Problemen, Verstärkung durch Lob, sinnvolles Tun; Lern- und Leistungsmotivation: Hoffnung auf Erfolg, Furcht vor Mißerfolg, attraktive, hohe aber erreichbare Ziele

(4) Prinzipien: Weg zum Endziel durch Teilziele, Erfolgserlebnis, Verstärkung durch Erfolg, Kenntnis des Ziels, Einsicht; unterrichtlicher Stufenplan: Spielen, Erproben, Üben, Trainieren, Wettkampf; Stufenplan und Führungsstil

(5) Auswahl der Prinzipien: Spielen oder Üben, Ganzheitsmethode, Teilmethode, Beispiel Korbleger; Situatives oder isoliertes Lernen, über Bewegung verfügen, technisch und spieltaktisch richtige Bewegung; motorische Aktivität oder Vorstellen und Denken, Anfänger: aktive motorische Erfahrung, mentales Training, Handlungsebene und geistige Prozesse; Gehäuftes Lernen oder verteiltes Lernen, verteiltes Lernen, Pausen, Ermüdung vermeiden, Gelerntes verarbeiten;

Erfolgslernen oder Vorgangslernen, Erfolgslernen = Ergebnisrückmel-
dung (Anfänger), Vorgangslernen = Lernen im Vollzug (Könner); Einsichtiges Lernen oder Drill, Drill bei Fertigkeiten, Einsicht bei
situativem und mannschaftlichem Verhalten, Prinzipien, Strukturen,
emanzipatorisches Lernen.
(6) Methoden: 1. motorische Ausführung, Intervall-, Ausdauer-, Circuitmethode, Muskelausdauertraining, Trainingseffekte durch Training mit dem Ball (Gerät); Lernleistungen, Fertigkeiten, Übungsformen, Übungsreihen, Spiel- und Aufgabenreihen, Kontinuum;
2. Denk-, Sprech-, Vorstellungsprozesse, Methoden zur Steuerung der
Informationsaufnahme, -verarbeitung, im und nach Vollzug: Beobachten, Anhören; Nachdenken, Vorstellen, mentales Training (vor der
Übung); Kommentar, Bewegungsvorstellung; Selbstbeobachtung, Gruppendiskussion, mentales Training (nach der Übung);
3. Methoden der Sozialisation: Voraussetzung Chancengleichheit,
Differenzierung der Spielleistung, Identifikation; Gruppenarbeit
und Partnerarbeit, Prinzip: Jeder mit jedem; Traineraufgabe: Gruppennormen und Rollen verdeutlichen.

ERLÄUTERUNGEN

(1) Die METHODIK ist vielleicht noch unmittelbarer als das LEHRVER-
HALTEN auf das LERNEN (4) bezogen. Mit METHODIK bezeichnen wir die
LEHRE von den Verfahrensweisen, mit deren Hilfe von einem Ausgangspunkt aus ein Ziel erreicht wird; sie faßt somit alle einzelnen
Wege, die Methoden, systematisch (in Gesetzmäßigkeiten und Regeln)
zusammen. LERNEN ist jene Verhaltensänderung, die der Lernende auf
dem Wege vom Ausgangspunkt zum Ziel hin erfährt. METHODIK bezeichnet hingegen ein geordnetes (systematisches) Verhalten des Lehrenden, die Methode das einzelne konkrete Lehrverfahren, durch das
LERNEN angeregt, erleichtert oder auch ermöglicht wird.
(2) Jede METHODIK muß zunächst den Weg bestimmen, auf dem sich -
zwischen Ausgangspunkt und Ziel - das gewünschte Verhalten einstellen soll. Zum Ausgangspunkt des Basketballspiels vgl. die Grundlagen (bei 2.3) und die jeweilige Entwicklungsstufe der Lernenden
(bei 2.1). Das Ziel wird je nach Spielbereich und Institution
(Schule, Verein, Betrieb, Freizeit) stärker im Erzieherischen, Er-
lebnismäßigen oder im Bereich des Sportlichen (Gesundheit, Erfolg)
liegen; überall aber kann als Ziel das wettkampfmäßig betriebene
Sportspiel Basketball gelten.
Das daraus ableitbare Zielverhalten der Lernenden wird durch folgende Lern- und Trainingsleistungen gesichert:

- Kenntnis der Grundidee des Sportspiels
- Kenntnis der Spielidee (REGELN) des Basketballspiels
- Physische und psychische Belastbarkeit im Rahmen des Wettspiels
- Beherrschung (Verfügbarkeit) der speziellen Spieltechniken in verschiedenen Spielsituationen (Vortaktik)
- Taktisch richtiges Handeln im Rahmen der beiden Spielrollen Angriff-Verteidigung
- Fähigkeit zur Übernahme formeller Spiel- und informeller Gruppenrollen (vgl. bei 3.4)
- Kenntnis übergeordneter Lernziele

Wie kann der Lehrende dabei helfen, damit die Spieler diese Lernleistungen erbringen, um gemäß ihren Erwartungen erfolgreich zu spielen? Er muß dazu ein möglichst günstiges Lernklima schaffen, bei der Vermittlung von Kenntnissen sowie der Erarbeitung der spielerischen Voraussetzungen bestimmte Prinzipien beachten und bestimmte Methoden benutzen.

(3) Ein günstiges Lernklima liegt dann vor, wenn sich im Verhalten des Lehrenden Begeisterung für das Spiel und Sachkenntnis äußern, wenn jeder Spieler sich letztlich verstanden und gefördert, d.h. betreut fühlt, wenn die Gruppe dem Einzelnen und dieser der Gruppe bei der Lösung von Problemen (in Training, Spiel und/oder Beruf) hilft. Das günstige Lernklima äußert sich in der Bereitschaft aller, positive Leistungen einander anzuerkennen und durch Lob zu verstärken, und in dem Bewußtsein der Lernenden, ihr Tun sein sinnvoll (vgl. MOORE 197o).

In solchem Klima ist in der Regel eine starke Lern- und Leistungsmotivation spürbar. Den gewichtigsten Einfluß darauf hat wohl der Lehrer/Trainer in seiner Rolle einer sozialpädagogischen und fachlichen Führung (vgl. CRATTY 1967). Er wirkt mit daran, daß sich bei den Lernenden die Hoffnung auf Erfolg verstärkt, die Furcht vor Mißerfolg aber abgebaut bzw. vermieden wird, indem sich die Gruppe attraktive und hohe, aber erreichbare Ziele setzt (HECKHAUSEN 1963, BAUER 1973).

(4) Damit ist bereits eines der Prinzipien angesprochen. Das wettkampfgerechte Spielverhalten kann nicht in einem einzigen Lernschritt erreicht werden. Dieses Ziel scheint zumindest dem Anfänger zunächst unerreichbar zu sein, wenn er sich und sein Können mit einem Vorbild vergleicht. Hier droht die Furcht vor Mißerfolg. Des-

halb muß der Weg zum (zunächst unerreichbaren) Endziel durch (erreichbare) Teilziele bewältigt werden. Jedes bewältigte Teilziel
verstärkt dann durch das Erfolgserlebnis den Wunsch, das nächst-
höhere Teilziel anzugehen (vgl. die sog. SKINNER-Maxime in der Programmierung, FRANK u. MEDER 1971, S.87, vgl. bei 4.3).

Das Prinzip der Verstärkung durch Erfolg gelingt am besten, wenn die
Lernenden alle Schritte bewußt mitvollziehen, indem sie das nächste
Ziel kennen, das Endziel zumindest erahnen. Ziele und Lernschritte
sollen dem Lernenden einsichtig werden und ihn zu eigenständigem
Handeln befähigen. Der Lernende muß demzufolge zunächst für das Spiel
und seine Bewegungsaufgaben motiviert werden; er muß die Spielsituationen und ihre Probleme erfahren, um Einsicht zu gewinnen in Lösungswege; er muß die Lösungswege erproben und aktiv vollziehen, soweit sie sich als brauchbar erweisen; das Bewährte muß er durch
Wiederholen (Überlernen) festigen, um schließlich über das so Gesicherte zu verfügen, indem es bereits Gelerntem hinzugefügt, bei
gleichen Situationen erneut angewendet und auf ähnliche Situationen
übertragen wird (vgl. ROTH 1971).

Dieser unterrichtsmethodische Stufenplan gleicht den im Lernbereich
Sport entwickelten 5 Lernstufen (vgl. HAGEDORN 1968, S.41):

1. das Spielen (Ebene der Motivation),
2. das Erproben (Ebene der Problemstellung und Lösungssuche),
3. das Üben (Ebene des Erlernens),
4. das Trainieren (Ebene des Überlernens und Vertiefens),
5. der Wettkampf (Ebene der Einordnung, Anwendung und Übertragung).

Diese Lernstufen machen bestimmte Führungsstile notwendig:

Stufe 1 läßt sich bedingt mit dem Laisser-faire-Stil einleiten; es
werden zunächst nur die notwendigsten Verhaltensregeln vorgegeben,
die Lernenden sammeln eigenständig Bewegungs- und Spielerfahrungen
(HAGEDORN, BISANZ u. DUELL 1973).

Stufe 2 bedarf bereits stärkerer Führung, da hier Probleme festge-
stellt und Lösungswege ausgewählt werden müssen. Gruppeninteresse
und persönliche Neigungen sind dabei aufeinander abzustimmen.

Stufe 3 macht den demokratischen Führungsstil unerläßlich bei der
Festlegung, was und wie gelernt werden soll, und bei der Selbstkon-
trolle der Lernenden bezüglich des Lernerfolgs. Der autokratische
Stil (der Lehrer macht vor, tadelt, bestraft, befiehlt) führt zu
Anpassungslernen; sobald der Anlaß zur Anpassung (Lehrer/Trainer)

nicht (mehr) vorhanden ist, hört die Lernaktivität auf.

Stufe 4 entspricht weitgehend Stufe 3. Zur Erzielung bestimmter organischer und muskulärer Trainingseffekte müssen die Trainierenden häufig und intensiv die Leistungsschwelle überschreiten. Dazu müssen Willenskraft eingesetzt und emotionale Reserven freigemacht werden; das gelingt vielen Spielern nur bei stärkerer Führung durch den Lehrenden. Der Lehrende muß dabei als Vorbild motivieren, er darf keinesfalls Lust an Schmerz und Erschöpfung der Trainierenden äußern, sinnlosen Gehorsam verlangen, gar das Training als Gewaltakt und Ventil für eigene Aggressionen mißbrauchen.

Stufe 5 ist gekennzeichnet durch ausschließlich demokratische Führungsformen. Dabei verbleiben Spielern und Trainer ein eigener Entscheidungs- und Handlungsspielraum, der von beiden respektiert werden muß.

(5) Die für das Spielverhalten notwendigen Lernleistungen hängen aber auch davon ab, welches der folgenden Prinzipien ausgewählt und wann es benutzt wird (COOPER u. SIEDENTOP 1969, MOORE 197o, VOLPERT 1971):

- Spielen oder Üben
- Situatives Lernen oder isoliertes Lernen
- Motorische Aktivität oder Vorstellen und Denken
- Gehäuftes Lernen oder verteiltes Lernen
- Erfolgslernen oder Vorgangslernen
- Einsichtiges Lernen oder Drill

Mit Spielen oder Üben werden zwei Prinzipien bezeichnet, die sich nicht ausschließen, sondern ergänzen. Ein wettkampfgerechtes Spielverhalten formt und festigt sich letztlich nur durch Spielen, denn keine Übungs- oder Trainingssituation ist so komplex wie der Wettkampf selbst. Aber Teile dieses Zielverhaltens, die unzureichend beherrscht sind, werden durch Üben verbessert. Dabei können Bewegungen als ganzes mit Hilfe der Ganzheitsmethode oder in seinen Einzelteilen mit Hilfe der Teilmethode geschult werden. Wird ausschließlich die Ganzheitsmethode angewandt, so dürfte ein bestimmtes Lernziel langsamer erreicht werden. Die Teilmethode ist nur dann nützlich, wenn das Lernziel klar und der Zusammenhang mit dem Gesamtziel Spiel deutlich ist. Die Teilmethode ist der Ganzheitsmethode nur dann überlegen, wenn die zu erlernende Bewegung komplex ist, d.h. wenn mehrere Vorgänge zugleich wahrgenommen und verbunden (koordiniert) werden

müssen. Ein klassisches Beispiel ist der Korbleger: Anfänger können
nicht zugleich Ballannahme, regelgerechtes Dribbeln, 2er-Rhythmus
und Ballführung erlernen. Deshalb wird diese Bewegung sinnvollerweise von der Zielphase (Wurf) allmählich aufgebaut. (aufgeschaltet).
Damit ist die Alternative Situatives oder isoliertes Lernen nur z.T.
beantwortet. Ziel des Lernens ist es, über eine Bewegung im Spiel
zu verfügen. Im Sportspiel Basketball ist das nur möglich, wenn die
entscheidenden Einflußgrößen (Ball, Spielfeld, Ziel, Gegner, Partner) 'miterlernt' werden. So sind z.B. isolierte Vor- und Teilübun-
gen beim Korbleger nur vertretbar, wenn eine besondere Lernschwie-
rigkeit zu überwinden ist; sehr bald sollte der Korbleger wieder
in natürlichen Spielsituationen (z.B. Spiel 1-1) erprobt und angewandt werden. Die Verbindung beider Lehrprinzipien bietet die Ge-
währ dafür, daß die Bewegung sowohl technisch richtig (koordiniert)
als auch spieltaktisch richtig (Geschwindigkeit, Ballschutz, Wahl
der Hand) erlernt wird.
Die Alternative Motorische Aktivität oder Vorstellen und Denken gilt
ihrerseits nur bedingt. Beim Erlernen sportlicher Bewegungen bedür-
fen Spieler beider Prinzipien, der Anfänger zunächst stärker der aktiven motorischen Erfahrung (SINGER 1968), der Fortgeschrittene in
dem Maße auch der geistigen (mentalen) Aufbereitung und Verarbeitung, in dem sein Handeln komplexer wird (vgl. bei 2.2 und 2.3.1).
Der systematische Einsatz des mentalen Trainings bei einer Bundes-
ligamannschaft z.B. hat dessen Effektivität erwiesen (HAGEDORN,
VOLPERT, SCHMIDT 1972). Generell dürfte gelten: je höher die Handlungsebene der zu erlernenden Bewegungen und Handlungen, umso not-
wendiger werden geistige Prozesse bei den Spielern.
Die Wahl zwischen Gehäuftem Lernen oder verteiltem Lernen ist wesentlich abhängig davon, was gelernt wird. Bei bestimmten Bereichen des
Wissens ist es oft notwendig, kumulativ zu arbeiten, um den 'roten
Faden' nicht zu verlieren. Im Sport hingegen ist zeitlich verteiltes Lernen wirkungsvoller als gehäuftes Lernen (z.B. statt an einem
Wochentag 6 Stunden, an drei Wochentagen je zwei Stunden Training).
Die Pausen helfen, Ermüdung zu vermeiden, sie gestatten es zugleich,
das Gelernte besser zu verarbeiten, indem Überflüssiges wieder abge-
stoßen (vergessen) und die erlernten, notwendigen Veränderungen
eines Handlungsgrundmusters gefestigt werden (REED in: LUNZER u.
MORRIS 1971). Man denke hier an die 'innere Verarbeitung' von Er-
lebnissen in Ruhephasen (Nacht).

Ob der Lernende das Erfolgslernen oder Vorgangslernen bevorzugen
sollte, ist abhängig von der Entwicklungsstufe und dem Grad des
Geübtseins der Lernenden. Beim Erfolgslernen kommt die Verbesserung
eines Verhaltens dadurch zustande, daß das Ergebnis (Erfolg) 'zu-
rückgemeldet' wird. Je genauer die Information, umso schneller erfolgt die Verbesserung und umso größer ist der Lernzuwachs. Beim
Vorgangslernen werden ständig während der Bewegung Infomationen verarbeitet, so daß Korrekturen noch im Vollzug der Bewegung möglich
sind. Vermutlich hat das Erfolgslernen bei Anfängern, das Vorgangslernen bei Könnern größere Bedeutung (REED in: LUNZER u. MORRIS
1971). So wissen Spitzenspieler schon beim Wurf, ob sie treffen werden oder nicht.
Kaum noch ernsthaft umstritten ist die Frage nach einsichtigem Lernen oder Drill. Ähnlich wie bei 'motorischer Aktivität und Denken'
müssen dem einsichtigen Lernen (auch als Problemlösen definiert)
höhere, dem Drill (Prinzip der Automatisierung) niedrigere Entscheidungsprozesse angewiesen werden. Bestimmte Fertigkeiten müssen
z.B. häufig zunächst einmal gedrillt (als Grundmuster gesichert)
werden, bevor sie sich in komplexere Spielzusammenhänge einordnen
lassen. Situatives und mannschaftliches Verhalten aber sollte nicht
gedrillt werden, weil sich daraus leicht ein schablonenhaftes Verhalten entwickelt, sondern mit Hilfe von Prinzipien und Strukturen
erklärt und bewußt geschult (auch unter hoher, spielgerechter Belastung trainiert) werden. Damit ist indirekt auch die Frage nach
dem emanzipatorischen Lernen mitbeantwortet. Die jeweilige Handlungsebene befindet weitgehend über Art und Umfang der Entscheidungsprozesse von Lehrer/Trainer und Spielern.
(6) Unmittelbar aus den Prinzipien leiten sich die verschiedenen
Methoden ab. Wir unterscheiden dabei
1. Methoden der aktiven motorischen Ausführung,
2. Methoden, bei denen Sprech-, Denk- und Vorstellungsprozesse vor-
   herrschen,
3. Methoden der Sozialisation.
1. Zu den Methoden der motorischen Ausführung zählt die Intervall-
methode. Sie sucht durch systematischen Wechsel von Belastung und
Entlastung eine günstige Ausdauerwirkung auf die Organe zu erreichen (REINDELL, ROSKAMM u. GERSCHLER 1962). Sie führt zu schneller

Leistungssteigerung; diese geht aber schnell wieder verloren, wenn
sie nicht durch andere Maßnahmen gestützt wird. Zu diesen Maßnahmen
zählt die Ausdauermethode. Ihre günstige Ausdauerwirkung beruht auf
einer längeren konstanten Belastung (Langlauf). Die Leistungssteigerung erfolgt langsamer, bleibt aber über längere Zeit erhalten.
Für das Muskelschnellkrafttraining bietet sich die Circuitmethode,
für die lokale Muskelausdauer das Muskelausdauertraining an (JO-
NATH 1966, HAGEDORN 1968, vgl. auch bei 2.3.1. bis 2.3.7).
Im Basketball werden die erwünschten Trainingseffekte (hohe Ausdau-
erleistung bei ständig wechselnder Belastungsform und -intensität)
am sichersten durch Training mit dem Ball (aber auch Sprungseil,
Rebounder, Medizinbällen) bei mittelhoher bis hoher Geschwindigkeit
(Sprung, Start, Stopp und Richtungswechsel) und vielseitiger muskulärer Belastung erreicht. Zur Kontrolle dienen: Pulsfrequenzen
zwischen 15o bis 17o Schlägen pro Minute über längere Zeit (da
Untersuchungen bei Jugend- und Spitzenspielern im Wettkampf über
die gesamte Einsatzzeit hin Pulsfrequenzen im Mittel nicht unter
15o und z.T. deutlich über 17o Puls/Min. nachwiesen).
Die gewünschten motorischen Lernleistungen im Bereich der Fertigkeiten werden durch systematisch geordnete Übungsformen (Drills)
(NEUMANN 1973) und methodische Übungsreihen erreicht, das Angreifer-
verhalten läßt sich durch Spielreihen, das Verteidigerverhalten in
Aufgabenreihen schulen (HAGEDORN 1968). Im Bereich der Taktik, also
mannschaftlicher Spielvorgänge, stellt das Kontinuum eine wichtige
Lernhilfe dar, um bestimmte Spielrollen 'einzuschleifen' und mannschaftliche Vorgänge durch ständige Wiederholung raumzeitlich abzustimmen (vgl. bei 2.6.5, HAGEDORN 1972). Im Spiel wird es nur in
besonderen Situationen und kurzfristig benutzt (zur Ballkontrolle,
Zeitgewinn, vgl. das amerik. shuffle: 'hin und her schieben').
2. Unterstützt werden diese Methoden der motorischen Aktivität durch
Methoden, bei denen Sprech-, Denk- und Vorstellungsprozesse vor-
herrschen (VOLPERT 1971). Diese Methoden beruhen im wesentlichen auf
geistigen Prozessen, werden aber häufig von Muskelvorgängen begleitet, die der aktiven Tätigkeit sehr ähnlich sind (u.a.PUNI 1961,
ULICH 1964, vgl. bei KOHL 1973). Sie sollen helfen, die Aufnahme
einer Bewegungsaufgabe (Information) und ihr Verarbeitung (Bewe-
gungsentwurf, Umsetzen in Bewegung) zu erleichtern bzw. eine Bewegung im oder unmittelbar nach Vollzug zu verbessern.

Die bewährten Methoden zur Steuerung der Informationsaufnahme sind:
- das Beobachten der Zielbewegung bei einer Demonstration, im Film,
  Arbeitsstreifen, Bild/Foto
- das Anhören einer Instruktion, die durch Lehrer, Mitspieler oder
  Tonträger erfolgt.

Die Informationsverarbeitung wird erleichtert durch
- das Nachdenken über das Bewegungsideal (Sollwert),
- das Vorstellen des Bewegungsideals,
- das mentale Training´des Bewegungsideals vor Beginn der praktischen Übung.

Die wichtigsten Methoden zur Verbesserung der Bewegung während des
Vollzugs sind:
- der begleitende Kommentar des Lehrenden oder des Lernenden selbst,
- die begleitende Bewegungsvorstellung (vgl. das Vorgangslernen).

Nach Vollzug läßt sich die Bewegung kontrollieren und trainieren
durch
- die Selbstbeobachtung am Videorecorder (Film),
- die Gruppendiskussion und
- das mentale Training als Nachdenken über die vollzogene Bewegung,
  der unmittelbar danach die neue Tätigkeit folgt (vgl. HAGEDORN,
  VOLPERT u. SCHMIDT 1972 a).

3. Die Methoden der Sozialisation sollen den Spielern dabei helfen,
die Gruppennormen und bestimmte Rollen zu übernehmen. Voraussetzung
dafür ist zunächst einmal eine gewisse Chancengleichheit.
Letztlich ist eine Basketballmannschaft nur in dem Maße stabil, in
dem sie ihren Mitgliedern Chancengleichheit gewährt. Deshalb müssen
zunächst unterschiedliche Verhaltens- und Lernvoraussetzungen ausgeglichen werden, sofern sie beruflich oder sozial (Unterschicht) bedingt sind und beeinflußbar werden.
Solche Unterschiede können durch gesonderte Förderung der Benach-
teiligten (z.B. durch die individuelle Betreuung des Lehrenden oder
eines Mitspielers) und durch besondere Aufgaben (auch Rollen) ausgeglichen werden, die die Integration in die Mannschaft fördern (z.B.
durch organisatorische Aufgaben bei Training und Spiel und in Geselligkeiten, durch Aufbau von Kontakten mit anderen Gruppen, durch
Diskussionsleitung). Damit wird die positive Selbsteinschätzung der
Spieler ausgeglichener.

Wo die Chancengleichheit gesichert ist, da wird die Differenzierung
nach der Spielleistung den Zusammenhalt der Mannschaft nicht zerstören. Alle Spieler müssen sich gefördert und betreut wissen, und
niemandem sind Sonderrechte einzuräumen, die sich nicht vor der gesamten Gruppe rechtfertigen lassen.
Unter diesen Voraussetzungen vermögen sich z.B. die'Bankspieler'
mit einer Leistung von Mitspielern zu identifizieren, die sie selber vielleicht niemals erreichen werden. Sie erlangen sie nun indirekt durch den (die) Mitspieler; die Identifikation gründet in der
berechtigten Gewißheit, Anteil an dieser Leistung zu haben. So können Spieler, die sich stärker in die Gruppe integrieren, gemeinsam
mit Spielern, die sich durch besondere Leistungen stärker von der
Gruppe abheben, eine 'Mannschaft' bilden.
Gefördert werden diese Prozesse durch die organisatorischen Maßnahmen Gruppenarbeit und Partnerarbeit. Diese helfen, das Prinzip
'Jeder mit jedem' und seine Abwandlungen zu verwirklichen:
- Jeder mit jedem
  Lernziel: besonders der Ausgleich von Sonderverhalten. Nur be-
  dingt ist das Prinzip 'jeder gegen jeden' anwendbar, nämlich nur
  dann, wenn die hierin verborgene Rollenkonkurrenz in einen sozia-
  len Lernprozeß mündet. Das geschieht, wenn der 'Gegenspieler' das
  richtige Verhalten erlernen hilft.
- Jeder Gruppe jede Aufgabe (z.B. beim Spiel 2-2)
  Lernziel: besonders das gemeinsame Suchen neuer Situationen und
  das Finden eigener Lösungen. Zugleich werden damit gefährliche
  Gruppenrivalitäten (durch Chancengleichheit) vermieden.
- Jünger mit älter
  Lernziel: die Verbesserung der Lernchancen und die größere Neigung
  zur Kooperation, indem Spielerfahrung (Ältere) und Leistungsmoti-
  vation (Jüngere) an Mitspieler vermittelt werden.
- Stärker mit schwächer
  Lernziel: die Vorherrschaft der persönlichen Leistung zurückstel-
  len und gegenseitiges Verständnis und Verantwortungsgefühl ent-
  wickeln.
- Jede Position mit jeder Position
  Lernziel: Spiel- und Rollenverständnis. Hier werden die formellen
  Spielrollen (Positionen) miteinander vertraut und Barrieren, die
  sich aufgrund scheinbarer Privilegien bilden können, vermieden
  bzw. abgebaut.

- Konkurrenten miteinander
  Lernziel: Selbst im Spiel sollten Spieler, die in Rollenkonkurrenz
  stehen, auch zugleich eingesetzt werden. Hier - wie in allen anderen Situationen - ist die Bestätigung jeder gewünschten Zusammenarbeit (Kooperation) durch Trainer (und Mitspieler) eine wichtige
  Hilfe; das Lob verstärkt die Neigung, die kooperative Handlung
  zu wiederholen.

Es ist eine der wohl gewichtigsten Aufgaben des Trainers, den Spielern die Gruppennormen und die Aufgaben der verschiedenen Rollen zu
verdeutlichen und die Prozesse zu ihrer Übernahme methodisch vorzubereiten und zu erleichtern (vgl. MARTIN 1973).

MERKE!

(1) Methodik ist die Lehre von den Verfahrensweisen.
(2) Voraussetzung für das jeweilige Zielverhalten im erfolgreich
betriebenen Spiel bilden sieben Lern- und Trainingsleistungen.
(3) Ein günstiges Lernklima wird geprägt von Begeisterung und Sachkenntnis des Lehrenden und einer positiven Lern- und Leistungsmotivation. Diese wird durch Hoffnung auf Erfolg und erreichbare Ziele
geschaffen.
(4) Der Weg zum Ziel führt bei schwierigeren Aufgaben über stufenweise verstärktes Erfolgserlebnis. Dabei können fünf Lernstufen durchlaufen werden.
(5) Dabei hängt der Lernerfolg auch davon ab, wie die sechs wohl
wichtigsten Prinzipien jeweils eingesetzt werden.
(6) Es gibt drei Methodenbereiche: den der aktiven motorischen Ausführung, den der Sprech-, Denk- und Vorstellungsprozesse, sowie den
Bereich der Sozialisation.

PRÜFE DEIN WISSEN!

Fülle die Wortlücken aus und vergleiche Deine Ergebnisse mit den
angeführten Lösungen!

1. Um erfolgreich spielen zu können, müssen die Gr...i... des
   Sp...sp.... und die Sp...i... des Basketballs verstanden sein.
   Weitere Voraussetzungen sind die ph.......... und ps........
   Bel...b.....t, die besondere Sp...te....., ta........ Ha.....,
   die Übernahme von Spiel- und Gr.....rollen, die Kenntnis überge-
   ....r L...z...e.

So ist es richtig!
1. Grundidee, Sportspiel, Spielidee, physische, psychische Belastbarkeit, Spieltechnik, taktisches Handeln, Gruppenrollen, übergeordneter Lernziele.
2. Hoffnung, Erfolg, erreichbare Ziele.
3. Spielen, Erproben, Üben, Trainieren, Wettkampf.
4. Situatives Lernen, Erfolgslernen, Vorgangslernen, einsichtiges Lernen.
5. Motorische Ausführung, Sprech-, Denk-, Vorstellungs-, Sozialisation.

LITERATUR

BAUER, W.: Psychologische Faktoren der Leistungsbeeinflussung. In: Psychologie in Training und Wettkampf, Trainerbibliothek Bd.5, hrsg.v.DSB. Berlin: Bartels und Wernitz, 1973, S.85-102.

COOPER, J.-M. u. D.SIEDENTOP: The theory and science of basketball. Philadelphia: Lea und Febiger, 1969, (s.bes. S. 18-22).

CRATTY, B.J.: Social dimensions of physical activity. New Jersey: Englewood Cliffs, 1967.

FRANK, H.G. u. B.S. MEDER: Einführung in die kybernetische Pädagogik. (dtv Wissenschaftliche Reihe, Bd.4108), München: Dt. Taschenbuch Verlag 1971.

2. Die Lernmotivation wird durch H......ß auf E....ß und err.....-
   b... Z.... verstärkt.

3. Die fünf Lernstufen sind das Sp......, Er......n, Ü..., Tr...-
   .. und der W..k.....

4. Von den sich keinesfalls ausschließenden Prinzipien sind im Basketball besonders wichtig das sit...... Le....., für den Anfänger
   das Er...l......, für den Fortgeschrittenen das Vo......l......,
   für alle Spieler das ei......t.....L......

5. Bei den Methoden unterscheiden wir solche der mo........n A..-
   f......g, der Sp.....-, D.... - und Vo............prozesse und der
   So...l........

HAGEDORN, G.:   Das Basketball-Spiel. Köln: Barz & Beyenburg
1968, (s.bes. S. 86-88).

HAGEDORN, G.:   Bekämpfung der Manndeckung. Begleitkarte zum
Arbeitsstreifen: Basketball 14. (Verlagsnummer
8 F 383). Schorndorf: Hofmann, 1972,
(s.bes. S. 41-42).

HAGEDORN, G., G. BISANZ u. H. DUELL:
Das Mannschaftsspiel. (In: Sport in der Primarstufe, Bd.3). Frankfurt/Main: Limpert,1973.

HAGEDORN, G., W.VOLPERT, G.SCHMIDT:
Wissenschaftliche Trainingsplanung. (In: Trai-
ning und Beanspruchung, Bd.2). Frankfurt/Main:
Limpert, 1972 (s.bes. S. 1o8-112).

HAGEDORN, G., W.VOLPERT, G.SCHMIDT:
Der Schnellangriff im Basketball. Frankfurt/
Main: Limpert, 1972 a, (s.bes. S.26-28).

HECKHAUSEN, H.:   Hoffnung und Furcht in der Leistungsmotivation.
(In: Psychologia Universalis, Bd.6), Meisen-
heim a.Glan: Anton Hain, 1963, (s.bes.S. 1o1).

JONATH, U.:   Circuit-Training. Berlin: Bartels und Wernitz,
1966.

KOHL, K.:   Allgemeine Theorie des motorischen Lernens.
(In: Psychologie im Training und Wettkampf,
Trainerbibliothek Bd.5, hrsg.v.DSB). Berlin:
Bartels und Wernitz, 1973, S. 47-69.

MARTIN, D.:   Mannschaftsformen und Grundlagen der Mannschaftsführung. Berlin, 1973.

MOORE, J.W.:   The psychology of athletic coaching. Minneapolis
Burgess Public Company, 197o,(s.bes.S.12o-124).

NEUMANN, H.:   Basketball-Grundschule. Einfache und komplexe
Übungsformen. (In: Schriftenreihe zur Praxis der
Leibeserziehung und des Sports, Bd.41) Schorn-
dorf: Hofmann, 197o.

REED, G.S.:   Geschicklichkeit und Übung. (In: Lunzer und
Morris: Das menschliche Lernen und seine Entwicklung. Stuttgart:Klett,1971,S.119-16o.

REINDELL, H.,H.ROSKAMM u. W.GERSCHLER:
Das Intervalltraining. (In: Wiss. Schriftenreihe
des DSB, Bd.4). München, 1962.

ROTH, H.:   Pädagogische Psychologie des Lehrens und Ler-
nens.Hannover:Schroedel,1971. (s.bes.S.222-227).

SINGER, R.N.:   Motor learning and human performance. London:
Macmillan Company, 1968.

VOLPERT, W.:   Sensumotorisches Lernen (In: Training und Beanspruchung Bd.1) Frankfurt/Main:Limpert, 1971
(s.bes. S. 8o-1o4).

3.4 Soziostruktur und Aufbau der Mannschaft

von Günter HAGEDORN

SCHLAGWÖRTER

1. Mannschaft: Wechselwirkung Einzelner - Gruppe; Prozeß, Motive, Rollen, Normen, Sozialisation, Führer, Befriedigung sozialer Bedürfnisse; Leistungsfunktion

2. Aufbau der Mannschaft: informelle Rollen, Soziogramm, Führer, Führungskern, Untergruppen; Auswahl und Integration neuer Spieler durch Soziogramm und Gespräche, sozial-integrative Kriterien; formelle Rolle: Spielposition, Aufbauspieler, Flügelspieler, Centerspieler; Alter, Spielerfahrung, Familienstand; Trainer: Führungsstil, Training, Spielkonzept

ERLÄUTERUNGEN

(1) Eine Mannschaft wird bestimmt durch die Wechselwirkung einzelner auf die Gruppe und der Gruppe auf den einzelnen. Der einzelne mag die Gruppe aus verschiedenen Gründen suchen, z.B. weil er den sozialen Kontakt, das Gespräch, gemeinsame Unternehmungen braucht. Mancheiner erhofft sich durch die Gruppe eine Aufwertung bzw. Bestätigung seines sozialen Ranges, die Gruppe wird zum Medium für Prestigedenken oder - positiver - zur Ausgleichchance für soziale Versagungen in Familie und/oder Beruf. Das Selbstbewußtsein und das Selbstverständnis des Einzelnen hängen somit wesentlich von der Wechselwirkung (Interaktionen) zwischen Spieler und Gruppe ab (MEAD 1968). Die Neigung, Basketball zu spielen, ist von solchen sozialen Motiven nicht abtrennbar, denn selbst die Vorliebe für basketballtypische Bewegungen wird letztlich durch soziale Prozesse (etwa der Beobachtung eines Spiels) geweckt und durch solche aktiven Prozesse befriedigt.

Die Mannschaft ist ein ständiger Prozeß (VEIT 1971). Es wechseln nicht nur einzelne Spieler den Verein oder innerhalb des Vereins die Mannschaft; dadurch, aber auch ohne diese Fluktuationen, können sich ständig auch die Zielvorstellungen und die sie begründenden Motive und Erwartungen ändern. Jedes Mitglied der Mannschaft muß Rollen in der Mannschaft übernehmen, muß zugleich damit sein Handeln ausrich-

ten an den Gruppenregeln (Normen), oder - sofern noch keine Normen
vorhanden sind - diese mitgestalten. Dabei sind verschiedene Rollen
im Sportspiel Basketball zu unterscheiden: die eher formellen Rollen
des Kapitäns und der Spielpositionen (also Aufbau-, Flügel-, Centerspieler) und die informellen Rollen z.B. der Führung bei Geselligkeiten. Die Übernahme der Gruppennormen einer oder mehrerer Rollen
und die Entfaltung des eigenen Selbst in der Gruppe nennen wir Sozialisation (vgl. bei 2.3.11). Dieser Prozeß der Sozialisation
hängt im Mannschaftssport wesentlich davon ab, ob der Wunsch vorherrscht, soziale Bedürfnisse zu befriedigen oder gemeinsam eine
bestimmte Leistung zu vollbringen. Entsprechend diesen Zielvorstellungen wählt sich die Mannschaft ihre Führer. Der Sympathische wird
eher zum sozialen Führer, der Erfolgreiche und Entschlossene zum
Leistungsvorbild (CRATTY 1967, FIEDLER 1958).
Mannschaften, bei denen der Wunsch nach Befriedigung sozialer Bedürfnisse deutlich vorherrscht, dürften weniger leistungfähig
sein als Mannschaften mit einem zeitlich absehbaren Leistungsziel
(CRATTY ebd.). Deshalb zeichnen sich solche Mannschaften durch
große Kontaktdichte aus, die geschlossen als Jugendmannschaften
begannen; sie integrieren dafür neue ('fremde') Spieler nur sehr
schwer und dürften nur selten zu überdurchschnittlichen Leistungen
kommen. Vielleicht sind solche Mannschaften auch hinsichtlich ihrer
Charakterzüge zu homogen, um besonders leistungsfähig zu sein
(HOFMANN 1959 zitiert nach HOFSTÄTTER 1967).
Auswahlmannschaften beweisen andererseits die 'Leistungsfunktion'
der Sozialisation. Auswahlspieler sind in der Regel zunächst er-
folgs- und leistungsorientiert. Je größer die Zahl der Mannschaften,
aus denen Spieler in die Auswahl berufen werden, umso geringer ist
die Zahl der bereits vorhandenen Binnenkontakte (vgl. VOLPERT,
HAGEDORN u. SCHMIDT 1973). Die Übernahme von informellen Rollen
steht unter Zeitdruck und wird erschwert einmal durch die Auswahlkriterien (Spielposition bzw. Spielleistung in der Heimmannschaft),
zum andern durch eine oft ausschließlich punktuell-leistungsbestimm-
te oder vereinspolitisch orientierte Fluktuation innerhalb der Auswahlmannschaft.
(2) Beim Aufbau einer Mannschaft muß somit zunächst die Verteilung
der formellen und informellen Rollen beachtet werden. Da sich die
informellen Rollen aus der 'inneren Führung' der Gruppe selbst er-

geben, kann der Trainer auf deren Verteilung nur indirekt z.B.
durch Gespräch, Aufgabenstellung Einfluß nehmen. Dazu ist die
Kenntnis des Soziogramms der Mannschaft unerläßlich, d.h. er muß
wissen, welche Spieler aus welchen Gründen bereits in eine bestimmte Rolle gewählt wurden (vgl. dazu das Verfahren der Soziometrie
von MORENO 1967, HÖHN u. SEIDEL 1969, angewandt auf Rudermannschaf-
ten bei LENK 197o, auf Schulklassen bei HURRELMANN 1971). Die Wahl
des (der) Führer wird bestimmt von seiner (ihrer) Fähigkeit, Grup-
penprobleme schnell und erfolgreich zu lösen. Führer ist dabei
jener, der die unterschiedlichen Beziehungen und Freundschaften
innerhalb der Gruppe und die verschiedenen Bedürfnisse der einzelnen
Mitglieder wahrzunehmen befähigt ist (CRATTY 1967).
Bei leistungsorientierten Mannschaften gewinnen die formellen Rollen
größeres Gewicht als die informellen Rollen. Stabil scheint eine
Mannschaft dann zu sein, wenn sich einem Führungskern die übrigen
Spieler so zuordnen, daß keine Untergruppen entstehen. Abb. 69
stellt diese Mannschaftsstruktur im Schema dar.
Das (konstruierte) Beispiel sieht bei 3 Wahlmöglichkeiten pro
Spieler je 1 Aufbau-(A), Flügel-(F) und Centerspieler (C) im Füh-
rungskern, der sich durch gegenseitige Wahlen stabilisiert. A2 darf
durch die Wahl von C1 und A1 und durch 3 weitere Wahlen zum Ersten
Fünfer gerechnet werden. Der fünfte Platz scheint umstritten zu
sein; hier liegt mit 3 Wahlen F2 am günstigsten. Problematisch
scheint die Stellung von F3 und F4 zu sein, besonders die von C3.
Deutlicher wird die Struktur der Mannschaft, wenn neben den positiven auch die negativen Wahlen ('Ablehnungen') ermittelt werden.
Aufgrund eines Soziogramms und der in Gesprächen ermittelten Neigungen und Wünsche können Führende und Isolierte ermittelt werden,
kann auch die Auswahl und Integration neuer Spieler erfolgen. Dabei
darf die Besetzung der formellen Spielpositionen nicht allein den
Ausschlag geben, mitentscheidend sind die sozial-integrativen Kriterien: Stellung zur Gruppe und ihren Normen, Fähigkeit und Bereitschaft zu sozialen Kontakten außerhalb des Leistungsmilieus, Beruf
und geistige Interessen, die Empfehlung durch Mitglieder der Mannschaft. Der Trainer muß die Auswahlkriterien je nach Situation und
Mannschaft gewichten.
Das wichtigste Kriterium dürfte aber stets sein die Meinung der
Mannschaft, also ihre Zielvorstellungen, Motive und Soziostruktur.

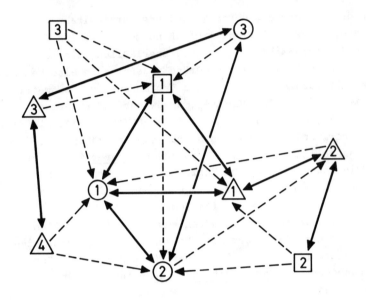

ZEICHENERKLÄRUNG:

① = Aufbauspieler Nr. 1
△ = Flügelspieler
□ = Center

Abb 69: Soziogramm einer Basketballmannschaft mit einem dreifachen
Führungskern (Modell)

Die formelle Rolle der Spielposition ist nicht nur eine leistungsbe-
stimmte sondern immer auch eine sozialpsychologische Rolle innerhalb
der Gruppe. Deshalb ist z.B. eine zahlenmäßige Überbesetzung einer
Position zu vermeiden, weil sonst die Spielchancen gegenüber Spielern anderer Positionen ungleich werden und damit überflüssige Rol-
lenkonkurrenzen entstehen. Wegen der unterschiedlichen Entfernung
vom Korb und Stellung zum Korb (Positionsangriff) und der unterschiedlichen Aufgaben beim Ballvortrag und Korbwurf (Schnellangriff)
und in der Verteidigung lassen sich generell folgende Merkmale für
die Spielpositionen benennen:

Aufbauspieler (playmaker, Verteiler)

1. physisch-spielerische Voraussetzungen: mittlere Körpergröße (international 1,90 m), athletisch, hervorragender Dribbler, Passgeber, Weitwerfer, aggressiver Deckungsspieler;

2. psychisch-soziale Voraussetzungen: gleichermaßen sozial-integrativ wie leistungsmotiviert, verstärkt die Mitspieler, verteilt seine Sympathien (und den Ball) gleichmäßig, wenig stress-anfällig;

3. Reihenfolge der wichtigsten Aufgaben: Spielaufbau, Angriff-Verteidigung-Balance, Einsatz von Center (Pass) und Flügel (Pass und Block), Weitwürfe, Ziehen zum Korb.

Flügelspieler

1. überdurchschnittliche Körpergröße (international um 2,00 m), athletisch-schlank, fußschnell beim Schnellangriff, hervorragender Brettspieler und Werfer aus Mitteldistanz;

2. stärker integriert als führend, zunächst Ziel (Korb) orientiert;

3. Brettsicherung, Schnellangriff und Ziehen zum Korb, Zusammenspiel mit Center, Mitteldistanz- und Weitwurf, Zusammenspiel mit Aufbauspieler (Pass, Block, Schirm), Angriff-Verteidigung-Balance.

Centerspieler

1. überragende Körpergröße (international z.T. deutlich über 2,00 m), athletisch-gewichtig, vielseitiger Werfer aus Nah- und Mitteldistanz, hervorragender Brettspieler;

2. meist mit führend (zweiter Verteiler), muß Mitspielern in Angriff (Wurf) und Verteidigung (Wurfblock) Sicherheit geben, sollte die Motivation der Gruppe wesentlich mitbestimmen;

3. Brettsicherung und Einleitung des Schnellangriffs, Ziehen zum Korb (als Hänger im Schnellangriff und beim Positionsangriff), Korbwurf aus Nah- und Mitteldistanz, Rebound (Ballsicherung), Hilfen für Außenspieler (Block und Schirm).

Der Aufbau der Mannschaft wird ferner mitbestimmt durch das Alter der Spieler, die Spielerfahrung und den Familienstand. Hier lassen sich folgende Regeln aufstellen:

● aus sozialen, aber auch sportlichen Gründen sollten ältere und jüngere Menschen zusammenspielen;

● jüngere und ältere Spieler finden leichter zusammen, wenn ihre Motive vergleichbar sind, sie sich aber zugleich in ihren Rollen und Leistungen gegenseitig respektieren (bedingungslose Rollen-

konkurrenz fördert die Bildung von Teilgruppen innerhalb der
Mannschaft);
- die'Weisheit' der Spielerfahrung (Vorbild) hilft hemmungsloses
persönliches Erfolgsstreben in ein gemeinschaftliches Spielinter-
esse umzuwandeln, hilft zugleich, kritische Situationen (innerhalb der Gruppe und im Wettkampf) zu bewältigen;
- Freundinnen und Frauen sollten ihrerseits bestimmte Rollen einnehmen können, aber stets nur neben, niemals innerhalb der Mannschaft. Sie bilden mit dem Management das soziale Umfeld des
Gruppenprozesses.

Der Trainer beeinflußt die Formung der Mannschaft wesentlich durch
seinen Führungsstil (vgl. bei 3.2), durch den Aufbau seines Trainings (vgl. bei 3.6) und sein psychologisches und taktisches Spielkonzept (vgl. bei 2.7).

MERKE!

(1) Im Mannschaftsspiel sind Einzelspieler und Gruppe aufeinanderbe-
zogen. Der Einzelspieler findet erst durch die Interaktionen mit der
Gruppe sein Selbstverständnis, die Gruppe ist ein ständiger Prozeß,
der bestimmt wird vom Wechsel der Mitglieder, ihren Motiven und den
formellen und informellen Rollen. Die formellen Rollen sind die des
Mannschaftsführers und die Spielpositionen, die informellen Rollen
reichen vom Führer und Geführten, zum Sympathischen und Erfolgreichen bis in alle Sozialbereiche der Gruppe (Trainer, Wettkampf,
Freizeit, Geselligkeit).

(2) Bei Mannschaften mit vorherrschenden sozialen Bedürfnissen führen die kontaktfreudigen geselligen Spieler, in leistungsorientierten Mannschaften die für die Gruppe erfolgreichen Spieler. Die Verteilung dieser informellen Rollen und die Stellung der übrigen Spieler zur Führung können mit Hilfe des Soziogramms und gezielten Gesprächen ermittelt werden.

Beim Aufbau der Mannschaft sind neben den Rollen auch das Alter, die
Spielerfahrung und der Familienstand von Bedeutung.

PRÜFE DEIN WISSEN!

1. Wo wird Deiner Meinung nach die Stellung von C3 im Soziogramm richtig gedeutet? C3

   a) ist sehr wichtig für die Mannschaft, denn er wählt A1, F1 und C1;

   b) ist sehr zurückhaltend, läßt sich nicht wählen;

   c) ist isoliert, sucht aber Anschluß an die führende Gruppe;

   d) verteilt seine Zuneigung gerecht auf alle 3 Positionen.

2. Entscheide Dich, ob die nachfolgenden Aussagen RICHTIG (R) oder FALSCH (F) sind!

   a) R F Die Organisation von Mannschaftsfeiern und Geselligkeiten zählt zu den informellen Rollen.

   b) R F Die formellen Rollen der Spielposition lassen sich erlernen.

   c) R F Der autoritäre Führungsstil des Trainers fördert die sozialen Kontakte innerhalb der Mannschaft.

   d) R F Freundinnen und Spielerfrauen haben erheblichen Einfluß auf Motivation und Leistung einer Mannschaft.

   e) R F Eine Mannschaft muß, um leistungsfähig zu sein, mehrere Jahre lang zusammen bleiben.

LITERATUR

CRATTY, B.J.:   Social dimensions of physical activity. Englewood Cliffs: Prentice Hall, 1967 (s. bes. S. 44-58).

FIEDLER, F.E.:   Leader attitudes and group effectiveness. Urbana/ Ill, 1958.

HÖHN, E. u. G. SEIDEL:
                 Soziometrie. In: GRAUMANN, C.F. (Hrsg.): Handbuch der Psychologie, 7.Bd.. Göttingen, 1969.

HOFSTÄTTER, P.R.: Sozialpsychologie. Sammlung Göschen, Bd. 104/104a Berlin: de Gruyber & Co, 1967[5].

So ist es richtig!

1. c)

2. a) R; b) R; c) F; d) R; e) F

HURRELMANN, K.:   Unterrichtsorganisation und schulische Sozialisa-
                  tion (Beltz Monographien). Weinheim-Berlin-Basel:
                  Beltz, 1971.

LENK, H.:   Konflikt und Leistung in Spitzensportmannschaften.
                  In: H.Lenk, Leistungsmotivation u. Mannschaftsdyna-
                  mik. In: Beitr. Lehre Forschg. Leibeserz. Bd. 37,
                  S. 49-89. Schorndorf: Hofmann, 1970.

MARTIN, D.:   Mannschaftsformen und Grundlagen der Mannschafts-
                  führung. In: Psychologie i. Training u. Wettkampf,
                  Trainerbibliothek Bd. 5. Berlin: Bartesl & Wer-
                  nitz, 1973, S. 103-118.

MEAD, G.H.:   Geist, Identität und Gesellschaft. Frankfurt,
                  1968.

MORENO, L.:   Die Grundlagen der Soziometrie. Köln/Opladen:
                  Westdeutscher Verlag, 1967^2.

VEIT, H.:   Untersuchungen zur Gruppendynamik von Ballspiel-
                  mannschaften. Schorndorf: Hofmann, 1971.

VOLPERT, W., G. HAGEDORN u. G. SCHMIDT:
                  Zur Effektivität wissenschaftlicher Trainingspla-
                  nung bei der deutschen Basketball-Nationalmann-
                  schaft (Forschungsbericht). In: Jahrbuch der Psy-
                  chologie. Köln: Bundesinstitut f. Sportwiss.,
                  1974 (i.Dr.).

3.5 P e r i o d i s i e r u n g
von Günter HAGEDORN

SCHLAGWÖRTER
(1) Biorhythmik: Tages-, Wochen- und Monatsschwankungen, jahreszeitliche Periodik; physiologische Leistungseinbrüche, ein soziales Problem
(2) Periodisierung des Trainings: jährlicher Trainingszyklus; ge-
planter Wechsel; Gesamtplan und Teilpläne, Jahresplan, Saisonplan,
Wochenplan, Tagestrainingsplan, Unterrichtsplanung

ERLÄUTERUNGEN
(1) Die Notwendigkeit, die sportlichen Aktivitäten (Training und
Wettkampf) im zeitlichen Wechsel zu dosieren, gründet z.T. in den
rhythmischen Schwankungen der biologischen Vorgänge = Biorhythmik.
Diese Rhythmen werden durch innere (endogene) und äußere (exogene)
Faktoren hervorgerufen. Die tägliche physiologische Leistungskurve

hat z.B. zwei Gipfelwerte (gegen 10 Uhr vormittags und gegen 19 Uhr abends) und zwei Tiefstwerte (am frühen Nachmittag gegen 15 Uhr und gegen 3 Uhr nachts), Werte, die als Tagesperiodik wiederkehren (STEGEMANN 1971). Diese Periodik soll durch die Erdumdrehung bedingt sein, die über einen 'inneren Zeitgeber' das unbewußte (vegetative) Nervensystem veranlaßt, die Organtätigkeit und die Körpertemperatur zu steuern.

Es gibt ferner neben diesen wissenschaftlich bereits erforschten tagesrhythmischen Schwankungen solche in größeren Zeitabständen, z.B. Wochenschwankungen mit einem Leistungshoch am Mittwoch (bei mehrtägigen Lehrgängen bringt allerdings der dritte Tag meist ein Leistungstief) oder bei Frauen den monatlichen Menstruationszyklus. Ganz analog zu den Frauen läßt sich auch bei Männern eine Art Monatsperiodik beobachten. Dabei wechseln unterschiedliche Leistungsgipfel mit einem oft mehrere Tage währenden Leistungstief. Dieses Tief wird bestimmt von Unlustgefühlen, manchmal von allgemeiner Aggressivität, verbunden mit nachlassendem Unternehmungsgeist und gedrosselter Aktivität.

Schließlich ist noch die jahreszeitliche Periodik zu beobachten. Zwischen Leistungstiefs (bezeichnend sind dafür Begriffe wie 'Frühjahrsmüdigkeit' und 'Winterschlaf') begegnen auch hier Leistungshochs (Frühsommer und Herbst) in einem von Einflußgrößen wie Temperatur und Luftfeuchtigkeit bestimmten Wechsel. Auch diese Periodik wird letztlich auf kosmische Einflüsse zurückgeführt.

Diese physiologischen Leistungseinbrüche werden von psychischen Prozessen mitbedingt bzw. begleitet. Sie werden auch zu einem sozialen Problem, weil die Ansprüche unseres sozialen und kulturellen Lebens (Ausbildung, Familie, Beruf, Verkehr) den Zeitpunkt ihres Eintretens notwendig durchkreuzen. Auch der Sport greift mit seiner verbindlichen Terminplanung massiv in diese individuellen Prozesse ein. Dadurch wird es oftmals notwendig, Spieler gegen die natürliche Periodik aufzubauen bzw. zu sportlicher Höchstleistung zu führen, z.B. bei längeren Turnieren, in einer Pokal- oder Endrunde, bei entscheidenden Spielen).

(2) Auch im Sportspiel Basketball durchkreuzen deshalb oft die Leistungsanforderungen in Wettkampf und Training die natürlichen Erholungsphasen. Die Periodisierung des Trainings sollte deshalb der Natur weitgehend Rechnung tragen. Wir verstehen unter Periodisierung

mit MATWEJEW (1972) einen jährlichen Trainingszyklus, mit dessen
Hilfe eine sportliche Form technisch und taktisch ausgebaut und angewandt und durch aktive Erholung konserviert wird. Durch geplanten
Wechsel der Belastungsart und -intensität können aber auch die Wo-
chen- und Tagestrainingspläne 'periodisiert' werden, so daß Erholungsphasen größere Belastungsphasen einschließen. Auf diese Weise
wird der durch hohe Trainings- und Wettkampfleistungen bedingte Abbau von Kraftreserven in Leistungspausen wieder ausgeglichen. Im
Wettkampf bietet der Spielerwechsel eine gewisse Möglichkeit, die
leistungsschwachen Phasen eines Spielers zu berücksichtigen. Bis auf
den Menstruationszyklus sind alle anderen Zyklen von mehr als Tages-
länge wissenschaftlich noch nicht hinreichend erforscht (MATWEJEW
1972).

Die Planung im Sportspiel Basketball muß neben solchen individuellen
auch die objektiven Faktoren, muß organisatorische, didaktische und
methodische Gesichtspunkte berücksichtigen. Deshalb ist es notwendig,
einen Gesamtplan aufzustellen, von dem alle weiteren Schritte konsequent abgeleitet werden können (vgl. NEUMANN 1973). Abbildung 70
liefert ein solches Planungsmodell für das Mannschaftsspiel.

Das Modell leitet (durch Pfeile) vom Jahresplan die drei Saisonpläne
ab. Für jede Saison ergeben sich besondere Wochenpläne, aus denen
die verschiedenen Tagestrainings- und Wettkampfpläne folgern.

Der Jahresplan gliedert zunächst nur grob das Jahr in die Perioden
Vor-, Haupt- und Nachsaison, er kennzeichnet damit zugleich die
Trainings- und Wettkampfschwerpunkte. Die Saisonpläne werden bestimmt durch die Periodisierung der sportlichen Form: Herausbildung
(Vorsaison), Steigerung und Erhaltung (Hauptsaison), Verlust der
Höchstform bzw. Konservieren auf mittlerem Niveau durch aktive Erholung (Nachsaison). Die Wochenpläne sind saisonbedingt, sollen
aber unabhängig davon 'periodisiert' sein, d.h. einen Wechsel schaffen zwischen Belastung und Entlastung, Spannung und Entspannung. Gemäß dem Prinzip des 'verteilten Lernens' (vgl. bei 3.3) müssen Pausen zwischen den Trainings- und Wettkampfphasen so eingeschoben werden, daß das Erlernte 'verarbeitet' (d.h. strukturiert) wird, die
physischen Reserven wieder aufgebaut werden und die Lust an Training
und Spiel (Motivation) zurückkehren. Ein Beispiel: Bei regelmäßige-
ren Wettspielen am Wochenende und am Mittwoch (Trainingsspiele)
sollte die athletische und individuelle Arbeit stärker im ersten,

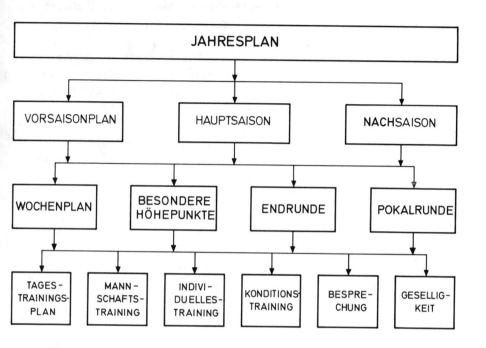

Abb. 70: Modell zur Periodisierung im Mannschaftsspiel

die vortaktische und taktische Arbeit eher im zweiten Teil der Woche
liegen.
Jede Periode hat noch ihre besonderen Höhepunkte, die vom Wochenplan
mitbedacht werden müssen. In der Vorsaison werden z.B. Aufbauspiele
bestritten oder größere Turniere besucht. Die Hauptsaison hat oft
mehrere Höhepunkte: einzelne besonders schwere Spiele, internationale Pokalspiele. Bei Klassen bzw. Vereinen, die Auswahlspieler ab-
stellen für Auswahlmannschaften, müssen diese Termine unbedingt mitberücksichtigt werden bei der Trainings- und Wettkampfplanung; falls
die Termine nicht bekannt sind, muß der Lehrende jederzeit mit Im-
provisationen rechnen!
Wird täglich ein- oder gar mehrmals trainiert, dann müssen auch die
Tagestrainingspläne entsprechend periodisiert werden. Vormittags
können dann stärker individuelle, am Spätnachmittag vermehrt kollek-

tive Vorgänge trainiert werden. Tagestrainingspläne müssen den Wechsel von Trainingsinhalten und Trainingsmethoden bedenken, müssen zugleich auch einbeziehen die Mannschaftsbesprechung und - weniger
periodisch - die Geselligkeit (Feste).
Noch willkürlicher hinsichtlich der biophysischen Rhythmik als das
Training verfährt die schulische Unterrichtsplanung, die dem Stun-
denplan der Schule unterworfen wird. Hier herrschen in der Regel
technokratische Gesichtspunkte der Raum- und Hallennutzung, der
Lehrerkapazität und der Klassenfrequenzen vor. Die Sportlehrer sollten aber darauf einwirken, daß möglichst natürliche Bedingungen geschaffen werden: Sportstunden (nach einer Pause) zwischen wissenschaftliche Fächer schieben, Arbeitsgemeinschaften nicht grundsätzlich in die leistungsschwächste Tagesphase (14-16 Uhr) legen, häufiger und verteilter Sportunterricht statt Stundenblocks.

MERKE!
(1) Es gibt natürliche Leistungsschwankungen, die während eines Ta-
ges oder einer Woche, in monatlichen Abständen oder über ein ganzes
Jahr hin regelmäßig auftreten. Sie werden bestimmt bzw. begleitet
von physischen und psychischen Prozessen und können zu einem sozialen Problem werden.
(2) Die Periodisierung von Training (Verein) und Unterricht (Schule)
sollte den Biorhythmen weitgehend angepaßt werden schon bei der Entwicklung von Jahres-, Saison-, Wochen- und Tagestrainings- bzw. Un-
terrichtsplänen. Die Entwicklung der sportlichen Form läßt sich aber
nicht immer nach den natürlichen Leistungsschwankungen ausrichten.

PRÜFE DEIN WISSEN!
Welche Antworten sind allein richtig?
1. Die natürlichen Leistungsschwankungen
    a) müssen durch Sport beseitigt werden,
    b) machen eine langfristige Planung unmöglich,
    c) lassen sich in Grenzen durchkreuzen.
2. Periodisierung im Sportspiel bedeutet
    a) die methodische Schulung von technischen und taktischen Elemen-
       ten,
    b) die systematische Herausbildung der sportlichen Form,
    c) Wechsel von Training und Wettspiel.

Literatur

MATWEJEW, L.P.: Periodisierung des sportlichen Trainings (Trainerbibliothek Bd. 2, hrsg.v. DSB). Berlin: Bartels & Wernitz, 1972.

NEUMANN, H.: Phasen des Trainings. Die Periodisierung des Trainings bei Mannschaften. In: Basketball 11 (1973) 17, S. 258 u. 260.

3.6 Unterrichts- und Trainingsplanung
von Gerhard SCHMIDT

Schlagwörter

(1) Drei Stufen der Unterrichts- und Trainingsplanung: Voraussetzungen - Ziele - Methoden / Wege

(2) Voraussetzungen durch die Gruppe, Lehrer/Trainer, Schule/Verein

(3) Didaktische Ebene: Analyse der langfristigen Zielsetzungen, Entwicklung von Teilzielen - Analyse der Teilziele zur Entwicklung und Zuordnung von Lernschritten - Zuordnung der Zielsetzungen zu den Unterrichts- und Trainingszeiträumen; Beispiel: Verteidigung

(4) Methodische Ebene: Lernwege; sechs Gesichtspunkte für die Stundenvorbereitung - Beispiel einer Stundenvorbereitung

(5) Unterrichts- bzw. Trainingstagebuch, Nachbesinnung

Erläuterungen

(1) Die Planung von Unterricht und Training vollzieht sich in drei Stufen:

• Klärung der Voraussetzungen,

• Festlegung der Ziele (didaktische Ebene) und

• Suche nach den Lehr- und Lernwegen (methodische Ebene).

Abbildung 71 gibt den gesamten Vorgang der Planung im Modell an.

2. b)
1. c)
So ist es richtig!

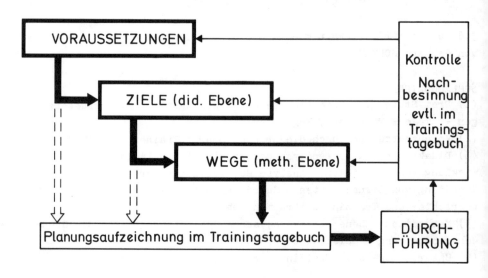

Abb. 71: Modell zur Unterrichts- und Trainingsplanung

Die Planung wird mitbestimmt von den Ergebnissen der Durchführung,
die kontrolliert werden müssen (Nachbesinnung) und zurückwirken auf
die Voraussetzungen, die Zielsetzungen und die Art und Weise, wie
Unterricht und Training durchgeführt werden müssen. Deshalb sollten
alle drei Stufen der Planung schriftlich fixiert und mit den Ergebnissen der Kontrolle verglichen werden.
Unterrichts- und Trainingsplanung soll die Unterrichts- bzw. Trainingsvoraussetzungen klären, die Zielsetzungen durchdenken und begründen, die Methoden und Wege zum Erreichen der Ziele entwickeln
und damit die Zeit optimal nutzen helfen.
(2) Bei der Übernahme einer Gruppe (Mannschaft, Klasse) und bei der
Vorbereitung auf die nächste Saison müssen jene Voraussetzungen be-
dacht werden, die die Gruppe, den Lehrer/Trainer und Schule/Verein
betreffen.

Bei der Gruppe sind wesentlich:
- körperliche Voraussetzungen (z.B. Körpergröße, Grundschnelligkeit, Reaktion, Ausdauer, Sprungkraft, allgemeine Konstitution)
- technische Voraussetzungen (z.B. Beidhändigkeit bei Wurf, Dribbel, Pass)
- taktische Voraussetzungen (z.B. Spiel 1-1: mit und ohne Ball,
  Täuschungen, Fußarbeit, Brettarbeit; Spiel 2-2: Grundbewegungen,
  Hilfen)
- psychische Voraussetzungen (z.B. Leistungswille, Lern- und Trai-
  ningsbereitschaft)
- soziale Voraussetzungen (z.B. Gruppenstruktur, Beruf, soziale
  Schicht).

Beim Lehrer/Trainer sind wesentliche Voraussetzungen:
- Führungsstil (sozial-integrativ oder autorität)
- Fachkenntnis (Lernpsychologie, Trainingslehre, Stoffgebiet, Metho-
  dik)
- Spielkonzept (Angriff und Verteidigung, Wechseltechnik)

Bei Schule und Verein sind wesentliche Voraussetzungen:
- Ausstattung (Halle, Geräte, Kleidung)
- Organisation (Mitarbeiterstab, Trainings- und Spielbetrieb)
- Ziele (Ausgleichs-, Freizeit-, Leistungssport).

(3) Auf der didaktischen Ebene werden Ziele gesetzt und Fragen der
Stoffauswahl und der Zuordnung geklärt: Was soll wann und warum erarbeitet werden? Die didaktische Ebene umgreift somit auch Jahres-,
Abschnitts- und Wochenplanung, also die Periodisierung des Trainings-
und Unterrichts.

Die Klärung der Voraussetzungen ermöglicht eine langfristige Zielsetzung. Um die Gruppe ihrer Leistungsfähigkeit entsprechend zu fordern, ist eine Kenntnis der Handlungsstruktur (vgl. bei 2.2) und der
lernpsychologischen Gesetzmäßigkeiten (vgl. bei 3.3 und 4) erforderlich. So ist es z.B. unmöglich, sich mit einem taktischen System zu
befassen, wenn die Voraussetzungen der Technik und Vortaktik zumindest in den Grundzügen noch nicht entwickelt sind. Dagegen muß auch
der Trainer der Spitzenmannschaft immer wieder bis auf die untersten
Ebenen (Belastbarkeit, Grundfertigkeiten) zurückgreifen, um von dort
her systematisch aufzubauen. Langfristige Zielsetzungen sollten ein
Saisonthema in den Mittelpunkt stellen. Nehmen wir als Beispiel eine
Regionalligamannschaft, die wegen unzureichender Reaktions-, Fuß- und

Grundschnelligkeit in der Verteidigung starke Mängel zeigt. Hier
müßte die langfristige Zielsetzung heißen: Verbesserung der Vertei-
digungsgrundfertigkeiten und Hinführung zur kollektiven Anwendung.
Über diesem Saisonthema dürfen natürlich nicht andere Ziele (z.B.
Wurf, Angriff, erzieherische Ziele) vernachlässigt werden. Eine komplexe Handlungsstruktur wie die Verteidigung muß also an Hand der
Handlungsstruktur analysiert werden, damit Teilziele entwickelt und
Lernschritte zugeordnet werden können.
Die Analyse der Teilziele legt fest und begründet, welche Grundlagen,
Fertigkeiten, individuell-taktischen und gruppentaktischen Handlun-
gen zu erarbeiten sind und welche pädagogischen, psychologischen und
sozialen Komponenten dabei wirksam werden können (z.B. Selbsterzie-
hung, Aufmerksamkeitsschulung, Partnerverhalten). Es wird damit eine
Reihenfolge von Stoff- und Erziehungsschritten festgelegt.
Für das Beispiel der Verteidigungsarbeit würde sich ergeben:
- Verbesserung von Grundschnelligkeit, Reaktion, Stoppen etc.;
- Verbesserung der Gleitschritt-Technik;
- Decken des Mann-mit-Ball vor, während und nach dem Dribbling, Er-
  ziehung zur Aufmerksamkeit, Reaktionsbereitschaft und vorauspla-
  nende Gegnerbeobachtung;
- Decken des Mann-ohne-Ball (korbnah, korbfern) und Erziehung zur
  Aufmerksamkeitsteilung;
- Umschalten vom Angriff auf die Verteidigung;
- Erarbeitung von Verteidigerhilfen (2-2, 3-3): Sprechen, Auswei-
  chen, etc.;
- Übertragung der verbesserten Grundfertigkeiten und Handlungsvoraus-
  setzungen auf kollektive Systeme.
Die Teilziele werden nun zeitgerecht dem Jahres-, Abschnitts- und
Wochenplan zugeordnet (vgl. bei 3.5). Als kleinste Zuordnungseinheit
gilt die Unterrichts- bzw. Trainingsstunde, die außer den didakti-
schen Erörterungen vor allem pädagogisch-methodische Überlegungen
verlangt.
(4) Die Frage nach den Lernwegen lautet:
Wie ist der Stoff zu gliedern, darzubieten und zu vermitteln, damit
eine Verhaltensänderung durch Lernen erreicht wird?
Dabei sollten folgende sechs Gesichtspunkte berücksichtigt werden
(vgl. HAGEDORN 1968):
- Organisation: Gerätebereitstellung, Zeitablauf, Pausenvermeidung;

- <u>Stoffwahl</u> (Didaktik): Zielfestsetzung und -begründung;
- <u>Methodik</u>: Darbietung, Aufbau, Methoden, Lehr-, Lern- und Trainingsmittel, mögliche Fehlerquellen, Korrekturmaßnahmen;
- <u>Physiologie</u>: Belastungsverteilung, Aufwärmung, Schwerpunktberücksichtigung, etc.;
- <u>Psychologie</u>: Motivation und Motivierung, Anforderungen an Konzentration, Willen, Ausdauer, Aufmerksamkeit, etc. erforderliche Wechsel in der Belastung;
- <u>Sozialverhalten</u>: Anbahnung von angemessenen Partner- und Gruppenverhalten, Störgrößendosierung, Bildung spieleffektiver Gruppen, Integration schwieriger Spieler.

Am <u>Beispiel</u> der <u>Verteidigungsarbeit</u> soll hier eine <u>Stundenvorbereitung</u> für eine Stunde während der Hauptsaison skizziert werden:

I. <u>Datum, Zeit, Ort</u>:

II. <u>Thema</u>: Erarbeitung von Verteidigerhilfen gegen den direkten Block

III. <u>Ziele</u>: Die Spieler sollen lernen, die Spielsituation rechtzeitig zu erfassen, die Fähigkeiten und Handlungen der Gegner abzuschätzen, vorauszuplanen und entsprechende Gegenmittel anzuwenden. Sie sollen folgende Möglichkeiten der Verteidigung gegen den direkten Block kennenlernen, erproben und - soweit zeitlich noch möglich - üben und trainieren: a) Über-den-Block-gehen (Vorbeigleiten), b) Durchgleiten, c) Übernehmen, d) Absinken-helfen, e) Angetäuschtes Übernehmen (fake switch).

IV. <u>Geräte/Organisation</u>: 1 Ball pro Spieler, Stoppuhr, Tafel, Kreide, Arbeitsstreifen, Projektor und Zubehör, Videorecorder.

V. <u>Kurzgefaßte didaktische Analyse</u>: Beantworte Dir als Lehrer/Trainer folgende Fragen: Welche Lernvoraussetzungen sind gegeben? Wie funktioniert das Blocken? Welche Bedingungen müssen erfüllt sein? Wie ist das Timing? Welche Reaktionsmöglichkeiten hat die Verteidigung? Welche Ausweich- bzw. Gegenmaßnahmen können die Angreifer dagegen ergreifen? Wie ist von der Verteidigung dagegen vorzugehen? Wie kann die Verteidigung die Initiative an sich reißen? Welche Fehler können auftreten, wie sind sie erkennbar? Welche Variationen (Grundpositionen) sind zu erarbeiten? Welche Überlegungen zur Methodik, Physiologie, Psychologie und zum Sozialverhalten sind anzustellen? Auf welche Weise kann die Lernkontrolle durchgeführt werden? (In diesem Fall: Videorecorder; andere Möglichkeiten: Selbstkontrolle innerhalb der Gruppen, Fremdkontrolle durch Beobachter, Trainerurteil etc.).

VI. <u>Geplanter Unterrichtsverlauf</u>: a) Freies Aufwärmen mit dem Ball: Dribbeln auf engem Raum, Ausweichen, Korbleger, Wurfvariationen. Criss-cross mit Variationen, Schnellkraft-Test (ca. 20 Min.). b) Hauptteil: Gleitschrittarbeit als Reaktionsschulung mit Zwischensprints, Stoppen, wieder übergehen in den Gleitschritt, Spiel 1-1 im Raum mit Ausweichen an Hindernissen (Stühle, Spieler) zur Schulung des peripheren Sehens. Vorgabe: Möglichkeiten, dem direkten Block auszuweichen (Tafelskizzen, Arbeitsstreifen), Diskussion der

Möglichkeiten,ihrer Wertigkeiten und Bedingungen. Erproben, Üben (schrittweise, Einzelmöglichkeiten, Gegneraktivität langsam steigern). Trainieren im Spiel 2-2 mit Auswertung (Kontrolle durch den Videorecorder oder Beurteilung mit schriftlicher Aufzeichnung). Auswertung der Video-Aufnahmen und/oder Diskussion von Beispielen mit Trainer- und Spielerkommentar. c) Spielen 5-5 mit der Aufgabe: situativ richtige Verteidigung gegen den direkten Block.

(5) Die Planung gerät zu leicht in Vergessenheit, wenn sie nicht schriftlich fixiert wird. Deshalb sollte der Trainer/Lehrer alle wesentlichen Planungsstufen im Unterrichts- bzw. Trainingstagebuch festhalten. Der Trainer sollte auch eine Anwesenheitsliste führen über Trainings- und Spielteilnahme, Verletzungen und Krankheit. Neben der Stundenvorbereitung sollte er Probleme und Themen für Mannschaftsbesprechungen niederlegen. Das Unterrichts- bzw. Trainingstagebuch dient auch der Kontrolle: Planung und Ergebnis werden in Form einer Nachbesinnung miteinander verglichen. Wurden die gesteckten Ziele erreicht? Wenn ja, wie ändern sich die Voraussetzungen und wie kann die Arbeit fortgesetzt werden? Wenn nein, wo liegen die Fehler? In der Planung? In der Durchführung?

MERKE!

(1) Unterrichts- und Trainingsplanung soll die Unterrichts- bzw. Trainingsvoraussetzungen klären, die Zielsetzungen durchdenken und begründen, die Methoden und Wege zum Erreichen der Ziele entwickeln.

(2) Zu den zu klärenden Voraussetzungen der Gruppe gehören körperlich-technisch-taktische und pädagogisch-psychologisch-physiologische Komponenten; Voraussetzungen des Lehrers/Trainers: das Führungs- und Spielkonzept sowie die Fachkenntnis; Voraussetzungen der Schule/des Vereins: Organisations- und Betreuungsmaßnahmen.

(3) Auf der didaktischen Ebene der Planung werden langfristige Ziele gesetzt, deren Analyse Teilziele und damit auch die Reihenfolge der Lernschritte festlegt und begründet , die dann einzelnen Zeiträumen zugeordnet werden.

(4) Auf der methodischen Ebene wird untersucht, wie der Stoff unter Berücksichtigung der organisatorischen, didaktischen, methodischen, physiologischen, psychologischen und sozialen Gesichtspunkte zu vermitteln ist.

(5) Das Unterrichts- und Trainingstagebuch dient durch die schriftliche Fixierung und den Vergleich von Planung und Ergebnis (Nachbesinnung) der Kontrolle.

PRÜFE DEIN WISSEN!

Die Antworten enthalten richtige und falsche Aussagen. Die richtigen
Antworten sind anzukreuzen!

1. Unterrichts- und Trainingsplanung beginnt mit
   a) dem Durchdenken und Begründen der Zielsetzungen;
   b) der Klärung der Voraussetzungen;
   c) der Suche nach Lehr- und Lernmethoden.

2. Die bedeutendsten Voraussetzungen für die Planung sind gegeben
   durch
   a) Verein bzw. Schule (Organisation, Betreuung);
   b) den Trainer (Führungsstil, Spielkonzept, Fachkenntnis);
   c) die Gruppe (körperlich-technisch-taktische Gegebenheiten und
      Erziehungsvoraussetzungen).

3. Die Reihenfolge der Lernschritte wird festgelegt durch
   a) die Analyse der Teilziele;
   b) die langfristige Zielsetzung;
   c) die Zuordnung der Teilziele zu bestimmten Abschnitten.

4. Auf der methodischen Ebene wird untersucht
   a) warum, b) wie, c) wann der Stoff zu vermitteln ist.

5. Das Unterrichts- bzw. Trainingstagebuch dient
   a) als Nachweis für Fleiß und Ordnung;
   b) als Kontrolle für den Vergleich Plan-Ergebnis;
   c) als Gedächtnisstütze für geplante Trainingsmaßnahmen.

LITERATUR

HAGEDORN, G.:   Das Basketballspiel. Köln: Barz & Beienburg, 1968,
                   S. 60-77.

HEIMANN, P.:   Didaktik als Theorie und Lehre. Zeitschr. Die
                   deutsche Schule, Heft 9, 1962.

KLAFFKI, W.:   Didaktische Analyse als Kern der Unterrichtsvor-
                   bereitung. In: ROTH, H. (Hrsg.): Didaktische Ana-
                   lyse. Auswahl, Reihe A. Hannover, 1962.

Mc CREARY, J.:   Winning High School Basketball. Englewood Cliffs:
                   1958[4], S. 31-37, 181-183.

1. b); 2. c); 3. a); 4. b); 5. b)

So ist es richtig!

LINDEBURG, F.A.:   How to coach and teach Basketball. New York,
                  1967, S. 55-60, 261-266.

McGUIRE, F.:   Offensive Basketball. Englewood Cliffs, 1960³,
                  S. 11, 13-21, 319-323.

MRAZEK, S. u. DOBRY, L.:
                  Basketball. Berlin, 1962, S. 12-14, 225-230.

SCHULZ, W.:   Unterricht - Analyse und Planung. In: HEIMANN u.
                  a. (Hrsg.): Unterricht - Analyse u. Planung, Aus-
                  wahl, Reihe B. Hannover 1965, S. 13-47.

3.7 Durchführung von Unterricht und Training
von Gerhard SCHMIDT

SCHLAGWÖRTER
(1) Zeit nutzen - Organisation - Leitung

(2) Organisation: Gegebenheiten berücksichtigen - Geräte bereitstellen - Raum optimal nutzen

(3) Organisationsformen - angemessener Einsatz von Unterrichtsmitteln - Frontalarbeit - Gruppenarbeit - Zirkeltraining - individuelle Arbeit - Einsatz audiovisueller Medien - Kombination Gruppenarbeit und Cirkelbetrieb

(4) Leitung: Steuerung des Unterrichts-/Trainingsgeschehens - Kontakt zur Gruppe - Autoritätsprinzip - Führungsprinzip - Beratungsprinzip - Überblick über die gesamte Gruppe - Wechsel von Belastungsintensität oder Organisationsform

(5) Selbstkontrolle - Trainingstagebuch

ERLÄUTERUNGEN
(1) Unterricht und Training sollen effektiv sein: die zur Verfügung stehende Zeit muß optimal genutzt werden für das Lernen, Üben, Trainieren und Spielen. Die Schüler/Spieler sollen den höchstmöglichen Aktivitätsgrad erreichen. Die dabei zu berücksichtigenden Fragen des Stundenziels und der Belastung sind durch die Planung geklärt (vgl. bei 3.6). Die Durchführung betreffen die Maßnahmen der Organisation und der Leitung. Mit ihrer Hilfe soll der Plan umgesetzt werden. Dabei sind Grundsätze zu beachten, die im folgenden erläutert werden sollen.

(2) Bei der Organisation sind zunächst die örtlichen Gegebenheiten

zu berücksichtigen wie Hallengröße, Anzahl der Körbe und Bälle,
Hilfsmittel etc. Geräte und Hilfsmittel müssen rechtzeitig in ausreichender Zahl bereitgestellt werden. So sollte für jeden Spieler
ein Ball vorhanden sein, wenn individuelle Arbeit auf dem Programm
steht. Notfalls sind Fuß-, Volley- oder Gymnastikbälle bei Anfänger-
gruppen mit einzusetzen. Medizinbälle, Sprungseile, Stoppuhr, Zau-
berschnur und Klebestreifen sind weitere Trainingsgeräte bzw. Hilfsmittel. Um beim Spielen Verwechslungen und damit Uneffektivität zu
vermeiden, sind evtl. Wechseltrikots oder Parteibänder erforderlich.
Je nach Hallen- bzw. Außentemperatur ist auf ausreichend warme Trai-
ningskleidung zu achten, um Verletzungen zu vermeiden. Gelegentlich
sollte das Schuhwerk und bei gelenkschwachen Spielern die Bandagie-
rung überprüft werden. Zur normalen Hallenausstattung gehören heute
zumindest zwei Korbanlagen. Zusätzliche Übungsmöglichkeiten lassen
sich an den Längswänden montieren (Übungsbretter oder Höhenverstell-
bare Korbanlagen, vgl. HAGEDORN 1968).
Auch wenn Halle oder Freiplatz nicht ausreichend ausgestattet sind,
kann selbst mit großen Gruppen effektiv gearbeitet werden, wenn
Hilfsmittel, wie Markierungen an den Hallenwänden als Ersatzziele
geschaffen werden oder bei der Übungs- und Spielorganisation durch
geeignete Formen der Raum optimal genutzt wird. So können in jedem
Halbfeld 5-5 auf einen Korb spielen. Der Rest der Gruppe nutzt die
Wartezeit durch Schiedsrichter- und Auswertungstätigkeiten, die den
eigenen Lernprozeß intensivieren können. Das Training der Vereins-
mannschaften ist in der Regel organisatorisch leichter zu gestalten,
da gegenüber der Schulsituation die Teilnehmerzahl im allgemeinen
kleiner ist.
(3) Organisation des Unterrichts/Trainings bedeutet, daß die Organisationsformen und Unterrichtsmittel angemessen eingesetzt werden. Es
gibt folgende Organisationsformen:
1. Frontalarbeit: Der Lehrende steht frontal vor der Klasse/Gruppe
   und stellt bestimmte Aufgaben (z.B. Dribbeln am Ort, vorwärts,
   rückwärts und kontrolliert dabei die gesamte Gruppe).
2. Gruppenarbeit: Die Spieler werden in Gruppen unterteilt und erhalten eine bestimmte Aufgabe, die sie in selbständiger Arbeit zu
   lösen versuchen (z.B. 1-1 auf den Korb). Der Lehrende geht von
   Gruppe zu Gruppe, um zu beraten, zu helfen, zu korrigieren.
   Schließlich versammelt sich wieder die gesamte Gruppe, um die Ar-

beitsergebnisse festzustellen.

3. Zirkeltraining: An verschiedenen Stationen sind bestimmte Übungen nach Zeit oder Anzahl durchzuführen. Jeder einzelne oder jede Gruppe durchläuft nacheinander alle Stationen. Die Ergebnisse sollten kontrollierbar sein und kontrolliert werden.

4. Individuelle Arbeit: Jeder erhält eine spezielle Aufgabe oder darf seinen Wünschen entsprechend üben und beschäftigt sich selbständig ohne Eingriffe des Lehrenden.

Der Einsatz von Unterrichtsmitteln soll hier auf die audiovisuellen Medien (vgl. bei 3.8) beschränkt werden. Dabei ergeben sich besonders bei der Arbeit mit dem Videorecorder organisatorische Probleme, die beim gegenwärtigen Stand der Technik noch nicht voll zufriedenstellend gelöst werden können, vor allem bei individuellen Lernvorgängen.

Als günstigste Organisationsform hat sich eine Kombination von Gruppenarbeit und Zirkelbetrieb herausgestellt. Ein Beispiel soll das Prinzip verdeutlichen:

Gruppe: 30 Schüler; Halle: 4 Körbe, 12 Bälle; Medien: Videorecorder, Projektor mit Arbeitsstreifen, entsprechende Bilderserie in Großformat. (Der Videorecorder kann vom Lehrenden, der Arbeitsstreifenprojektor von den Schülern selbst bedient werden.)

Die Gruppe wird für den Lernvorgang in sechs Untergruppen unterteilt, die an folgenden Stationen Aufstellung nehmen:

Gruppe 1: Vorgabe am Arbeitsstreifenprojektor

Gruppe 2: Üben am Korb 1 / Aufnahme auf Videorecorder

Gruppe 3: Lernkontrolle am Videorecorder

Gruppe 4: Üben am Korb 3; Umsetzen der Kontrollergebnisse

Gruppe 5: Vorgabe an der Bildreihe; die Schüler beobachten im Wechsel die Bilder (Sollwert) und ihre übenden Kameraden der Gruppen 4 oder 6

Gruppe 6: Üben am Korb 4

Die Gruppen rotieren von Station zu Station in dem Tempo, das durch die Videorecorderarbeit angegeben wird. Da die Gruppen 2 und 3 ohne Vorgabe des Sollwerts beginnen, müssen insgesamt 8 Wechsel stattfinden, damit alle Gruppen eine echte Lernkontrolle erleben. In diesem Beispiel wird vorausgesetzt, daß die Schüler ein hohes Maß an selbständigem Arbeiten erworben haben.

Für eine reibungslosere und zeitsparendere Organisation fehlen zur

Zeit noch die technischen Voraussetzungen durch einen Videorecorder,
bei dem nicht mehr Aufnahme und Wiedergabe getrennt durchgeführt werden, sondern bei dem die Wiedergabe zeitlich leicht versetzt (10 Sekunden bis 1 Minute variabel einstellbar) stattfindet, ohne daß die
Aufnahme gestoppt werden muß.

(4) Die Leitung des Unterrichts/Trainings betrifft die Art und Weise, in der der Lehrende das Unterrichts-/Trainingsgeschehen steuert
und wie er den Kontakt zur Gruppe gestaltet. Dazu muß der Lehrer/
Trainer nicht nur mehrere Methoden der Stoffvermittlung beherrschen
(vgl. bei 3.3), sondern auch folgende Prinzipien dosiert einsetzen
(HAGEDORN 1968, vgl. bei 3.2):

1. Das Autoritätsprinzip: Durch Pfiff, straffe Aufstellungsformen,
   knappe, klare Anweisungen, strenge Kontrollmaßnahmen beschränkt
   der Lehrende den organisatorischen und zeitlichen Aufwand auf ein
   Minimum. Ruhe und Gehorsam werden schnell erreicht. Nachteil ist
   die pädagogische Unfruchtbarkeit, denn Selbständigkeit, Initiative
   und offener Gedankenaustausch werden leicht verschüttet. Wenn
   aber ein Ziel schnell erreicht werden muß, wird der Lehrer/Trai-
   ner eher autoritär und straff führen müssen.

2. Das Führungsprinzip: Es betont die selbständige Arbeit in kleinen
   Gruppen, die offene Diskussion und strebt die Selbstkontrolle an.
   Auf gebundene Ordnungsformen wird weitgehend verzichtet.

3. Das Beratungsprinzip: Der Lehrer/Trainer versteht sich als Helfer.
   Die Spieler müssen bereits eine zielbewußte, leistungsbereite und
   selbständige Arbeitshaltung haben. Sie denken in allen Fragen der
   Trainings- und Unterrichtsinhalte mit, gestalten und übernehmen
   Verantwortung. Sie sind notfalls in der Lage, auch ohne Lehrer/
   Trainer sinnvoll zu arbeiten.

Je nach Unterrichts- und Trainingssituation werden diese drei Prinzipien eingesetzt. Geht es um taktische Fragen, wird der Lehrer hauptsächlich führen, also gezielte Denkanstöße geben und die Diskussion
suchen, denn nur durchdachte Taktik läßt sich verwirklichen. Werden
Techniken erarbeitet, wird er beraten und führen, indem er Lösungswege suchen läßt und seine Hilfe anbietet, aber rechtzeitig mit Korrekturen eingreift, um längere Umwege zu vermeiden. Auf längere
Sicht wird nur dann eine gute Arbeitshaltung erreicht, wenn die
Spieler zum Mitdenken, Vorstellen und selbständigen Arbeiten ange-
leitet werden. Autoritär oder besser, straff und frontal muß der

Lehrer/Trainer hauptsächlich leiten, wenn es um das Festigen von
Techniken unter organischer Belastung geht oder um Konditionsarbeit.
Der Lehrende muß selbst bei intensiver Betreuung von Teilgruppen
stets den Überblick über die gesamte Gruppe behalten. Seine Beobachtungen müssen sich vor allem auf den Aktivitätsgrad der Spieler
richten und durch rechtzeitigen Wechsel der Belastungsintensität
oder Organisationsform Ermüdung und Überlastung einerseits und Langeweile und Leerlauf andererseits vermeiden.
(5) Auch der Spieler sollte lernen, sich selbst zu kontrollieren.
HAGEDORN (1968) empfiehlt zu diesem Zweck ein Trainingstagebuch, in
dem die Trainingsvorgänge und Leistungen festgehalten werden. So
könnte z.B. nicht nur die Wurfleistung erfaßt werden, sondern auch
das taktische Konzept aus dem Kopf aufgezeichnet und damit mental
trainiert werden.

MERKE!

(1) Durch Maßnahmen der Organisation und Leitung soll die Zeit für
die Unterrichts-/Trainingsdurchführung optimal genutzt werden.
(2) Die Organisation betrifft die Gegebenheiten (Gerätezahl und
-art, Raumgröße etc.), die intensiv zu nutzen sind.
(3) Organisationsformen wie Frontalarbeit, Gruppenarbeit, Zirkeltraining und individuelle Arbeit sowie Unterrichtsmittel (audiovisuelle Medien) werden je nach Thema und Unterrichtssituation eingesetzt.
(4) Die Leitung des Trainings/Unterrichts erfolgt nach 3 Prinzipien,
die je nach Situation, Aufgabe und Zielsetzung eingesetzt werden
und sich gegenseitig ergänzen:
1. das Autoritätsprinzip (Gebrauch von Pfeife, straffen Ordnungsformen etc.) z.B. bei organischer Belastung, Konditionsarbeit;
2. das Führungsprinzip (Gruppenarbeit, Aufgabenstellung, Selbstän-
   digkeitserziehung) z.B. bei taktischen Erörterungen und Diskussion, bei Korrekturen;
3. das Beratungsprinzip (Lehrer/Trainer als Helfer, selbständige Arbeitshaltung, Mitdenken, Mitverantwortung) z.B. bei freier Erarbeitung von Techniken.
(5) Die Spieler führen zur Selbstkontrolle ein Trainingstagebuch.

PRÜFE DEIN WISSEN!

1. Die Durchführung des Trainings umfaßt Maßnahmen der O..........
und der L......
2. Die Organisation zielt auf rechtzeitige Bereitstellung der G.....
und H....m.....
3. Frontalarbeit, Gruppenarbeit, Zirkeltraining und individuelle
Arbeit sind O...........f....., die ebenso wie die U:..........-
m..... je nach Thema und Unterrichtssituation eingesetzt werden.
4. Die Leitung erfolgt nach den Prinzipien der A........, der F..-
.... oder der B.......
Der Trainer benutzt das Autoritätsprinzip z.B. bei organischer
B........ (K........arbeit), er führt mit Hilfe der D.........
zur selbständigen Arbeit und bietet sich als Helfer für K.....-
..... beim Erlernen von Techniken an.
5. Die Erziehung zur Selbständigkeit wird dadurch erleichtert, daß
die Spieler ein T.......st...b... führen.

LITERATUR

HAGEDORN, G.:   Das Basketballspiel. Köln: Barz & Beienburg,
                          1968, S. 53 f, 60-76, 81-89.

3.8 Audiovisuelle Unterrichtsmittel
von Gerhard SCHMIDT

SCHLAGWÖRTER

(1) Audiovisuelle Unterrichtsmittel - Arbeitshilfen: Bilder- und
Zeichenserien, Film, Arbeitsstreifen und Videorecorder
(2) Verbale, akustische, visuelle und taktile Informationsvermittlung - Sehen-, Analysieren- und Bewußtmachenlernen durch audiovisuelle Unterrichtsmittel
(3) Ziele und Wirkungsweisen: Motivation - Ausbildung der Bewegungsvorstellung - Bewegungskorrektur
(4) Vor- und Nachteile der Medien - Einsatzplanung - geringer Aufwand

So ist es richtig!
1. Organisation, Leitung; 2. Geräte, Hilfsmittel; 3. Organisationsformen, Unterrichtsmittel; 4. Autorität, Führung, Beratung, Belastung
Konditionsarbeit, Diskussion, Korrekturen; 5. Trainingstagebuch

ERLÄUTERUNGEN

(1) Was sind audiovisuelle Unterrichtsmittel?

"Audiovisuelle Unterrichtsmittel sind auf Hören und Sehen bezogene Arbeitshilfen. ... Sie dienen der methodischen Aufbereitung,der Verlebendigung und Vertiefung oder Erweiterung eines Lerngeschehens" (BRUDNY, W. 1970, S. 86). Für Sportunterricht und Training scheint es sinnvoll, zwischen audiovisuellen Unterrichtsmitteln im weiteren Sinne (Anschauungsmittel wie Einzelbilder, Tafelskizzen, Magnettafel usw.) und im engeren Sinne zu unterscheiden, zu denen Bilder- und Zeichenserien (Diareihen), Film (Lehr- und Dokumentationsfilm), Arbeitsstreifen (Ringfilm) und Fernsehtechniken (Schulfernsehen, Videorecorder) zu zählen sind.

(2) Grundsätzliches zum Einsatz der audiovisuellen Unterrichtsmittel in Sportunterricht und Training und über die Bedeutung visueller Information beim Lernen

Es gibt vier Möglichkeiten der Informationsvermittlung: die verbale (durch Worte), die akustische (durch Töne oder Laute), die visuelle (durch Sehen) und die taktile (durch Führen oder Fühlen). Obwohl der erfahrene Trainer oder Lehrer alle vier - meist sogar gekoppelt (Methodendusche) - benutzt, wird die visuelle Information allgemein als zweitrangig angesehen und der verbalen nachgeordnet, weil z.B. die zu erlernenden Bewegungsabläufe mit dem Auge nicht so schnell und präzise erfaßt, analysiert und bewußt gemacht werden können. Mit Hilfe der audiovisuellen Unterrichtsmittel (z.B. Zeitlupenstudien) wird es nun möglich, dieses Sehen-, Analysieren- und Bewußtmachenlernen zu entwickeln und zu verbessern und damit der visuellen Information zu mehr Bedeutung für den Lernprozeß zu verhelfen (vgl. DIETRICH o.J.).

(3) Ziele und Wirkungsweisen der audiovisuellen Unterrichtsmittel

a) Motivation

Audiovisuelle Unterrichtsmittel wirken motivierend (Neuigkeitswert, Abwechslungscharakter, ganzheitliche Lernzieldarstellung) - vielleicht, weil sie bislang nicht genug eingesetzt wurden. Die Lernzieldarstellung (z.B. Sprungwurf) sollte nicht unbedingt den perfekten Spitzenspieler für den Anfänger präsentieren, sondern das Ausgangsniveau berücksichtigen (z.B. altersgleiche, aber technisch sauber werfende Schüler), damit der Könnensunterschied überwindbar und anspornend erscheint (vgl. DIETRICH o.J.).

b) Ausbildung der Bewegungsvorstellung

Hier werden Vorgabe (Sollwert, Demonstration) und Durchführung (Ist-wert) angesprochen. Bilderserien, Film, Arbeitsstreifen und Video-recorder lassen sich für die Vorgabe (Darbietung des Lernziels und -weges) benutzen. Auch in der Phase der Durchführung, die den Bewe-gungsvollzug des Lernenden verlangt, können die Medien zur Intensi-vierung eingeschaltet werden, indem zwischen einzelne Durchführungs-phasen Anschauungsphasen geschaltet werden (vgl. KIRSCH 1972 a, b). Durch das Vollziehen erhält der Lernende eine Vorstellung (Empfin-dung) von seiner Bewegung. Die visuelle Information (Vorgabe) ver-mittelt nur Teile der Bewegungsvorstellung, erst der Vollzug macht die Vorstellung verfügbar (DIETRICH o.J. u. SCHNABEL 1967).

c) Bewegungskorrektur

Um Fehler sehen zu lernen, muß der Lernende eine Vorstellung von der Idealbewegung und der eigenen Ausführung haben und beide verglei-chen. Da die Rückmeldung über die eigene Bewegung nur unzureichend ist, wird für Korrekturen ein Medium notwendig: der Lehrer, die Filmwiedergabe oder optimal, der Videorecorder, der den Vollzug der Bewegung am schnellsten und objektivsten wiedergibt (Sofort- oder Direktinformation). Besonders günstig scheint dabei die Verbindung mit dem korrigierenden Lehrerkommentar. Filme und Bildserien des Durchführenden eignen sich für Korrekturmaßnahmen weniger, da die Rückinformation durch die Filmentwicklung etc. zeitlich zu weit weg liegt.

(4) Zur Praxis der Arbeit mit audiovisuellen Unterrichtsmitteln
Vor- und Nachteile der einzelnen Medien:

Medium	Vorteile	Nachteile
Bilder- u. Zeichense-rien	Phasen der Bewegung und Feh-lerquellen werden festge-halten, wesentliche Elemente können herausgearbeitet wer-den, leicht in Eigenarbeit herstellbar.	Gesamtablauf wird zerstük-kelt, Bewegungsvorstellung scheint Voraussetzung für Verständnis, dynamische Aspekte werden unterschla-gen, verlangt meist zu-sätzliche Organisation (Proj.).

Medium	Vorteile	Nachteile
Filme (Lehr- u. Dokumentar- filme)	Gesamtablauf und dynamische Aspekte bleiben erhalten, durch Zeitlupen- oder Standbildschaltung können auch Einzelaspekte herausgenommen und analysiert werden (morphologische, biomechanische Details), was aber Film- und Projektionsgerätabhängig ist.	Organisatorischer vor allem zeitlicher Aufwand führt zur Trennung von Vorgabe (Filmlänge), Durchführung und Kontrolle, Details (z. B. Lernschritte) müssen erst aus dem Gesamtfilm herausgearbeitet werden.
Ringfilm	Kurzfilm: 1 Bewegungsablauf kann beliebig oft wiederholt werden (Standbild u. Zeitlupe je nach Projektor).	Technisch überholt (empfindlich, weil ungeschützt, Projektionsraum erforderlich).
Arbeits- streifen	Nachfolger des Ringfilms, geschützt durch Kassettenprinzip, leicht zu bedienen, kurze Dauer (bis 3 Min.), methodische Einheiten, schnelles Zurückschießen des gesamten Films oder von Teilen, finanziell tragbar, weiter ausbaufähig durch Tonträger (Basaltexte).	Spezielle Tageslichtprojektoren, sonst keine nennenswerten Nachteile.
Video- recorder	Objektive Vorgabe und Kontrolle (Selbstkontrolle), Sofortinformation über Eigentätigkeit, Einzelbild- u. Zeitlupenschaltung je nach Gerät, Bänder können gelöscht werden. Unentbehrlich für Hochleistungstraining.	Hohe Kosten, technisch noch nicht ausgereift, empfindlich großer materieller Aufwand, uneinheitliche Normen (Bänderüberspielen nicht möglich!), (Vereinheitlichung erfolgt parallel der Entwicklung des Kassettenprinzips - vorauss. ab 1975); organisatorisch-schwieriger Einsatz.

Empfehlungen zur Einsatzplanung:

Der Einsatz der verschiedenen Medien ist thema- bzw. zielgebunden. Der organisatorische Aufwand ist mit dem zu erwartenden Effekt abzustimmen. Für die Vorgabe (Zieldarstellung) am günstigsten scheint der Arbeitsstreifen, für die Kontrolle der Videorecorder.

MERKE!

(1) Audiovisuelle Unterrichtsmittel sind auf Hören und Sehen bezogene Arbeitshilfen. Dazu gehören Bilder- und Zeichenserien, Film, Arbeitsstreifen und Videorecorder.

(2) Die <u>visuelle Information</u> wird durch audiovisuelle Unterrichtsmittel wesentlich verbessert und <u>intensiviert</u> damit den Lernprozeß!
(3) Die audiovisuellen Unterrichtsmittel wirken und zielen auf <u>Motiva-</u>
tion, Ausbildung der <u>Bewegungsvorstellung</u> und <u>Bewegungskorrektur</u>.
(4) Jedes audiovisuelle Unterrichtsmittel hat Vor- und Nachteile.
Am günstigsten dürften <u>Arbeitsstreifen</u> (für die Vorgabe) und <u>Video-</u>
<u>recorder</u> (für die Kontrolle) sein. Der Aufwand darf in Bezug auf den
Effekt nicht zu groß sein, er sollte möglichst <u>gering</u> sein.

PRÜFE DEIN WISSEN!

1. Zu den audiovisuellen Unterrichtsmitteln gehören B.....- und
   Z..........n, F..., A.............n und V..........r.
2. Audiovisuelle Unterrichtsmittel verbessern die v....... I......-
   ...... und i..........n den Lernprozeß.
3. Die Wirkungen der audiovisuellen Unterrichtsmittel liegen in den
   Bereichen M........n, B........v.......... und Bewegungsk........
4. Besonders günstig für die Vorgabe sind A.............n und für
   die Kontrolle V..........r. Der A.....d muß möglichst g.....
   sein.

LITERATUR

BISCHOFS, J.:   Arbeitsmittel. In: ROMBACH (Hrsg.): Lexikon der
                     Pädagogik. Freiburg: Herder, 1970², B. I, S.70-71.

BRUDNY, W.:   Audiovisuelle Unterrichtsmittel. In: ROMBACH
                     (Hrsg.): Lexikon der Pädagogik. Freiburg: Herder,
                     1970², Bd. 1, S. 86-88.

DALE, E.:   Audiovisual Methods in Teaching. New York: The
                     Dryden Press, Holt, Rinehart and Wuiston, Inc.
                     1969².

So ist es richtig!
1. Bilder-, Zeichenserien, Film, Arbeitsstreifen, Videorecorder
2. Visuelle Information, intensivieren
3. Motivation, Bewegungsvorstellung, Bewegungskorrektur
4. Arbeitsstreifen, Videorecorder, Aufwand, gering

DIETRICH, K.:   Möglichkeiten des Einsatzes audio-visueller Techniken in der Leibeserziehung. In: WEHLING, W./LSB Nordrhein-Westfalen, Sportfilmtage '70 Oberhausen, Bericht, S. 46-54.

HEINRICHS, H.:   Audiovisuelle Praxis in Wort und Bild. Geräte, Technik, Methode. Kösel-Verlag, München, 1972.

KIRSCH, A.:   1) Diskussions- und Arbeitsergebnis
2) Einführung in die Arbeitstagung "Audiovisuelle Hilfsmittel in Sportunterricht und Training". In: Sportfilmtage '70 Oberhausen, Bericht . Hrsg.: LSB Nordrhein-Westfalen/WEHLING, W., Oberhausen: Laufen, o.J.

KIRSCH, A.:   1) Visuelle Medien und motorisches Lernen
2) Der Einsatz von Arbeitsstreifen im Sportunterricht. S. 7, 2-6. In: Arbeitsstreifen 8 mm-Filme für den Sportunterricht. Schorndorf: Hofmann, 1972.

KIRSCH, A.:   Über die Verwendungsmöglichkeit von Ringfilmen im Sportunterricht. In: WEHLING, W./LSB Nordrhein-Westfalen. Sportfilmtage '70 Oberhausen, Bericht.

KIRSCH, A.:   Audio-visuelle Lernhilfen. In: KOCH, K. (Hrsg.): Motorisches Lernen-Üben-Trainieren. Schriftenreihe zur Praxis der Leibeserziehung und des Sports. Bd. 66, S. 249-261. Schorndorf: Hofmann, 1972.

KRÜGER, F., E. BEYER, F. BEGOW u. M. KOLBE:
Einsatzmöglichkeiten ausgewählter audio-visueller Hilfsmittel in verschiedenen Bereichen der Sportwissenschaft. In: WEHLING. W./LSB Nordrhein-Westfalen: Sportfilmtage '70 Oberhausen, Bericht. Oberhausen, 1972.

SCHNABEL, G.:   Zur Bewegungskoordination. In: Wissenschaftliche Zeitschrift der DHfK Leipzig 10 (1968) 1, S. 13-32.

SCHULZ, W.:   Lehr- und Lernmittel. In: ROMBACH (Hrsg.); Lexikon der Pädagogik. Freiburg: Herder, 1970^2, Bd. III, S. 76-78.

SCHWARZE, G.:   Technik der Arbeit mit audiovisuellen Unterrichtsmitteln. Berlin: Volk und Wissen, VEV, 1969.

UNGERER, D.:   Unterrichtstechnologie und Programmierte Instruktion im Sportunterricht. In: WEHLING, W./LSB Nordrhein-Westfalen, Sportfilme '70 Oberhausen, Bericht. S. 55-75.

ANHANG

Verzeichnisse und Hinweise
Lehrfilme, Arbeitsstreifen, Dokumentationen, Spielfilme
Filmstelle des DBB, Verleih durch KINOTON, Kurt Johanning,
4171 Kempen/Ndrh. 4, Bendheide 1F:

Film	Bild	Thema	Min.	Gebühr
B 1		High lights 1955	34	10,50
B 2		High lights 1956	34	10,50
B 3		High lights 1957	33	10,50
B 4		High lights 1958	33	10,50
B 5		High lights 1959	35	10,50
B 6		Championship 1958	20	9,--
B 7		BB for millions	32	10,50
B 8		The winning way	30	10,50
B 9A		EM 1965 (8 mm Standard, stumm)	15	5,--
B 9B		DBB: Rumänien (8 mm Standard, stumm)	13	5,--
B 10		Individuals offense	10	7,50
B 11		Individuals skills	11	7.50
B 13		Fast break	11	7,50
B 14		Defense	12	7,50
B 15		Fundamentals	20	9,--
B 16		Ball handling	10	7,50
B 17		Official Basketball	33	10,50
B 18	stumm	Lehrfilm aus CSSR (1968)	10	7,50
B 19	color engl.	The final game	47	40,--
B 19		The final game (16 mm Farbe (Änderung)	50	40,--
B 20		Tokio 1964 Endspiel USA ./. UdSSR, 2 Rollen, stumm		21,--
B 21		The golden boys (WM (Ljubljana) 16 mm Farbe		12,50
B 22		Basketball I: Die Grundlagen v. Dr. Hagedorn, 16 mm Lichtt.	27	10,50
B 23		Basketball II: Das Spiel v. Dr. Hagedorn, 1 mm Licht	27	10,50

20 Arbeitsstreifen (Kassettenprinzip) für Projektoren KODAK-Ektagraphik 120-P, BOLEX AV 24-12 od. EUMIG - Mark 510 E mit folgenden Themen:
Korbwurf I (Korbleger, Positionswurf), Korbwurf II (Sprungwurf, Hakenwurf), Dribbeln am Ort und in spielgerechter Bewegung, Ballbehandlung (Fangen und Passen), Fußarbeit beim Angreifer und beim Dekkungsspieler, ein Weg zur Perfektion (Ballbehandlung im Training und Spiel), Spiel 1-1 im Spielfeld und am Korb, Centerausbildung (Übungs- und Trainingsformen), Spiel 2-2, Spiel 3-3 (drei-Außen), Spiel 3-3 (Spiel mit VorcenterI),Spiel 3-3 (Spiel mit Vorcenter II), Spiel 3-3 (zwei Seitcenter), Bekämpfung der Mann-Deckung, Ausschalten des Vorcenters, Ball-Raum-Verteidigung (Zone), Bekämpfung der Ball-Raum-Verteidigung, Aggressive Verteidigung (Presse), Der Schnellangriff I (Ballsicherung, Ballvortrag), Der Schnellangriff II (Korbwurf nach Angriff-in-der-Überzahl).
Ein umfassendes Verzeichnis mit weiteren Verleihen und Filmen kann bei der Geschäftsstelle des DBB angefordert werden.

Bilderserien

Es fehlt zur Zeit an unterrichtstechnisch einwandfreien Bilderserien in großen Formaten. Lediglich in Büchern (NIEDLICH, HOBSON, KÖHLER u.a.) finden sich Serien, deren Einsatz im Unterricht aber stets besondere organisatorische Vorbereitungen (Projektoren, Vorführraum) verlangt.

Vidoerecorder

Videorecorderanlagen bestehen aus Recorder, Kamera, Monitor und evtl. erforderlichen Zusatzgeräten wie Netzanschlußgerät, Adaptor etc. Wegen der zu erwartenden technischen Verbesserungen auf diesem Gebiet empfiehlt das Institut für Film und Bild, 8022 Grünwald/ München, Bavaria-Film-Platz 3, die Beschaffung bis zum Erscheinen farbtüchtiger Kassettengeräte zurückzustellen, bes. was die unteren Preisklassen (ca. 5000,-- bis 10 000,-- DM komplett) betrifft. Nähere Auskünfte erteilt das Institut auf Anfrage.

3.9 Mannschaftsführung und Mannschaftsbetreuung

von Günter HAGEDORN

SCHLAGWÖRTER

(1) Mannschaftsführung = sportliche Ziele erreichen

(2) Mannschaftsbetreuung = psychologische Führung; sozio- und psychoregulative Maßnahmen

(3) Ziele: Entwicklung der Leistung, Festigung des Selbstvertrauens, Entspannung, Aktivieren, Sicherung der Leistungsfähigkeit

(4) Festigung des Selbstvertrauens: Autogenes Training, rituelle Formen, Mentales Training, Selbstbefehle

(5) Entspannung: Ersatzrealisation

(6) Aktivieren: Aufputschen, Droge, Grenze der Kontrollfähigkeit

(7) Sicherung der Leistungsfähigkeit: bei Verletzung auch MT, bei Leistungseinbrüchen durch Wechsel, Psychodrama - Rollentausch

(8) Phasen des Handlungsfeldes: Vorbereitung, Wettkampf, Nachbesprechung. Vorbereitung: freies Gespräch, Informationen, Suggestion, Aufwärmen. Wettkampf: Spielerwechsel, Auszeit, Riten, Zuruf, Gebärde. Nachbesprechung: Erfolgserlebnisse, Planung, Spontanentscheidungen.

ERLÄUTERUNGEN

(1) Mit Mannschaftsführung bezeichnen wir hier die Maßnahmen des Trainers (Betreuers, Coach), mit deren Hilfe eine Mannschaft ihre sportlichen Ziele leichter erreichen kann. Zu diesen Maßnahmen zählen sowohl die Organisation und Gestaltung des Trainings, die Erarbeitung eines taktischen Grundkonzepts und einer langfristigeren Strategie als auch die organisatorischen und pädagogischen Maßnahmen vor, während und nach dem Wettkampf zur Sicherung des mannschaftlichen Spielerfolges.

(2) Mannschaftsbetreuung bezeichnet eher die psychologische Führung der Mannschaft und ihrer Mitglieder durch den Trainer. Mit ihrer Hilfe sollen die Spieler für sich selbst erreichbare Erfolgserwartungen aufbauen, ihre Rolle innerhalb der Mannschaft besser verstehen/einschätzen lernen und die Gewißheit der persönlichen Hilfe in Konfliktsituationen gewinnen.

Zu den Maßnahmen der Mannschaftsbetreuung zählen sowohl die sozialen

Methoden zur Formung der Mannschaft = <u>sozioregulative</u> Maßnahmen
(vgl. bei 3.3) als auch die der individuellen Betreuung = <u>psychore-</u>
<u>gulative</u> Maßnahmen im Training, im Zusammenhang mit dem Wettkampf
und auch im Privaten (zur Unterscheidung von Mannschafts- und Spie-
lerbetreuung vgl. MOORE 1970).

(3) Die <u>Ziele</u> der Mannschaftsführung und der Mannschaftsbetreuung
sollten stets zusammengehen. Selbst das Erfolgsziel des Hochlei-
stungssports ist nur erreichbar, wenn die sozio- und psychoregulati-
ven Maßnahme das Training und den Wettkampf entscheidend mitbestimmen.

Hinsichtlich Mannschaftsführung und Mannschaftsbetreuung lassen sich
generell <u>fünf Ziele</u> unterscheiden: die <u>Entwicklung der Leistung</u> (im
Lern- und Trainingsprozeß), die <u>Festigung</u> des <u>Selbstvertrauens</u>, <u>Ent-</u>
<u>spannung</u> bzw. <u>Entkrampfung</u> bei 'Übersteuerung', das <u>Aktivieren</u> bei
zu niedrigem Aktivitätsniveaus, die <u>Sicherung</u> der <u>Leistungsfähigkeit</u>.
(4) Die Entwicklung der Leistung wird in anderen Beiträgen des HAND-
BUCHS diskutiert (vgl. z.B. bei 2.3) und deshalb hier übergangen. Die
<u>Festigung</u> des <u>Selbstvertrauens</u> gründet in der Gewißheit der Spieler,
attraktive und (unter Anstrengungen) erreichbare Ziele anstreben zu
dürfen. Besondere Aufmerksamkeit verdient dabei die <u>Stabilisierung</u>
des <u>Verhaltens</u> in Stress-Situationen. Stress stellt eine überdurchschnittliche psycho-physische Beanspruchung dar und 'verformt' deshalb das menschliche Verhalten. Dieser Verformung wirken die psycho-
regulativen Maßnahmen entgegen, z.B. das Autogene Training (AT), rituelle Formen, das Mentale Training (MT) und <u>Selbstbefehle</u>.

Dem <u>Autogenen Training</u> (AT) (HUBER u. KLAUSNITZER 1973) muß stets
eine allgemeine Lockerung und <u>Entspannung</u> (progressive Relaxation)
vorausgehen. Es führt über die immer wiederholte autosuggestive
Formel 'Ich bin ganz ruhig' und die Übungen der Unterstufe des AT
bereits zum <u>Abbau</u> von <u>Angstzuständen</u> (Desensibilisierung). Das stark
gesenkte Aktivitätsniveau (niedriger Puls, ruhige Atmung) muß je
nach Situation wieder zeitgerecht gehoben werden (durch energischen
'Ausstieg' und zusätzliche Bewegung!).

<u>Rituelle Formen</u> zur Stabilisierung des Verhaltens werden von den
Spielern oft unbewußt aufgebaut. Zumeist liegt diesen Formen die
Hoffnung zugrunde, durch Beibehaltung bestimmter äußerer Umstände
einen Erfolg zu wiederholen (Trikotfarbe, Schuhe, Mannschaftsbank).
Dieses Verhalten ist vergleichbar der Gewohnheit von Freiwild, be-

stimmte Wechsel zu bevorzugen. Es birgt die gleiche Gefahr in sich:
das Verhalten fixiert sich, Veränderungen der Spielsituation (kurz-
fristiger Trikotwechsel z.B.) führen zu keiner entsprechenden Verhaltensänderung (vgl. STEINBACH 1973).
Zu den notwendigen Riten im Sportspiel zählt der mannschaftliche
Gruß vor und nach dem Spiel, gehört das Bilden eines Kreises, das
Handgeben zu gemeinsamem Ansporn ('Kampfruf'), der Dank der Mitspie-
ler untereinander oder des Trainers an einen Spieler durch Handschlag.
Diese Riten erinnern nur noch entfernt an die Riten der Urvölker
(Zauberkreis, Zauberspruch, Bruderschaftsriten), denn sie haben drei
definierbare Ziele: die Spieler zu konzentrieren, ihr Gruppenbewußt-
sein zu festigen und Leistungen gegenseitig anzuerkennen.
Das Mentale Training (MT) (DÄUMLING u.a. 1973) führt ähnlich wie das
AT zur Entspannung durch eine nach 'innen' gerichtete Konzentration.
Das MT hat aber im Unterschied zum AT bestimmte Inhalte. Der so
Trainierende stellt sich Bewegungen und Spielvorgänge so intensiv
vor, daß er sie "richtig in den Muskeln spürt" (HAGEDORN, VOLPERT u.
SCHMIDT 1972, S. 27). Dabei werden   störende Umwelteinflüsse 'abge-
schaltet', wird erlerntes spielwichtiges Verhalten rückerinnert und
zugleich durch das Zusammenspiel von Vorstellung und Muskeltätigkeit
unmittelbar vorweggenommen.
Selbstbefehle dienen in besonderem Maße dazu, die unmittelbare Ausführung von Handlungen gegen Störungen abzuschirmen. Durch suggesti-
ves Abrufen ('Signalworte') entscheidender Handlungspunkte wird die
Konzentration gesteigert und die Handlung präzisiert (VOLPERT 1971).
(5) Das Ziel der Entspannung bzw. Entkrampfung wird durch das AT,
das MT und die Selbstbefehle bereits weitgehend erreicht. Ein weiteres Mittel ist das der Ersatzrealisation ('Schaltung' oder 'Verniedl-
lichung'). Oft kann eine Situation wegen ihres hohen Entscheidungs-
drucks von den Spielern nicht mehr allein innerlich verarbeitet werden. Sie gewinnt eine übermäßig gesteigerte Bedeutung. Hier kann der
Trainer gezielt auf andere (wichtigere) Handlungsfelder verweisen
(Beruf, Familie, Freizeit) und so den Überdruck 'herunterschalten'.
(6) Unmittelbar vor dem Spiel, aber auch in entscheidenden Spielphasen müssen besonders solche Spieler aktiviert werden, die auf Reiz-
und Entscheidungssituationen schlecht ansprechen (Phlegmatiker mit
schlechter Reaktibilität). Motorisches Aufwärmen genügt ihnen nicht,
sie müssen aufgeputscht werden durch Zuruf und anspornende Zeichen.

Das Aufputschen wirkt wie eine Droge; deshalb sind gewisse Praktiken
des 'psyching up', z.B. das Aufstacheln bis zu Haß- und Rachegefüh-
len, tunlichst zu vermeiden; sie greifen die letzten autonom ge-
schützten Reserven an und bringen die Spieler physisch an die Grenze
der Kontrollfähigkeit.

(7) Die Sicherung der Leistungsfähigkeit wird notwendig bei Verletzungen und bei Leistungseinbrüchen. Fällt ein Spieler auf längere
Zeit durch Verletzung für das Training aus, so bildet sich sein
Trainingszustand (organische und muskuläre Kraft) zurück. Der Verlust der so wichtigen Feinkoordination läßt sich aber weitgehend
durch tägliches MT verhindern; durch die Ähnlichkeit der Vorstellung
und der neuromuskulären Vorgänge beim MT mit der wirklichen Spiel-
handlung bleibt das psycho-physische Zusammenspiel erhalten. Leistungseinbrüche können ihre Ursache in Überforderungen (Wettkampf-
stress, Übertraining) oder Unterforderungen (geringe Wettkampferfah-
rung, zu leichtes Training) haben. Überforderungen begegnet der Trainer durch Wechsel der Belastungsform (Fußball statt Basketball z.B.),
der Belastungsintensität (freies Spiel statt Konditionstraining)
oder durch Spiel- und Trainingspausen. Unterforderungen begegnet man
am besten durch häufigere und größere Belastungen.

Leistungseinbrüche sind auch möglich aufgrund schwelender Spannung-
gen oder offener Konflikte innerhalb der Mannschaft (vgl. bei 3.10.).
Sofern deren Ursache innerhalb der Mannschaft oder zwischen Trainer
und Spielern/Mannschaft zu suchen sind, bietet sich als regulative
Maßnahme das Psychodrama an. Es wird bereits durch die Fragen vorbereitet:"Was hättest Du an meiner (seiner) Stelle getan? Was würdest
Du tun, hättest Du an meiner (seiner) Stelle zu entscheiden?" Der
hier simulierte Rollentausch macht die unterschiedlichen Aspekte
einer Entscheidung (Situation) deutlich. In echter Konfliktsituation
zwischen Trainer und einem Spieler sollten beide vor der Mannschaft
einmal ihre Rollen wirklich tauschen und aus der Perspektive des anderen argumentieren.

(8) Wie eng Mannschaftsführung und Mannschaftsbetreuung zusammengehen, verdeutlicht das Grundmodell zum gesamten Handlungsfeld (Abb.
72).

Die gesamte Breite des Feldes (X) kann in Geselligkeit und Training
(T_1) nur zum Teil vorgeplant und erfaßt werden (X_I); stets bleibt
ein nicht vorplanbarer Rest (X_{II}). Das hat zwei Ursachen. Einmal

wird immer nur ein Teil der Trainingsvorbereitung (T_1'') genau die Anforderungen des Wettkampfes treffen (W_1'), ein anderer Teil der Trainingsvorbereitung war z.T. überflüssig oder wird erst bei späteren
Wettkämpfen wirksam. Zum anderen wird jedes Spiel auch von unvorher-
sehbaren Faktoren mitbestimmt, auf die sich Trainer und Spieler
spontan während des Wettkampfes einstellen müssen.
Auf eine aktive Erholungsphase (P_1) folgt die Vorbesprechung unmittelbar (1 Stunde) vor dem Wettkampf. Sie sollte ihr Hauptaugenmerk
auf solche Informationen (Verstärkungen, Anreize) legen, die mit Sicherheit im Wettkampf benötigt werden (B_1), sollte den Umfang solcher für diesen Wettkampf vermutlich nicht wirksamen Einflüsse möglichst gering halten (B_1') und wichtige Informationen aufnehmen, die
in der Trainingsvorbereitung noch nicht bekannt waren (B_1''). Das
setzt voraus ein genaues Studium der Wettkampfbedingungen und der
gegnerischen Mannschaft (vgl. bei 2.6).
Beim Wettkampf lassen sich in der Regel planbare Vorgänge (W_1') von
unvorhergesehenen Phasen (W_1'') trennen. Oft wird die Vorbereitung sogar von überraschenden Einflüssen (s. Einbruch in W_1') bedroht; es
ist geradezu ein Teil der eigenen Taktik, in solche sorgsam vorbe-
reiteten Handlungsbereiche der Gegenmannschaft einzubrechen. Daraus
folgern zwei Aufgaben für die Wettkampfbetreuung: solche Einbrüche
bei der eigenen Mannschaft zu verhindern und den Freiraum des Spiels
(W_1'') durch spontane Maßnahmen mitzugestalten.
Nach einer Phase der Erholung und des Abstands (P_2) folgt die Nachbesprechung. Sie sollte - im Idealfall - das gesamte Ereignisfeld
einbeziehen und fragen, ob bzw. inwieweit T_1 mit W_1 übereinstimmte
(B_2), warum T_1' für den Wettkampf nicht wirksam wurde (B_2') und wie
der Freiraum (W_1'') von Spielern und Trainern gemeinsam gestaltet wurde (B_2'').
Die gewonnenen Einsichten bestimmen unmittelbar die neue Trainingsvorbereitung. Diese bezieht einen Teil der unvorhergesehenen Einflüsse mit ein (T_2''), ebenso jenen Teil der ersten Trainingsphase, der
sich nach·Meinung von Mannschaft und Trainer als mitentscheidend er-
wies (T_2). Hinsichtlich des nächsten Wettkampfes bleibt dennoch ein
Freiraum (X_{III} und X_{IV}) in der Planung. Die vielleicht wichtigste
Aufgabe häufiger Wettkämpfe ist es, Spieler und Trainer an spontane
Entscheidungen zu gewöhnen und sie so zu größerer Handlungsflexibi-
lität zu führen.

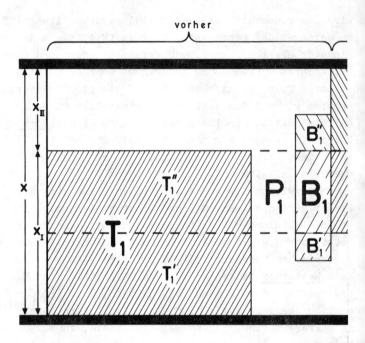

vorher

Abb. 72: Grundmodell zum Handlungsfeld Basketball mit den Phasen

Von besonderer Bedeutung sind die Phasen der unmittelbaren Vorbereitung auf den Wettkampf (B_1), der Wettkampf selbst (W) und die Nachbesprechung (B_2).
Die Vorbereitung wird durch das freie Gespräch eingeleitet, um die
Kontakte zwischen den Spielern und zwischen Mannschaft und Trainer
wieder zu festigen, ferner die Spieler allmählich auf das Spiel zu
konzentrieren.
Eine wichtige Hilfe ist dabei die Massage (vgl. bei 2.3), die sowohl
die Muskulatur lockert (dadurch die Durchblutung verbessert) als
auch psychisch entspannt. Eine ähnliche Wirkung können Hilfen beim
Bandagieren, Einreiben, beim Umziehen haben, wenn sich dadurch die
gesamte Mannschaft betreut fühlt.
Die Informationen bilden den zweiten Teil der Vorbereitung. Sie dienen dazu, mit Hilfe klarer (!) Tafelskizzen das Grundkonzept für das
Spiel zu wiederholen (z.B. das Angriffs- und Verteidigungskonzept
mit 1 oder 2 Varianten), die Aufgaben der einzelnen Spieler zu wie-

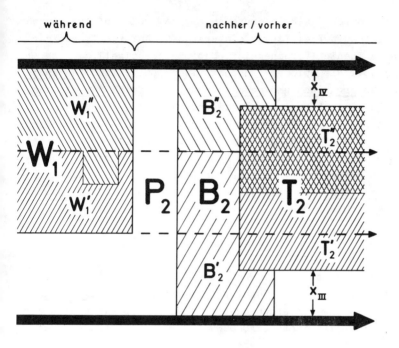

Vorbereitung, Wettkampf, Nachbereitung und eingeschobenen Pausen

derholen (z.B. wer deckt wen? wer hilft wem, wo, wann?), die geplante Wechseltaktik zu erläutern (wer gegen wen, wann positionsgerecht,
wann situationsbedingt?). Die Informationen sollten deshalb stets
(in Voraussetzung und als Wirkung) alle vermeidbaren Störungen ausschalten helfen (Zuspätkommen; gemeinsames Umkleiden mit anderen
Mannschaften, mit Schiedsrichtern; Gespräche und Diskussionen mit
Außenstehenden; wettspielfremde Tätigkeiten wie Schiedsrichtern, Betreuen, Organisation in der Vorbereitungsphase).
Formen der Suggestion beenden im allgemeinen die Vorbesprechung. Sie
leiten unmittelbar über von der Konzentrationsphase (mentaler Teil)
zur ersten Bewegungsphase (motorischer Teil), indem sie - über emo-
tional bewirkte Adrenalinausschüttung ins Blut - die allgemeine physische und psychische Leistungsbereitschaft aktivieren und für die
Stress-Situation des Wettkampfes. Dieses Aufputschen wird erreicht
u.a. durch Betonung der eigenen Stärke und Verstärkung der gegneri-

schen Schwäche, durch die Erinnerung an eigene große Erfolge, durch
Hinweis auf ein neues Ziel (z.B. Meisterschaft, Aufstieg), weniger
durch abstrakte Ideale (Vereinsgeist, Nationalprestige!).
Das Aufwärmen soll die Spieler zunächst wieder (psychisch) entspan-
nen, die Spieler organisch und motorisch auf das Spiel vorbereiten,
das spielerische Selbstvertrauen festigen.
Dazu dient ein festgelegtes Programm, das die wichtigsten Elemente
des individuellen und des mannschaftlichen Spiels enthält. Unmittelbar vor dem Wettkampf sollten keine neuen Situationen geschaffen
(Gefahr der Verunsicherung = falsche Sensibilisierung), stattdessen
vertraute Situationen verstärkt werden (MOORE 1970, BAUER 1973).
Deshalb sollte sich der erste Fünfer auch nicht generell gegen den
anderen Teil der Mannschaft einspielen, weil der gesteigerte Ehrgeiz
der 'Bankspieler' zu Spannungen innerhalb der Mannschaft und Verletzungen führen kann.
Im Wettkampf beschränkt sich die Betreuung auf die Maßnahmen Spielerwechsel, Auszeiten, Riten, Zuruf und Gebärde. Der Spielerwechsel
sucht "die Optimierung von Gruppenintegration und Spieladaption zum
Zwecke der Spieleffektivität" (HAGEDORN 1972 a), d.h. er darf das
Zusammenspiel nicht gefährden (deshalb werden in der Regel nur 1,
höchstens 2 Spieler zugleich gewechselt) und muß (z.B. durch Auf-
wärmmaßnahmen unmittelbar vor dem Wechsel) das Leistungsniveau des
Wechselspielers dem Wettkampf anpassen. Deshalb gilt: dem Wechselspieler seine Aufgabe vorher noch einmal wiederholen und verdeutlichen, Spieler positionsgerecht wechseln (Center gegen Center z.B.),
Wechsel vorbereiten für kritische Spielsituationen. Diese deuten
sich an durch Leistungsabfall einzelner Spieler (Symptome: Häufung
von Ballverlusten, vermehrte Erfolge des Gegenspielers, Verminderung
des Laufpensums, gesteigerte Kritik an Mitspielern und Schiedsrich-
terentscheidungen), durch leichte Punktgewinne der Gegenmannschaft,
durch unbegründetes Abweichen vom Spielkonzept.
Die Auszeit dient dazu, das verlorene Spielkonzept wiederzugewinnen
oder das Konzept zu ändern (Verteidigungs- oder Angriffsmaßnahmen),
zugleich auch den gegnerischen Spielfluß zu stören. Sind wichtige
Informationen zu geben (wer spielt welche Position? wer deckt wen?),
so müssen die Spieler zuhören. Hilfen dabei sind Getränke, Handtü-
cher, auch bestimmte Riten (gesamte Mannschaft versammelt sich,
Handfassung). Der Trainer kann aber auch spontan durch Zuruf und Ge-

bärde zur Leistung motivieren und gute Leistungen (auch gute Absichten!) verstärken, zugleich dazu ermutigen, Fehlleistungen zu vergessen. Auch hier gilt es, die Furcht vor Mißerfolgen zu beseitigen und die Hoffnung auf Erfolg zu bestärken (HECKHAUSEN 1963).
Die Besprechung der Halbzeit kann ähnlich wie die Vorbesprechung gestaltet werden, muß aber - bei verkürzter Zeit - die Kritik der ersten Halbzeit einbeziehen und Folgerungen für die zweite Halbzeit daraus ableiten. Die Mannschaft muß gut motiviert und mit klarem Konzept die zweite Halbzeit beginnen. Die Nachbesprechung sollte erst nach einem zeitlichen Abstand vom Wettkampf erfolgen. Sie muß stets u.a. drei Fragen stellen:

- Hat jeder Spieler Erfolgserlebnisse gehabt (welcher Spieler wurde von Mitspielern/Trainer benachteiligt?)?
- Entsprach die Planung dem Wettkampfverlauf?
- Waren die Spontanentscheidungen von Spielern/Trainer erfolgreich?

MERKE!

(1) Mannschaftsführung zielt eher auf den sportlichen Erfolg ab durch Vorbereitung im Training, das taktische Konzept, die Strategie und Organisation des Wettkampfes.
(2) Mannschaftsbetreuung will durch sozio- und psychoregulative Maßnahmen den Spieler und die Mannschaft festigen.
(3) Die Ziele von Führung und Betreuung müssen übereinstimmen.
(4) Die Festigung des Selbstvertrauens gelingt mit Hilfe des AT, des Ritus, des MT und der Selbstbefehle.
(5) Neben dem AT und dem MT bewirkt die Ersatzrealisation eine Entspannung, indem die Bedeutung einer Situation 'heruntergeschaltet' wird.
(6) Die Aktivierung phlegmatischer Spieler gelingt in der Regel durch das Aufputschen (psyching up). Dabei dürfen die Spieler nicht an die Grenze der Kontrollfähigkeit gebracht werden.
(7) Die Leistungsfähigkeit wird bei Verletzungen z.T. durch das MT erhalten, bei Leistungseinbrüchen aufgrund von Über- oder Unterforderung durch Wechsel der Belastungsform und -intensität wiederhergestellt. Konflikte lassen sich durch das Psychodrama regulieren.
(8) Mannschaftsführung und -betreuung haben die Phasen der Vorbereitung, des Wettkampfes und der Nachbesinnung zu bedenken. Zur Vorbereitung gehört das freie Gespräch, Informationen und suggestive For-

men der Aktivierung. Das Aufwärmen soll optimal auf den Wettkampf vorbereiten. Im Wettkampf stehen dem Trainer die Mittel des Spielerwechsels, der Auszeit, rituelle Formen, Zuruf und Gebärde zur Verfügung. Die Nachbesprechung sollte stets nach den Erfolgserlebnissen der Beteiligten und der Effektivität von Planung sowie der Spontanentscheidungen von Spielern/Trainer fragen.

Prüfe Dein Wissen!

Entscheide, ob die nachfolgenden Aussagen RICHTIG (R) oder FALSCH (F) sind!

R F 1. Mannschaftsführung ist Aufgabe des Mannschaftsführers.

R F 2. Die psychologische Führung übernimmt der Trainer.

R F 3. Die Mannschaftsführung hat andere Ziele als die Mannschaftsbetreuung.

R F 4. Das AT ist ein Mittel zur Festigung des Selbstvertrauens.

R F 5. Ersatzrealisation bedeutet eine andere Sportart wählen.

R F 6. Aufputschen im Wettkampf ist völlig ungefährlich.

R F 7. Leistungseinbrüche haben meist ihre Ursache in einer Niederlage.

R F 8. Die Vorbereitungsphase unmittelbar vor dem Wettkampf ist genau planbar.

Literatur

BAUER, W.: Psychologische Faktoren der Leistungsbeeinflussung. In: Psychologie i. Training u. Wettkampf, Trainerbibliothek Bd. 5, S. 85-102. Berlin: Bartels & Wernitz, 1973.

DÄUMLING, M. u.a.: Beiträge zum Mentalen Training. In: Training u. Beanspruchung, Bd. 3. Frankfurt/Main: Limpert, 1973.

HAGEDORN, G., W. VOLPERT u. G. SCHMIDT: Der Schnellangriff im Basketball. Frankfurt/Main 1972 (zum MT s. bes. S. 26-28, 34-35, 40, 43-44, 314-338).

HECKHAUSEN, H.: Hoffnung und Furcht i.d. Leistungsmotivation. Meisenheim, 1963 (s. bes. S. 101).

1. F; 2. R; 3. F; 4. R; 5. F; 6. F; 7. F; 8. R;

So ist es richtig!

HUBER, G.K.M. u. J.E. KLAUSNITZER:
      Erfolg im Beruf durch Autogenes Training. München: Heyne, 1973.

MOORE, J.W.:
      The psychology of athletic coaching. Minneapolis: Burgess Publ. Comp., 1970 (Betreuung d. Spielers S. 115-141, der Mannschaft S. 144-166; Vermeidung von Störungen S. 102).

STEINBACH, M.:
      Psychologische Vorbereitung des Wettkampfs. In: Psychologie i. Training u. Wettkampf. Trainerbibliothek Bd. 5, Berlin: Bartels & Wernitz (s. bes. S. 119-128).

VOLPERT, W.:
      Sensumotorisches Lernen. In: Training u. Beanspruchung Bd. 1. Frankfurt/Main, 1971 (zum MT s. bes. S. 81, 101-104; zu Selbstbefehlen S. 92-93).

3.10 K o n f l i k t e u n d K r i s e n i n d e r S p o r t -
m a n n s c h a f t
von Günter HAGEDORN

SCHLAGWÖRTER

(1) Spannung: Muskeltätigkeit, psychische und soziale Prozesse; Spannungsübermaß: Muskelverkrampfung, Konflikt, Krisen; sportliche Konkurrenz: Grenzsituation, Risiko der Überspannung, Wettkampf = kontrollierte Spannung

(2) Wettspiel: Gleichgewicht der Spannungen; Beispiele für Konflikt, Krisen; Konflikte kein Anlaß zum sportlichen Erfolg

(3) Modell: Art, Entstehung, Wirkung von Konflikten und Krisen; Entscheidungsfeld, Einflußfeld, Berührungsfeld

(4) Fünf Konfliktmöglichkeiten: Leistungsmotivation, Cliquen, soziale Verhältnisse, Rollenkonkurrenz, Aufgabenkonflikt

(5) Verfahrensweisen zur Regulation von Konflikten: Zerlegung, Rückblick, Aussetzen, Übertragung, Schuldprojektion, Bündelung

ERLÄUTERUNGEN

(1) Spannung bildet die notwendige Voraussetzung sowohl für jede aktive Muskeltätigkeit als auch für die psychischen und sozialen Prozesse. Dort spricht man vom Muskeltonus (vgl. bei 2.3), hier von Aufmerksamkeit, Motivation und Interesse. Übersteigt diese Spannung ein bestimmtes, als natürlich empfundenes Maß, so führt das zu Muskelverkrampfung einerseits, andererseits zu Spannungszuständen, die

das psychische wie soziale Gleichgewicht stören können: aus den
Spannungen entwickeln sich Konflikte und Krisen. Die Folge: Einschränkung der Handlungsfähigkeit durch Fixierungen.

Die sportliche Konkurrenz ist eine besondere zwischenmenschliche Situation, in der alle drei Spannungen in gesteigertem Maße auftreten.
Sie stellt eine Grenzsituation dar, in der das Risiko der Überspannung größer als in alltäglichen Situationen ist. Die sportliche Konkurrenz wird deshalb - besonders im Basketballspiel - durch zum Teil
strenge Regeln gelenkt (vgl. bei 1.4). Der Wettkampf darf somit verstanden werden als eine bewußt (Trainer, Schiedsrichter) und unbewußt (Spieler, Zuschauer) kontrollierte Spannung von gegensätzlichen
Zielvorstellungen (ELIAS u. DUNNING in: LÜSCHEN 1966).

Aus dem Spannungsverhältnis von gegensätzlichen (Wettkampf), aber
auch von unterschiedlichen und konkurrierenden Zielvorstellungen innerhalb einer Mannschaft entwickeln sich Zielkonflikte. Es entwik-
keln sich Krisen, wenn die konkurrierenden Interessen sich mit anderen Konfliktstoffen bündeln.

(2) Das Wettspiel lebt aus einem gewissen Gleichgewicht der Spannungen. Übergroße Spannungen (Stress), aber auch fehlende Spannungen
(große Leistungsunterschiede, einseitige Vorteile) führen oft zu Un-
Gleichheit (Handlungsunfähigkeit bzw. Langeweile). Der Konflikt kann
die Konsequenz einer Spannungsverschärfung sein. Ein Beispiel: Wenn
ein Spieler aufgrund einer neuen Zielmotivation (Eintritt in eine
klassenhöhere Mannschaft) härter und häufiger trainiert, so können
Spannungen innerhalb der alten Mannschaft, mit der Familie oder auch
im Beruf zu Konflikten werden; das Gleichgewicht der Ziele ist gestört. Konflikte werden zu Krisen, wenn die konkurrierenden Zielvorstellungen nicht ausgeglichen werden können. Die Krise wird manifest,
wenn sich z.B. Konfliktstoffe unterschiedlichster Art 'bündeln'
(HAGEDORN 1970). Ein Beispiel: einige Spieler haben berufliche Probleme (Folge: Leistungsabfall), werden deshalb im Spiel nur noch
kurzfristig eingesetzt; sie werden bei Abstimmungen überstimmt (z.B.
Wahl der Trikotfarbe u.ä.). Konsequenz: Cliquenbildung aus dem Bewußtsein der Isolierung.

Eine Mannschaft kann trotz Konflikte und Krisen erfolgreich sein.
Konflikte und Krisen können ungenutzte Kräfte im Einzelnen und in der
Mannschaft wecken und durch die Bewältigung zu ganz neuen Formen des
mannschaftlichen Miteinanders führen. Konflikte und Krisen dürften

allerdings wohl kaum der Anlaß zum sportlichen Erfolg sein (LENK in:
LÜSCHEN 1966, LENK in: LENK 1970, STEINBACH 1973).
(3) Lehrer/Trainer können entscheidend an der Bewältigung von Konflikten und Krisen mitwirken, wenn sie Kenntnis haben von deren Art,
Entstehung und Wirkung. Dazu sei ein Modell wiedergegeben (HAGEDORN
1970), das die Mannschaft als einen dynamischen Prozeß, nicht aber
als starre Architektur versteht (vgl. VEIT 1971).
Das Modell unterscheidet bei diesem Gruppenprozeß drei Felder, das
zentrale Entscheidungsfeld (E), das Einflußfeld (EI), das jenes
gleichsam 'umgibt' und das Berührungsfeld (B) (vgl. Abb. 73). Jen-
seits des Berührungsfeldes liegt die 'Außenwelt' der Sportgruppe,
die jederzeit Konflikte und Krisen innerhalb der Mannschaft auslösen
kann; t kennzeichnet die Zeiteinheiten, in denen die Gruppenprozesse
ablaufen. Gegenstände des Berührungsfeldes sollten zunächst nur den
Stoff abgeben für gruppeninterne Diskussion, sie haben deshalb noch
keinen unmittelbaren Einfluß auf das Handeln als Mannschaft. Dazu
können die persönlichen Verhältnisse der einzelnen Spieler (Beruf,
Familie, Freundschaften) ebenso zählen wie Organisationsformen und
Struktur des Vereins. Schwierige Probleme, die Aktionen der Mannschaft oder von Teilen der Mannschaft außerhalb bzw. unabhängig von
Unterricht, Training und Wettkampf auslösen, werden dem Einflußfeld
zugeordnet. Dazu zählen z.B. Verkehrsprobleme einzelner Spieler, die
durch Mitspieler (Funktionäre) gelöst werden. Kritische Vorgänge,
die den Gruppenprozeß als Mannschaft betreffen, also die Motivation,
die Rollenstruktur und die Identifikation mit den Normen, werden be-
stimmend für das kollektive Handeln. Sie können im Entscheidungsfeld
Konflikte und Krisen auslösen.
(4) Diskussionsstoffe können ebenso wie Probleme des Aktionsberei-
ches den Gruppenprozeß begleiten, sie können aber ebenso 'übersprin-
gen' in den Konfliktbereich. Abbildung 73 soll das veranschaulichen.
Das Konfliktschema gibt fünf Konfliktmöglichkeiten an:
Möglichkeit 1 (a) entspringt im E-Feld und währt über vier Zeiteinheiten hin. Ein Beispiel: Die Mannschaft spaltet sich in zwei Cliquen, die eine ist stärker leistungs-, die andere stärker 'gesellig-
keits'-orientiert (Leistungsmotivation). Er wird durch gezielte Kom-
promisse des Trainers (Managements) abgebaut.
Möglichkeit 2 (b) entspringt im B-Feld und springt innerhalb von
fünf Zeiteinheiten mit 'Verstärkungseffekt' über ins E-Feld. Ein

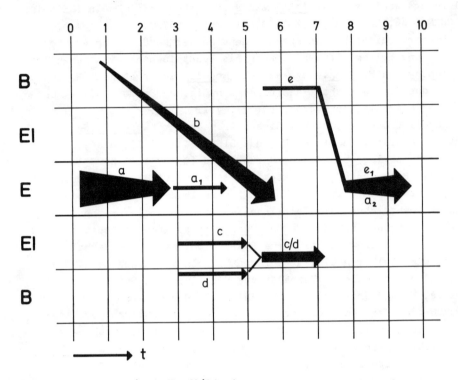

Abb. 73: Modell eines Konfliktschemas

Beispiel: Die sozialen Verhältnisse (Wohnung) eines (wichtigen)
Spielers sind unzumutbar. Hilfen von Mitspielern versagen. Da ähnliche Probleme auch bei anderen auftreten, solidarisiert sich die
Mannschaft gegen das Management. Durch Beseitigung des Konfliktstof-
fes gewinnt die Mannschaft Binnenloyalität.
Möglichkeit 3 (c) entspringt EI-Feld, Möglichkeit 4 (d) im B-Feld
der Gruppe. Sie verlaufen zunächst nebeneinander, 'bündeln' sich
dann durch ein Ereignis. Ein Beispiel: Spieler A (Stammspieler) und
Spieler B (Nachwuchs) spielen in verschiedenen Mannschaften auf der
gleichen Position (z.B. Aufbau), geraten aber in Rollenkonkurrenz,
weil B immer häufiger in der I. Mannschaft eingesetzt wird. Noch ist
kein Zündstoff für die Mannschaft vorhanden.
Möglichkeit 5 (e) hat seine Ursache in einem Problem des B-Feldes,
springt aber kurzfristig ins E-Feld über und erfährt hier durch einen

alten Konflikt eine Verstärkung. Ein Beispiel: Das Management stimmt
in einer Sache nicht mit dem Trainer überein (Rollenkonflikt). Bei
'günstiger Gelegenheit' wird diese Frage aktualisiert. Eine der beiden Cliquen (s. Konflikt a_1) wird zum Sprachrohr. Die Auseinandersetzung Trainer - Management kann nun zur Krise der Mannschaft werden. Sie läßt sich wohl nur verhindern durch Rückbesinnung auf die
einzelnen Rollen (vgl. bei 2.8) oder durch Rücktritt.
(5) Die angeführten Beispiele zeigen, daß man sich zur <u>Bewältigung</u>
von Konflikten (Krisen) gewisser <u>Verfahrensweisen</u> bedienen kann.
Auch dazu sei ein Modell wiedergegeben (HAGEDORN 1970 hier Abb. 70).

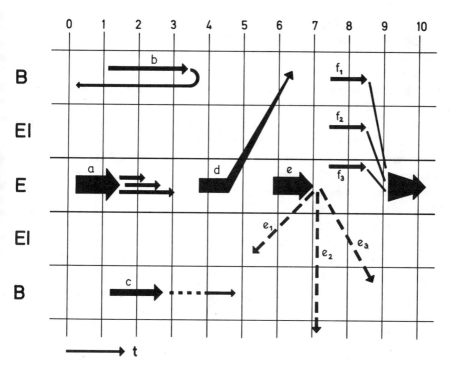

Abb. 74: Modell der Konfliktregulation

Wir beschränken uns auf die <u>Regulation von Konflikten</u> (DAHRENDORF
1961, LENK 1970), weil sich daraus auch Folgerungen zur Vermeidung
gefährlicher Konflikte ziehen lassen. Das Modell verzichtet darauf,
die Konfliktmöglichkeiten in eine Rangfolge zu bringen (vgl.

STEINBACH 1973), es ordnet sie stattdessen wieder den drei Feldern zu; es unterscheidet auch (noch) nicht zwischen adäquaten und äquivalenten Lösungsmöglichkeiten (KRYSMANSKI 1971).

Die fünf ausgewählten Möglichkeiten gestatten insgesamt sechs Verfahren:

1. Die Zerlegung eines Konfliktblocks in seine Teilkonflikte und die getrennte Regulation dieser Teilkonflikte (vgl. Konflikt a) im Modell)

2. Lösung eines Problems durch Rückblick (Rückgriff) auf ein ähnliches, bereits bewältigtes Problem und die Nutzung der dort gemachten Erfahrung (b)

3. Lösung eines Problems durch Aussetzen einer gezielten Maßnahme; oft genügen neue Ereignisse, ein Problem zu beseitigen (c)

4. Regulation eines Konfliktes durch Übertragung vom E-Feld auf das B-Feld, z.B. durch Übernahme von Teilaufgaben durch Spieler, Trainer, Management, durch Gruppendiskussion; die Übertragung entschärft in der Regel den Konflikt (Abschwächungseffekt) (d)

5. Regulation eines Konfliktes durch Schuldprojektion in die Vergangenheit (e_1), in die Außenwelt der Mannschaft (e_2) oder in das periphere Berührungsfeld (e_3); die Gefahr dieser Maßnahme liegt in ihrer Entlastungsfunktion, sie könnte auch dort benutzt werden, wo eigenverantwortliche Lösungen notwendig werden (Verdrängungsgefahr durch Alibifunktion)

6. Lösung von parallelen Einzelproblemen und -konflikten durch bewußte Bündelung; der Verstärkungseffekt wirkt dann bewußtseinschärfend, die unbewußten Einzelprobleme und -konflikte werden so für den Gruppenprozeß regulierbar (f_1-f_3).

Die Verfahren gelten naturgemäß nicht überall, also nicht in allen drei Feldern, und nicht immer, also nicht für alle Einzelprobleme, Konflikte und Krisen. Man kann z.B. eine Krise durch die Schuldprojektion für kurze Zeit aussetzen (vgl. die Praxis der Fußball-Bundesliga, bei Mißerfolg generell den Trainer zu wechseln), aber sofern die Ursachen nicht wirklich beseitigt sind, lebt die Mannschaft in der Krise. Die Auswahl der Maßnahme(n) fällt zunächst in die pädagogische Kompetenz des Trainers, sollte aber sorgsam mit den anderen Funktionsträgern abgestimmt werden.

MERKE!

(1) <u>Spannung</u> bildet die Voraussetzung der <u>Muskeltätigkeit</u> sowie <u>psychischer</u> und <u>sozialer Prozesse</u>. Übermäßige Spannungen führen zu <u>Muskelverkrampfung</u> einerseits, andererseits zu <u>Krisen</u> und <u>Konflikten</u>. Die <u>sportliche Konkurrenz</u> stellt eine <u>Grenzsituation</u> dar, in der das <u>Risiko der Überspannung</u> groß ist; der <u>Wettkampf</u> ist somit als <u>kontrollierte Spannung</u> zu verstehen. Hieraus, aber auch innerhalb der Mannschaft können <u>Konflikte</u> und <u>Krisen</u> entstehen.

(2) Im <u>Wettspiel</u> führt das <u>Un-Gleichgewicht</u> von Spannungen zu Handlungsunfähigkeit oder Langeweile. Konflikte und Krisen sind <u>nicht</u> der <u>Anlaß</u> des <u>sportlichen Erfolgs</u>.

(3) Das <u>Modell</u> soll <u>Art</u>, Entstehung und Wirkung von Konflikt und Krise erläutern. Es versteht die <u>Mannschaft</u> als <u>Prozeß</u> und unterscheidet drei Felder: das <u>Entscheidungsfeld</u> (Konfliktbereich), das <u>Einflußfeld</u> (Aktionsbereich) und das <u>Berührungsfeld</u> (Diskussionsbereich).

(4) Das Konfliktschema zeigt <u>fünf</u> verschiedene <u>Konfliktmöglichkeiten</u>.

(5) Zur <u>Regulation von Konflikten</u> (Krisen) kann man sich verschiedener <u>Verfahren</u> bedienen: der <u>Zerlegung</u> eines <u>Konfliktblocks</u>, Lösung eines Problems durch Rückblick (Rückgriff) oder durch <u>Aussetzen</u>, Regulation durch <u>Übertragung</u>, durch <u>Schuldprojektion</u> oder durch bewußte <u>Bündelung</u>.
Die <u>Verfahren</u> gelten <u>nicht überall</u> und <u>nicht immer</u>. Die Auswahl ist abzustimmen.

PRÜFE DEIN WISSEN!

R F 1. Das Sportspiel ist eines der wenigen menschlichen Tätigkeitsfelder ohne Konflikte.

R F 2. Konflikte innerhalb einer Mannschaft führen zu Mißerfolgen.

R F 3. Politik als Teil der Außenwelt kann eine Krise innerhalb der Mannschaft herbeiführen.

R F 4. Die Spielposition des Centers kann Ursache eines Konflikts werden.

R F 5. Konflikte und Krisen der Mannschaft lösen sich immer von selbst.

So ist es richtig!
1. F; 2. F; 3. R; 4. R; 5. F

Literatur

DAHRENDORF, R.: Elemente einer Theorie des sozialen Konflikts.
In: R. Dahrendorf, Gesellschaft u. Freiheit.
München: Piper, 1961 (s. bes. S. 197-231).

HAGEDORN, G.: Der Konflikt in der Sportgruppe (Mannschaft).
Vortrag gehalten an der Päd. Hochschule Rheinl.,
Abtlg. Köln, 1970 (unveröffentl. Manuskript).

KRYSMANSKI, H.J.: Soziologie des Konflikts, rde 362. Hamburg, 1971.

LENK, H.: Leistungsmotivation und Mannschaftsdynamik. In:
Beitr.z. Lehre u. Forschg. d. Leibeserz. Bd. 37.
Schorndorf: Hofmann, 1970.

LÜSCHEN, G.(Hrsg.):Kleingruppenforschung und Gruppe im Sport. Son-
derheft 10 der Kölner Zts. f. Soziolgie und Sozialpsychologie. Opladen: Westdt. Verlag, 1966.

LÜSCHEN, G.: Kooperation und Assoziierung - Zwei Formen sozialer Beziehungen im sportlichen Wettkampf als sozialer Konflikt. In: ALBONICO u. PFISTER-BINZ
(Hrsg.): Soziologie des Sports, Bd. 2 der 1.
wiss. Schriftenreihe Forschungsinstitut Magglin-
gen. Basel: Birkhäuser, 1971 (s. bes. S. 137-143,
s. dort auch weiterführende Literatur).

STEINBACH, M.: Die Rolle des Konflikts. In: Psychologie in Training u. Wettkampf. Trainerbibliothek des DSB, Bd.
5. Berlin: Bartels & Wernitz, 1973 (s. bes. S.
148-154).

VEIT, H.: Untersuchungen zur Gruppendynamik von Ballspiel-
mannschaften. Schorndorf: Hofmann, 1971.

3.11 Erfolgskontrolle von Training und Wettkampf
von Gerhard SCHMIDT und Heiko KLIETSCH

Schlagwörter
(1) Erfolgsstreben verlangt Kontrolle - Ursachen von Erfolg und Mißerfolg - Spielleistungen und Rückschlüsse auf das Training - Trainingskontrolle

(2) Individuelle Leistungskontrolle im Training - Kontrolle techni-
scher, kollektiver Lernprozesse (Videorecorder, Expertenurteile)

(3) Erfolgskontrolle im Spiel: a) Inhalte der objektiven Beobachtung; b) subjektive Spielbeobachtung (scouting report); c) Überprüfung von Trainingsprogrammen durch Spielanalysen

(4) Das Spiel-Test-System: Spielinformation - direkte Beobachtung -

Fixierungsmethoden - Auswertung - Interpretation
(5) Schlußfolgerungen für Training und Wettkampf

ERLÄUTERUNGEN

(1) Sobald das Spielen nicht mehr nur um seiner selbst willen geschieht, sondern der Erfolg zum Ziel wird, müssen Kontrollmaßnahmen
eingeschaltet werden. Die einfachste Form der Kontrolle, das Ausnutzen der Erfahrung durch Trainer und Spieler sowie das Spielergebnis
selbst, reichen dann meist nicht mehr aus, um etwas über die Ursachen von Erfolg und Mißerfolg auszusagen (HAHN 1973). Erst wenn die
durch das subjektive Empfinden und Erleben oft verfälschten Meinun-
gen (RIEDER 1973), die aus der Erinnerung an den Spielverlauf erwachsen, durch eine objektive Wiedergabe der entscheidenden Aktionen
oder aber des gesamten Spielverlaufs ersetzt werden, kann eine Klärung der Ursachen erfolgen.

Durch das exakte Erfassen der Spielleistungen in Teilbereichen werden Rückschlüsse sowohl auf das Training möglich (war es angemessen?
was muß verbessert werden?) als auch auf die taktische Einstellung
im Spiel (wurde effektiv gewechselt? war das Angriffs- bzw. Vertei-
digungssystem angemessen?). Die Ursachen von Erfolg oder Mißerfolg
werden durchleuchtet.

Die Überprüfung der Trainingsmaßnahmen darf sich allerdings nicht
nur auf die Folgerungen aus dem Spiel beschränken; der Kontrolle im
Spiel sollte eine Kontrolle im Training vorgeschaltet sein, um schon
hier auftretende Mängel frühzeitig zu beheben. Durch den ständigen
Vergleich der Leistungen im Training werden Spieler und Trainer außerdem zu einer besseren Arbeitshaltung erzogen

(2) Zur Kontrolle und Selbstkontrolle von individuellen Leistungen
im Training können Formblätter eingesetzt werden. Dazu folgende Beispiele:

Formblatt	Beschreibung	Zweck
Wurfstatistik	einfache Tabelle: Zeilen = Wurfposition Spalten = Ergebnisse;	Kontrolle der Wurflei-stung; Motivation, Selbstkontrolle, Posi-tionsklärungen;
Cirkeltraining, Schnellkraft-test	einfache Tabelle; Zeile = einzelne Übungen; Spalte = Ergebnisse;	Überprüfung des Lei-stungszustandes (organi-sche und muskuläre Lei-stungsfähigkeit), der Grundfertigkeiten;

Formblatt	Beschreibung	Zweck
Turnier 1-1	Zeilen und Spalten enthalten die Spielnummern;	Überprüfung der individuellen Taktik und Technik über einen größeren Zeitraum;
Meritentafeln	Formloses Blatt: z.B. Hakenwurf-Drill in einer 25er Serie, Freiwürfe in 10er, 20er Serien etc.	In diese Tafel dürfen sich die Spieler eintragen, die die geforderten Minimalleistungen erreicht haben (z.B. 25 erfolgreiche Hakenwürfe in ununterbrochener Reihenfolge).

Wenn technische oder taktische Inhalte im Training kontrolliert werden sollen, genügt oftmals das Urteil von Trainer und Spielern nicht, da sie zu sehr im Geschehen selbst stehen. Auf die Probleme der Selbstbeurteilung hat RIEDER (1973) verwiesen: Besonders beim Erlernen fehlt Selbstbeurteilungsvermögen, das erst durch einen langen Trainingsprozeß mit zunehmender Bewegungserfahrung ausgebildet wird. Dasselbe gilt auch für die Leistungseinschätzung im taktischen Bereich, besonders wenn Ermüdung und Erregung hinzukommen. Eine Hilfe bieten Film bzw. Videorecorder, die eine mehrfache Wiedergabe der Bewegungsabläufe ermöglichen und objektiv die Fehler darlegen. (Nachteil: perspektivische Verdeckungen und Verzerrungen sind möglich.) Zusätzlich können Experten herangezogen werden, die das Training direkt oder auch die Video-Aufnahmen beobachten und nach exakt definierten Kriterien beurteilen (HAGEDORN, VOLPERT u. SCHMIDT 1972 a). Mit Hilfe der Expertenurteile lassen sich sowohl der Lernverlauf ermitteln und in Lernkurven darstellen als auch die Fehler teilweise analysieren.

(3) Erfolgskontrolle im Spiel

a) Inhalte der objektiven Spielbeobachtung

Die Spielleistung ist in vollem Umfang nicht meßbar, die Trainingsmaßnahmen sind nicht vollständig kontrollierbar. Es können immer nur Teilbereiche der Spielgesamtleistung erfaßt werden. Dies kann durch Häufigkeitsfeststellung oder Beurteilung geschehen. Als meßbar bezeichnen wir alle objektiv feststellbaren Häufigkeiten. Dabei unterscheiden wir positive und negative Leistungen, die unterschiedliche Bedeutungen für den Spielerfolg haben (SCHMIDT u. HAGEDORN 1972).

Leistung	Definition
Ballverlust:	Zusammenfassung der negativen Leistungen (Fehlpass, Schrittfehler, Dribbelfehler etc.) Ball gerät in den Besitz des Gegners;
Korbwürfe:	Korbwürfe, die im Spiel erfolgen. Festgehalten werden: Durchführungsart (Sprung-, Positions-, Hakenwurf, Korbleger und Tip-in-Versuche), Entfernung, Erfolg bzw. Nichterfolg, Foul des Gegners beim Wurf, Freiwürfe;
Rebounds:	alle Versuche, den Ball nach einem Fehlwurf zu sichern bzw. den vom Ring/Brett abprallenden Ball zu sichern; unterschieden wird in Angriffs- und Verteidigungsrebound;
Assists:	Pässe, die den Gegner überraschen und unmittelbar zu einem Korbwurfversuch führen;
Stören:	Aktionen, die die unmittelbare Spielabsicht des Gegners unterbrechen, ohne zum Ballbesitz zu führen;
Ballgewinn:	Aktionen, die unmittelbar zum Ballbesitz führen (Pass abfangen, Ball durch Sprungball sichern, Würfe abblokken etc.);
Spielerwechsel:	Spielernummern, Spielzeit und Spielstand werden bei jedem Wechsel notiert. Daraus lassen sich die Einsatzzeiten berechnen.

b) Subjektive Spielbeobachtung

Neben den Beobachtungsinhalten der objektiven Spielbeobachtung, deren Kategorien aus den für den Spielerfolg relevanten Aktionen bestehen, kann die Spielbeobachtung noch durch weitere Beobachtungsinhalte ergänzt werden.

Zunächst sei hier der "Scouting Report" (ANDERSON, ALBECK 1964, BUNN 1961, LINDEBURG 1964) genannt, der auf einer subjektiven Einschätzung bestimmter Spielhandlungen basiert. Der Scouting report wird meist angewendet, um eine gegnerische Mannschaft zu beobachten und damit aufzudecken, wie die Mannschaft spielt. So beantwortet die beurteilende Beobachtung Fragen, die auf die Spielweise des Gegners hinzielen, wie z.B.: Bringt der Gegner den Ball schnell nach vorne? Welche Verteidigungsform wendet er an? Welche Angriffsspielzüge hat er?

c) Überprüfung von Trainingsprogrammen durch Spielanalysen

Weitere Beobachtungsinhalte ergeben sich durch die Überprüfung der

Effektivität eines taktischen Trainingsprogramms. Mit Hilfe der
Spielbeobachtung soll geklärt werden, ob das Trainingsprogramm im
Spiel effektiv wird. Soll z.B. der Schnellangriff überprüft werden,
so muß den Beobachtern zunächst eine klare Definition (Operational-
definition) vorliegen, welche Aktionen als Schnellangriff bezeichnet
werden, und wie sie differenziert werden. Im Zusammenhang mit der
allgemeinen Spielbeobachtung kann dann über die Effektivität dieses
Schnellangriffs entschieden werden (HAGEDORN, VOLPERT u. SCHMIDT
1972 a u. b).

(4) Das Spiel-Test-System
Die Spielanalyse ist von der Beobachtung abhängig, womit hier Verfahren gemeint sind, die die gewünschten Beobachtungsinhalte aufnehmen und fixieren. Wir unterscheiden mehrere Verfahren der Spielbeobachtung, die im Spiel-Test-System dargestellt sind (HAGEDORN 1972 a,
1973):

Verfahren	Beschreibung	Vorteil	Nachteil
1. direkte Be-ob. (HAGEDORN 1972 a)	Beobachter zählen die Leistungen; sofortige schriftliche Fixie-rung auf Beobach-tungsbögen	geringer fi-nanzieller Aufwand	Aufmerksamkeits-spaltung, hohe Fehlerquoten, schwer kontrol-lierbar
2. direkte Beob. (SCHMIDT u. HAGEDORN 1972)	Beobachter sprechen die Aktionen auf ein Tonband	Auch die In-teraktionen können ein-fach fixiert werden	Größerer zeitli-cher und finan-zieller Aufwand sowie Schwächen wie unter 1
3. die filmi-sche Auf-zeichnung (HAGEDORN 1972 a, STIEHLER 1962)	Die Aktionen werden mit Hilfe des Video-recorders oder Films aufgezeichnet u. nachträglich von Be-obachtern gezählt u. fixiert	Ständige Re-produzierbar-keit u. damit große Objekti-vität; keine Aufmerksam-keitsspaltung	Hoher finanziel-ler u. techni-scher Aufwand, perspektivische Verdeckungen
4. Aufzeich-nung mit Hilfe des Aktiogra-phen (ge-plant!) (HAGEDORN 1972 a, 1973, KÖHLER 1967)	Ein Beobachter zeich-net die Spielabläufe eines Spielers auf einem Spielfeldraster synchron mit, das an elektronische Daten-verarbeitung ange-schlossen ist.	Durch elektro-nische Auswer-tung werden sehr schnell die Standort-informationen geliefert. In-terpretationen möglich; Ab-läufe beliebig reproduzierbar	Hoher technischer u. finanzieller Aufwand; Abhängig-keit von der Be-obachtungsleistung

Die durch Beobachtung und Fixierung gewonnenen Daten werden zunächst
einmal zu Rohwerttabellen zusammengestellt. Durch diese Auswertung
können bestimmte Leistungen der Einzelspieler bzw. der Mannschaft
ermittelt werden. Erste Interpretationen werden möglich (HOBSON
1955). Durch statistische Verfahren können weitergehende Analysen
durchgeführt und Ursache-Wirkungszusammenhänge nachgewiesen werden.
Mit Hilfe der Auswertung wird der Spieler seinen Mit- und Gegenspielern gegenübergestellt; seine Teilleistungen werden eingeordnet und
die gemessenen Leistungen der Mannschaft insgesamt dem Spielerfolg
gegenübergestellt (HAGEDORN b, SCHMIDT u. HAGEDORN 1972).
(5) Die Interpretation der ermittelten Leistungen führen zu Schlußfolgerungen für Training und Wettkampf: Das Spielverhalten, das objektiv gemessen und wissenschaftlich reflektiert wurde, führt zu bestimmten Folgerungen hinsichtlich der Lehr- und Lernprozesse. Je
früher nun ein solcher Regelkreis - Aktion, Beurteilung, Interpretation und Folgerung - geschlossen wird, desto größere Möglichkeiten
hat der Trainer, Fehlleistungen auszuschalten. Deshalb stellt sich
die Aufgabe, Verfahren zu entwickeln und anzuwenden, die eine optimale und zugleich schnelle Rückkopplung ermöglichen.

MERKE!

(1) Die Erfolgskontrolle von Training und Wettkampf soll die Effektivität der Trainingsmaßnahmen überprüfen und Ursache-Wirkungszusammenhänge durch möglichst exaktes Erfassen der Spielleistung klären
helfen.
(2) Im Training werden bestimmte Leistungskontrollen (Wurf, Cirkeltraining, Tests) durch Eintragungen auf Formblätter längere Zeit
durchgeführt. Eine Analyse von Lernverläufen ist durch Expertenurteile möglich.
(3) Die Erfolgskontrolle im Spiel kann erfolgen:
a) durch objektive Häufigkeitsfeststellung bestimmter definierter
   Teilleistungen (Ballverlust, Korbwürfe, Rebounds, Assists, Stören, Ballgewinn) und durch Spielerwechsel-Registrierung;
b) durch subjektive Beurteilung und Einschätzung von Spielhandlungen, Techniken, Trainingszustand etc. (scouting report);
c) durch die gezielte Spielbeobachtung, die an Hand einer klaren Definition die Effektivität eines trainierten Spielzuges der taktischen Systems feststellt.

(4) Der Gang der Spielanalyse wird von den <u>Aufzeichnungsverfahren</u>
bestimmt. Gebräuchlich sind direkte Beobachtung mit schriftlicher
Fixierung oder Tonbandaufzeichnung und filmische Aufzeichnung (Videorecorder) jeweils mit anschließender Auswertung. Geplant ist die
elektronische Aufzeichnung mit sofortiger Auswertung. Die Daten der
Aufzeichnungen werden zusammengestellt und direkt interpretiert oder
mit Hilfe statistischer Verfahren weiter verarbeitet.
(5) Aus den Trainings- und Spielanalysen werden Schlußfolgerungen
für Trainingsplanung und -gestaltung gezogen.

Prüfe Dein Wissen!
1. Die E.....k.......e soll die U.....n von Erfolg und Mißerfolg
   klären und die E.........t von Trainingsmaßnahmen überprüfen.
2. Im Training werden z.B. Wurf-, Cirkeltraining und Teilleistungen
   für längere Zeit durch Ei.........n auf F...b...... registriert
   oder Lernverlaufsanalysen durch Ex......u...... erstellt.
3. Erfolgskontrolle im Spiel ist möglich durch:
   a) o.......e Häufigkeitsfeststellung von Teilleistungen
   b) s........e Be........g und Eins.......g von Spielhandlungen.
   c) Effektivitätsüberprüfung eines tr......... Spielzuges in der
      Sp...a.....e.
4. Das Spiel-Test-System beginnt mit der Spielinformation, die durch
   direkte B.........g Spieldaten registriert. Über verschiedene Fi-
   xierungsverfahren und Zusammenstellungen erhält man Auswertungs-
   daten, die Grundlage der I....p.......n sind.
5. Die Ergebnisse der Kontrollmaßnahmen von Training und Spiel führen zu Schl..f........en für Training und Wettkampf.

So ist es richtig!
1. Erfolgskontrolle, Ursachen, Effektivität
2. Eintragungen, Formblätter, Expertenurteile
3. a) objektive, b) subjektive Beurteilung, Einschätzung, c) trainierten, Spielanalyse
4. Beobachtung, Interpretation
5. Schlußfolgerungen

233

LITERATUR

ANDERSON, F. u. S. ALBECK:
Coaching better basketball. New York, 1964 (s. bes. S. 48 ff).

BUNN, J.:
The basketball coach. New Jersey, 1961 (s. bes. S. 125 ff).

HAGEDORN, G.:
Das Basketballspiel. Köln, 1968 (s. bes. S. 51 f, 83 f).

HAGEDORN, G.:
Zur Theorie der Leistungsdiagnose im Sportspiel. Frankfurt, 1972 (s. bes. S. 27-48 (a).

HAGEDORN, G.:
Der Spielerwechsel im Basketball. In: Leistungssport (1972), H. 2, S. 83-94 (b).

HAGEDORN, G.:
Spielforschung. In: Perspektiven der Sportwissenschaft. Schorndorf, 1973, S. 79-103.

HAGEDORN, G., W. VOLPERT u. G. SCHMIDT:
Wissenschaftliche Trainingsplanung. Frankfurt, 1972 (s. bes. S. 82-112) (a).

HAGEDORN, G., W. VOLPERT u. G. SCHMIDT:
Der Schnellangriff im Basketball. Frankfurt, 1972 (b).

HAHN, E.:
Psychologie des Trainers. In: Psychologie i. Training u. Wettkampf. Trainerbibliothek Bd. 5. Berlin, 1973 (s. bes. S. 131).

HOBSON, H.A.:
Scientific basketball. New York, 1955.

KÖHLER, J.:
Zum Problem der Leistungserfassung im Sportspiel. Wiss. Zts. DHfK Leipzig 9 (1967) H. 1, S. 39-56.

LINDEBURG, F.A.:
How to play and teach basketball. New York, 1963 (s. bes. S. 235-259).

RIEDER, H.:
Spezielle Probleme der Optimierung des motorischen Lernens und Verhaltens. In: Psychologie i. Training u. Wettkampf. Trainerbibliothek Bd. 5. (s. bes. S. 70-84).

SCHMIDT, G. u. G. HAGEDORN:
Zur Methodik und Praxis der Beobachtung und Leistungsmessung im Sportspiel. In: Leistungssport 2 (1972), H. 4 u. 5, S. 259-263, 331-345.

STIEHLER, G.:
Die filmisch gebundene Spielbeobachtung. In: Th P KK 11 (1962) H. 10, S. 918-926.

4 LERNEN IM SPORTSPIEL BASKETBALL

von Günter HAGEDORN

Das Kapitel LERNEN (4) wird ebenso wie das Kapitel LEHREN (3) den
Zusammenhang des Lehr-Lernprozesses verdeutlichen; es sieht diesen
Zusammenhang aber stärker aus der Sicht des Lernenden. Deshalb ist
zunächst zu fragen, wie Lernen überhaupt vor sich geht. Zur Beantwortung dieser Fragen werden kurz die Lerntheorien (4.1) zitiert.
Dabei müssen wir aus Gründen des Umfangs die Theorien der Informationsaufnahme, -verarbeitung und -aktualisierung, der Kybernetik
und Sensomotorik übergehen. Im Mittelpunkt steht vielmehr das Spiellernen und seine Entwicklung (4.2), das in der Spielforschung keinesfalls einheitlich betrachtet wird. Auf diese allgemeineren Überlegungen folgt als konkretes Beispiel eines systematisch organisierten Lehr-Lernprozesses das Programmierte Lernen (4.3), das die Erkenntnisse der Lernpsychologie mit den bewährten traditionellen
Lehrmethoden und den neueren technologischen Tendenzen in Unterricht
und Training zu verbinden sucht.

4.1 Lerntheorien

SCHLAGWÖRTER

(1) Lernen: Handeln - Verhaltensänderung; Umwelt - eigener Antrieb
(2) Bedingte Reaktion: Lernen durch Reiz
(3) Motivation: Anreiz zum Lernen; Versuch und Irrtum - Erfolgserlebnis - Verstärkung - Selbstvertrauen - Verkürzung der Übungszeit
(4) Einsicht: sofort ein Problem lösen; Übersicht über eine Situation haben; Strukturen erkennen - Prinzipien erlernen; Übertragung
von Erlerntem (Transfer) bei ähnlichen Situationen
(5) Dreischritt beim Lernvorgang: Vorgabe - Entscheiden und Handeln -
Kontrolle

ERLÄUTERUNGEN

(1) LERNEN bedeutet Handeln und wird durch eine Verhaltensänderung
feststellbar. Ein Kind, das gelernt hat, mit jemandem zu spielen,
verhält sich diesem Spielgefährten gegenüber anders als früher. Dieses neue Verhalten kann durch die Umwelt bewirkt werden, das Kind
reagiert dann auf deren Reize, z.B. auf das Versprechen einer Beloh-
nung. Oder es will aus eigenem Antrieb seine Zuneigung ausdrücken

und eine Beziehung herstellen bzw. vertiefen.
Um festzustellen, ob ein gewünschtes Verhalten tatsächlich erlernt
wurde, muß man das frühere Verhalten mit dem neuen vergleichen.
Liegt kein Unterschied vor, so wurde nichts gelernt. Liegt aber ein
Unterschied vor, so muß geprüft werden, ob das neue Verhalten zum
gewünschten Ziel führt und wie groß der Unterschied zwischen altem
und neuem Verhalten ist.
Um sinnvolles Lernen zu ermöglichen, muß man aber auch wissen, wie
das Lernen vor sich geht. Den Lernvorgang beschreiben die Lerntheorien.
(2) Eine Verhaltensänderung kann durch Reize herbeigeführt werden.
Der Anblick von Speisen bewirkt beim Hungrigen eine Speichelsekre-
tion. Wird dieser Anblick - z.B. im Tierversuch - mit einem Glockenton gekoppelt, so stellt sich nach mehrfacher Wiederholung die Se-
kretion beim Glockenton (ohne den Futterreiz) ein. Diese durch einen
Reiz bedingte Reaktion ist ein Lernvorgang. Ein so erworbenes Verhalten geht aber wieder verloren, wenn es nicht häufig wiederholt
und mit dem ursprünglichen Reiz gekoppelt wird.
Diese Lerntheorie hat erhebliche Schwächen. Sie erläutert nicht, wie
z.B. die erlernte Fertigkeit Dribbeln in verschiedenen Spielsituationen zur Verfügung steht. Das Dribbeln wird gerade deshalb in un-
terschiedlichsten Bedingungen geübt, damit der Lernende nicht an
einen einzelnen Reiz, eine bestimmte Übung, gebunden bleibt, sondern
damit er das Gesetz des Dribbelns erfährt. Nur über diese Einsicht
gelangt er dazu, das Dribbeln spielgerecht einzusetzen, also auf
vergleichbare Situationen zu übertragen, und damit zugleich unnöti-
ges Üben zu vermeiden.
(3) Alles LERNEN bedarf der Neigung zum LERNEN, bedarf der Motivation. Spieler, denen durch einen Film oder den Besuch eines hervorragenden Spiels neue Spielmöglichkeiten eröffnet wurden, versuchen
nun ihrerseits so zu spielen, wie sie es sahen. Dabei verfahren sie
zunächst nach dem Prinzip des 'Versuch und Irrtum' (trial and error):
sie üben eine Bewegung solange, bis sich - über viele 'Irrtümer' -
die richtige Bewegung einstellt. Erst dann, mit dem Erfolg, ist der
Spieler mit sich zufrieden. Zugleich verstärkt sich die Neigung, die
als richtig empfundene Bewegung, also das Erfolgserlebnis, zu wiederholen. Der Spieler gewinnt dadurch nicht nur größeres Selbstvertrauen, er vermag zugleich bei weiteren Wiederholungen die vorher

beim'Versuch-und-Irrtum'-Verfahren aufgewandte Zeit zu verkürzen.
Dieses Verhalten wird beim Programmierten Lernen systematisch ausgenutzt (vgl. bei 4.3).
(4) Diese Lerntheorie sagt zwar, daß der Lernende durch den Erfolg
zum LERNEN motiviert wird, sie bezieht aber nicht den 'höheren' Vorgang des LERNEN durch Einsicht mit ein.
Beim LERNEN durch Versuch und Irrtum nähert sich der Lernende der
Lösung eines Problems allmählich, beim Lernen durch Einsicht kann
ein Problem oftmals sofort ohne Zeitverlust gelöst werden. Der Lernende muß dazu freilich das Problem erkannt haben bzw. die Situation
überblicken. Der Ballbesitzer muß z.B. beim Spiel 1-1 sowohl eine
falsche Stellung des Deckungsspielers erkennen und sie in Beziehung
zur eigenen Stellung bringen als auch nach geeigneten Maßnahmen zur
Beantwortung dieser Spielaufgabe suchen. Dieses 'innere Probehandeln'
wird dann zu einer spontanen Entscheidung verkürzt, wenn der Lernende Strukturen zu erkennen und Prinzipien anzuwenden lernte, statt
Einzelerfahrungen zu addieren.
Einsicht vermitteln die Spielidee des Basketballspiels (vgl. bei
1.5) und der allgemeine Bezugsrahmen des Sportspiels (vgl. bei 2.2).
Sie gestattet es dem Lernenden, Teilvorgänge einander und einem
übergreifenden Sinnganzen zuzuordnen. Einsicht in die Grundsätze
des Bewegungshandelns gestattet nicht nur die schnelle Lösung schon
bekannter, sondern - durch Übertragung (Transfer) des Erlernten -
auch die Lösung neuer Situationen. Je ähnlicher die Situationen, umso leichter fällt die Übertragung.

MERKE!
(1) LERNEN setzt einen Reiz (Stimulus) voraus und ist als Verhaltensänderung (Reaktion) feststellbar.(1 und 2).
(3) Der Vorgang des LERNENS selbst kann als ein inneres Probehandeln
beschrieben werden: der Lernende wird durch eine neue Aufgabe (Reiz)
zur Lösung des Problems motiviert, er spielt - in Gedanken - die
Möglichkeiten durch und wählt dann die günstigste aus.
(4) Wesentliche Hilfe beim Probehandeln und dem anschließenden Vollzug ist die Einsicht in Zusammenhänge. Überblick über die Lernsitua-
tion verkürzt die Zeit des Probehandelns und erhöht die Sicherheit,
mit der die richtige Entscheidung getroffen wird.
(5) Das LERNEN vollzieht sich in einem Dreischritt. Der erste Schritt

ist der Lernreiz (<u>Vorgabe</u> des Lernproblems), der zweite Schritt umfaßt die Aufnahme und Verarbeitung des Lernreizes (<u>Entscheiden</u> durch
inneres Probehandeln), der dritte Schritt ist das Handeln selbst als
sichtbares Ergebnis des Lernens. Dieses <u>Handeln</u> ist für den Lernenden zugleich auch eine <u>Kontrolle</u>, ob die getroffene Entscheidung
richtig war. Die Bestätigung durch den Erfolg (Erfolgserlebnis) festigt das erlernte Verhalten und verstärkt die Neigung, die Handlung
zu wiederholen.

Prüfe Dein Wissen!

1. Wodurch wird Lernen eingeleitet(1) und woran wird es feststellbar (2)?
   (1) R... bzw. A..g...   (2) V.........ä......g
2. Man kann durch Versuchen lernen. Was ist zur Einleitung des Lern-
   vorganges notwendig (1); wodurch wird er begünstigt (2)?
   (1) A..... oder P.....   (2) M.......n bzw. An....
3. Wodurch wird der Lernende befähigt, die Lernzeit abzukürzen?
   E..s.... in Z.......h....
4. In welchen Schritten vollzieht sich das Lernen?
   (1) V...... (2) E.......... (3) H...... (4) K........

Literatur

CORRELL, W.:   Lernpsychologie. Grundfragen u. pädagogische Kon-
                      sequenzen. Donauwörth: Auer, 1970[5].

GAGNÉ, R.M.:   Die Bedingungen des menschlichen Lernens. Beiträ-
                      ge zu einer neuen Didaktik. Hannover: Schroedel,
                      1973[3].

LUNZER, E.A. u. J.F. MORRIS:
                      Das menschliche Lernen und seine Entwicklung.
                      Stuttgart: Klett, 1971.

ROTH, H.:   Pädagogische Psychologie des Lehrens und Lernens.
                      Hannover: Schroedel, 1971[13].

So ist es richtig!
1. (1) Reiz, Aufgabe; (2) Verhaltensänderung
2. (1) Aufgabe, Problem; (2) Motivation, Anreiz
3. Einsicht, Zusammenhänge
4. (1) Vorgabe, (2) Entscheiden, (3) Handeln, (4) Kontrolle

4.2 Spiellernen und seine Entwicklung

SCHLAGWÖRTER

(1) Spiellernen: langfristige Verhaltensänderung vom Funktionsspiel zum Sportspiel; Außensteuerung, Erwachsenenwelt, eigentätige Phantasie der Kinder, natürliche Entwicklungsprozesse; Abstimmung von Außensteuerung und Entwicklungsgang

(2) Erlernen von Fertigkeiten, Spiellernen als eigener Lernweg; unwillkürliche und willkürliche Körpermotorik; Bewegungsgrundmuster, Handlungsplan, neue Lösungswege, hierarchische Handlungsstruktur, Handeln im Spiel; Spiellernen durch Einsicht in Spielsituationen; sinnvolles Spielhandeln

(3) Lernvoraussetzungen, Kleine Spiele und die zentrale Spielidee, Mannschaftsspiel, Mini-Basketball

(4) Mini-Basketball, eingeschränkter Leistungsstand; Vereinfachung des Regelwerkes, Ball, Korbanlage, Spielfeld

(5) Grundidee und Spielsituationen des Sportspiels; Lehrgang im Mini-Basketball, Spielstufen

(6) Sportspiel: Verbesserung der Mittel; größere Komplexität und Mannigfalt der Handlungspläne; physische Grundlagen, Fertigkeiten. Grundsatz: Neues erlernen. Wechselprozeß im Aufbau höherer Handlungspläne und Vermehrung von Antwortmöglichkeiten; Fertigkeiten und Erfolgslernen, Vorgangslernen; beherrschte Bewegung; Bewegungskonstanz

(7) Prozesse der Differenzierung und Strukturierung in Vortaktik und Taktik, Zusammenspiel als Abstimmung von Handlungsplänen; Kommunikationsmittel, Sprache, Gesetzmäßigkeiten, Spielintelligenz; Gegner als Teil der Handlungsstruktur des Sportspiels; Aufschalten über vortaktische Stufen

(8) Entwicklung des systematischen Spiels 5-5; Spielkonzept; Beispiel: Positionsangriff, Reduktion als neuer Lernvorgang. Voraussetzungen: Überblick, Aufteilung des Spielfeldes, Spielkonzept und Koordination der Handlungspläne. Reduktion: Suche nach Ausstiegsmöglichkeiten, Prinzip des Suchens, Lernstufen. Verteidigerverhalten, Störgröße, Prozeß der Aufschaltung und Differenzierung. Voraussetzungen: Kenntnis der Verteidigungsprinzipien, des Spielkonzeptes, Antizipation; Lernporzeß als Stufenplan

ERLÄUTERUNGEN

(1) Unter Spiellernen wird jene langfristige Verhaltensänderung verstanden, die vom kindlichen Funktionsspiel zum geregelten Sportspiel führt. Dieser Lernprozeß wird weitgehend von außen gesteuert. Das geschieht zunächst unbewußt durch die Erwachsenenwelt und ihre Leitbilder und durch die eigentätige Phantasie der Kinder selbst. Bewußt

gesteuert werden diese Lernprozesse, wenn mit ihnen pädagogische, hygienische und sozialpsychologische Ziele verbunden werden, etwa in Schule, Verein und Betrieb.

Eine wesentliche Hilfe bei dieser Außensteuerung sind die natürlichen Entwicklungsprozesse, die bei aller Individualität des Einzelweges doch bestimmte Entwicklungsphasen durchlaufen (vgl. bei 2.1). Beim Spiellernen sollten deshalb Außensteuerung und Entwicklungsgang sorgsam aufeinander abgestimmt werden.

(2) Über das Erlernen von Fertigkeiten im Sport wurden zahlreiche Untersuchungen durchgeführt (vgl. u.a. bei REED in: LUNZER u. MORRIS 1971) und viele Abhandlungen geschrieben (u.a. CRATTY 1967, SINGER 1968, MEINEL 1971, UNGERER 1971). Aber nur weniges darf als völlig gesichert gelten. Problematischer noch ist der Erkenntnisstand über das Spiellernen, bei dem die Fertigkeiten nur einen wenn auch bedeutsamen Teilbereich ausmachen (vgl. WHITING 1969). Spielhandlungen unterscheiden sich fundamental von den Vorgängen in anderen Sportarten; man darf daraus schließen, daß das Bewegungsspiel einen eigenen Lernweg darstellt bzw. benötigt. Zur Klärung dieses Weges dürften die Handlungspsychologie (RUBINSTEIN 1968, VOLPERT 1971) und die Vorstellung eines hierarchischen Aufbaus von Handlungssystemen (CHOMSKY 1957, MILLER, GALANTER u. PRIBRAM 1960; vgl. bei 2.2) beitragen.

Die Entwicklung des Spielhandelns ist ein langfristiger Prozeß. Am Anfang steht die unwillkürliche Körpermotorik (Säugling) mit schon komplexen Bewegungsmustern. Auf diesen angeborenen Reflexen baut die willkürliche Körpermotorik auf. Sie wird über das Bewußtsein (Großhirn) gesteuert. Das bedeutet: es können Bewegungsgrundmuster (Tasten nach dem Ball) erworben und im Gedächtnis gespeichert werden. Diese Grundmuster werden in verschiedenen Situationen erprobt (wiederholtes Tasten in verschiedenen Stellungen), dann allmählich ausgeformt (differenziert) und verfeinert (Greifen nach dem Ball, Greifen und Halten des Balles). Dieser noch recht einfache Handlungsplan wird durch die eigenen Antriebe des Kindes und durch die Umwelteinflüsse (Reize) immer komplexer (Werfen und Fangen des geworfenen Balles). Diese Vervollkommnung der Fertigkeiten wird dadurch erreicht, daß die alten Grundmuster immer wieder 'aufgebrochen' (differenziert), zugleich aber die neuen Möglichkeiten in eine sinnvolle Ordnung gebracht werden (Zentralisation): es entsteht ein Plan, nach

dem gehandelt wird (Werfen des Balles, um ein Ziel zu treffen). Die
Bewegungen werden gemäß diesem Plan abgerufen.

Spiellernen wird nun dadurch möglich bzw. gefördert, daß oft zwar ein
Handlungsplan entworfen wird (ein hohes, kleines Ziel treffen wollen), daß aber die zu seiner Durchführung notwendigen Bewegungen
noch nicht entwickelt wurden. Der Lernende erprobt das bisher Erlernte, verknüpft verschiedene Möglichkeiten und entdeckt neue Lösungswege (andere Ballhaltung, beidhändiger Wurf). Allmählich bildet
sich eine planmäßige Ordnung hieraus, die es gestattet, Bewegungen
gemäß der jeweiligen Situation abzurufen und einzusetzen (z.B. bei
Zielnähe: einhändiger, bei Zielferne: beidhändiger Wurf). Diese Ordnung kann als hierarchische Handlungsstruktur bezeichnet werden
(HAGEDORN, VOLPERT u. SCHMIDT 1972 a). Das bedeutet: je 'höher' der
Plan, umso komplexer werden die Bewegungen. Der Plan 'Korbwurf' umfaßt sämtliche (mögliche) Teilbewegungen zu seiner Lösung, der Plan
'Korbleger' ist schon weniger komplex, weil er die Ausführung festlegt, der Plan 'einhändiger Korbleger' ist seinerseits ein Teilplan
des Korblegers. Das Handeln im Spiel stellt sich somit als eine
Ordnung von Plänen (Systeme) und Teilplänen (Subsysteme) dar, die
ihrerseits aus Teilplänen (Subsysteme von Subsystemen) aufgebaut
sind.

Beim Spiellernen werden somit einerseits die Lösungsmöglichkeiten
immer weiter differenziert (Dribbeln vor Korbwurf-), zugleich aber
immer umfassendere Handlungspläne aufgebaut (-um den aggressiven
Gegenspieler zu überspielen). Die Situation gibt den Plan und den
Lösungsweg vor. Spiellernen gelingt somit nur durch Einsicht in
(entwicklungsgerechte) Spielsituationen. Sinnvoll wird das Spielhandeln, wenn alle wichtigen Entscheidungsgrößen in den Handlungsplan
aufgenommen wurden (Spielidee und Regel, Gerät und Ziel, Spielfeld,
Partner und Gegenspieler) und wenn in jeder Spielsituation die Auswahl der 'richtigsten' Lösung erfolgt (Pass zum freien Mann in Korbnähe statt eigenes Dribbeln zum Korb).

(3) Basketball ist, wie jedes andere Sportspiel, ein "soziales Regelspiel und Bewegungsspiel" (DÖBLER 1965, S. 18). Dieses geregelte Bewegungshandeln des Einzelnen in der Gruppe hat bestimmte Voraussetzungen:

● die allgemeine physische und motorische Entwicklung (vgl. bei
  2.3),

- die geistig-seelische Entwicklung (Individuation),
- die Entfaltung des Gruppenverhaltens (Sozialisation).

Diese Lernvoraussetzungen des Sportspiels Basketball werden bereits
vor seiner Einführung grundgelegt. Das geschieht auf den Stufen des
Funktions-, Rollen- und Gruppenspiels (vgl. bei 2.1). Mit dem 'Mannschaftsspiel' (HAGEDORN, BISANZ u. DUELL 1973) wird der Übergang vom
spontanen Bewegungsspiel der Kinder zu den geregelten 'Kleinen Spielen' (DÖBLER u. DÖBLER 1966) bezeichnet. Diese Kleinen Spiele haben
bereits eine zentrale Spielidee. Wir unterschieden fünf:
- ein spieltypisches Ballverhalten ('Treibspiele'),
- ein spieltypsiches Raumverhalten ('Tummelspiele'),
- ein spieltypisches Zielverhalten ('Wurfspiele'),
- ein spieltypisches Partnerverhalten ('Zeck- und Neckspiele'),
- ein spieltypisches Gegnerverhalten ('Jagdspiele').

Die Kleinen Spiele regeln und schulen somit schwerpunktmäßig ein besonderes Spielverhalten. Mit Hilfe des Mannschaftsspiels sollen diese Verhaltensweisen systematisch erlernt und im Wettspiel bereits
aufeinander bezogen werden. Erst dann wird die Einführung der Sportspiele sinnvoll. Dieser Übergang muß den Entwicklungs- bzw. Lernbe-
dingungen der jeweiligen Phase entsprechen. Deshalb folgen auf das
Mannschaftsspiel zunächst die Mini-Sportspiele.

(4) Im Mini-Basketball wird das erste planmäßige Zusammenspiel im
Rahmen einer Mannschaft (= Zielverhalten des Mannschaftsspiels) auf
die erleichterten Spielbedingungen des Basketballs übertragen. Die
Erleichterungen tragen dem eingeschränkten Leistungsstand der Lernenden (8-12jährige) Rechnung. Die Einschränkungen betreffen im Phy-
sichen Schnellkraft (Sprung- und Wurfmuskulatur), die Koordinations-
fähigkeit (Bewegungsverbindungen) sowie die Körpergröße, im Geistig-
seelischen die Spiel- und Wettkampfmotivation, die Konzentrationsfähigkeit, die Anerkennung von Normen (Regel- und Gruppennormen), das
Denken (z.B. in Zusammenhängen); im Sozialen sind Einschränkungen
nur in Ausnahmefällen (z.B. aus methodischen Gründen) zu machen,
weil die Mannschaftsstärke von fünf Spielern der Gruppengröße weitgehend entspricht, innerhalb der Kinder zwischen 8 und 12 zusammenspielen können.

Diese Einschränkungen zwingen zur Vereinfachung des Regelwerkes. Dabei müssen die Grundidee des Basketballspiels ('Spiele den Ball,
niemals den Mann!') gewahrt und die zu ihrer Verwirklichung notwen-

digsten Regeln (Foul-, vereinfachte Schritt- und Dribbelregel, Punktwertung) eingeführt werden. Notwendig werden ebenfalls ein kleineres, leichteres Spielgerät (Ball), eine niedrigere Korbanlage und ein kleineres Spielfeld (geringere Freiwurfentfernung!), um die Erfolgsaussichten zu erhöhen und damit die Spielmotivation zu verbessern.

(5) Im Mini-Basketball soll die Grundidee des Sportspiels Basketball verstanden und in den wichtigsten Spielsituationen erprobt bzw. verwirklicht werden. Das Sportspiel liefert dann mit seiner Technik, Vortaktik, Taktik und Strategie immer bessere Möglichkeiten, die schwierigeren Spielsituationen unter Wahrung der Grundidee zu bewältigen.

"Lernen wird im Basketball vom Spiel selbst (primär) motiviert, wenn in allem Tun eine klare Zielvorstellung als Erfolgsantizipation (z. B. der Korberfolg als individuelles wie mannschaftliches Erfolgskriterium) vorgegeben ist." (HAGEDORN 1972, S. 8). Daraus läßt sich ein einfacher Lehrgang (vgl. DIETRICH 1968) für Mini-Basketball mit folgenden programmähnlichen Spielstufen ableiten:

- Grundspiel Mini-Basketball
- Spielreihe 'Ball in den Korb'
  (mögliche Spielstufen: Zielwurfspiele ohne Hilfen, mit Hilfe (Partner), gegen Störgröße Gegner)
- Spielreihe 'Ball zum Korb' (und 'in den Korb')
  (mögliche Spielstufen: Raum überwinden durch Einzeldribbel, durch Partnerhilfen (Zusammenspiel), gegen Störgröße)
- Spielreihe 'Partner helfen'
  (mögliche Spielstufen: Ball übergeben, Passen, Passwege suchen und öffnen)
- Spielreihe 'Gegner stören'
  (mögliche Spielstufen: gezieltes Stören des 'Ball in den Korb', des 'Ball zum Korb' und des 'Zusammenspiels')
- Spielreihe 'Ball erobern'
  (hier müssen die Spielsituationen des Sprungballes, der Ballsicherung am Brett (nach Korbwurf) und des Kampfes um den Ball im Feld 'erspielt' werden)
- Wettspiel Basketball
  (Zielverhalten: Bewältigung aller Spielsituationen im Spielverlauf unter Wahrung der Grundidee und der Grundregeln)

- Mini-Basketball
  (organisiertes Wettspiel z.B. im Rahmen einer Wettspielrunde;
  hier kommen zum Zielverhalten weitere taktische, gegebenenfalls
  strategische Überlegungen hinzu).

Alle Spielreihen geben als Ziel stets den erfolgreichen Korbwurf,
die komplexen Spielformen (Grundspiel, Wettspiel, Mini-Basketball)
als Ziel das sinnvoll geregelte Spiel mit erfolgreichem Korbwurf
vor. Dadurch bleiben Handlungsplan und Lösungsweg ständig aufeinander bezogen.

(6) Im Mini-Basketball sollen Grundidee, Grundregeln und typische
Spielsituationen miteinander verknüpft werden. Das Sportspiel bedarf
dieser Einsicht in Zusammenhänge, nötigt aber durch seinen stärkeren
Wettkampfcharakter dazu, die Mittel zur Bewältigung der Spielsituationen zu verbessern, also die physischen Grundlagen, die Technik,
die Vortaktik sowie das taktische und strategische Denken. Die Handlungspläne werden im Sportspiel somit zugleich umfassender (komplexer) und mannigfaltiger (differenzierter).

Die physischen Grundlagen werden zwar durch Anpassungs- und nicht
durch Lernprozesse verbessert (vgl. bei 2.3), dennoch gehören sie in
das Kapitel LERNEN. Denn das sportspielgerechte Verhalten wird am
besten unter spielnaher Belastung erlernt; es entstehen keine Über-
tragungsschwierigkeiten (Transfersperren) zwischen der Lern- und der
Spielsituation. Deshalb sind die organischen und muskulären Anpas-
sungsprozesse mitentscheidend dafür, daß Bewegungen 'richtig' erlernt,
koordiniert und abgerufen werden.

Das Erlernen der Fertigkeiten (Technik) ist mit dem Mini-Basketball
eigentlich schon beendet. Hier wurden bereits die spieltypischen Bewegungen (z.B. Korbwurf) aus den Grundfertigkeiten (Werfen) heraus-
differenziert, wenngleich noch in einer Art Grobform. Spieler ohne
Mini-Basketball-Erfahrung bringen ihrerseits bereits Bewegungsmuster
ähnlicher Art mit. Aber je später sie zum Basketball kommen, desto
größer wird die Gefahr, daß diese Bewegungsmuster nicht denen des
Basketballs entsprechen (z.B. Ausholbewegungen zum gradlinigen Korbwurf statt Beuge-Streck-Bewegungen zum Bogenwurf). Für die Fertigkeiten und das gesamte Spielverhalten gilt der Grundsatz: Es ist
leichter, Neues richtig zu erlernen als Falsches zu berichtigen!
Im Sportspiel werden die Bewegungen immer besser aufeinander abgestimmt (Koordination der Bewegungsverbindungen, z.B. Fangen- Drib-

bel-Wurf) und immer besser auf den Handlungsplan bezogen (Regulation
des Bewegungsansatzes gemäß der Spielsituation, z.B. Überwindung von
Raum und Störgröße Gegner). Zugleich werden die Teile solcher Bewegungsverbindungen immer mehr verfeinert (differenziert), indem zu
neuen Spielsituationen und -aufgaben neue Antwortmöglichkeiten entwickelt werden (z.B. Gegner beim Dribbel überspielen durch Handwechsel oder Dribbeltäuschung). Im Sportspiel müssen diese beiden Prozesse systematisch aufeinander bezogen werden, der Prozeß, ständig
neue und höhere Handlungspläne aufzubauen (Gegner selber überspielen - Gegner binden, um Mitspieler freizuspielen) und der Prozeß,
die Antwortmöglichkeiten zu vermehren (Dribbeln rechts-links, hoch-
tief, schnell-langsam). Vielleicht ist dieses systematisch In-Bezie-
hung-Setzen beider Prozesse der eigentliche Lernprozeß des Sportspiels.

Die Fertigkeiten werden zunächst durch das Erfolgslernen verbessert,
indem der Anfänger Krafteinsatz und Beschleunigung gemäß dem Ergebnis reguliert (Korbwurf zu 'kurz': höher und weiter werfen). Dabei
trifft zunächst das Auge (optischer Analysator) ein 'Abkommen' mit
dem Ziel. Mit fortschreitender Bewegungserfahrung kommen weitere
Steuerungshilfen hinzu, beim Wurf z.B. die Ballhaltung und Druck der
Fingerballen (taktiler Analysator), ferner das Vorempfinden der Bewegung im Bewegungsapparat und in der Muskulatur (kinästhetischer
Analysator). Die Bewegung wird vom Spieler nun bereits deutlich
'vorempfunden' und auch 'mitbegleitet' (KOHL 1956, 1973), er kommt
allmählich zum Vorgangslernen. (Vielleicht ist dieses Lernverhalten
der Grund dafür, daß viele Spielerinnen und Spieler beim Wurf (nun)
den Ball, nicht (mehr) den Ring beobachten, was die Korrektur des
Wurfes sicherlich erschweren dürfte.)

Das Zusammenspiel aller Steuerungshilfen gestattet dem Spitzenspieler sehr genaue Voraussagen: er weiß bereits bevor oder während der
Ball die Hand verläßt, ob der Wurf erfolgreich sein wird! Deshalb
ist er befähigt, die Bewegung im Vollzug noch zu korrigieren, sei es,
daß er sich verschätzte (Zielabkommen war ungenau), sei es, daß die
Spielsituation sich änderte (Abwehr des Gegenspielers). Eine erlernte Bewegung gilt im Sportspiel als beherrscht, wenn sie situations-
recht eingesetzt und verändert werden kann, dabei in ihrer Grundform
wiederholbar bleibt. Zum Lernprozeß gehört somit notwendig auch die
Fähigkeit 'abzuschalten', eine Bewegung gegen unwesentliche Einflüs-

se möglichst konstant zu halten. Ein Spitzenspieler setzt - weitgehend unabhängig von der Umgebung - seinen Handlungsplan durch, der Anfänger zeigt ein erheblich labileres Verhalten.

(7) Die bei 3.3 aufgeführten Methoden dienen sowohl zur Erweiterung der Handlungspläne (Zentralisierung, Strukturierung, Hierarchisierung) als auch zur Vergrößerung des Bewegungsrepertoires (Differenzierung), die Prinzipien beschreiben die Bedingungen, unter denen diese Prozesse ablaufen. In dieses Lern- und Handlungsmodell des Sportspiels dürfte auch das Erlernen vortaktischer und taktischer Vorgänge passen. Bereits in kindlichen Regelspielen (z.B. im 'Jägerball') gibt es Partner und Gegner, die miteinander und gegeneinander spielen. Dieses spontane Partner-Gegner-Verhalten wird durch Erweiterung der Spielaufgaben (Mannschaftsspiel) einerseits, andererseits durch eine immer mehr Teilaufgaben umfassende Spielidee (Mannschaftsspiel - Mini-Basketball) zu einem geregelten Rollenverhalten. Im Sportspiel werden die Angreifer-Verteidiger-Rollen und die Partner-Gegner-Rollen immer weiter differenziert (Vortaktik, Taktik), zugleich aber systematisch zusammengefaßt auf immer höheren (komplexeren) Handlungsebenen (Spieltaktik, Strategie).

Wie bei 2.2 bereits aufgeführt, werden Fertigkeiten zwar stereotypisiert und damit unwillkürlich vom ersten Signalsystem gesteuert; sie können aber jederzeit (im Unterschied zu Trieben und Reflexen) auch willkürlich (bewußt) gelenkt und eingesetzt werden. Das gelingt deshalb, weil Fertigkeiten im höheren Bewußtsein (zweites Signalsystem) gespeichert bleiben und deshalb nicht nur durch Spielreize, sondern auch durch sogenannte 'Signalworte' (Superzeichen) abrufbar werden (vgl. bei HAGEDORN, VOLPERT u. SCHMIDT 1972 b , z.B. das Signalwort "BALL!" für die Ballsicherung). Sprache, Bewußtsein und Denken werden für die Vorgänge der Taktik zu entscheidenden Lern- und Handlungsbedingungen. Sollen zwei Spieler zusammenspielen, so müssen ihre unterschiedlichen Handlungspläne aufeinander abgestimmt werden. Das gelingt zunächst durch gemeinsame Aufgaben, bei denen die Spielenden gegenseitig ihr Verhalten beobachten, rückschließen auf die Absicht des anderen und daraus Folgerungen ziehen für ihr gemeinsames Handeln. Mimik, Gestik und Motorik (von Lehrenden und Spielern) genügen als Kommunikationsmittel nur bei einfachen Lernaufgaben. Steigt die Zahl der Mitspieler und müssen die Lernaufgaben in immer kürzerer Zeit gelöst werden, so kommt die Sprache als Kommunikations-,

Lern- und Handlungshilfe hinzu. Durch Erklären (Verbalisieren) werden die Gesetzmäßigkeiten verdeutlicht, an denen die einzelnen ihre Handlungspläne ausrichten (das Prinzip des Kreuzen-über-Vorcenter kann man nicht 'sehen', wohl aber 'erklären' und 'verstehen'). Mit Worten werden auch oft höchst komplexe Handlungspläne wieder abgerufen ('switch' für: übernimm meinen Mann, ich übernehme deinen!). Je besser die einzelnen lernen, ihr Handeln an Gesetzmäßigkeiten (Prinzipien) zu orientieren, umso besser gelingt das Zusammenspiel (= Abstimmung von einzelnen Handlungsplänen). Der erfahrene Spieler (scherzhaft: mit einem Blickwinkel von 361 Grad, 180 Grad natürliches Blickfeld, 180 Grad Intuition und 1 Grad, um einen toten Winkel zu vermeiden) kann z.B. 'blind' zuspielen, weil er die Spielsituation 'erfaßt', d.h., aus den wahrgenommenen Bewegungen von Mit- und Gegenspielern gemäß motorischer Gesetzmäßigkeiten, ohne neue Informationen die Bewegung eines späteren Zeitpunkts erschließt (zur Bewegungsvorausnahme vgl. DÖBLER 1961, ALLAWY 1964, MEINEL 1971 sowie bei 3.1). Diese Form des Denkens in Zusammenhängen wird mit Recht als Spielintelligenz bezeichnet.

Das Zusammenspiel bleibt abhängig vom Gegner. Dieser sucht seinerseits die gegnerischen Handlungspläne zu lesen und durch Aufbau eines eigenen Gesamtplanes das Zusammenspiel des Gegners zu verhindern (stören). Dieses höchst komplexe Wechselspiel von Planen und Durchkreuzen geschieht in jedem Augenblick des Spiels. Es verstieße somit gegen die Handlungsstruktur des Sportspiels, das Angreifer- und Verteidigerverhalten völlig getrennt zu schulen; zusätzlich müßte dann noch das 'Gegnerverhalten' erlernt werden. Es scheint sinnvoller, die Komplexität des vortaktischen und taktischen Handelns zu 'programmieren', also schrittweise aufzuschalten (vgl. bei 3.3), z. B. vom Spiel 1-1, 2-2 über das Spiel 3-3 zum Spiel 5-5 (HAGEDORN 1968, 1972), dabei im Wechsel die Angreifer- und die Verteidigerrolle in den Mittelpunkt zu stellen; zugleich aber müssen die bereits erlernten Bewegungen der jeweils neuen Ebene gemäß verändert bzw. ihr angepaßt werden (der beim 1-1 erlernte Gleitschritt wird beim Durchgleiten des 2-2 z.B. situativ verändert und durch weitere Maßnahmen 'ergänzt').

(8) Die Entwicklung eines systematischen Spiels 5-5 ist damit vorgezeichnet. Die Wahl der Angriff- und Verteidigungsmaßnahmen unterliegt spieltaktischen Prinzipien. Wichtig für den Lernprozeß ist freilich

noch, wie ein so vorgeplantes Spielkonzept entwickelt, begründet und
trainiert wird. Für den Schnellangriff wurde das bereits geleistet
(HAGEDORN, VOLPERT u. SCHMIDT 1972 b). Hier seien kurz die Prinzipien für den Positionsangriff erläutert.
Das Zusammenspiel gelingt um so besser, je stärker bei dem Spielkonzept die Möglichkeiten der Spieler und die Gesetzmäßigkeiten des
Spiels aufeinander abgestimmt werden können. Beim Positionsangriff
soll das komplexe Spiel 5-5 systematisch zurückgeführt (reduziert)
werden auf das Spiel 1-1 bzw. 1-0. Der über die vortaktische Spielreihe (1-1, 2-2 usw.) langfristig aufgeschaltete ('superierte' und
zugleich 'differenzierte') Handlungsplan soll im Spiel kurzfristig
wieder in seine Handlungselemente zerlegt werden. Das stellt in gewisser Weise einen neuen Lernvorgang dar. Alle Spieler müssen dazu
Überblick haben und behalten (Bewegungen des Balles, der Mit- und
Gegenspieler kontrollieren), das Spielfeld gemäß den Spielpositionen
aufteilen sowie ständig das Spielkonzept mit den Handlungsplänen der
einzelnen Spieler und dem eigenen vergleichen und koordinieren.
Der Vorgang der Reduktion führt nun keinesfalls 'linear' vom komplexen Spielkonzept (z.B. Doppelcenterspiel) zum individuellen Ausstieg
(z.B. einhändiger Korbwurf), sondern stellt sich dar als ein ständiges Schwingen zwischen mannschaftlicher Bewegung und persönlichem
Entscheiden. Diese Suche nach dem bestmöglichen Ausstieg muß als
Prinzip verstanden und als Handlungsanweisung erlernt werden; sie
gewährt den Spielern bei aller Vorplanung Entscheidungsfreiheit und
Handlungsspielraum.
Das Prinzip des Suchens wird begriffen mit Hilfe von Erläuterungen
und Dokumentation. Damit es zur Handlungsanweisung im Systemspiel
wird, könnten folgende Lernstufen vollzogen werden:
- die Gesamtbewegung (z.B. als Kontinuum) wird im Grundmuster erläutert und diskutiert,
- die Gesamtbewegung wird langsam (ohne und mit Gegner) vollzogen,
- die Gesamtbewegung wird mit Hilfe der günstigsten Ausstiegsstellen gegliedert (strukturiert), der Vollzug an diesen Stellen zunächst kurz unterbrochen,
- Signalworte (Zeichen) werden vereinbart, die bestimmte Situationen (Ausstiegsstellen) abrufen (Verbesserung der Verständigung),
- Probespielen an einem Korb unter Eigenregie der Spieler mit (ein-
  geschobener bzw. anschließender) kritischer Diskussion,

● Anwendung in Trainings-, Freundschafts- und Meisterschaftsspie-
len.
Aus dem Angriffsprinzip der Reduktion von komplexeren auf weniger
komplexe Spielsituationen folgert das Verteidigerverhalten. Die
Verteidigung sucht als Störgröße ständig eine für sie ungünstige
Reduktion zu verhindern und bietet deshalb dem Angriff solche für
sie selbst günstigere Ausstiegsstellen an; denn aufgrund der 'Frei-
heitsgrade' im Sportspiel kann sie nicht sämtliche Ausstiegsmöglichkeiten verhindern. Das langfristig in der Spielreihe des 1-1, 2-2
usw. zu immer komplexeren Einheiten aufgeschaltete, zugleich individuell immer stärker differenzierte Verteidigungshandeln (bessere
Gleittechnik, Armarbeit, peripheres Sehen) muß im Spiel möglichst
lange erhalten bleiben bzw. umgehend (durch Gegenmaßnahmen) wieder
hergestellt werden. Voraussetzungen dafür sind - neben der ständigen Spielkontrolle (Überblick) - die Kenntnis der Verteidigungsprinzipien (Stellung zum Gegner, Bewegung im Feld und am Korb), die
Beherrschung des eigenen Konzeptes und die frühzeitige Vorwegnahme
(Antizipation) der gegnerischen Pläne. So können sich die Gegenmaßnahmen der Verteidigung bereits in die Entwicklung der Angriffsmaßnahmen einschalten und diese verändern bzw. durchkreuzen. Auch
für diesen Lernprozeß läßt sich ein Stufenplan entwickeln:
● die Verteidigungsprinzipien werden erläutert und diskutiert,
● Stärken und Schwächen des jeweiligen Verteidigungssystems werden
in Diskussion und Spiel geklärt,
● die wichtigsten Möglichkeiten des Angriffs werden systematisch
erarbeitet,
● ein Repertoire von Gegenmaßnahmen wird entwickelt und erprobt,
die Gegenmaßnahmen werden unter den verschiedensten Bedingungen
gefestigt (Training, Trainings- und Freundschaftsspiele),
● die Anwendung im Wettkampf wird ständig kritisch überprüft, gegebenenfalls werden Lernschritte wiederholt.

MERKE!
(1) Spiellernen reicht vom kindlichen Funktionsspiel bis zum Sportspiel der Erwachsenen. Der Prozeß unterliegt zugleich Außeneinflüs-
sen (Erwachsenenwelt) und der natürlichen Entwicklung.
(2) Die Entwicklung des Spiellernens ist noch wenig erforscht; man
wird aber von sportartspezifischen Lernwegen ausgehen dürfen.

Der langfristige Prozeß führt über die unwillkürliche und willkürliche Körpermotorik zur Bildung von Bewegungsgrundmustern, die immer weiter differenziert und zugleich komplexer werden. Das Handeln verläuft nach Plan; es werden neue Lösungswege gesucht; die sich bildende Ordnung zeigt eine hierarchische Handlungsstruktur aus Plänen und Teilplänen. Sinnvolles Spielhandeln gründet in der Einsicht in Spielsituationen und ihre Einflußgrößen.

(3) Voraussetzung zur Einführung des Basketballspiels sind die physische und motorische, die geistig-seelische Entwicklung und das Gruppenverhalten. Die sogenannten Kleinen Spiele bauen mit ihrer zentralen Spielidee und mit fünf spieltypischen Verhaltensweisen die Lernvoraussetzung aus, beziehen aber im mannschaftlichen Wettspiel bereits alle Grundsituationen aufeinander.

(4) Mini-Basketball überträgt das erlernte planmäßige Zusammenspiel auf die erleichterten Bedingungen des Sportspiels. Gemäß dem noch eingeschränkten Leistungsstand der Lernenden wird eine Vereinfachung des Regelwerkes notwendig.

(6) Im Sportspiel werden die Mittel zur Bewältigung der Spielsituationen verbessert, die Handlungspläne werden zugleich komplexer und mannigfaltiger. Die physischen Grundlagen erleichtern den situationsgerechten Lernprozeß. Die Fertigkeiten werden weiter differenziert und zugleich koordinierter, d.h. es stehen immer mehr Antwortmöglichkeiten in immer kürzerer Zeit zur Verfügung. Das Erfolgslernen (Anfänger) wird ergänzt durch das Vorgangslernen (Fortgeschrittener). Stets gilt der Grundsatz: Neues richtig erlernen ist leichter als Falsches korrigieren. Eine erlernte Bewegung gilt als beherrscht, wenn sie situationsgerecht eingesetzt und verändert, dabei aber in ihrem Grundmuster wiederholt werden kann.

(7) Im Sportspiel bedingen die immer komplexeren und zugleich mannigfaltigeren Handlungspläne (Vortaktik, Taktik, Strategie) beim Zusammenspiel (= Abstimmung von Handlungsplänen) weiter ausgebildete Verständigungsmittel: neben Mimik, Gestik und Motorik die Sprache. Um die Handlungsstruktur des Sportspiels zu wahren, muß der Gegner stets miteinbezogen werden in den Lernprozeß (vgl. die Aufschaltung vom Spiel 1-1, über 2-2 usw.).

(8) Das systematische Angriffsspiel 5-5 unterliegt sowohl beim Schnellangriff als auch beim Positionsangriff vergleichbaren Prinzi-

pien (Reduktion 5-5 auf 1-0) und Voraussetzungen (Übersicht, Aufteilung des Spielfelds, Koordination von Handlungsplänen). Die Reduktion ist beim Positionsangriff allerdings ein systematisches Suchen
nach dem bestmöglichen Ausstieg. Es läßt sich systematisch schulen.
Das Verteidigerverhalten sucht diese Reduktion zu verhindern, indem
es seinerseits immer komplexere und zugleich immer differenziertere
Handlungspläne aufbaut. Vorausetzungen sind die Kenntnis der Verteidigungsprinzipien, die Entwicklung eines eigenen Konzeptes und die
Vorwegnahme der gegnerischen Pläne. Lernprozeß als Stufenplan.

PRÜFE DEIN WISSEN!

Entscheide, ob die folgenden Aussagen richtig (R) oder falsch (F)
sind:

R F 1. Die sogenannten Kleinen Spiele der Kinder bilden eine frühe
Vorstufe zu den Sportspielen der Erwachsenen.

R F 2. Das Spiellernen stellt eine kurzfristige Verhaltensänderung
dar.

R F 3. Im 'Mannschaftsspiel' werden die verschiedenen Verhaltensweisen des Spielens planmäßig verbunden.

R F 4. Bei der Entwicklung des Spielverhaltens werden zunächst
immer komplexere Handlungspläne aufgebaut, später werden
die Möglichkeiten immer mannigfaltiger.

R F 5. Spielverhalten läßt sich 'programmieren'.

R F 6. Ein Lehrgang ist dann spielrichtig programmiert, wenn er
ganz bestimmte (feste) Verhaltensweisen vorschreibt.

R F 7. Am Anfang des Spiellernens sollen bereits die am Ende im
Sportspiel notwendigen Fertigkeiten geschult werden.

R F 8. Erst müssen die Fertigkeiten beherrscht, dann können sie
in der Vortaktik geschult, schließlich in der Spieltaktik
angewandt werden.

So ist es richtig!
1. R 2. F 3. R 4. F (beides geschieht zugleich) 5. R
6. F 7. F 8. F

Literatur

ALLAWY, M.H.:   Zur Antizipation von Fremdhandlungen im Sportspiel. Diss: DHfK Leipzig, 1964.

CHOMSKY, N.:   Syntactic Structures. The Hague: Mouton, 1957.

DIETRICH, K.:   Zur Methodik der Sportspiele. In: Methodik d.
Leibesübungen, hrsg.v.J. Recla. Graz, 1968,
S.216-226.

DÖBLER, H.:   Die Bewegungsvorausnahme (Antizipation) im Ballspiel. In: Theorie und Praxis der Körperkultur
1o (1961) H. 11/12, S.1o38-1o46.

DÖBLER, H.:   Zur Bestimmung des fachwissenschaftlichen Gegen-
standes einer Theorie der Sportspiele. In:Wiss.
Zts. DHfK Leipzig 7 (1965) H.2, S.16-27.

DÖBLER, E. u. H. DÖBLER:
     Kleine Spiele. Berlin: Volk und Wissen, 1966.

HAGEDORN, G.:   Das Basketball-Spiel. Köln: Barz & Beienburg,1968.

HAGEDORN, G.:   Beiheft zu den Filmen Basketball I u. II. München: FWU, 1972.

HAGEDORN, G.,W.VOLPERT u. G.SCHMIDT:
     Wissenschaftliche Trainingsplanung. In: Training
und Beanspruchung, Bd.2, hrsg.v.E.Ulich. Frank-
furt/Main: Limpert, 1972a (s.bes.Kap. 2-5).

HAGEDORN, G.,W.VOLPERT u. G.SCHMIDT:
     Der Schnellangriff im Basketball. Frankfurt/Main:
Limpert,1972b (zu den Signalworten vgl.bes.S.99,
167, 255).

HAGEDORN, G.,G.BISANZ u. H. DUELL:
     Das Mannschaftsspiel. In: Sport in der Primar-
stufe, Bd.3.,Frankfurt/Main: Limpert, 1972.

KOHL, K.:   Zum Problem der Sensumotorik. Frankfurt/Main:
Kramer, 1956.

KOHL, K.:   Allgemeine Theorie des motorischen Lernens. In:
Psychologie in Training und Wettkampf. Trainer-
bibliothek, hrsg.v.DSB,Bd.5 Berlin: Bartels &
Wernitz, 1973, S. 47-69.

MEINEL, K.:   Bewegungslehre. Berlin: Volk und Wissen, 1971
(z.Bewegungsantizipation s.bes. S. 214-22o).

MILLER, G.A.,E.GALANTER u.K.H.PRIBRAM:
     Plans and the Structure of Behavior. New York
u.a.: Holt, Rinehard u. Winston, 196o (zum
Handlungsaufbau s.Kap.1, zu den Fertigkeiten Kap.
6, zur Integration von Handlungsplänen Kap. 7).

REED, G.S.:   Geschicklichkeit und Übung. In: Lunzer und Morris,
Das menschliche Lernen und seine Entwicklung.
Stuttgart: Klett, 1971, S, 119-16o.

RUBINSTEIN, S.L.:   Grundlagen der allgemeinen Psychologie. Berlin:
                   Volk und Wissen, 1971 (zum Handeln s.bes. S.
                   673-696).

SINGER, R.N.:   Motor learning and human performance. London:
                   Macmillan Company, 1968.

UNGERER,   Theorie des Sensomotorischen Lernens. Schorndorf:
                   Hofmann, 1971.

VOLPERT, W.:   Sensumotorisches Lernen. In: Training und Bean-
                   spruchung, Bd.1 Frankfurt/Main: Limpert, 1971.

WHITING, H.T.A.:   Acquiring Ball skill. London: Bell & Sons, 1969
                   (z.Spiel s.bes. S. 72-83).

4.3 Programmiertes Lernen
von Günter HAGEDORN

SCHLAGWÖRTER

(1) Programmiertes Lernen: Lernfortschritt planbar - Lehr-Lernerfahrung - Lern- bzw. Handlungspsychologie - Technologie - Erstellung von Lernprogrammen - Zusammenarbeit von Spezialisten - Trainingsvorgänge: Anpassung - Belastungsformen, Organisationsformen
programmiert

(2) Systematik - drei Phasen: Vorgabe, Durchführung, Kontrolle

(3) Ziele: Lernen erleichtern, Mitdenken, Mithandeln - klare Zielvorstellung - Lernweg mitgestalten - Lern- bzw. Trainingskontrolle
- Lern-/Leistungsmotivation

(4) Beispiel: Gegenblock; fünf Stufen: Vorbereitung - Vorgabe -
Durchführung (Grundstellung, weg-vom-Ball, Situation 1-1, Situation
2-2, Angriff-in-der-Überzahl, Korbwurf) - Kritik - freies Spiel

ERLÄUTERUNGEN

(1) Unter Programmiertem Lernen versteht man eine besonders ökonomische Form des Lernens. Sie will den Lernfortschritt dem Zufall ent-
ziehen und weitgehend planbar machen. Die Programmierung von Lernvorgängen geht stets von der Lehr-Lernerfahrung aus. Sie gründet in
der Kenntnis der Lern- und Handlungspsychologie; sie sucht alle Möglichkeiten der Technologie (Film, Tonband, Videorecorder) zu nutzen,
um durch eine objektive Lernkontrolle den Lernfortschritt zu sichern.
Die Erstellung von Lernprogrammen, die wissenschaftlichen Ansprüchen
genügen, macht deshalb stets die Zusammenarbeit mehrerer Spezialisten notwendig (HAGEDORN, VOLPERT u. SCHMIDT 1972, BOECKMANN u.HEY-

MEN 1973), des Fachdidaktikers mit dem Psychologen und mit dem Fachmann für Technologie und wissenschaftliche Methoden (Testtheorie,
Statistik).

Der Begriff der Programmierung wird im Sport auch auf Trainingsvorgänge angewandt, auf einen Bereich also, in dem kein neues Verhalten erlernt, sondern ein bereits erworbenes Verhalten (z.B.Techni-
ken) gefestigt (stereotypisiert) wird durch Anpassung von Muskulatur, Kreislauf und Atmung an höhere Anforderungen (THIEMEL 1969,
197o, vgl.bei 2.3). Beim Programmierten Training wie beim gesamten
Programmierten Unterricht werden die Organisationsformen (Wechsel
von Stationen bzw. Situationen, Einsatz von Medien) programmiert.
Das bedeutet: sie werden systematisch geplant, und ihre Wirksamkeit wird ständig überprüft.

(2) Programmiertes Lehren und Lernen unterscheiden sich somit vom
konventionellen Lehr-Lernverfahren letztlich durch eine größere
Systematik. Sie gliedert den Gesamtablauf des Unterrichts/Trainings
in drei Phasen, in die Phase der Vorgabe, der Durchführung und der
Kontrolle. Vorgabe besagt:hier wird das Lern- bzw. Unterrichts-
oder Trainingsziel dargelegt (erläutert und/oder demonstriert und/
oder in der Programmierten Instruktion erarbeitet und/oder im Film
gezeigt).

Durchführung besagt: das auf diese Weise verdeutlichte Ziel wird
durch geeignete Maßnahmen (Methoden) und Hilfen (Technologie, Geräte) aktiv, d.h.durch Denken und motorisches Handeln erarbeitet.

Kontrolle besagt: Vorgabe und Durchführung werden verglichen (durch
Diskussion der Gruppe, Videorecorder) und die Unterschiede (und ihre
Ursachen) erhellt.

(3) Ziel des Programmierens ist es, den Lernvorgang zu erleichtern
und die Lernenden/Trainierenden zum Mitdenken und Mithandeln anzuregen. Dazu verhelfen eine klare Zielvorstellung (Vorgabe), ein
Lernweg (Durchführung), der von den Spielern bewußt mitgestaltet
wird auch aufgrund der Selbstkontrolle. So lassen sich sportliche
Ziele und Vorgänge objektiv beurteilen, werden positive Leistungen
verstärkt und wird die Lern- und Leistungsmotivation verbessert
bzw. gesichert.

(4) Beispiel für das Programmierte Lernen soll der Gegenblock beim
Spiel Drei Außen sein. Die Unterrichtseinheit könnte folgende fünf
Stufen umfassen:

1. Vorbereitung (Aufwärmen)

Freies Spiel 3-3 (jeweils auf einen Korb). Handlungsanweisung für den Angriff: Stets von Außenpositionen angreifen, für die Verteidigung: Grundposition zwischen Mann-und-Korb einnehmen! Dauer: etwa 5 Minuten.

2. Vorgabe des Lernziels, z.B. mit Hilfe des Arbeitsstreifens. Begründung des Lernziels im Gruppengespräch. Dauer: etwa 5 Minuten.

3. Durchführung in sechs Lernschritten. Diese bauen systematisch aufeinander auf. Die Spieler müssen stets mitlernen, daß in jeder Spielsituation ein Ausstieg gesucht/gefunden werden kann, je nach Verhalten der Verteidiger.

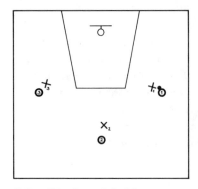

Abb. 75: Grundstellung

Zunächst müssen die Angreifer in eine Grundstellung finden, der Ball muß bei einem Flügelspieler sein (evtl. Pass zum Flügel, Abb. 75).

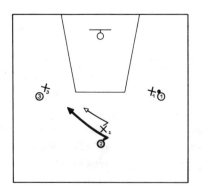

Abb.: 76: Weg-vom-Ball

Dann zieht der Mittelmann seinen Deckungsspieler zur entgegengesetzten Seite ab, er geht weg-vom-Ball (Abb.76). Dadurch ergibt sich eine Verlagerung, eine Seite wird deckungsstark (2-2), die andere deckungsschwach (1-1).

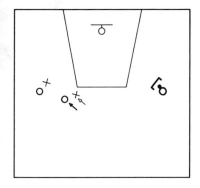

Abb. 77: Situation 1-1

Der Ballbesitzer befindet
sich nun in der Situation 1-1;
er muß die Gesamtsituation
überblicken (z.B. einen frei-
en Mitspieler sehen) und evtl.
seinen Deckungsspieler ausspielen (Abb. 77).

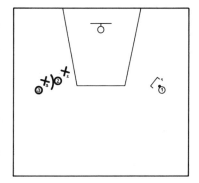

Abb. 78: Situation 2-2

Die Situation 2-2 erfordert
Überblick (Ballkontrolle).
Hilfe für den Ballbesitzer
gelingt durch Block, sog.
'Gegenblock' (Abb.78) und Abrollen. Dadurch wird das
Spiel 2-2 reduziert auf 2-1,
und Passwege öffnen sich
(vgl. auch Abb. 79).

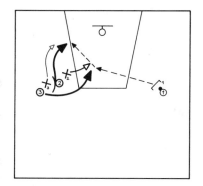

Abb. 79: Angriff-in-der-Überzahl

Der Angriff-in-der-Überzahl
kann gelingen, wenn der Ballbesitzer seinen Deckungsspieler überwindet (1-0) oder der
Ball zum freigeblockten Mitspieler kommt beim 2-2, das
über 2-1 auf 1-0 vermindert
werden kann (Abb. 79).

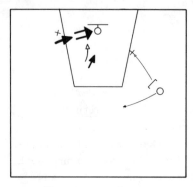

Abb. 80: Korbwurf

Alle Lernschritte müssen mit
dem Korbwurf abschließen, damit bei jedem Lernvorgang die
Zielhandlung mitgedacht wird.
(Abb.8o).

Abbildung 81 liefert das Planungsmodell zum Gegenblock mit einer
symbolischen Darstellung des Gesamtablaufs.

MERKE!

(1) Die Programmierung will den Lernfortschritt planbar machen. Voraussetzungen dazu sind die fachliche Erfahrung sowie die Kenntnis
der Lern-/Handlungspsychologie und der Technologie.In Training und
Unterricht werden Belastungsformen und Organisationsformen programmiert.

(2) Die drei Phasen des Programmierens sind die Vorgabe (des Ziels),
die Durchführung (Verwirklichung) und die Kontrolle (Vergleich von
Phase 1 und 2).

(3) Ziel des Programmierens ist es, die Spieler zum Mitdenken und
Mithandeln zu führen durch klare Zielvorstellung, Mitgestalten und
Selbstkontrolle. So verbessert sich die Lern- und Leistungsmotiva-
tion.

PRÜFE DEIN WISSEN!

Kreuze die allein völlig richtige Antwort an!

1. Das Programmierte Lernen
   a) sichert den Spielerfolg
   b) macht den Lehrer überflüssig
   c) erleichtert den Lernvorgang
   d) unterdrückt die Kritik der Spieler
   e) schaltet den Zufall aus

Nr.	INHALT	ZIELE	VORGABE	DURCHFÜHRUNG	KONTROLLE	SYMBOLE
	LERNSCHRITTE		LERNPHASEN			LERNVORGÄNGE
1.	freies Spiel 3-3	Aufwärmen Spiel-erfahrung	verbal	freie Wett-kampfgruppen	---	
2.	gesamtes Lernziel	Kenntnis des Lernziels	visuell (z.B.Film)	Projektion vor der gesamten Gruppe	Gruppen-gespräch	
3.1.	Grund-stellung	Organisa-tion des Spiels	verbal/visuell (Tafel-skizze)	Spiel in festen Gruppen (Pass vom Korbraum)	Selbst-beobachtung	
3.2.	Bewegung Weg-vom-Ball	Reduktion des 3-3	wie 3.1.	wie 3.1. (Pass von außen)	wie 3.1.	
3.3.	Spiel 1-1	Reduktion auf 1-0	wie 3.1. (evtl. Demonstra-tion)	wie 3.2.	falls vor-handen: Videorecor-der, Grup-penkritik	
3.4.	Spiel 2-2	Reduktion auf 1-0	wie 3.3.	wie 3.2.	wie 3.3. Verstärkung durch Trainer	
3.5.	Angriff-in-der-Überzahl	Reduktion auf 1-0	wie 3.3.	wie 3.2.	wie 3.4. evtl. Wettkampf	
3.6.	Korbwurf	Korb-erfolg	verbal (Verstär-kung)	spiel-/situations-gerecht	wie 3.5.	
4.	Kritik	Kenntnis der Lern-leistung	---	gesamte Grup-pe (vor Monitor)	Diskussion (Video-recorder)	
5.	freies Spiel 5-5	Einordnen des Er-lernten in Spiel-zusammen-hang	wie 1.	wie 1.	Punkt-wertung	

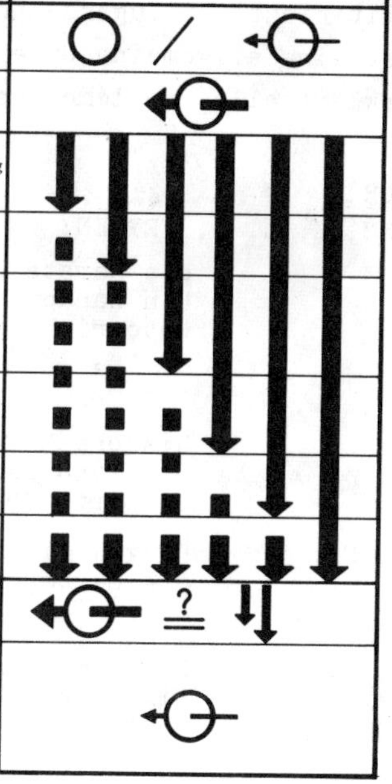

Erläuterung der Symbole

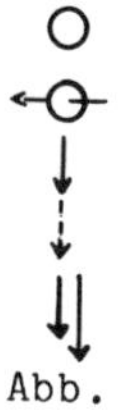

O   ganzheitlicher Spielvorgang

←O–   Handlungsziel des Spiels bewußt gemacht

↓   Lernschritt einer Spielreihe mit Zielhandlung
(Zwischenschritte bleiben offen)

⇊   Zeichen für vollständige Spielreihe

Abb. 81: Planungs- und Ablaufmodell einer Programmierten Unterrichts-einheit (hier: Gegenblock)

2. Beim Programmierten Lernen

   a) sind die einzelnen Lernschritte geplant

   b) ist die Erfolgskontrolle am wichtigsten

   c) entfallen alle konventionellen Methoden

   d) wird das freie Spiel überflüssig

   e) entscheidet die Einhaltung des Programms

3. Das Planungsmodell zum Programmierten Lernen
   a) gilt nur für den Gegenblock
   b) beschreibt die drei Lernphasen
   c) gilt nicht für Jugend- und Frauenmannschaften
   d) ist eine allgemeine Unterrichtshilfe
   e) erklärt alle Probleme des Basketballs

LITERATUR

BOECKMANN, K. u. N. HEYMEN:

> Die Herstellung programmierter Lernmaterialien. Ein Handbuch zur Organisationsplanung in der Unterrichtstechnologie. München-Wien: Oldenbourg, 1973

HAGEDORN, G., W. VOLPERT u. G.SCHMIDT:

> Wissenschaftliche Trainingsplanung. (In: Training und Beanspruchung, Bd.2). Frankfurt/Main: Limpert, 1972(zur Teamarbeit s.S. 8-11).

THIEMEL, F.:

> Programmiertes Lehren und Lernen im Sport. In: Die Leibeserziehung 19 (1970) 9 (s. bes. S. 295-302).

THIEMEL, F.:

> Programme zum Erlernen und Üben von Bewegungsfertigkeiten. In: Die Leibeserziehung 18 (1969) 2, Lehrhilfen (s. bes. S. 13-18).

THIEMEL, F.:

> Arbeitsprogramme zur Konditionsschulung in Schule und Verein. Frankfurt/Main: Limpert, 1972.

So ist es richtig!
1. c)   2. a)   3. d)

5 AUSBILDUNGS- UND PRÜFUNGSORDNUNG FÜR LEHRENDE IM BEREICH DES DBB

erstellt von Günter HAGEDORN, Dieter NIEDLICH, Gerhard SCHMIDT, Bernt RUBAN nach einem Vorentwurf der Lehrwarte

5.1 Z i e l s e t z u n g

Der Deutsche Basketball Bund hat sich satzungsgemäß die Aufgabe gestellt, den Basketballsport in der Bundesrepublik zu fördern und zu pflegen.

Eine grundlegende Voraussetzung hierfür ist die Gewinnung und Ausbildung von qualifizierten Trainern. Von ihrem Einsatz und ihrer Befähigung hängt die Verwirklichung des Zieles ab.

Viele Kinder und Jugendliche haben für verschiedene Sportarten Interesse und Veranlagung. Die Einsatzbereitschaft, Begeisterungsfähigkeit und das pädagogisch-fachliche Können der Trainer entscheiden sowohl über die Anzahl derjenigen, die für das Basketballspiel gewonnen werden, als auch über die erzieherische Wirksamkeit der sportlichen Ausbildung.

Bei der Schaffung einer breiten Basis und eines hohen Leistungsniveaus im DBB ist der qualifizierte Trainer somit die entscheidende Schlüsselfigur.

Die Ausbildungsrichtlinien sollen die Trainerausbildung vereinheitlichen. Sie sollen zugleich dazu anregen, die Aus- und Weiterbildung der Lehrenden auf den jeweils neuesten Stand theoretischer und sportpraktischer Kenntnisse zu bringen.

Die Richtlinien machen drüber hinaus den Inhalt der Ausbildung sowie Prüfungsanforderungen und -durchführung verbindlich und vergleichbar. Neben der Aus- und Weiterbildung des Fachtrainers soll auch eine bundeseinheitliche Weiterbildung der Sportlehrer gefördert werden. Dem Sportlehrer sind Wege zu weisen, wie er bei seinen Schülern das Interesse am Basketballspiel wecken kann. Nur bei sinnvollem Aufbau in der Schule werden die Jugendlichen das Basketballspiel auch über die Schulzeit hinaus betreiben und in die Vereine kommen.

5.2 E i n t e i l u n g   i n   K a t e g o r i e n

5.2.1 Allgemeines

Die Trainerausbildung umfaßt folgende fünf Lizenzen: D-, C-, B-, A- und FIBA-Trainer, die mit steigenden Anforderungen aufeinander aufbauen.

5.2.2 Die D-Lizenz

Der Trainer mit D-Lizenz ist befähigt, Anfängermannschaften selbständig aufzubauen, zu trainieren und zu betreuen. Er sollte nach
Möglichkeit die Zusammenarbeit mit einem höher lizenzierten Trainer
nutzen, um sich weiterzubilden.

Voraussetzungen:

keine

Inhalte:

- Erwerb grundlegender methodischer Kenntnisse über die Planung,
  den Aufbau und die Gestaltung von Trainingsstunden;
- Erwerb von Kenntnissen über die Grundtechnik und -taktik des Basketballspiels sowie der Fähigkeit zu ihrer sinnvollen Darbietung
  (Demonstration, Film, Tafelskizze);
- Kenntnisse der Grundregeln des Basketballspiels und ihrer Anwendung in Spiel und Training.

Ausbildungsgang:

Gesamtdauer: 40 Stunden, davon

6 Stunden	Vorbereitende Spiele, Grundsituationen
4 Stunden	Grundtaktik, Angriff und Verteidigung (Manndeckung)
17 Stunden	Basketball-Grundschule: Werfen, Dribbeln, Fangen/Passen, Fußarbeit: Grundstellung, Spiel 1-1, Manndeckung
1 Stunde	Konditionsarbeit mit Ball
2 Stunden	Trainingsplanung
2 Stunden	Regelkunde
1 Stunde	Literaturbesprechung, Arbeit mit der Tafel
1 Stunde	Einweisung in die Erste-Hilfe

Lernkontrolle:

Gesamtdauer: 6 Stunden

Die Lernkontrolle bezieht sich auf die oben dargestellten Inhalte
und umfaßt einen praktischen und einen theoretischen Teil. Der praktische Teil besteht aus kurzen Lehrversuchen während des Lehrgangs.
Die Themen der Lehrversuche werden mit Hilfe der Eigenrealisation
(Demonstration), Bewegungsanalysen, Unterrichtsmedien und Korrekturen behandelt. Der theoretische Teil wird als schriftliche Prüfung
durchgeführt (Fragebogen). Aus einem vom DBB erstellten Themenkata-
log werden 10 Fragen ausgewählt, von denen mindestens sieben richtig
beantwortet werden müssen.
Die D-Lizenz wird erteilt, wenn beide Prüfungsteile bestanden sind.

5.2.3 Die C-Lizenz

Der Trainer mit C-Lizenz ist berechtigt, Jugend- sowie Seniorenmann-
schaften bis einschließlich Oberliga selbständig aufzubauen, zu
trainieren und zu betreuen.

Voraussetzungen:

D-Lizenz;

Mindestalter bei Männern 18, bei Frauen 17 Jahre. Die Eignung des
Bewerbers muß vom Verein bestätigt werden. Die Beurteilung der Eignung ergibt sich aus der sportlichen Tüchtigkeit und der Mitarbeit
im Verein.

Inhalte:

- Spielbefähigung (Eigenrealisation) in anspruchsvolleren Fertig-
  keits- und Könnensstufen;
- Verstärkte allgemeine physische Ausbildung;
- Praktische Fertigkeiten in der Erste-Hilfe bei spieltypischen
  Verletzungen;
- Pädagogisch-methodische Kenntnisse über Organisation und Durch-
  führung von Training und Wettkampf;
- Das Regelwerk und seine spielnahe Vermittlung;
- Maßnahmen zur Förderung des Minibasketballs sowie der Jugendar-
  beit;
- Probleme und Maßnahmen des Schul-, Breiten- und Freizeitsports;
- Rechtsfragen wie z.B. Aufsichtspflicht und Haftung;
- Ordnungen des DBB einschließlich Sportgerichtsbarkeit;
- Aufbau und Funktion der Sportorganisationen der BRD.

Ausbildungsgang:

Gesamtdauer: 80 Stunden, davon

15 Stunden **Allgemeine Sportausbildung**, davon
9 Std. Konditionsarbeit mit Ball (z.B. Schnellangriff,
Intervall bzw. Zirkel), 4 Std. Konditionsarbeit ohne
Ball (Schnellkrafttraining), 2 Std. Krafttraining (z.B.
an der Kraftmaschine)

6 Stunden **Positionsgebundene Techniken** für Aufbau-, Center- und
Flügelspieler

6 Stunden **Vortaktik**
Spiel 2-2, Spiel 3-3, Spiel-in-der-Überzahl, Spiel-in-
Minderzahl, Spiel mit Vor-, Seit- und Brettcenter

6 Stunden	Verteidigungstaktik
	Mann-Mann-Verteidigung, Zonen- (Ball-Raum-) Verteidigung,
	Mann-Presse, Zonen- (Ball-Raum-) Presse
6 Stunden	Angriffstaktik
	Schnellangriff, Positionsangriff gegen Mann-Mann-Vertei-
	digung, Zonen- (Ball-Raum-) Verteidigung und Presse
4 Stunden	Trainingsplanung, Spielmethodik
2 Stunden	Regelkunde (insbesondere zum Trainerverhalten)
8 Stunden	Sportmedizin und Erste-Hilfe; bei Nachweis der erfolg-
	reichen Teilnahme an einem Erste-Hilfe-Kurs erfolgt
	Sonderregelung
2 Stunden	Aufsichts- und Haftpflicht
7 Stunden	Jugendarbeit und Mannschaftsführung, davon
	3 Std. Minibasketball, 4 Std. Mannschaftsbetreuung
	(Coachen)
2 Stunden	Schul-, Breiten- und Freizeitsport
2 Stunden	Förderung der Jugendarbeit
2 Stunden	Organisatorischer Aufbau des deutschen Sportes und des
	DBB
2 Stunden	Filmvorführung, gesellige Formen.

Lernkontrolle:

Gesamtdauer: 10 Stunden

Die Lernkontrolle bezieht sich auf die oben dargestellten Inhalte und umfaßt einen praktischen und einen theoretischen Teil. Der praktische Teil besteht aus einem Lehrversuch von 10-25 Minuten Dauer. An Prüfungsformen sollten zur Auswahl stehen: Lehrversuch mit einer Mannschaft (Leistungsstand entsprechend der C-Lizenz) bzw. Lehrversuch mit Kursteilnehmern an Hand eines Thesenpapiers (vgl. bei 5.6.1) mit Diskussion. Gruppenprüfungen sind bei beiden Prüfungsformen dann statthaft, wenn sie von der Prüfungskommission durchgeführt werden können und die Einzelleistung ersichtlich wird. Zum Prüfungsprotokoll vgl. bei 5.6.2.

Die Kandidaten erhalten (bzw. wählen) 24 Stunden vor dem Lehrversuch ihr Thema und legen einen schriftlichen Entwurf vor. Entwurf soll bei Prüfungsform 1 stärker den pädagogisch-methodischen Gesichtspunkt (praktische Unterrichtsdurchführung), bei Prüfungsform 2 mehr die theoretisch-fachliche Durchdringung und die Möglichkeit zur unterrichtlichen Verwirklichung betonen.

Der Lehrversuch gilt als bestanden, wenn bestimmte Kriterien richtig angewandt sind, bei Prüfungsform 1:
Entwurf
- Setzung des Lernziels,
- Klärung der Unterrichtsvoraussetzungen (z.B. Analyse der Gruppe/ Mannschaft),
- Analyse und Diskussion des Unterrichtsgegenstandes,
- Methodische Überlegungen;
Durchführung
- Aufbau der Stunde (Schwerpunkte, Teilziele),
- Unterrichtsform, Unterrichtsverfahren (Führungsstil, Korrektur, Ermutigung),
- Unterrichtsmittel,
- Ergebniskontrolle;
bei Prüfungsform 2:
Entwurf
- Eindeutige Thesen zum Thema (u.a. didaktische Begründung der Lernziele),
- Ansätze zur Übertragung der Thesen auf die Lehrpraxis,
- Kenntnis und Anwendungsmöglichkeiten fachspezifischer Methoden,
- Sicherheit in der Fachterminologie;
Durchführung
- Diskussionsleitung,
- Sinnvolle Verbindung von Diskussion und praktischer Demonstration/Erprobung,
- Ergebnissicherung (Zusammenfassung der Diskussion).

Der theoretische Teil kann in Form einer Klausur (Gesamtdauer: 60 Min.) oder in einem freien Gruppengespräch (bei maximal 3-4 Kandidaten von mindestens 30 min. Dauer) durchgeführt werden. Die Klausur gilt als bestanden, wenn bei Fragebogentechniken (z.B. Multiple choice bzw. Richtig-falsch) von 20 gestellten Fragen 15 richtig beantwortet wurden.

Die mündliche Prüfung gilt als bestanden, wenn der Kandidat:
- sich zu mindestens 3 Fragenkomplexen des Lehrgangsstoffes richtig und detailliert äußerte,
- die Fachterminologie beherrschte,
- Problemoffenheit und Gesprächsbereitschaft zeigte.

Die C-Lizenz wird erteilt, wenn alle Prüfungsteile bestanden sind.

5.2.4 Die B-Lizenz

Der Trainer mit B-Lizenz ist berechtigt, Regional- und Bundesliga-
mannschaften sowie Auswahlmannschaften der Landerverbände aufzubauen, zu trainieren und zu betreuen. Er ist ferner berechtigt, bei
D- und C-Trainerlehrgängen als Lehrgangsleiter, Referent und/oder
Prüfer tätig zu werden.

Voraussetzungen:

- 2jähriger Besitz der gültigen C-Trainerlizenz,
- Tätigkeitsnachweis als Trainer über die letzten zwei Jahre, be-
  stätigt vom Verein und dem LV-Lehrwart,
- Bestätigung der Teilnahme an einem Weiterbildungslehrgang inner-
  halb der letzten zwei Jahre,
- Bestätigung der erfolgreichen Teilnahme an einem Erste-Hilfe-
  Kurs. (Der Antragsteller richtet seine Bewerbung mit den erfor-
  derlichen Unterlagen zum ausgeschriebenen Termin über den LV-
  Lehrwart an die DBB-Geschäftsstelle.)

Inhalte:

- Erweiterung und Vertiefung der Kenntnisse von Theorie und Praxis
  folgender Gebiete:
  Technik, Vortaktik, Taktik, Mannschafts- und Einzelbetreuung
  (Coachen), Regelkunde;
- Grundlegende Kenntnisse im Bereich der allgemeinen Trainings- und
  Wettkampflehre;
- Verfahren der Spielbeobachtung und Einblick in die statistische
  Auswertung von Training und Wettkampf (Leistungsdiagnose);
- Möglichkeiten der Sozialisation im Basketball und die Anwendung
  der soziometrischen Methode;
- Probleme des Verhältnisses von Schulsport, Freizeitsport, Lei-
  stungssport.

Ausbildungsgang:

Gesamtdauer: 60 Stunden, davon

17 Stunden Didaktik und Methodik des Sportspiels, davon
1 Std. Handlungsstruktur, 3 Std. Trainings- und Unterrichtsplanung (Periodisierung, Turnierorganisation,
Stundenvorbereitung), 1 Std. Führungsstil, 1 Std. So-
zialformen und -prinzipien, 4 Std. Lern- und Trainingsmethoden (Sensomotorik, Bewegungslehre), 4 Std. Erfolgskontrolle von Training und Wettkampf, 1 Std. Belastungs-

fähigkeit in Training und Wettkampf von Kindern und Jugendlichen, 2 Std. Mannschaftsaufbau;

9 Stunden Grundlagenwissen, davon

1 Std. Spiel- und Trainingsmotivation, 2 Std. psychophy-
sische Grundlagen, 2 Std. Lernpsychologie, 2 Std. Mannschaftsbetreuung, 2 Std. Doping und Sportverletzungen;

26 Stunden Trainings- und Spielpraxis, davon

1 Std. Zweckgymnastik (mit und ohne Ball), 2 Std. Lei-
stungstests (Schnellkraft und Basketballtechnik), 6 Std.
spezielle Probleme der Technik, 6 Std. spezielle Probleme der Vortaktik, 6 Std. Vertiefung taktischer Konzeptionen, 5 Std. Spiel-/Trainerbeobachtung und Kritik
(Film oder Life-Spiel).

Lernkontrolle:

Gesamtdauer: 8 Stunden

Die Lernkontrolle bezieht sich auf die oben dargestellten Inhalte
und umfaßt einen praktischen und einen theoretischen Teil. Der praktische Teil besteht aus einem Lehrversuch von 10-25 Minuten Dauer.
An Prüfungsformen sollten zur Auswahl stehen: Lehrversuch mit einer
Mannschaft (Leistungsstand entsprechend der B-Lizenz) bzw. Lehrversuch mit Kursteilnehmern an Hand eines Thesenpapiers mit Diskussion.
Gruppenprüfungen sind bei beiden Prüfungsformen statthaft, wenn sie
von der Prüfungskommission durchgeführt werden können und die Einzelleistung ersichtlich wird.

Die Kandidaten erhalten (bzw. wählen) 24 Stunden vor dem Lehrversuch
ihr Thema und legen einen schriftlichen Entwurf vor. Dieser Entwurf
soll bei Prüfungsform 1 stärker den pädagogisch-methodischen Gesichtspunkt (praktische Unterrichtsdurchführung), bei Prüfungsform 2
mehr die theoretisch-fachliche Durchdringung und die Möglichkeit zur
unterrichtlichen Verwirklichung betonen.

Der Lehrversuch gilt als bestanden, wenn bestimmte Kriterien richtig
angewandt sind, bei Prüfungsform 1:

Entwurf

● Setzung des Lernziels,

● Klärung der Unterrichtsvoraussetzungen (z.B. Analyse der Gruppe/
Mannschaft),

● Analyse und Diskussion des Unterrichtsgegenstandes,

● Methodische Überlegungen;

Durchführung

- Aufbau der Stunde (Schwerpunkte, Teilziele),
- Unterrichtsform, Unterrichtsverfahren (Führungsstil, Korrektur, Ermutigung),
- Unterrichtsmittel,
- Ergebniskontrolle;

bei Prüfungsform 2:

Entwurf

- Eindeutige Thesen zum Thema (u.a. didaktische Begründung der Lernziele),
- Ansätze zur Übertragung der Thesen auf die Lehrpraxis,
- Kenntnis und Anwendungsmöglichkeiten fachspezifischer Methoden,
- Sicherheit in der Fachterminologie;

Durchführung

- Diskussionsleitung,
- Sinnvolle Verbindung von Diskussion und praktischer Demonstration/ Erprobung,
- Ergebnissicherung (Zusammenfassung der Diskussion).

Der theoretische Teil kann in Form einer Klausur (Gesamtdauer: 60 Min.) oder in einem freien Gruppengespräch als mündliche Prüfung (bei maximal 3-4 Kandidaten von mindestens 30 Min. Dauer) durchgeführt werden.

Die Klausur gilt als bestanden, wenn bei Fragebogentechniken (z.B. Multiple choice bzw. Richtig-falsch) von 20 gestellten Fragen 15 richtig beantwortet wurden.

Die mündliche Prüfung (Gruppengespräch) gilt als bestanden, wenn der Kandidat

- sich zu mindestens 3 Fragekomplexen des Lehrgangsstoffes richtig und detailliert äußerte,
- die Fachterminologie beherrschte und
- Problemoffenheit und Gesprächsbereitschaft zeigte.

Die B-Lizenz wird erteilt, wenn alle Prüfungsteile bestanden sind.

5.2.5 Die A-Lizenz

Der Trainer mit A-Lizenz ist berechtigt, Auswahl- und Nationalmannschaften selbständig bzw. als Assistent eines Bundestrainers aufzubauen, zu trainieren und zu betreuen. Er ist ferner berechtigt, bei B- und A-Trainerlehrgängen als Lehrgangsleiter, Referent und/oder

Voraussetzungen:

- Besitz der gültigen B-Trainerlizenz,
- Tätigkeitsnachweis über die 3jährige Betreuung einer Spitzenmannschaft (Bundesliga bzw. Auswahlmannschaft oder Spitzennachwuchsmannschaft),
- Bestätigung der Teilnahme an einem Weiterbildungslehrgang innerhalb der letzten zwei Jahre.

Inhalte:

- Spieltheorie
  (Bezugsrahmen des Sportspiels, Verhältnis Spieler-Trainer-Schiedsrichter, Handlungsanalysen, Spiel-Testsystem, Konfliktregulation);
- Testtheorie im Sportspiel;
- Programmierung im Sportspiel;
- Verhältnis von Wissenschaft und Eigenerfahrung;
- Trainingsforschung (systematischer Einsatz verschiedener Medien);
- Neueste Erkenntnisse sportmedizinischer, sportpsychologischer und sportsoziologischer Art und Folgerung daraus für Training und Wettkampf;
- Probleme der Bewegungs- und Trainingslehre;
- Analyse bzw. Diskussion neuester Publikationen (Bild, Film, Buch).

Ausbildungsgang:

Gesamtdauer: etwa 80 Stunden

Der Lehrgangsplan wird zu jedem Lehrgang neu erstellt. Die Lehrgangsteilnehmer können mit ihrer Meldung zum Lehrgang Vorschläge zur thematischen und organisatorischen Gestaltung machen. Der Lehrausschuß erstellt - gegebenenfalls unter Berücksichtigung dieser Vorschläge - den genauen Lehrgangsplan.

Lernkontrolle:

Die Lernkontrolle bezieht sich auf die oben dargestellten Inhalte und umfaßt einen praktischen und einen theoretischen Teil. Der praktische Teil besteht aus einem Lehrversuch von 30-40 Minuten Dauer mit anschließender Diskussion.

Die Kandidaten erhalten (bzw. wählen) 24 Stunden vor dem Lehrversuch ein Thema zu Technik und Taktik des Spiels und legen dazu einen detaillierten Entwurf vor. Dieser Entwurf diskutiert in Form von Thesen das Thema, bietet einen Planungsrahmen und Organisationsrahmen und erläutert die Durchführung und die Lernkontrolle.

Der Lehrversuch gilt als bestanden, wenn folgende Kriterien richtig
angewandt sind:

Entwurf

● Setzung des Lernziels,
● Klärung der Unterrichtsvoraussetzungen
  (z.B. Analyse der Gruppe/Mannschaft),
● Analyse und Diskussion des Themas,
● Methodische Überlegungen;

Durchführung

● Aufbau der Stunde (Schwerpunkte, Teilziele),
● Unterrichtsform, Unterrichtsverfahren (Führungsstil, Korrektur,
  Ermutigung),
● Unterrichtsmittel,
● Ergebniskontrolle.

Der theoretische Teil besteht aus einer Klausur (Gesamtdauer: 90
Min.) und einem freien Gruppengespräch (bei maximal 3 Kandidaten von
mindestens 60 Min. Dauer). Die Klausur gilt als bestanden, wenn bei
Fragebogentechniken (z.B. Multiple choice bzw. Richtig-falsch) von
30 gestellten Fragen 22 richtig beantwortet wurden. Die mündliche
Prüfung gilt als bestanden, wenn der Kandidat

● sich zu mindestens 5 Fragekomplexen des Lehrgangsstoffes richtig
  und detailliert äußerte,
● die Fachterminologie beherrschte,
● Problemoffenheit und
● Diskussionsfähigkeit zeigte.

Die A-Lizenz wird erteilt, wenn alle 3 Prüfungsteile bestanden sind.

5.3 Organisation und Durchführung von Ausbildungs- und Prüfungslehrgängen

5.3.1 Ausbildungslehrgänge

D- und C-Trainer-Lehrgänge werden in den Amtlichen Mitteilungen der
Fachzeitschrift BASKETBALL und in den regionalen Mitteilungsblättern
ausgeschrieben und von den Landesverbänden durchgeführt. Eine zusätzliche Einladung sollte den Vereinen zugehen. Die Ausschreibung
erfolgt spätestens drei Monate vor Lehrgangsbeginn.

Ausrichtung und Finanzierung werden durch die Richtlinien des jeweiligen Landesverbandes geregelt. Die Bewerbung ist an die in der Aus-

schreibung angeführte Stelle zu richten. Zulassung bzw. Ablehnung
werden den Bewerbern spätestens 14 Tage nach Ablauf der Bewerbungsfrist mitgeteilt. Mindestens 14 Tage vor Lehrgangsbeginn sind den
Teilnehmern folgende Angaben mitzuteilen:
(1) Lehrgangsprogramm,
(2) Lehrgangsleitung und Referenten,
(3) Lehrgangsort, Lehrgangsdauer und
(4) besondere Informationen für die Teilnehmer.
Das Lehrgangsprogramm mit Angabe der Lehrgangsleitung sowie der Refe-
renten- und Teilnehmerliste wird dem DBB-Lehrwart 14 Tage vor Lehrgangsbeginn übersendet. Bei Verstoß gegen diese Ausbildungs- und
Prüfungsordnung hat der DBB-Lehrwart ein Einspruchsrecht.
Die Lernkontrolle für die D-Lizenz ist mit dem Ausbildungslehrgang
verbunden. Zur Lernkontrolle für die C-Lizenz vgl. bei Punkt 5.2.3.
B- und A-Trainer-Lehrgänge werden in den Amtlichen Mitteilungen der
Fachzeitschrift BASKETBALL ausgeschrieben sowie durch Rundschreiben
den Landesverbänden angezeigt. Ausrichter ist der DBB.
Jährlich sind je nach Bedarf zwei zeitlich und regional getrennte B-
Trainer-Lehrgänge durchzuführen. Die Ausschreibung erfolgt spätestens drei Monate vor Lehrgangsbeginn. Der DBB überträgt gegebenenfalls die örtliche Ausrichtung und Organisation dem Lehrwart desje-
nigen Landesverbandes, in dessen Bereich der Lehrgang stattfinden
soll.
Jährlich einmal führt der DBB bei Bedarf einen A-Trainerlehrgang
durch. Die Ausschreibung erfolgt spätestens sechs Monate vor Lehrgangsbeginn in den Amtlichen Mitteilungen der Fachzeitschrift BAS-
KETBALL sowie in Rundschreiben an die Landesverbände. Von den Teilnehmern wird eine Lehrgangsgebühr erhoben.
B- und A-Trainer-Lehrgänge sind so anzusetzen, daß sie zeitlich
nicht zusammenfallen.
Ausrichtung und Finanzierung werden durch die Richtlinien des DBB
geregelt. Die Bewerbung ist an den Lehrwart des DBB zu richten. Zulassung bzw. Ablehnung werden den Bewerbern spätestens 14 Tage nach
Ablauf der Bewerbungsfrist mitgeteilt. Mindestens drei Wochen vor
Lehrgangsbeginn sind den Teilnehmern folgende Angaben mitzuteilen:
(1) Lehrgangsprogramm,
(2) Lehrgangsleitung und Referenten,
(3) Lehrgangsort, Lehrgangsdauer und
(4) besondere Informationen für die Teilnehmer.

5.3.2 Prüfungslehrgänge

In der Regel werden bei den C-, B- und A-Lizenzen die Ausbildungs-
Lehrgänge mit der Prüfung abgeschlossen.
Den Kandidaten kann es gestattet werden, für die Prüfung die eigenen
Lehrgangsaufzeichnungen sowie die Fachliteratur zu benutzen.
Nicht bestandene Prüfungsteile können auf einem späteren Prüfungs-
lehrgang wiederholt werden.
Von den Teilnehmern ist die in der Ausschreibung angekündigte Prü-
fungsgebühr zu entrichten.

5.3.3 Prüfungskommissionen

Zur Abnahme einer Lizenzprüfung wird eine Prüfungskommission eingesetzt. Für die verschiedenen Lizenzen gilt im einzelnen folgende Zusammensetzung:

D-Lizenz
(1) Lehrgangsleiter (mindestens B-Trainerlizenz),
(2) zwei Referenten (mindestens C-Trainerlizenz).
Mindestens ein Prüfer muß eine Schiedsrichterprüfung abgelegt haben.

C-Lizenz
(1) Lehrgangsleiter (mindestens B-Trainerlizenz),
(2) ein Vertreter des LV (mindestens B-Trainerlizenz),
(3) ein Vertreter des DBB (mindestens B-Trainerlizenz) oder des DSB.
Mindestens ein Prüfer muß eine Schiedsrichterprüfung abgelegt haben.

B-Lizenz
(1) Lehrgangsleiter (A-Trainerlizenz),
(2) ein qualifizierter Trainer mit B-Lizenz,
(3) ein Vertreter des ausrichtenden LV (A-Trainer-Lizenz),
(4) ein Schiedsrichter (mit A-Schiedsrichterlizenz und bestandener
    C-Trainerprüfung).

A-Lizenz
(1) Lehrgangsleiter (A-Lizenz),
(2) ein qualifizierter Trainer mit A-Lizenz,
(3) zwei Referenten (A-Lizenz),
(4) ein Schiedsrichter (mit A-Schiedsrichterlizenz und bestandener
    C-Trainerprüfung).

Die Prüfungskommissionen sind beschlußfähig, wenn bei der D- und C-
Lizenzprüfung mindestens der Lehrgangsleiter und ein weiteres Kom-
missionsmitglied, bei der B- und A-Lizenz mindestens der Lehrgangs-

leiter und zwei weitere Kommissionsmitglieder die Prüfung abnehmen.
Bei Stimmengleichheit entscheidet der Lehrgangsleiter als Prüfungs-
vorsitzender.

5.4 Ausstellung und Verlängerung der Lizenzen

Nach bestandener Prüfung reicht der Bewerber für eine D-Lizenz dem
LV-Lehrwart, Bewerber für alle übrigen Lizenzen dem DBB-Lehrwart
folgende Unterlagen ein:
(1) Quittung über die Einzahlung der Lizenzgebühr (zur Zeit DM 2,50;
    derzeitiges Konto des DBB: Postscheck Köln 2448),
(2) das ausgefüllte Formular mit Angaben über Lehrgangsort und Prü-
    fungsdatum sowie
(3) ein Paßfoto jüngeren Datums.
Der LV- bzw. DBB-Lehrwart trägt die Lizenz in eine zentrale Kartei
ein und stellt dem Trainer die gültige Lizenz zu.
Die Verlängerung der C-, B- und A-Lizenzen erfolgt durch den DBB-
Lehrwart für jeweils zwei Jahre. Voraussetzung für die Verlängerung
der Lizenz ist der Nachweis, daß der Lizenzinhaber in den zurücklie-
genden zwei Jahren einen Fortbildungslehrgang besucht hat und in der
Regel über längere Zeit als Trainer tätig war. Wurde eine Lizenz
über einen Zeitraum von vier Jahren nicht verlängert, so verliert
sie ihre Gültigkeit. Die Verlängerung ist nur durch erneute Teilnahme an einer entsprechenden Prüfung möglich. Die Lizenz muß innerhalb
von einem Jahr nach bestandener Prüfung beantragt werden, andernfalls verfällt der Anspruch auf die Lizenz.

5.5 Sonderregelungen

Sportstudierenden und Sportlehrern mit abgeschlossener Schwerpunkt-
fach-(Sonderfach-) Ausbildung kann auf Antrag die C-Lizenz erteilt
werden. Der DBB trifft für sonstige Sportstudierende und Sportlehrer
sowie für Auswahlspieler und Trainer mit ausländischer Lizenz Sonderregelungen. Aufgrund dieser Sonderregelungen können die Ausbil-
dungsdauer verkürzt, Prüfungsteile oder Prüfungen erlassen und Lizenzen umgeschrieben werden. Nähere Ausführungsbestimmungen hierzu
erläßt die für das Lehrwesen verantwortliche Stelle des DBB.

5.6 Anhang zu den Richtlinien

5.6.1 Beispiel eines Thesenpapiers
von Günter HAGEDORN und Gerhard SCHMIDT

Themenbereich: Taktik

Thema: Sinkende Mann-Mann-Verteidigung (Einführung)

Durchführung: (Tag, Ort, Stunde, Leitung)

T H E S E N

1. Einordnung in das Stoffgebiet
   Die sinkende M-M-V bezeichnet ein bestimmtes kollektives Verhalten einer Mannschaft ohne Ball bei der Sicherung des eigenen Korbes. Die Sinkende M-M-V gehört somit in den Bereich der Taktik (Stufe des Könnens) und stellt eine Sonderform der M-M-V dar.

2. Definition
   Die Sinkende M-M-V verbindet die individuelle Auseinandersetzung der M-M-V (Deckung des Gegenspielers beim Spiel 1-1) mit einer kollektiven Ball-Raum-Orientierung zum Zwecke gegenseitiger Hilfe. Sie benutzt somit zugleich die Prinzipien der M-M-V und der Zonen-Verteidigung.

3. Handlungsanweisung 1
   Bei der Sinkenden M-M-V wird nur der Ballbesitzer von seinem Gegenspieler scharf (eng) gedeckt. Die übrigen Verteidiger weichen entsprechend ihrer Ballentfernung so von ihren Gegenspielern zurück, daß sie miteinander Dribbel- und Passwege der Angreifer in Richtung Korb sichern. Erste Handlungshilfe: Sinke zurück auf den Mittelpunkt des Dreiecks Ball-Mann-Korb!

4. Handlungsanweisung 2
   Bei der Sinkenden M-M-V versucht der Gegenspieler des Ballbesitzers dessen Wurf bzw. Ziehen-zum-Korb zu verhindern/zu stören, die übrigen Verteidiger sinken in die zum Korb führenden Dribbel- und Passwege des Ballbesitzers. Zweite Handlungshilfe: Wurf stören - Dribbel- und Passwege dicht!

P R A X I S (Einführung der sinkenden Mann-Mann-Verteidigung)

1. Spiel 2-2
   Aufgabe für die Angreifer: Passen - Werfen - nur innen zum Korb ziehen! Sonst Position an der Freiwurflinie halten!
   Aufgabe für die Verteidiger: den Ballbesitzer aggressiv decken,

also Wurf und Ziehen-zum-Korb verhindern/stören, vom Nicht-Ball-
besitzer absinken auf den Mittelpunkt des Dreiecks Ball-Korb-Ge-
genspieler. Rollentausch bei Verteidigungsrebound oder Ballverlust der Angreifer.

2. Spiel 2-2
   Wie bei 1. aber der Angreifer ohne Ball darf sich bewegen, evtl.
   sogar unter dem Korb durchstarten.

3. Spiel 3-3
   Aufgabe der Angreifer und Verteidiger wie bei 1.

4. Spiel 3-3
   Aufgabe der Angreifer und Verteidiger wie bei 2.

5. Spiel 5-5
   Sinkende Mann-Mann-Verteidigung.

H I L F E N (Mittel zur Durchführung)

Wechseltrikots - je 4 Spieler 1 Ball; zur Erläuterung (Sollwertvorga-
be): Tafel und Kreide - Film - Arbeitsstreifen; zur Lernkontrolle:
Videorecorder - Gruppengespräch.

D I S K U S S I O N (Erfolgskontrolle des Lehrversuchs)

5.6.2 Beispiel eines Prüfungsprotokolls
von Gerhard SCHMIDT

Trainer-B-Lehrgang vom .... bis .... in ....
Name der Kandidaten: Verein:
1.
2.
3.
4.

A. Praktischer Teil

Kandidat	Gewählte Prüfungsform	Beurteilung von		Gesamt
		Entwurf	Durchführung	
1				
2				
3				
4				

B. Theoretischer Teil: Gruppengespräch / Mündliche Prüfung

Thema	Kandidat	Problem-stellung/Frage	Diskussions-beitrag/Antwort	Beurteilung
Tech-nik	1			
	2			
	3			
	4			
Vor-taktik	1			
	2			
	3			
	4			
Taktik	1			
	2			
	3			
	4			
Betreu-ung / Re-gelkunde	1			
	2			
	3			
	4			

Thema	Kandidat	Problem- stellung/Frage	Diskussions- beitrag/Antwort	Beurteilung
Trainings- u. Wett- kampf- lehre	1 2 3 4			
Trainings- Wettkampf- beobach- tung u. Analyse	1 2 3 4			
Sozia- lisation	1 2 3 4			
Schul-, Freizeit-, Leistungs- sport	1 2 3 4			
Bemerkun- gen	1 2 3 4			

Klausur

	1 2 3 4			

Gesamturteil: Praktischer Teil   Theoretischer Teil   Gesamt

	1 2 3 4			

Prüfer: Beisitzer: Protokoll-
                                              führer:

6 TERMINOLOGIE DES BASKETBALLSPIELS
von Dieter NIEDLICH

6.1 Probleme einer Terminologie des Basketballspiels

Umfassender als bei den anderen Sportspielen hat im Bereich des Basketball in den letzten Jahren eine intensive Spielforschung im deutschsprachigen Raum eingesetzt (vgl. dazu bei 7). Ebenso wie bei den anderen Spielen fehlt jedoch bislang eine umfassende Terminologie, d.h. ein einheitliches System von Wörtern, die in ihrer Verwendung genau und ausdrücklich vereinbart sind. Bei Durchsicht der Fachliteratur wird deutlich, daß die Terminologie oft nur sehr individualistisch verwandt wird, so daß aus Verständigungsgründen eine Vereinheitlichung notwendig erscheint. Erste Schwierigkeiten ergeben sich durch unpräzise, z.T. sich widersprechende Definitionen bei einzelnen Autoren sowie durch divergierenden bzw. verkehrten Gebrauch der Termini bei verschiedenen Autoren. So ist selbst für einen Basketballkundigen unklar, was beispielsweise mit den Termini "normale Manndeckung" oder "Komplexdeckung" normiert ist. Diese inhaltlosen und unklaren Bestimmungen führen zu ernsten Verständigungsschwierigkeiten. Weitere Mißverständnisse ergeben sich durch ungenaue Übersetzungen ausländischer Literatur und insbesondere durch die unreflektierte Übernahme amerikanischer Termini im Original. Ursache dieser mangelnden Exaktheit und Entfremdung fremdsprachlicher Termini ist häufig die Unkenntnis der deutschen Sprache. Dazu sei vermerkt, daß mehr als die Hälfte der deutschen Spitzenvereine Ausländer als Trainer beschäftigt und ein großer Teil der deutschsprachigen Literatur von ausländischen Autoren verfaßt ist. Anlaß zu Mißverständnissen geben auch Neuprägungen oder Übersetzungen, die abweichend vom herrschenden Sprachgebrauch irreführende Bezeichnungen erhalten oder durch nicht ausreichende Definitionen eingeführt werden.

Terminologie als spezielle Form von Sprache hat das Ziel, zur Verständigung im sozialen Verband beizutragen, d.h. Informationen auszutauschen und zu vermitteln. Sie soll Verständigungs- wie Verständnishilfe darstellen; sie will einen schnellen Gedankenaustausch ermöglichen und die Erkenntnis der Dinge vermitteln. Es ist das Ziel

dieser Terminologie, durch ausdrückliche Vereinbarung eine Vereinheitlichung der deutschsprachigen Fachausdrücke im Bereich des Basketballspiels zu schaffen. Die Intention der Gesamtpublikation wie
der Terminologie ist es dabei, eine Lernhilfe für Lehrende und Lernende vorzulegen. Die dargestellten Termini sollen dem Kenner ebenso wie dem Nichtfachmann als Arbeitshilfe dienen, die es ihnen ermöglicht, im systematischen, didaktischen und methodischen Bereich
ihre Aufgaben zu erkennen und wahrzunehmen und am Fachgespräch teil-
zunehmen.

Die einheitliche Terminologie soll weiter dazu beitragen, den Informationsaustausch zwischen Sportpraktikern und Fachtheoretikern zu
erleichtern und damit die Einheit von Theorie und Praxis zu verstärken. Eine solche Einheitlichkeit des Lehrwesens wird auch eher einen
schnellen und klaren Gedankenaustausch zwischen Lehrenden und Lernenden ermöglichen.

Die erste Aufgabe bei der Zusammenstellung einer Terminologie ist
es, zunächst die gebräuchlichsten und bezeichnenden Fachtermini in
einer umfassenden Bestandsaufnahme zu sichten. Die Grundlage dafür
bilden hier die Basketballbeiträge dieses Handbuches, die vorhandenen deutschsprachigen Sammlungen von Termini sowie die gesamte übri-
ge Fachliteratur einschließlich der Lehrfilme des deutschsprachigen
Raumes (vgl. bei 3.8 u. 7). Folgende Literatur findet besondere Beachtung: HAGEDORN 1968, HAGEDORN, VOLPERT u. SCHMIDT 1972 a u. b,
MRAZEK u. DOBRY 1958, NEUMANN 1970, NIEDLICH u. CZWALINA 1970, Offi-
zielle Basketballregeln 1973-1976. Die zweite Quelle umfaßt naturgemäß die anglo-amerikanischen Publikationen; hier werden insbesondere
nachfolgende Autoren berücksichtigt: ANDERSON u. ALBECK 1964, COUSY
u. POWER 1970, NEWELL u. BENINGTON 1962, SHARMAN 1965, TEAGUE 1962,
WOODEN 1966. Als weitere Quelle sind schließlich Fachgespräche zu
nennen, die in den verschiedenen Lehr- und Lernsituationen Anregungen lieferten.

Nach dem Sammeln und Ordnen gilt es, die Termini zu prüfen und zu
präzisieren, d.h. sie nach inhaltlosen und unverständlichen Ausdrük-
ken, nach Unbeständigkeit im Gebrauch und auf Mißachtung präziser
schon bekannter Termini zu untersuchen und sie kritisch am herrschenden Sprachgebrauch zu messen und gegebenenfalls neu zu definieren. So sollte bei korrekter Verwendung von Termini beispielsweise
ein Spieler in der Rolle des Verteidigers seinen Gegenspieler in der

Rolle des Angreifers nicht "angreifen" (siehe Definition Angreifer),
sondern diesen attackieren oder decken. Die Forderung, die Termini
sinnvoll mit den Ideen des Sprachgebrauches und denen bereits bekannter Termini zu verknüpfen, bedeutet auch, daß übergeordnete Ter-
minologien wie die der Leibeserziehung oder im Bereich der Sportspiele berücksichtigt werden müssen. Dies gilt besonders für Neuprägungen und Übersetzungen. Einerseits müssen speziell die amerikanischen Termini eingedeutscht werden, jedoch dürfen bereits verständliche, ausdrucksvolle nicht durch spitzfindige und irritierende Begriffe oder durch Wortbandwürmer ersetzt werden. So ist es durchaus
als informationsfördernde Lernhilfe anzusehen, wenn Handlungen durch
Verben abgerufen werden, wie etwa beim 'Ball sichern'. Dagegen ist
z.B. die Schreibweise Zenter (statt Center) nicht sinnvoll, wenn
letztere bereits im alltäglichen Sprachgebrauch breite Verwendung
gefunden hat (vgl. Gartencenter, Möbelcenter). Bestimmte ausdrucksvolle amerikanische Termini sollten im Original erhalten bleiben,
solange nicht gleichwertige Ausdrücke in der eigenen Sprache gefunden sind; sie bilden dann einen Beitrag zur Internationalität, die
gerade die Linguistik fordert.
Die Definition der Termini erfolgt in einer möglichst knappen und
klaren Bestimmung von Inhalt und Umfang, d.h. einerseits durch eine
Darstellung ihrer Bedeutung, so wie sie sich in ihrer terminologi-
schen Vereinbarung uns zu verstehen geben und andererseits durch die
Bestimmung ihrer Zuordnung zu einer Gesamtheit, zu einer Klasse oder
Menge. Drei Definitionsarten werden bei der Darstellung der Termini
verwendet: Realdefinition, Nominaldefinition und Umfangsdefinition.
Die Real- oder Sachdefinition ist die gebräuchlichste und bestimmt
auch den größten Teil dieser Terminologie. Sie versucht die grundle-
genden Sachbezüge des Terminus durch andere Worte - meist in einer
Mischung von Umgangs- und Wissenschaftssprache - zu beschreiben. Die
Nominaldefinition beschreibt nicht die Dinge und ihre Eigenschaften,
sondern nimmt Bezug auf Bezeichnungen der Dinge. Sie versucht unbekannte Termini durch bekannte Termini zu erklären. Die Umfangsdefinition schließlich erweitert die Realdefinition dadurch, daß sie
verstärkt den Anwendungsbereich eines Terminus verdeutlicht.
Die Ordnung der Termini erfolgt nicht nach Problemkreisen, sondern
in alphabetischer Aufstellung. Diese Einteilung entspricht auch der
Gesamtkonzeption dieses Buches, als Nachschlagewerk möglichst

schnell Informationen zu liefern. Dieses System von Termini stellt
den Versuch dar, die Termini des Stoffgebietes Basketball - mit seinen Teilen Technik, Vortaktik und Taktik - in einer größeren Sammlung darzustellen und zu definieren. Es erhebt keinen Anspruch auf
Vollständigkeit. Vielmehr sollte es zur Diskussion anregen und ständig ergänzt werden. Die Aufnahme der amerikanischen Termini soll dem
Leser nicht allein das Lesen der Originalliteratur erleichtern, sondern ihn beim Fehlen entsprechender deutscher Termini (vgl. Lead
pass) zu einer Erweiterung des Wortschatzes anzuregen. Aus Gründen
der Lesbarkeit werden im Text weder genaue Literaturangaben noch
die jeweilig verwandten Definitionsarten angegeben. Dies würde ebenso den Rahmen dieses Beitrages sprengen wie die Aufgliederung der
Termini in einzelne Problemkreise. Die Berücksichtigung dieser Anforderungen und verschiedener anderer Probleme muß einer größeren
speziellen Arbeit vorbehalten bleiben, die über das Stoffgebiet des
Basketballspiels hinaus auch die Fachtermini der angrenzenden Felder
und der damit terminologisch verbundenen anderen Wissenschaftsbe-
reiche sammeln und normieren müßte.

Synonymbezeichnungen werden in Klammern hinter den Hauptterminus
gesetzt oder durch den Vermerk "siehe" auf diesen verwiesen. Neben
den bereits angegebenen Quellen wurde folgende Sekundärliteratur benutzt:

BERNETT, H. (Hrsg.): Terminologie der Leibeserziehung. Schorndorf
    1968[4].

DROSDOWSKI, G. (Hrsg.) u.a.: Duden Band 2: Stilwörterbuch.

DROSDOWSKI, G. (Hrsg.) u.a.: Duden Band 10: Bedeutungswörterbuch.

ESSLER, W.K.: Wissenschaftstheorie I: Definition und Reduktion. Frei-
    burg 1970.

FOWLER, H.W. u. F.G.: The Concise Oxford Dictionary Of Current
    English. Oxford 1965[5].

KLAUS, G. u. BUHR, M.: Philosophisches Wörterbuch. Leipzig 1966[5].

LEMBKE, R.E. (Hrsg.) u. HEPP, F.: Langenscheidt. Olympic Sports
    Dictionary. München 1972.

LYONS, J.: Introduction to Theoretical Linguistics. Cambridge 1971.

RÖTHIG, P. (Hrsg.): Sportwissenschaftliches Lexikon. Schorndorf 1972.

SEIFFERT, H.: Einführung in die Wissenschaftstheorie 1. München
    1972[5].

WEBSTERS: New World Dictionary of the American Language. New York
     1960.
WEHLEN, R.: Wortschatz und Regeln des Sports. Ballspiele. Duden-
     Taschenbücher Band 16a. Mannheim 1972.

6.2 A l p h a b e t i s c h e s   V e r z e i c h n i s   d e r   T e r m i n i

A b d r ä n g e n -zur-Seitenlinie: regelgerechtes Abdrängen des
Dribblers zur nächsten Seitenlinie durch den Verteidiger.

A b r o l l e n: ein genau geplantes Weiterlaufen des Blockers zum
Korb, nachdem sein Block vom Mitspieler genutzt worden ist (vgl.
Schere).

A b r o l l e r : ein Spieler, der abrollt.

A b s t o p p e n : das Beendigen einer Lauf- oder Dribbelbewegung,
indem man mit zwei Schritten oder nach Sprung mit dem Ball in den
Händen zum Stand kommt.

A b s t r e i f e n : das Vorbeischneiden eines Angreifers am Mitspieler, wobei sein Deckungsspieler hängenbleibt.

A c h t e r l a u f : eine Folge von Blocks, meist Dribbelblocks,
bei der sich die Spieler in Form einer liegenden Acht auf dem Spielfeld bewegen.

A c h t e r n : sich im Achterlauf bewegen.

A g g r e s s i v e Mann-Mann-Verteidigung: Mann-Mann-Verteidigung,
bei der alle Angreifer und nicht nur der Ballbesitzer scharf attak-
kiert und eng gedeckt werden.

A n b i e t e n sich: Bewegung zum Ball, die ein Zuspiel möglich
macht.

A g g r e s s i v e Zonenverteidigung: Zonenverteidigung, bei der
neben der Sicherung des Korbraumes auch die Ballkontrolle in größerer Korbentfernung gestört wird.

A n g e t ä u s c h t e s Übernehmen (fake switch): beim Blockspiel
der Angreifer ein Übernehmen antäuschen, um den Ballbesitzer zu
stoppen und seinem ausgeblockten Mitverteidiger Zeit und Raum zu
schaffen, den freigeblockten Angreifer weiter zu decken.

A n g r e i f e r : Spieler der Mannschaft, die in Ballbesitz ist.

A n g r e i f e n : Aktion eines oder mehrerer Spieler, die in Ballbesitz sind.

A n g r i f f : alle Spielhandlungen der Mannschaft in Ballbesitz.

A n g r i f f -in-der-Überzahl: Angriff, bei dem die Zahl der Angreifer die der Verteidiger übertrifft: 5-4, 4-3, 3-2, 2-1 und 1-0
und bei dem die Angreifer nach bestimmten, diesen jeweiligen Situationen entsprechenden Prinzipien vorgehen. Man unterscheidet Überzahl beim Schnellangriff (durch Überlaufen) und Überzahl beim Positionsangriff (durch Hilfen, z.B. Block).

A n g r i f f s f i n t e : Täuschung durch einen Angreifer.

A n g r i f f s h i l f e n : Hilfen, die ein (bedrängter, in seinen
Aktionen eingeengter) Spieler im Angriff erhält. Dazu zählen Block,
Schirm, Pass.

A n g r i f f s l i n i e n : Staffelung des Angriffs in Linien, die
quer zur Angriffsrichtung verlaufen (vgl. Drei-Linien-Schnellan-
griff).

A n g r i f f s r e b o u n d : Rebound, den ein Spieler der angreifenden Mannschaft am Korb des Gegners sichert.

A n g r i f f s s i c h e r u n g : Ein durch Raumaufteilung (Stellungsspiel) organisierter Schutz des eigenen Angriffs gegen überraschende Gegenangriffe, der zugleich den Angriffsrebound ermöglicht.

A n g r i f f s s p u r e n : Einteilung des Spielfeldes in Angriffsstreifen, die parallel zur Seitenlinie verlaufen.

A n s p i e l verhindern: Aktion des Verteidigers auf der Linie
zwischen-Ball-und-Mann, die den Pass verhindern soll (vgl. Passweg
schneiden).

A s s i s t : ein Pass, der den Gegner überrascht und ausspielt und
einen Mitspieler unmittelbar in Wurfposition bringt.

A s s i s t a n t coach: Assistent bzw. Helfer, Mitarbeiter eines
Trainers (Betreuers).

A u f b a u d r i b b e l : hohes und relativ langsames Dribbeln,
bei dem der Aufbauspieler das Spiel organisiert.

A u f b a u s p i e l e r : Hinterspieler, deren wichtigste Aufgaben
der Spielaufbau, die Angriffssicherung und der Einsatz von Center-
und Flügelspielern sind.

A u f s t e l l u n g : bestimmte Stellung aller fünf Spieler zueinander in Angriff oder Verteidigung.

A u f w ä r m e n : Durchführung von Übungs- und Spielformen vor dem
Wettkampf, um bei den Spielern einen möglichst günstigen Vorstartzu-
stand herzustellen.

A u s e i n a n d e r s c h e r e n : siehe 'Schere'.

A u s h e l f e n : Hilfe bei der Deckung eines Angreifers, wobei der aushelfende Verteidiger nach der Hilfeleistung wieder in seine Position oder zu seinem Gegenspieler zurückgeht.

A u ß e n h a n d , Außenfuß: 1. Hand und Fuß, die sich in der Verteidigungsstellung hinten und näher zur Seitenlinie befinden. 2. Hand und Fuß eines Angreifers, die sich auf der dem Verteidiger abgewandten Seite befinden.

A u ß e n s p i e l e r : Angreifer, die in ihrer Grundaufstellung mit Blick zum Korb spielen.

A u s s p e r r e n : rechtzeitiges Einnehmen einer Stellung zwischen Korb und Mann, um den Gegenspieler vom Korb wegzuhalten und gegebenenfalls den Ball zu sichern.

A u s s t i e g : im Angriff eine von mehreren Stationen eines Spielablaufs, bei der abgebrochen wird, um zu einer erfolgreichen Zielhandlung zu kommen.

B a c k door: siehe Hintertür.

B a l a n c e : Gleichgewicht, z.B. des Körpers oder des Angriffs (vgl. Angriffssicherung).

B a l l b e h a n d l u n g : kontrollierter Umgang mit dem Ball als Fangen, Halten, Passen und Dribbeln.

B a l l b e f r e i u n g : Wegspielen des Balles durch Pass oder Dribbel aus dem Ballungsraum (Korbnähe) der Verteidigung.

B a l l b e s i t z : siehe Ballkontrolle.

B a l l g e w i n n : durch aktive Verteidigungshandlung gewonnener Ballbesitz.

B a l l handling: siehe Ballbehandlung.

B a l l h a l t e n : taktisches Spiel, bei dem der Ball bewußt in den eigenen Reihen gehalten wird, bis sichere Wurfmöglichkeiten erspielt sind (ball control game). Vgl. Verzögerungsspiel.

B a l l k o n t r o l l e : den Ball durch Fangen, Halten, Passen und Dribbeln in Besitz halten.

B a l l p o s i t i o n : Position des Balles, in Bezug auf den Körper des Spielers.

B a l l -Raum-Verteidigung: siehe Zonenverteidigung.

B a l l s i c h e r e r : Spieler, der den von Brett/Ring abprallenden Ball sichert.

B a l l s i c h e r u n g : Vorgang, bei dem der von Brett/Ring abprallende Ball gesichert wird.

B a l l side: siehe Ballseite.

B a l l s e i t e : die Seite im Angriff oder in der Verteidigung, auf der sich der Ball befindet.

B a l l ü b e r g a b e : ein- oder beidhändiger Pass, bei dem die Hand unter dem Ball liegt und dieser auf engem Raum übergeben wird.

B a l l v e r l u s t : durch Regelübertretung oder fehlerhaftes Spielverhalten verlorener Ballbesitz.

B a l l v o r t r a g : Vorgang, bei dem der Ball aus dem Rückfeld ins Vorfeld gebracht wird.

B a s e b a l l pass: siehe Handballpass.

B a s k e t b a l l g r u n d h a l t u n g : stabiles Gleichgewicht durch leicht gebeugte Körperhaltung bei (meist) leichter Schrittstellung, aus der jederzeit sowohl gestartet als auch der Ball angenommen und kontrolliert werden kann; das Körpergewicht ist gleichmäßig auf beide Füße verteilt und liegt senkrecht über diesen.

B e d r ä n g t e r Spieler: Spieler, der - durch die gegnerischen Maßnahmen eingeengt - nicht mehr in der Lage ist, seine ihm zugeteilten Angriffs- oder Verteidigungsaufgaben allein wahrzunehmen.

B e f r e i u n g s p a s s : der erste Pass nach Sicherung des Verteidigungsrebounds aus dem Ballungsraum in Korbnähe, in der Regel zur nächsten Seitenlinie.

B e i d h ä n d i g e r Brustwurf: beidhändiger Standwurf aus Brusthöhe und in der Regel aus weiter Entfernung geworfen.

B e i d h ä n d i g e r Überkopfwurf: beidhändiger Standwurf aus Überkopfhöhe und aus mittlerer bis weiter Entfernung geworfen.

B e i n a r b e i t : siehe Fußarbeit.

B e w e g l i c h e r Block: Block, bei dem sich der Blocker - in den nach den Regeln gegebenen Möglichkeiten - bewegt und während der Bewegung ein Hindernis für den Verteidiger darstellt, z.B. Dribbelblock.

B e w e g t e r Block: regelwidriges Bewegen des Blockers in den ausgeblockten Spieler.

B i n d e n des Gegners: siehe Gegner binden.

B i r n e : der Mittellinie zugewandter Bogen des Freiwurfkreises.

B l i c k b l o c k (frontale Blockstellung): Block, bei der der Blocker mit dem Gesicht zum Verteidiger steht. Vgl. Rückenblock.

B l i c k s t e l l u n g : frontale Stellung; Stellung mit dem Gesicht zu Korb oder Mit- oder Gegenspieler.

B l o c k : eine vom Angreifer regelgerecht und rechtzeitig eingenommene Position an einem Verteidiger bzw. in dessen Laufweg, die diesen daran hindert, seine Verteidigungsaufgabe zu erfüllen.

B l o c k : (seltener für) passiver Block.

B l o c k verhindern: Aktionen des Verteidigers, die den Angreifer hindern, einen wirksamen Block zu stellen, z.B. durch ständiges Bewegen.

B l o c k e d shot: geblockter Wurf; siehe Wurf blocken.

B l o c k e n : einen Block stellen.

B l o c k e n und Abrollen: Verbindung zweier Maßnahmen im Angriff, um den Mannwechsel (switch) in der Verteidigung zu bekämpfen.

B l o c k e r : ein Spieler, der blockt.

B l o c k f i n t e : Antäuschen eines Blockes und überraschendes Weiterlaufen.

B l o c k i e r e n : regelwidriges Behindern eines Spielers-ohne-Ball.

B l o c k i n g out: siehe Aussperren.

B l o c k i n g away: siehe Aussperren.

B l o c k s p i e l : Spielkombination mit Block.

B l o c k s t e l l u n g : Stellung des Blockers zum Verteidiger; man unterscheidet frontale und rückwärtige Blockstellung.

B o d e n p a s s : ein- oder beidhändiger (Druck-) Pass, der durch einen besonders kräftigen Druck des Handgelenkes mit Hilfe des Bodens zum Mitspieler gespielt und für kurze und mittlere Entfernung verwendet wird. Man unterscheidet beidhändigen Bodenpass und Seitbodenpass.

B o g e n p a s s : hohes Zuspiel im Bogen.

B o g e n p a s s erzwingen: Aktion eines Verteidigers, die dem Ballbesitzer nur das Zuspiel eines Bogenpasses erlaubt.

B o u n c e pass: siehe Bodenpass.

B o x - and-one: kombinierte Verteidigungsform, bei der vier Verteidiger eine 2-2-Zone spielen und der fünfte einen einzelnen Angreifer manndeckt.

B r e a k : (seltener für) Schnellangriff.

B r e c h e n (des Handgelenkes): Nachfolgen der Hand beim Werfen, Dribbeln oder Passen des Balles.

B r e t t c e n t e r (Pivotspieler): Centerspieler, der in Bretthöhe und unter dem Brett spielt.

B r e t t w u r f : Wurfversuch, bei dem der Ball mit Hilfe des Brettes (indirekt) in den Korb geworfen wird.

B r u s t p a s s : beidhändiger (Druck-) Pass, der aus Brust- oder Bauchhöhe mit scharfem Druck - etwa brusthoch - zugespielt und für mittlere bis weite Entfernung verwendet wird.

B r u s t w u r f : siehe beidhändiger Brustwurf.

B u c k e l n : Krümmen des Rückens beim Rebound, um eine raumgreifende Haltung einzunehmen und den Ball zu schützen.

C e n t e r (spieler): Spieler, der in der Mitte des Angriffs in Korb- oder unmittelbarer Freiwurfraumnähe spielt und meist mit dem Rücken zum Korb steht. Vgl. Vor-, Seit- und Brettcenter.

C e n t e r s c h r i t t : großer Ausfallschritt, den der Center vom Verteidiger weg und zum Korb setzt, um zu werfen (vgl. Drehschritt).

C e n t e r w ü r f e : spezielle Würfe des Centers, meist aus der Position mit dem Rücken zu Korb und Gegner eingeleitet.

C h a n g e of direction: siehe Richtungswechsel.

C h a n g e of pace: siehe Tempowechsel.

C h e a p baskets: billige Körbe, die durch vermeidbare Fehler der Verteidigung (z.B. Unaufmerksamkeit) ermöglicht und damit leicht erzielt werden können.

C h e c k out: siehe Aussperren.

C h e s t pass: siehe Brustpass.

C o a c h : im deutschen Sprachgebrauch im allgemeinen die Verbindung der Trainer- und Betreuerfunktion.

C o n t i n u i t y : siehe Kontinuum.

C o r n e r man: Angriffsspieler (Vorderspieler), der in den Ecken des Spielfeldes spielt.

C o u n t : siehe Takt.

C r i s s -cross: Lauf mehrerer Spieler über das Feld, wobei der Ball stets (über Kreuz) zu anderen Seite zugespielt wird und die Spieler ihrem Zuspiel folgend (über Kreuz) zur anderen Seite laufen.

C r o s s -over shot: Verbindung von Unterhandkorbleger und Hakenwurf, bei dem die Wurfschulter in Richtung Korb eingedreht wird.

C r o s s -over step: siehe Kreuzschritt.

C u t : siehe schneiden.

C u t t e r : Spieler, der schneidet.

D e c k e n : Bewachen eines Angreifers oder eines Raumes (Zieles).

D e c k e n von der Seite: Bewachen eines Angreifers, indem der
Verteidiger aus der Grundposition an die Seite des Angreifers rückt,
zwischen-Ball-und-Mann, um das Anspiel zu verhindern.

D e c k e n von vorn: Bewachen eines Angreifers, indem der Verteidiger aus der Grundposition direkt vor den Angreifer rückt, zwischen-
Ball-und-Mann, um das Anspiel zu verhindern.

D e c k u n g : Bewachung eines Angreifers oder Raumes (Zieles)
durch einen Verteidiger; Einzelmaßnahme innerhalb der kollektiven
Maßnahme Verteidigung.

D e c k u n g s d r e i e c k : siehe Rebounddreieck.

D e c k u n g s s c h a t t e n : ein durch einen Verteidiger ge-
deckter Raum, der vom Ball aus gesehen hinter dem Verteidiger liegt.

D e c k u n g s s p i e l e r : der mit Einzelmaßnahmen vorgehende
Spieler der Verteidigung.

D e e p man: der 'letzte' Spieler einer Verteidigung. Er steht auf
der Linie Ball-Korb und ist dem Verteidigungskorb am nächsten
('Feuerwehrmann').

D e f e n s i v e balance: Raumaufteilung (Stellungsspiel) in der
Verteidigung.

D e f e n s i v e Fußarbeit: Fußbewegungen des Verteidigungsspie-
lers.

D e f e n s i v e Zone: siehe sinkende Zonenverteidigung.

D e l a y e d offense: Verzögerungsangriff, bei dem der Ball durch
Ballkontrolle möglichst lange in Besitz gehalten wird, um die Führung zu behalten.

D i a m o n d and one: kombinierte Verteidigungsform, bei der vier
Verteidiger eine 1-2-1 Zone spielen und der fünfte manndeckt.

D i r e k t e r Block: ein am Verteidiger des Ballbesitzers ge-
stellter Block.

D i r e k t e r Wurf: ein unmittelbar, ohne Brettberührung, auf den
Korb geworfener Ball.

D o p p e l b l o c k : Blockspiel, bei dem zwei Angreifer - meist
Center - eine Blockstellung eng nebeneinander einnehmen.

D o p p e l c e n t e r (Spiel): Angriffsspiel mit zwei Centerspie-
lern.

D o p p e l f i n t e : Kombination zweier Finten, z.B. von Durch-
bruch- und Sprungwurffinte.

D o p p e l n : einen Angreifer durch zwei Verteidiger decken.

D o p p e l p i v o t : Angriffsspiel mit zwei Seitcentern.
D o p p e l p o s t : Angriffsspiel mit zwei Vorcentern.
D o u b l e fake: siehe Doppelfinte.
D o u b l e pivot: siehe Doppelpivot.
D o u b l e post: siehe Doppelpost.
D o u b l e screen: Doppelblock, -schirm.
D o u b l e team: siehe doppeln.
D r e h d r i b b e l : Form des Dribbelns, bei der der Richtungs-
wechsel mit dem Rücken zum Verteidiger erfolgt.
D r e h s c h r i t t : seitlich weggesetzter Schritt vor dem Wurf,
aus der Position mit dem Rücken zum Korb, meist vom Center ange-
wandt.
D r e h s p r u n g w u r f : Sprungwurf, der nach einem Stern-
schritt - aus der rückwärtigen in die frontale Stellung zum Korb -
geworfen wird.
D r e i e c k s p i e l : Zusammenspiel von drei Angreifern, bei dem
ein Center beteiligt ist (häufigstes Dreieckspiel: zwischen Vor-
bzw. Seitcenter, Flügel- und Aufbauspieler).
D r e i -eins-eins-Presse (3/1/1): Pressverteidigung, bei der die
erste Linie mit drei, die zweite und dritte mit je einem Verteidiger
besetzt werden.
D r e i -gegen-drei: siehe Spiel 3-3.
D r e i -gegen-zwei (3-2): Schnellangriff, bei dem drei Angreifer
gegen zwei Verteidiger spielen und nach bestimmten, dieser Situation
entsprechenden Prinzipien vorgehen.
D r e i -Linien-Schnellangriff: Schnellangriff, bei dem die Angreifer in drei Linien gestaffelt das Spielfeld überwinden.
D r e i -Spuren-Schnellangriff: Schnellangriff, bei dem die Angreifer drei Angriffsstreifen, eine Mittel- und zwei Seitenspuren, einnehmen.
D r e i -zwei-Angriff (3/2): Angriffsaufstellung, in der drei Hinterspieler und zwei Center-/Vorderspieler stehen.
D r e i -zwei-Zone (3/2): Zonenaufstellung, bei der in der ersten
Verteidigungslinie drei und in der zweiten zwei Verteidiger spielen.
D r i b b e l b e g i n n : von der Spielregel festgelegter Beginn
eines Dribbels.
D r i b b e l b l o c k : beweglicher Block, der durch den dribbeln-
den Spieler gebildet wird.

D r i b b e l f i n t e n : Finten, die während des Dribbelns ausgeführt werden.

D r i b b e l g r u n d s t e l l u n g : siehe Basketballgrundhaltung.

D r i b b e l n : den Ball mit einer Hand im Stand oder in der Bewegung zu Boden drücken, ohne daß der Ball zwischendurch einen anderen Spieler berührt.

D r i t t e r Kontakt: die nach den Regeln verbotene weitere Bodenberührung mit den Füßen (Fuß) nach Setzen des ersten und zweiten Kontaktes.

D r i v e : siehe Durchziehen.

D r u c k p a s s : häufigste Form des Passes: der Ball wird aus dem Handgelenk nach leichter Handgelenksspannung - Zurücknehmen und leichtes Brechen der Hand - mit einem scharfen, je nach Spielsituation variierenden Druck zugespielt.

D r u c k w u r f : häufigste Form des Wurfes (auf den Korb): der Ball wird aus dem Handgelenk nach starker Handgelenksspannung - Zurücknehmen und Brechen der Hand - mit einem länger kontrollierten, fast stets gleichbleibenden Druck in Richtung Korb gedrückt.

D r u c k w u r f -Korbleger: Korbleger, der als einhändiger Druckwurf ausgeführt wird; vor dem Abdrücken des Balles liegt die Wurfhand unter dem Ball, die Finger zeigen zurück zum Werfer.

D u n k i n g : (Tunken, Stopfen) kraftvolles Einwerfen des Balles in den Korb von oberhalb des Ringes. Sonderform des Korblegers.

D u r c h b r u c h : Einzelangriff eines Spielers mit dem Ball.

D u r c h b r u c h f i n t e : Antäuschen eines Durchbruchs.

D u r c h g l e i t e n : Mitgehen des Verteidigers mit dem eigenen Angreifer hinter dem Block, und zwar zwischen Block und eigenem Mitverteidiger.

D u r c h z i e h e n : planvoller Einzelangriff eines Spieler-mit-Ball auf den Korb, z.B. aus dem Positionsangriff.

E a g l e spread: siehe Spreiz-Buckel-Sprung.

E f f e t : siehe Rückwärtsdreh.

E i n f r i e r e n des Balles: siehe delayed offense.

E i n s -drei-eins-Angriff (1/3/1): Angriffsaufstellung, in der ein Hinterspieler, zwei Vorderspieler und ein Vorcenter sowie ein Brettcenter spielen.

E i n s -drei-eins-Zone (1/3/1): Zonenaufstellung, bei der die erste Verteidigungslinie von einem, die zweite von drei und die dritte von einem Verteidiger besetzt werden.

E i n s -gegen-eins: siehe Spiel 1-1.

E i n s -gegen-null (1-0): Spielsituation, in der ein Angreifer ungedeckt zwischen Verteidigung und Korb gelangt ist.

E i n s -vier-Angriff (1/4): Angriffsaufstellung, in der ein Hinterspieler und in einer Reihe zwei Vorder- und zwei Centerspieler spielen.

E i n s -zwei-eins-eins-Zonenpresse (1/2/1/1): Zonenpresse, bei der die erste Verteidigungslinie von einem, die zweite von zwei, die dritte und vierte von je einem Verteidiger besetzt werden.

E i n s -zwei-zwei-Angriff (1/2/2): Angriffsaufstellung, in der ein Hinterspieler, zwei Vorcenter und zwei Vorderspieler oder ein Hinterspieler, zwei Vorderspieler und zwei Brettcenter spielen.

E i n s -zwei-zwei-Zone (1/2/2): Zonenaufstellung, bei der die erste Verteidigungslinie ein, in der zweiten zwei und in der dritten zwei Verteidiger stehen.

E i g e n e r Korb: der Korb, den man verteidigt.

E i n t a k t s t o p p : Abstopp, der in einem Takt erfolgt: die Füße werden durch einen Sprungstopp gleichzeitig und parallel auf den Boden gesetzt, so daß die Wahl des Standbeines frei ist.

E i n w u r f : Pass, der von der End- oder der Seitenlinie in das Spiel gegeben wird.

E i n w u r f s p i e l : Spielzug beim Einwurf, um den Ball sicher ins Spiel zu bringen und / oder eine günstige Wurfmöglichkeit zu erspielen.

E n d l i n i e n : (Grundlinien) Begrenzungslinien an den beiden Enden des Spielfeldes.

E n d l i n i e sperren: taktische Maßnahme beim Decken des Dribblers, um diesen regelgerecht am Durchbruch entlang der Endlinie zu hindern.

E n g e Mann-Mann-Verteidigung: siehe aggressive Mann-Mann-Verteidigung.

E r ö f f n u n g s p a s s : der Pass, mit dem ein bestimmter Spielzug eröffnet wird, z.B. der erste Pass beim Schnellangriff oder der einleitende Pass beim Shuffle.

E r s t e Fünf: die das Spiel beginnenden fünf Spieler einer Mannschaft.

E r s t e r Kontakt: die erste Bodenberührung mit den Füßen (Fuß)
nach der Ballannahme beim Zweierrhythmus.

E r s t e r Takt: das erste durch Bodenkontakt mit einem Fuß oder
beiden Füßen erkennbare zählbare Maß beim Zweierrhythmus.

F a d e away jump shot: Sprungwurf, bei dem der Werfer nicht senkrecht hoch, sondern rückwärts vom Gegner wegspringt.

F a k e (feint): Finte, Täuschung.

F a k e screen: siehe Blockfinte.

F a k e switch: siehe angetäuschtes Übernehmen.

F a l l e : einem Spieler Pass-, Dribbel- und Laufwege anbieten und
ihn dann durch Schließen dieser Wege überraschen. Vgl. Trap-press.

F a n g e n : das Annehmen des Balles mit einer Hand oder mit beiden
Händen.

F a s t break: siehe Schnellangriff.

F e h l p a s s : Pass, der den Mitspieler nicht erreicht und zu
einem Ballverlust führt.

F e l d k o r b : ein aus dem Feldspiel erzielter Korb.

F i e l d goal: siehe Feldkorb.

F i g u r e eight: siehe Achterlauf.

F i n t e : Täuschung.

F i n t i e r e n : absichtliches Irreführen des Gegners mit dem
Ball, dem Körper, einzelnen Körperteilen oder der Stimme.

F l i p pass: siehe Ballübergabe.

F l o a t i n g : Sinken der Verteidigung.

F l o o r balance: siehe Raumaufteilung (Stellungsspiel).

F l ü g e l s p i e l e r : siehe Vorderspieler.

F o l l o w -through: Nachfolgen der Hand beim Werfen, Dribbeln und
Passen, verbunden mit einem Brechen des Handgelenkes.

F o o t w o r k : siehe Fußarbeit.

F o r w a r d : siehe Vorderspieler.

F o u l line: Freiwurflinie.

F r e e lance (offense): siehe freies Spiel.

F r e e play: siehe freies Spiel.

F r e e throw: siehe Freiwurf.

F r e i e r Ball: Ball, der im Spiel aber nicht in Besitz eines
Spielers ist; Ball auf dem Spielboden, Ball in der Luft bei hohem
Zuspiel, Ball an Korb und Brett.

F r e i e s Spiel: Angriffsspiel, bei dem nur bestimmte unumgängliche Prinzipien des Mannschaftsangriffes beachtet werden, sonst aber den Spielern überlassen ist, sich in günstige Wurfpositionen freizuspielen.

F r e i l a u f e n zum Ball: siehe Starten-zum-Ball.

F r e i l a u f e n zum Korb: siehe Starten-in-den-Raum/Schneiden-zum-Korb.

F r e i w u r f : das durch besondere Regelung festgelegte Recht eines Spielers, einen Punkt durch einen unbehinderten Wurf von der Freiwurflinie aus zu erzielen.

F r o n t (go in front): siehe Vorbeigleiten.

F r o n t a l e Blockstellung: siehe Blickblock.

F r o n t a l e Stellung: siehe Blickstellung.

F r o n t turn: siehe vorderer Sternschritt.

F ü h r u n g s h a n d : Hand, die den Ball (neben der Wurfhand) führt und stützt.

F u m b l i n g : Fangfehler.

F u ß a r b e i t : alle Bewegungen eines Spielers in Angriff und Verteidigung, die mit den Füßen ausgeführt werden.

G e b l o c k t e r Wurf: siehe Wurf blocken.

G e g e n a n g r i f f : (veraltet für) Schnellangriff.

G e g e n b l o c k (indirekter Block): Block, der auf den Verteidiger eines Spieler-ohne-Ball gerichtet ist.

G e g n e r binden: einen Verteidiger durch Aktion oder Position auf sich ziehen und zur Deckung veranlassen und so eine 1-1-Situation herstellen.

G e g n e r i s c h e r Korb: Korb, der vom Gegner verteidigt wird.

G e s c h w i n d i g k e i t s w e c h s e l : siehe Tempowechsel.

G e s p a n n s t e l l u n g : Aufstellung in Verteidigung oder Angriff, bei der zwei Spieler auf einer Linie nebeneinander stehen.

G i v e -and-go: siehe Pass-und-lauf.

G i v e -and-go attack: siehe Pass-und-lauf-Angriff.

G i v e and screen: siehe Pass-und-block.

G i v e and screen attack: siehe Pass-und-block Angriff.

G l e i t s c h r i t t e : Schritte des Verteidigers, die gleitend über den Boden gesetzt werden.

G r u n d a u f s t e l l u n g : bestimmte Aufstellung aller fünf Spieler zueinander in Angriff und Verteidigung, die zu Beginn jeder kollektiven Angriffs-Verteidigungsaktion eingenommen wird und aus der heraus die Spielbewegungen erfolgen.

G r u n d a u f s t e l l u n g im Angriff: Aufstellung im Angriff,
in der zwei Hinter-, zwei Vorder- und ein Centerspieler spielen und
eine 2/1/2-oder eine 2/3-Aufstellung einnehmen.

G r u n d a u f s t e l l u n g in der Verteidigung: Aufstellung in
der Verteidigung, die sich aus der jeweiligen Verteidigungsform ergibt und bestimmte Prinzipien der Mannschaftsverteidigung beachtet,
z.B. Sicherung des Korbraumes und des Verteidigungsrebounds.

G r u n d b e w e g u n g e n im Angriff: bestimmte grundlegende
Bewegungen, mit denen sich die Angriffsspieler zu Korbwürfen freispielen. Man unterscheidet Pass-und-lauf- und Pass-und-block-Bewe-
gungen.

G r u n d h a l t u n g : siehe Basketballgrundhaltung.

G r u n d l i n i e : siehe Endlinie.

G r u n d m u s t e r : Handlungsplan für eine (Spiel-) Bewegung.

G r u n d p o s i t i o n des Verteidigers: Position des Verteidigers zwischen-Mann-und-Korb.

G r u n d p o s i t i o n e n im Angriff: bestimmte Positionen der
Angriffsspieler in der Grundaufstellung, siehe Hinterspieler, Vorderspieler, Centerspieler.

G r u n d s t e l l u n g : siehe Basketballgrundhaltung, Verteidi-
gungsgrundstellung.

G r u p p e n k o n t i n u u m : Kontinuum, das von einem Teil der
Mannschaft durchgeführt wird.

G u a r d : 1. Hinterspieler im Angriff (siehe Aufbau- u. Hinterspieler), 2. Verteidiger.

H ä n g e r : Spieler, der beim Schnellangriff der ersten Angriffslinie als zweite Angriffslinie folgt und in der Regel einen Angriff
in der Überzahl schafft.

H a k e n p a s s : einhändiger Pass, bei dem der Ball seitlich
überkopf geführt wird.

H a k e n w u r f : einhändiger Wurf für kurze Entfernungen, bei dem
nach einbeinigem Absprung der Ball mit schwungvoller Bewegung an der
- dem Korb angewandten - Körperseite hochgeführt und überkopf fast
im höchsten Punkt abgeworfen wird; die Schulterachse zeigt zum Korb.

H a l t e b a l l : Situation, in der zwei Spieler gegnerischer
Mannschaften eine oder beide Hände fest am Ball haben.

H a n d b a l l p a s s : einhändiger Pass, der wie ein Kernwurf beim Handball scharf zugespielt und für größere Entfernungen verwendet wird.

H a n d -off pass: siehe Ballübergabe.

H a n d w e c h s e l : Wechsel der Hand beim Dribbeln meist mit einem Wechsel der Dribbelrichtung verbunden.

H a r p u n e : Langpass-Schnellangriff.

H e l d ball: siehe Halteball.

H e l p and recover: siehe Aushelfen.

H e l p side: Hilfsseite.

H e r a u s b l o c k e n : siehe Aussperren.

H i g h post: siehe Vorcenter.

H i l f e n : Unterstützung, die ein bedrängter Spieler von einem oder mehreren Mitspielern erhält. Man unterscheidet Angriffs- und Verteidigungshilfen.

H i n -zum-Ball: durch eine Bewegung zum Ball hin den Passweg öffnen und verkürzen (vgl. Starten-zum-Ball).

H i n t e r e Hand: siehe Außenhand.

H i n t e r e r Block: Block, der hinter dem Verteidiger (im Rükken) gestellt wird.

H i n t e r e r Fuß: siehe Außenfuß.

H i n t e r e r Sternschritt: siehe Sternschritt rückwärts.

H i n t e r s p i e l e r : Angriffsspieler (Aufbauspieler), die im Vorfeld hauptsächlich zwischen Mittellinie und Freiwurflinie spielen und von dort das Spiel organisieren.

H i n t e r t ü r (back door): Spielzug, bei dem das Schneiden-im-Rücken erreicht werden soll (vgl. Schneiden-im-Rücken).

H o h e s Dribbel: siehe Aufbaudribbel.

H o o k pass: siehe Hakenpass.

H o o k shot: siehe Hakenwurf.

H u f e i s e n : (veraltet für) Aufstellung im Angriff 3/2 oder 1/2/2 als Angriff ohne Center, bei dem die Spieler in Form eines Hufeisens stehen.

I m p r o v i s i e r t e r Schnellangriff: Form des Schnellangriffes, bei dem die Laufwege der Spieler nicht vorgeplant sind und der deshalb den Spielern ein Höchstmaß an Entscheidungsfreiheit einräumt.

I m p r o v i s i e r t e r Rückzug: freies Zurücklaufen aus dem Angriff (nach Ballverlust) in vorgeplante Verteidigungspositionen.

I n d i r e k t e r Block: siehe Gegenblock.

I n d i r e k t e r Wurf: siehe Brettwurf.

I n d i v i d u e l l e Verteidigung: das Vorgehen des einzelnen
Spielers bei der Abwehr gegnerischer Angriffe.

I n n e n h a n d , Innenfuß: Hand und Fuß, die in der Verteidigungsstellung vorgestellt sind und sich näher zur (gedachten) Linie
befinden als Außenhand und -fuß.

I n n e n p o s i t i o n : Position zwischen Gegner und Korb.

J a c k k n i f e : Klappmesser; siehe Spreiz-Buckel-Sprung (eagle
spread).

J u m p ball: Sprungball.

J u m p shot: siehe Sprungwurf.

J u m p stop: siehe Sprung-Schrittstopp.

K o m b i n i e r t e Verteidigung: Verteidigungsform, die die
Prinzipien der Mann-Mann-Verteidigung und der Zonenverteidigung verbindet.

K o m p l e x d e c k u n g : (veraltet für) sinkende Mann-Mann-Verteidigung.

K o n t a k t : 1. Bodenberührung mit einem Fuß oder mit beiden Füßen.
2. Berühren eines Gegenspielers (persönlicher Kontakt).

K o n t i n u u m : ein Spielvorgang, bei dem sich aufgrund eines
bestimmten Bewegungsmusters in bestimmten Zeitabläufen Spielaktionen
wiederholen, z.B. Achterlauf. Man unterscheidet Mannschafts- und
Gruppenkontinuum.

K o n t r o l l d r i b b e l n : siehe Aufbaudribbeln.

K o n t r o l l i e r e n des Balles: siehe Ballkontrolle.

K o r b l e g e r : einhändiger Wurf aus nächster Entfernung, der
nach Absprung von einem Bein zunächst mit Hilfe des Brettes in den
Korb gelegt wird, in der Regel unter Ausnutzung des Zweierrhythmus.
Man unterscheidet Druckwurf- und Unterhand-Korbleger.

K o r b r a u m : spieltaktisch der unmittelbare Umkreis des Korbes
(nicht gleichbedeutend mit Drei-Sekundenraum). Vgl. Nahdistanz,
Brettcenter.

K r e u z e n : Blockspiel, bei dem zwei Spieler über Kreuz eng an-
einander, oft auch an einem dritten Spieler (z.B. Vorcenter), vorbeischneiden.

K r e u z s c h r i t t : Schrittfinte, bei der das Spielbein überkreuz von der einen zur anderen Seite gesetzt wird.

P. 73 Werfen — 79 (+)

80-82 Passen u. ~~Werf~~ Fangen

84 — Dribbeln

P. 85 Korbwurf

89

Leichtathletik

1. Die praktische Prüfung

1.1 Inhalt und Form der praktischen Prüfung

Die praktische Prüfung besteht aus einem Vierkampf (Mädchen) bzw. Fünfkampf (Jungen), den der Prüfling selbst zusammenstellen kann. Dabei muß jede der folgenden Gruppen durch eine Disziplin vertreten sein.

Kurzstreckenlauf (einschließlich Hürdenlauf)

Mittel / Langstreckenlauf (ab 800 m)

Sprung

Wurf / Stoß

Die Gewichte sind wie folgt festgelegt:

	Mädchen	Jungen
Kugel	4 kg	6,25 kg
Speer	600 g	800 g
Diskus	1 kg	1,75 kg
Schleuderball	1 kg	–

Die Disziplinen legt der Prüfling 14 Tage vor der Prüfung schriftlich fest. Die Wettkampffolge bestimmt der Prüfungsausschuß. Eine Einschränkung der Wahlmöglichkeit ergibt sich durch die in den Allgemeinen Leichtathletikbestimmungen (ALB) festgelegten Startbeschränkungen.

1.2 Bewertung

Die Punkte für die Leistungen in den einzelnen Disziplinen sind den Tabellen im Anhang zu entnehmen.

Die in den einzelnen Disziplinen erreichten Punktzahlen werden addiert; die Summe wird durch die Anzahl der Disziplinen dividiert. Die Nachkommastellen bleiben unberücksichtigt. Für die Festsetzung der Note in der praktischen Prüfung gilt folgende Tabelle:

Punkte	Note
bis 162	6
163 — 191	5 —
192 — 220	5
221 — 249	5 +
250 — 282	4 —
283 — 315	4
316 — 348	4 +
349 — 379	3 —
380 — 410	3
411 — 441	3 +
442 — 470	2 —
471 — 499	2
500 — 528	2 +
529 — 555	1 —
556 — 582	1
583 u. mehr	1 +

L a n g p a s s -Schnellangriff: Schnellangriff, bei dem die Verteidigung mit Hilfe eines langen Passes aus dem Rückfeld überspielt
wird, vgl. Harpune.

L a s t shot play: siehe Letzte-Sekunden-Spiel.

L a y -up shot: Korbleger.

L e a d pass: Pass in den freien Raum vor den laufenden Spieler, so
daß Ball und Spieler zur gleichen Zeit am selben Punkt zusammenkom-
men.

L e t z t e -Sekunden-Spiel: Spielzug, um einen günstigen Wurf in
den letzten Sekunden vor dem Halbzeit- oder Schlußpfiff zu ermöglichen.

L i n k e r Hinterspieler: Hinterspieler, dessen Grundposition sich
im Vorfeld in der linken Angriffshälfte befindet.

L i n k e r Vorderspieler: Vorderspieler, dessen Grundposition sich
im Vorfeld auf der linken Angriffsseite befindet.

L o b p a s s : siehe Bogenpass.

L o c k e r e /lose Mann-Mann-Verteidigung: siehe sinkende Mann-
Mann-Verteidigung.

L ö s e n -vom-Mann: sich in anspielbare Position bringen, z.B.
durch Blocken des Gegenspielers und/oder Starten-weg-vom-Mann.

L o n g pass attack: siehe Langpass-Schnellangriff.

L o w post: siehe Seitcenter.

L u f t p a s s : Ball, der in der Luft angenommen und direkt ohne
eigene Bodenberührung zugespielt wird.

M a n a g e r : Leiter eines Basketballvereins oder einer -mann-
schaft, der die Vertretung der Mannschaft in allen Bereichen außerhalb des sportlichen Trainings- und Spielbereichs wahrnimmt.

M a n n d e c k u n g : individuelle Deckung eines einzelnen Angreifers durch einen Verteidiger.

M a n n -Mann-Angriff: Angriff gegen Mann-Mann-Verteidigung.

M a n n -Mann-Deckung: siehe Mann-Mann-Verteidigung.

M a n n -Mann-Pressverteidigung: Verteidigungsform, die die Prinzipien der Press- und der Mann-Mann-Verteidigung kombiniert. Die Ballkontrolle, besonders die Ballannahme, wird ständig aggressiv gestört; dabei deckt jeder Verteidiger einen bestimmten Mann möglichst
eng und nimmt stets eine Position zwischen-Ball-und-Mann ein.

M a n n -Mann-Verteidigung: Verteidigungsform, bei der jeder Verteidiger einen bestimmten Mann deckt und diesem bei seinen Bewegungen
auf dem Spielfeld folgt. Die Verteidiger nehmen dabei eine Position

zwischen-Mann-und-Korb ein, die nur in unmittelbarer Korbnähe durch
die Position zwischen-Ball-und-Mann ersetzt wird.

M a n n -Presse: (Kurzform für) Mann-Mann-Pressverteidigung.

M a n n s c h a f t s a n g r i f f : das gemeinsame, planmäßige,
aufeinander abgestimmte Vorgehen aller fünf Spieler im Angriff, um
einen erfolgreichen Korbwurf zu erreichen.

M a n -to-man defense: siehe Mann-Mann-Verteidigung.

M a n -to-man press: siehe Mann-Mann-Pressverteidigung.

M a n n s c h a f t s -Kontinuum: Kontinuum, das von der gesamten
Mannschaft durchgespielt wird.

M a n n s c h a f t s v e r t e i d i g u n g : das gemeinsame,
planmäßige, aufeinander abgestimmte Vorgehen aller fünf Spieler in
der Verteidigung, um einen gegnerischen Korbwurf zu verhindern.

M i t g e h e n (gegen Blockstellungen): als Verteidiger mit seinem
Gegenspieler mitgehen, nicht übernehmen.

M i t t e l d i s t a n z : siehe Wurfentfernung.

M i t t e l s p u r : mittlerer Angriffsstreifen zwischen den beiden
Seitenspuren.

M u s t e r : siehe Grundmuster.

N a c h s e t z e n : zum Rebound gehen.

N a c h t i p p e n : siehe Tip-in.

N a c h w e r f e n : beim Angriffsrebound den Ball in der Luft mit
beiden Händen fangen und auf den Korb werfen.

N a h d i s t a n z : siehe Wurfentfernung.

N a h t : Bereich, in dem sich Aktionsräume von Spielern einer Mannschaft überschneiden, z.B. die Naht zwischen zwei Angriffsspuren.

N o r m a l e Verteidigungsposition: siehe Grundposition des Verteidigers.

Ö f f n e n der Passwege: siehe Passweg-Öffnen.

O f f balance: nicht im Gleichgewicht.

O f f balance shot: technisch falscher Wurf, bei dem vor dem Abdrücken des Balles der Körper nicht im Gleichgewicht ist.

O f f e n s e : Angriff; Angriffsaktion.

O f f e n s i v e Fuß-(Bein-) Arbeit: Fußbewegungen des Angriffsspielers.

O f f e n s i v e Zone: siehe aggressive Zonenverteidigung.

O n e -on-one: eins gegen eins.

O r g a n i s i e r t e r Schnellangriff: Form des Schnellangrif-

fes, der nach einem zeitlich-räumlich vorgeplanten Grundmuster verfährt.

O r g a n i s i e r t e r Rückzug: systematisches Zurücklaufen aller fünf Spieler aus dem Angriff (nach Ballverlust) in vorgeplante
Verteidigungspositionen.

O u t -of-bounds play : siehe Einwurfspiel.

O u t l e t pass: der erste Pass nach Erlangen des Verteidigungsrebounds aus dem Ballungsraum heraus, meist zu einer Seitenlinie gespielt.

O v e r h e a d pass: Überkopfpass.

O v e r l o a d : siehe Überladen.

O v e r l o a d offense: Angriff, der das Überladen einer Seite zum
Hauptprinzip hat.

O v e r p l a y : Deckungsweise, die dem Angreifer eine bestimmte
Richtung und Aktion aufzwingt; vgl. seitliche Verteidigungsposition.

O v e r top: siehe Vorbeigleiten.

P a r a l l e l stance: parallele Fußstellung.

P a r a l l e l s t o p p : siehe Sprungstopp.

P a r t n e r h i l f e : siehe Hilfen.

P a s s : Zuspiel des Balles mit den Händen.

P a s s e n : das Zuspielen des Balles mit den Händen.

P a s s f i n t e : Antäuschen eines Zuspieles.

P a s s i n g lanes: siehe Passwege.

P a s s i v e r Block: ein meist im Rücken des Verteidigers fest-
stehender Block, in den der Angreifer (mit und ohne Ball) seinen
Verteidiger hineinmanövriert.

P a s s -und-block: den Ball einem Mitspieler zuspielen und dann diesen oder einen anderen Mitspieler durch einen Block freispielen.

P a s s -und-lauf: (give-and-go) den Ball einem Mitspieler zuspielen
und dann in den freien Raum starten.

P a s s w e g (Pass-Strahl): mögliche Wege, den Ball innerhalb
einer Mannschaft zuzuspielen.

P a s s w e g e decken: durch eine Position zwischen-Ball-und-Mann
die Zuspielwege (besonders jene in Korbnähe) abschirmen.

P a s s w e g öffnen: sich aus dem Deckungsschatten des Gegenspielers bewegen, um für ein Anspiel freizuwerden.

P a s s w e g schneiden: als Verteidiger so zwischen Passgeber und
Ballempfänger bewegen, daß der Pass gestört oder der Ball gewonnen
werden kann.

P a t t e r n : siehe Grundmuster.

P e r i p h e r e s Sehen: das Wahrnehmen von Vorgängen und Gegenständen am Rande des Blickfeldes.

P i c k (-screen): siehe passiver Block.

P i v o t : 1. Pivotspieler = Brettcenter, 2. Sternschritt.

P i v o t (spieler): Centerspieler, der in der Ausgangsposition an der Seitenlinie des Korbraumes steht und sich während des Spiels in diesem und an dessen Seiten bewegt.

P i v o t f u ß : siehe Standbein (= Drehbein).

P i v o t i e r e n : Sternschritt(e) ausführen.

P i v o t shot: siehe Centerwurf.

P l a y m a k e r : Spielmacher, Aufbauspieler (Hinterspieler).

P o s i t i o n : Ort, den ein Spieler in Bezug auf Korb, Ball, Gegenspieler (Mann) und Mitspieler in einer bestimmten Aufstellung in Angriff und Verteidigung einnimmt. Vgl. Grundposition (des Verteidigers) und Spielposition.

P o s i t i o n Ball-Mann: siehe zwischen-Ball-und-Mann.

P o s i t i o n Mann-Korb: siehe zwischen-Mann-und-Korb.

P o s i t i o n s a n g r i f f : eine vorgeplante mannschaftliche Angriffsbewegung, die im Unterschied zum Schnellangriff langsam vorgetragen wird und von bestimmten Spielpositionen ausgeht.

P o s i t i o n s k a m p f : Kampf zwischen Angreifer und Verteidiger, um eine gewünschte Position, z.B. Kampf um die Innenposition beim Rebound.

P o s i t i o n s w u r f : Wurf von einer bestimmten Spielposition aus; auch (veraltet für) Standwurf aus weiter Entfernung.

P o s t : siehe Postspieler.

P o s t (spieler): Centerspieler, der in der Ausgangsposition vor der Freiwurflinie steht und sich während des Spiels innerhalb des Freiwurfraumes und an dessen Seiten auf der Höhe des Sprungkreises bewegt.

P r e s s -Angriff: Angriff gegen die Press-Verteidigung.

P r e s s e : (Kurzform für) Press-Verteidigung.

P r e s s e n : die Press-Verteidigung anwenden.

P r e s s i n g (press) defense: siehe Press-Verteidigung.

P r e s s offense: siehe Press-Angriff.

P r e s s v e r t e i d i g u n g : die aggressivste Form der Verteidigung, die über große Teile des Spielfeldes bzw. über das Ganzfeld gespielt wird. Die Ballkontrolle, besonders die Ballannahme, wird ständig gestört, indem die Verteidiger eine Position zwischen-Ball-und-Mann einnehmen und das Doppeln anwenden. Vgl. Mann-Mann-Presse, Zonen-Presse.

R a u m a u f t e i l u n g : den Angriffs- und Verteidigungsmaßnahmen entsprechende Spielfeldaufteilung für die Spieler, so daß z.B. die Sicherung des Rebounds oder ein organisierter Rückzug möglich sind.

R e a r screen: siehe hinterer Block (Rückenblock).

R e a r turn: siehe Sternschritt rückwärts.

R e b o u n d : Ball, der von Korb oder Spielbrett abprallt und gesichert wird. Man unterscheidet Verteidigungs- und Angriffsrebound (vgl. Ballsicherung).

R e b o u n d d r e i e c k : Dreiecksaufstellung, die während des Wurfes von den Verteidigern (meist drei) eingenommen wird, um die Angreifer vom Korb auszusperren und den Rebound zu sichern.

R e b o u n d e r : Spieler, der um den Rebound kämpft und diesen sichert.

R e c h t e r Hinterspieler: Hinterspieler, dessen Grundposition sich in der rechten Angriffshälfte befindet.

R e c h t e r Vorderspieler: Vorderspieler, dessen Grundposition sich im Vorfeld auf der rechten Angriffsseite befindet.

R e v e r s e turn: siehe Sternschritt-Durchbruch.

R i c h t u n g s w e c h s e l : Finte, bei der ein plötzlicher Wechsel einer Lauf- oder Dribbelrichtung erfolgt.

R o c k e r step: siehe Schaukelschritt.

R o l l , rolling: siehe Abrollen.

R o t a t i o n : Kreiselbewegung der Angriffsspieler.

R ü c k h a n d p a s s : einhändiger Pass, den der Passgeber hinter seinem Rücken zuspielt (behind-the-back pass).

R ü c k e n b l o c k (rückwärtige Blockstellung): Block, bei dem der Blocker mit dem Rücken zum Verteidiger steht. Vgl. Blickblock.

R ü c k f e l d : die Hälfte des Spielfeldes einer Mannschaft, in der sich ihr eigener Korb befindet.

R ü c k e n s t e l l u n g : Stellung mit dem Rücken zu Korb oder Gegenspieler.

R ü c k e n s t e l l u n g beim Block: Block, bei dem der Blocker mit dem Rücken zum Verteidiger steht.

R ü c k w ä r t i g e Blockstellung: siehe Rückenblock.

R ü c k w ä r t s d r e h (des Balles): die natürliche rückwärtige
Drehbewegung des Balles, die durch ihre bremsende Wirkung das Einwerfen des Balles bei Brett- oder Ringberührung erleichtert.

R ü c k w ä r t s -Sternschritt: siehe Sternschritt-Durchbruch.

R ü c k z u g (in die Verteidigung): schnelles Zurücklaufen aus dem
Angriff (nach Ballverlust) in die Verteidigung, um ein Überlaufen
durch die Angreifer (Angriff-in-der-Überzahl) zu verhindern und die
Verteidigungspositionen einzunehmen. Man unterscheidet organisierten
und improvisierten Rückzug.

S a g g i n g : (Zurück-) sinken der Verteidigung.

S a n d w i c h : Doppeldeckung eines Angreifers, z.B. von vorn und
von hinten. Vgl. doppeln.

S c h a u k e l s c h r i t t : Schrittfinte, bei der das Spielbein
auf derselben Seite vor und zurück gesetzt wird.

S c h e r e : sich vom Ball oder einem Mitspieler wegbewegen, um den
Raum für nachfolgende Angriffsaktionen zu erweitern, z.B. das Abrollen aus der Blockstellung (veraltet für: doppeln).

S c h i r m : ein Block, bei dem ein Angreifer zwischen Verteidiger
und Ballbesitzer steht, so daß der Ballbesitzer über den Blocker un-
gehindert auf den Korb werfen kann.

S c h l e i f e n d r i b b e l n : siehe Drehdribbel.

S c h n e i d e n (zum Korb): schneller Lauf eines Spieler-ohne-
Ball zum Korb, um für ein Anspiel und einen Wurf aus günstiger Position freizuwerden.

S c h n e i d e n -im-Rücken: im Rücken des Verteidigers zum Korb
starten, um dadurch freizuwerden für einen Pass.

S c h n e l l a n g r i f f : der schnelle und überraschende Gegenangriff nach einem Ballgewinn oder Ballzuspruch (z.B. Einwurf).
Durch schnelleres Überwinden des Spielfeldes als die Verteidiger
entwickeln die Angreifer einen Angriff-in-der-Überzahl und damit
günstige Wurfmöglichkeiten aus der Nahdistanz.

S c h n e l l e r Gegenangriff: siehe Schnellangriff.

S c h n e l l v e r t e i d i g u n g (-deckung): siehe Rückzug (in
die Verteidigung).

S c h r i t t s t o p p (Zweitaktstopp): Form des Abstoppens, bei
der der Spieler mit dem Ball in den Händen mit zwei Schritten, d.h.
mit einem Fuß vor dem anderen, zum Stand kommt. Man unterscheidet
Sprung-Schrittstopp und Stand-Schrittstopp.

S c h w a c h e Seite: Spielfeldseite ohne Ball, auf der meist ein
Angreifer einem Verteidiger gegenübersteht.

S c o r i n g play (Punktemacher-Spiel): besonderer Spielzug, der
den besten Werfer in eine günstige Wurfposition bringt.

S c r e e n : Block, Schirm.

S c r e e n attack: siehe Blockangriff.

S c r i m m a g e : Übungsspiel 5-5 im Training.

S e i t b o d e n p a s s : einhändiger (Druck-) Pass, der seitlich
vom Körper abgedrückt und mit Hilfe des Bodens zum Mitspieler gespielt wird.

S e i t c e n t e r (Pivot): Center, der seitlich neben und im
Korbraum spielt.

S e i t e n s p u r : Angriffsstreifen an den Seiten des Spielfeldes
zwischen Mittelspur und Seitenlinie.

S e i t l i c h e r Block: Block, der an der Seite des Verteidigers
gestellt wird.

S e i t l i c h e Verteidigungsposition (Overplay): Position, bei
der der Verteidiger sich so zwischen-Mann-mit (und ohne) Ball und
Seiten-/Endlinie bewegt, daß er dem Angreifer eine Bewegungsrichtung
sperrt.

S e t offense: siehe Positionsangriff.

S e t shot: Standwurf, meist Weitwurf.

S h u f f l e : Angriffssystem nach den Prinzipien des Kontinuum,
das mit dem Überladen auf einer Seite beginnt und nach Durchlauf der
verschiedenen Ausstiegsmöglichkeiten (options) dieselbe Überladung
auf der anderen Angriffsseite herstellt.

S i c h e r e r : der Spieler, der beim Schnellangriff der zweiten
Angriffslinie als dritte Angriffslinie folgt und den Rückraum sichert.

S i n g l e pivot offense: Angriff mit einem Brettcenter.

S i n k e n : sich absetzen; Hilfsmaßnahme der Verteidigung, durch
die besonders gefährdete Räume bzw. gefährliche Gegenspieler durch
Mitspieler mitgedeckt werden.

S i n k e n d e Mann-Mann-Verteidigung: Mann-Mann-Verteidigung, bei
der nur der Ballbesitzer scharf gedeckt wird; die anderen Verteidiger weichen entsprechend der Ballentfernung von ihren Gegenspielern
zur gegenseitigen Hilfeleistung und zur Korbsicherung zurück.

S i n k e n d e Zonenverteidigung: Zonenverteidigung, bei der durch

starkes Zurücksinken der Verteidiger der unmittelbare Korbraum besonders gesichert wird.

S l e e p e r : Sandmann; Angriffsspieler (meist Center), der - von
der Verteidigung häufig unbeachtet - hinter dem Korb an der Endlinie
stehen bleibt und überraschend zum Korb schneidet.

S l i d i n g : siehe Durchgleiten.

S p e r r e n : siehe Blocken.

S p i e l 1-1: Auseinandersetzung zwischen einem Angreifer - mit
und ohne Ball - und einem Verteidiger im Spielfeld und in unmittelbarer Korbnähe.

S p i e l 2-2: Auseinandersetzung zwischen zwei Angreifern (mit
Ball) und zwei Verteidigern, bei der der Handlungsspielraum des
Spiels 1-1 durch Partnerhilfen in Angriff und Verteidigung erweitert
wird.

S p i e l 3-3: Auseinandersetzung zwischen drei Angreifern (mit
Ball) und drei Verteidigern, bei der der Handlungsspielraum des
Spiels 2-2 durch das Spiel-ohne-Ball erweitert wird.

S p i e l zu und lauf: siehe Pass-und-lauf.

S p i e l b e i n : das Bein, das beim Sternschritt beliebig oft gesetzt werden kann.

S p i e l m u s t e r : siehe Grundmuster.

S p i e l e r w e c h s e l : Maßnahmen während des Wettspiels, um
Spieler gegeneinander auszutauschen.

S p i e l p o s i t i o n : Ort, den ein Spieler in einer bestimmten
Aufstellung einnimmt.

S p i e l r o l l e : Funktion, die ein Spieler bei der Einnahme
einer bestimmten Spielposition ausübt.

S p i e l s y s t e m : von der Taktik bestimmter, organisierter,
aus Einzelteilen (taktischen Elementen) zusammengesetzter Spielplan
in Angriff oder Verteidigung, an dem die Mitglieder der gesamten
Mannschaft beteiligt sind.

S p i e l t a k t i k : Auswahl und Einsatz mannschaftlicher (taktischer) Maßnahmen unter den jeweiligen Spielbedingungen (vgl. Taktik).

S p i e l z u g : Aktion bzw. Teil eines Spielsystems, bei der zwei
oder mehr Spieler planvoll zusammenspielen.

S p i n back: siehe Rückwärtsdreh.

S p l i t vision: siehe peripheres Sehen.

S p r e i z -Buckel-Sprung: Sprung beim Rebound, bei dem die Beine

303

in der Luft gegrätscht und der Rücken gekrümmt (gebuckelt) werden,
um bei der Ballsicherung den Ball durch eine raumgreifende Haltung
zu schützen (vgl. Buckeln).

S p r u n g b a l l s p i e l : Spielsystem beim Sprungball, bei dem
eine Aufstellung eingenommen wird, aus der heraus (bei Ballgewinn)
ein überraschender Korberfolg möglich ist oder (bei gegnerischer
Ballkontrolle) das Zutippen des Balles gestört und der Rückraum gesichert werden kann.

S p r u n g p a s s : Pass, der im Sprung zugespielt wird.

S p r u n g -Schrittstopp: Zweitaktstopp, bei dem der Ball in der
Luft aufgenommen wird und der Spieler in Schrittstellung zum Stand
kommt.

S p r u n g w u r f : einhändiger Druckwurf für alle Entfernungen,
der nach beidbeinigem Absprung im höchsten Punkt des Sprunges nach
einem Augenblick des Verzögerns überkopf zum Korb geworfen wird.

S p r u n g w u r f f i n t e : Finte, die einen Sprungwurf vor-
täuscht.

S t a c k offense: 1/2/2-Angriff, bei dem an beiden Seitenlinien
des Freiwurfraumes je zwei Spieler nebeneinander mit Blickstellung
zur Gegenseite spielen.

S t a l l game: siehe Ballhalten.

S t a n d b e i n (Drehbein): das Bein, um das ein Sternschritt
ausgeführt wird.

S t a n d -Schrittstopp: Zweitaktstopp, bei dem der Ball im Stand
auf einem Fuß angenommen und der andere Fuß herangesetzt wird.

S t a n d w u r f : ein- oder beidhändiger Druckwurf, der im Stand
meist aus weiter Entfernung geworfen wird.

S t a r k e Seite: Spielfeldseite mit Ball, auf der sich meist drei
oder vier Angreifer und Verteidiger gegenüberstehen.

S t a r t e n -in-den-Raum: schnelles Antreten und Laufen in den
freien Raum, um ein Anspiel zu erhalten oder einem Mitspieler durch
Positionswechsel Platz zu schaffen.

S t a r t e n -zum-Ball: schnelles Antreten und Laufen zum Ball, um
den Passweg zu verkürzen und das Anspiel zu erleichtern (vgl. hin-
zum-Ball).

S t a t i o n a r y screen: stehender Block.

S t e a l i n g : siehe Stehlen.

S t e h e n d e r Block: Block, bei dem der Blocker eine feste Position einnimmt und sich nicht bewegt.

S t e h l e n (des Balles): dem Gegner den Ball direkt abnehmen und selber in Ballbesitz kommen.

S t e l l u n g s s p i e l : siehe Raumaufteilung.

S t e p -away shot: einhändiger Druckwurf, bei dem das Spielbein mit einem großen Schritt vom Korb weggesetzt und in Richtung Korb gedreht wird. Gleichzeitig wird das Knie des Standbeines schwungvoll nach oben geführt und der Wurf erfolgt einbeinig nach Abdruck vom Spielbein.

S t e r n s c h r i t t : das ein- oder mehrmalige Setzen eines Fußes (Spielbeines) in beliebige Richtung, während der andere Fuß (Standbein) am Ort bleibt und gegebenenfalls gedreht wird.

S t e r n s c h r i t t -Durchbruch (Rückwärts-Sternschritt): Sternschritt rückwärts, der aus einer Position mit dem Rücken zum Korb nach einer fintierten Vorwärtsbewegung rückwärts am Verteidiger vorbeigesetzt wird, um ein Wegschneiden oder Dribbling zu beginnen.

S t e r n s c h r i t t vorwärts: Sternschritt, bei dem das Spielbein vorwärts auf die Spielbeingegenseite geführt wird.

S t o p p e n : siehe Abstoppen.

S t r i d e stop: siehe Schrittstopp.

S t r o n g side: siehe starke Seite.

S u b s t i t u t e : Wechselspieler, vgl. Spielerwechsel.

S w i t c h : siehe Übernehmen.

S t ö r e n : Aktionen, durch die die verteidigende Mannschaft das gegnerische Spiel beim Werfen, Dribbeln, Fangen und Passen unterbricht, jedoch selbst nicht in Ballbesitz kommt.

S t r a t e g i e : langfristige Planung von Spielzielen.

S t e r n s c h r i t t rückwärts: Sternschritt, bei dem das Spielbein aus der Ausgangsstellung auf der Spielbeinseite zurückgeführt wird.

T a k t : das - durch Bodenkontakte mit den Füßen (Fuß) erkennbare - zählbare Maß beim Zweierrhythmus.

T ä u s c h e n : siehe Fintieren.

T a k t i k : sämtliche organisierte mannschaftliche Maßnahmen zur Erreichung eines Spielziels (vgl. Spieltaktik).

T a n d e m offense: Angriff, bei dem mit einem Vor- und mit einem Brettcenter gespielt wird; meist in einer 1/3/1 Aufstellung.

T a n d e m s t e l l u n g : Aufstellung in Angriff und Verteidigung, bei der zwei Spieler hintereinander stehen.

<u>T -and-one</u>: kombinierte Verteidigungsform, bei der vier Verteidiger eine 1/1/2 Zone (in Form des Buchstabens T) spielen und der fünfte manndeckt.

<u>T e c h n i k</u> : sämtliche Fertigkeiten, mit deren Hilfe die Spielsituationen individuell bewältigt werden.

<u>T e m p o w e c h s e l</u> : Finte mit einem überraschenden Wechsel der Geschwindigkeit, auch Wechsel des Spieltempos (Spielrhythmus).

<u>T h r e e -lane attack</u>: siehe drei-Linien-Schnellangriff.

<u>T h r e e -two zone</u> (auch three-out two-in): 3/2 Zone.

<u>T i e f e s Dribbel</u>: Schutz- bzw. Deckungsdribbel in unmittelbarer Nähe des Gegners.

<u>T i g h t man-to-man</u>: siehe aggressive Mann-Mann-Verteidigung.

<u>T i m i n g</u> : Wahl des richtigen Zeitpunktes und Zeitablaufes einer Bewegung in Bezug auf eine andere Aktion.

<u>T i p -in</u>: das flüchtige Tippen oder Lenken eines von Korb oder Brett abprallenden Balles mit einer Hand oder beiden Händen auf den Korb.

<u>T i p p e n</u> : den Ball mit den Fingerspitzen spielen.

<u>T r a i l e r</u> : siehe Hänger.

<u>T r a i n e r</u> : pädagogisch-fachlicher Leiter des Trainings, in der Regel auch Betreuer der Mannschaft im Wettkampf.

<u>T r a p press</u>: Zonenpress-Verteidigung über das Rückfeld, bei der spezielle Fallen - Passwege entlang der Seitenlinie bleiben zunächst offen - gestellt werden. Durch Doppeln und überraschendes Decken der Passwege wird das Zuspiel abgefangen.

<u>T r i a n g l e and two</u>: kombinierte Verteidigungsform, bei der drei Verteidiger eine 1/2 Zone (Dreieck) und die beiden anderen Manndeckung spielen.

<u>T w o -count-rhythm</u>: siehe Zweierrhythmus.

<u>T w o -one-two-zone</u> (auch two-out three-in): 2/3 Zone.

<u>T w o time</u>: siehe Doppeln.

<u>Ü b e r -den-Block-gehen</u>: siehe Vorbeigleiten.

<u>Ü b e r k o p f p a s s</u> : beidhändiger (Druck-) Pass, der von Überkopf durch kräftiges Niederdrücken der Handgelenke zugespielt wird.

<u>Ü b e r k o p f w u r f</u> : siehe beidhändiger Überkopfwurf.

<u>Ü b e r l a d e n</u> : das Gleichgewicht des Angriffs auf eine Seite verlagern, indem (meist) vier Spieler auf einer Seite eine Aufstellung einnehmen.

Ü b e r l a g e r n , -lagerung: siehe Überladen.

Ü b e r n e h m e n : Wechsel beim Decken der direkten Gegenspieler zwischen zwei Verteidigern, wenn der ausgeblockte Verteidiger seinen Gegner nicht mehr stören kann. (Vgl. switch)

Ü b e r z a h l : Übergewicht der Angreifer in einem bestimmten Bereich bzw. in bestimmten Spielsituationen.

Ü b e r z a h l a n g r i f f : iehe Angriff-in-der-Überzahl.

Ü b e r z a h l v e r h ä l t n i s reduzieren: bei einem Angriff-in-der-Überzahl durch Binden eines Gegners ein kleineres (also günstigeres) Überzahlverhältnis und als Endziel schließlich die Situation 1-0 herstellen.

U n t e r h a n d -Korbleger: Korbleger, der als einhändiger Unterhandwurf ausgeführt wird.

U n t e r h a n d p a s s : beidhändiger (seltener einhändiger) Pass, bei dem die Hände unter dem Ball liegen und diesen schwunghaft von unten zuspielen.

U n t e r h a n d w u r f : einhändiger (seltener beidhändiger) schwunghafter Wurf, bei dem die Wurfhand unter dem Ball liegt und die Finger zum Korb zeigen.

U p and under: hoch-und-darunter: Wurffinte, die den Verteidiger zum Hochnehmen der Arme bringen soll, um ihn dann mit Hilfe eines Durchbruchs oder eines Unterhandwurfs unter den erhobenen Armen zu überspielen.

V e r t e i d i g e n : den eigenen Korb durch kollektive Aktionen gegen den Angriff des Gegners schützen.

V e r t e i d i g e r : Spieler der verteidigenden (nicht ballbesitzenden) Mannschaft.

V e r t e i d i g u n g : alle kollektiven Maßnahmen beim Schützen des eigenen Korbes (vgl. verteidigen).

V e r t e i d i g u n g -in-der-Minderzahl: Verteidigung, bei der die Zahl der Verteidiger geringer ist als die der Angreifer und die Verteidiger nach bestimmten der jeweiligen Situation entsprechenden Prinzipien verteidigen.

V e r t e i d i g u n g s d r e i e c k : siehe Rebounddreieck.

V e r t e i d i g u n g s f i n t e : Täuschung durch einen Verteidiger.

V e r t e i d i g u n g s g r u n d p o s i t i o n : Position des Verteidigers zwischen-Mann-und-Korb.

V e r t e i d i g u n g s h i l f e n : Hilfen, die ein bedrängter

Verteidiger beim Decken eines gefährlichen Gegners oder in speziellen Situationen von seinen Mitverteidigern erhält.

V e r t e i d i g u n g s l i n i e n : gedachte Linien, die senkrecht zur Linie zwischen Angreifern (Ball) und Ball-Korb verlaufen und auf denen die Verteidiger nebeneinanderstehen, z.B. drei Linien bei der 1/2/2-Zone (vgl. Zonenaufstellung).

V e r t e i d i g u n g s p o s i t i o n : Position des Verteidigers in Bezug auf Mann und Korb bzw. Ball und Mitspieler. Man unterscheidet allgemein zwei Positionen: zwischen-Mann-und-Korb und zwischen-Ball-und-Mann. Der Ballbesitzer kann jedoch auch seitlich gedeckt werden (vgl. seitliche Verteidigungsposition).

V e r t e i d i g u n g s r e b o u n d : Rebound, den ein Spieler der verteidigenden Mannschaft am eigenen Korb sichert.

V e r t e i d i g u n g s g r u n d s t e l l u n g : (meist) leichte Schrittstellung bei gebeugter Körperhaltung mit tiefem Schwerpunkt, die Hand (Innenhand) auf der Seite des vorgestellten Fußes (Innenfußes) ist etwas über Kopfhöhe erhoben und vorgestreckt, die andere Hand (Außenhand) wird etwa hüfthoch zur Seite herausgehalten. Der Körper ist (gemäß der Spielregel) frontal zum Gegner gerichtet.

V e r t e i l e r : Hinterspieler, guter Passgeber, der in einer Position steht (meist vor der Birne), von wo er seine Mitspieler einsetzt (Bälle verteilt).

V e r z ö g e r u n g s s p i e l : Angriffsspiel, bei dem der Ball möglichst lange in den eigenen Reihen gehalten wird, um eine knappe Punkteführung bis zum Schlußpfiff zu halten; meist kurz vor Spielende praktiziert (vgl. Ballhalten).

V i e r -gegen-drei (4-3): Schnellangriff, bei dem vier Angreifer gegen drei Verteidiger spielen und nach bestimmten dieser Situation entsprechenden Prinzipien vorgehen.

V i e r -gegen-fünf (4-5): Verteidigung gegen den Schnellangriff 5-4, bei der vier Verteidiger gegen fünf Angreifer spielen und nach bestimmten dieser Situation entsprechenden Prinzipien verteidigen.

V o r b e i g l e i t e n (vor dem Block): aggressives Mitgehen des Verteidigers mit seinem Gegenspieler vor dem Block. Vgl. über-den-Block-gehen, over top.

V o r c e n t e r (Post): Center, der vor bzw. in Nähe der Freiwurflinie spielt.

V o r d e r e Hand: siehe Innenhand.

V o r d e r e r Block: Block, der vor den Verteidiger gestellt
wird, zwischen diesen und den Mitspieler, der freigeblockt werden
soll; z.B. Wurfschirm.

V o r d e r e r Fuß: siehe Innenfuß.

V o r d e r e r Sternschritt: siehe Sternschritt vorwärts.

V o r d e r s p i e l e r : Angriffsspieler, die im Vorfeld hauptsächlich zwischen Seitenlinien und dem Freiwurfraum spielen. Vgl.
linker Vorderspieler, rechter Vorderspieler.

V o r f e l d : die Hälfte des Spielfeldes einer Mannschaft, in der
sich der gegnerische Korb befindet.

V o r t a k t i k : organisierte Maßnahmen, an denen Teile der Mannschaft beteiligt sind zur Erreichung eines Spielziels.

W a r m up: siehe Aufwärmen.

W e a k side: siehe schwache Seite.

W e a v e : siehe Achterlauf.

W e b e n : siehe Achterlauf.

W e c h s e l s p i e l e r : siehe Spielerwechsel.

W e g anbieten: eine Form des Overplay; der Verteidiger bietet dem
Angreifer bewußt einen bestimmten Weg an.

W e i t d i s t a n z : siehe Wurfentfernung.

W e i t w u r f : Wurf aus Weitdistanz.

W e r f e n : das Spielen des Balles mit den Händen auf den Korb.

W u r f b l o c k : Block des Verteidigers mit den Händen direkt auf
den Ball oder in die Flugbahn des Balles.

W u r f blocken: mit der erhobenen Hand (Händen) die Wurfbahn des
Balles zum Korb versperren oder die Hand (Hände) direkt auf den Ball
des Werfers legen.

W u r f e n t f e r n u n g : Abstand zwischen Korb und Werfer; man
unterscheidet Nahdistanz (0-3 m), Mitteldistanz (3-6 m) und Weitdistanz (6-9 m).

W u r f f i n t e : Antäuschen eines Wurfes.

W u r f h a n d : Hand, die den Ball zum Korb wirft.

W u r f s c h i r m : siehe Schirm.

Z i e h e n (zum Korb): energischer Antritt des Ballbesitzers und
Dribbel zum Korb mit der unmittelbaren Absicht eines Korbwurfes.

Z i e l v i e r e c k : das auf dem Spielbrett hinter dem Ring ein-
gezeichnete Rechteck, das das Zielen und Werfen mit Hilfe des Brettes erleichtert (besonders beim Korbleger).

Z o n e n a n g r i f f : Angriff gegen die Zonenverteidigung.

Z o n e n a u f s t e l l u n g : Aufstellung, die bei einer Zonenverteidigung eingenommen wird und in der die Spieler in Verteidigungslinien (nebeneinander) stehen, z.B. in drei Verteidigungslinien
bei der 1/2/2 Zone.
Bemerkung: bei der Bezeichnung der Zone wird immer die erste (vorn
stehende) Verteidigungslinie zuerst genannt. Vgl. Zonenverteidigung.

Z o n e n d e c k u n g : siehe Zonenverteidigung.

Z o n e defense: siehe Zonenverteidigung.

Z o n e offense: siehe Zonenangriff.

Z o n e press: siehe Zonenpresse.

Z o n e n - Presse: (Kurzform für) Zonenpressverteidigung.

Z o n e n p r e s s v e r t e i d i g u n g : Verteidigungsform, die
die Prinzipien der Press- und der Zonenverteidigung kombiniert. Die
gegnerische Ballkontrolle wird aggressiv gestört, indem schon weit
vor dem eigenen Korb (Ganz-, Dreiviertel-, Halbfeld) durch das Besetzen bestimmter Räume dem Gegner der Weg zum Korb verstellt wird.

Z o n e n v e r t e i d i g u n g : Verteidigungsform, bei der jeder
Verteidiger einen bestimmten Raum (Zone) zwischen Ball und Korb
deckt und bei seinen Bewegungen denen des Balles folgt. Das Mit-
schwenken zum Ball erfolgt stets in einer kollektiven Bewegung aller
fünf Spieler, um den Raum in Korbnähe zu schützen.

Z o p f flechten: siehe criss-cross.

Z u r ü c k l a u f e n (in die Verteidigung): siehe Rückzug.

Z u r ü c k s i n k e n : siehe Sinken.

Z u r -Seitenlinie-abdrängen: siehe Abdrängen-zur-Seitenlinie.

Z w e i -drei-Angriff (2/3): Angriffsaufstellung, in der zwei Hinterspieler sowie zwei Vorderspieler und ein Brett-/Seitcenter jeweils auf einer Angriffslinie spielen.

Z w e i -drei-Zone (2/3): Zonenaufstellung, bei der in der ersten
Verteidigungslinie zwei, in der zweiten drei Verteidiger stehen.

Z w e i -eins-zwei-Angriff (2/1/2): Angriffsaufstellung, in der zwei
Hinterspieler, ein Vorcenter und zwei Vorderspieler spielen.

Z w e i -eins-zwei-Zone (2/1/2): Zonenaufstellung, bei der in der
ersten Verteidigungslinie zwei, in der zweiten ein und in der dritten zwei Verteidiger stehen.

Z w e i e r -Kontakt: zweimaliger Bodenkontakt mit den Füßen beim
Zweierrhythmus.

Z w e i e r r h y t h m u s : eine durch die Spielregeln festgelegte Schritt- und Sprungfolge (zwei Takte) bei der Fortbewegung mit dem Ball in den Händen.

Z w e i -gegen-eins (2-1; Schnellangriff): besonderer Angriff-in-der-Überzahl, bei dem zwei Angreifer gegen einen Verteidiger spielen und nach bestimmten dieser Situation entsprechenden Prinzipien vorgehen.

Z w e i -gegen-drei (2-3; Verteidigung): Verteidigung-in-der-Minderzahl gegen den Schnellangriff 3-2, bei der zwei Verteidiger gegen drei Angreifer spielen und nach bestimmten Prinzipien verteidigen.

Z w e i -gegen-zwei: siehe Spiel 2-2.

Z w e i t a k t r h y t h m u s : siehe Zweierrhythmus.

Z w e i t a k t s t o p p : Abstopp, der in zwei Takten erfolgt, und bei dem Stand- und Spielbein festgelegt sind.

Z w e i t e r Kontakt: die dem ersten Kontakt folgende Bodenberührung mit den Füßen beim Zweierrhythmus.

Z w e i t e r Takt: das auf den ersten Takt folgende zweite - durch Bodenkontakte mit den Füßen erkennbare - zählbare Maß beim Zweierrhythmus.

Z w e i -zwei-eins-Angriff (2/2/1): Angriffsaufstellung, in der zwei Hinterspieler, zwei Vorderspieler und ein Brettcenter spielen.

Z w e i -zwei-eins-Zone (2/2/1): Zonenaufstellung, bei der in der ersten und zweiten Verteidigungslinie zwei, in der dritten ein Verteidiger stehen.

Z w i s c h e n -Ball-und-Mann (B/M): (die von der Grundposition M/K abweichende) Position eines Verteidigers zwischen dem Ball und einem Angreifer (-ohne-Ball), um schon frühzeitig (bei aggressiver Verteidigung) oder in unmittelbarer Korbnähe (bei jeder Verteidigungsform) das Anspiel zu verhindern bzw. einen Ballgewinn zu erzielen.

Z w i s c h e n -Mann-und-Korb (M/K): die Grundposition in der Verteidigung, bei der der Verteidiger zwischen Angreifer (mit und ohne Ball) und Korb geht und mehr um Sicherung des gefährdeten Korbraumes als um Ballgewinn bemüht ist.

Z w i s c h e n -Mann-und-Seiten-/Endlinie: siehe seitliche Verteidigungsposition.

7 Verzeichnis der wichtigsten Symbole

In der Fachliteratur werden u.a. benutzt:

Symbol | Bezeichnung

O ▷　　　　　　　Angreifer

O•　　　　　　　Angreifer mit Ball

⌐O⌐　　　　　　Angreifer mit Fußstellung

X ►　　　　　　　Verteidiger

⌐_⌐　　　　　　Verteidiger mit Fußstellung

———→　　　　　Laufweg (Spieler-ohne-Ball)

———→✳　　　　Laufweg mit Hand hin-zum-Ball

⟋⟍→　　　　　Laufweg mit scharfem Richtungswechsel

Q√↗　　　　　　Richtungstäuschung des Angreifers beim Starten

〜〜〜●　　　　Laufweg mit Ball (Dribbel)

———⟨　　　　　Block

———⟨↙　　　　Block mit Abrollen

- - - -→　　　　Pass

⟹→　　　　　　Wurf

⊠　　　　　　　Hindernis